Udo Weinbörner

Der General des Bey

Das abenteuerliche Leben des
Amrumer Schiffsjungen Hark Olufs

Roman

HORLEMANN

Deutsche Originalausgabe

© 2010 dieser Ausgabe Horlemann
Alle Rechte vorbehalten

Buch- und Umschlaggestaltung:
Verlag

Bitte fordern Sie unser Gesamtverzeichnis an

Horlemann Verlag
Postfach 1307
53583 Bad Honnef
Telefax 0 22 24 / 54 29
E-Mail: info@horlemann-verlag.de
www.horlemann.info

Gedruckt in der EU
ISBN 978-3-89502-299-9

Der General des Bey

Für Anne

und Amrum

… und immer nur mit dir

Der Schatz des Wiedergängers

Marret stolperte, riss die Laterne in die Höhe, damit sie nirgendwo anstieß und das Glas zerbrach. Sie fiel auf die Knie. Der Wind trieb ihr Sand ins Gesicht, und sie schimpfte mit sich selbst. Die Augen tränten von den Sandkörnern, und sie spuckte Sand. Die Luft wurde ihr knapp. Für einen Moment hielt sie inne und lauschte. Was glaubte sie zu hören außer dem Wind, dem Meer und dem Rauschen und Schlagen im spärlichen Geäst? Sie hätte den längeren Weg an der Wattenmeerseite und nicht die einsame Strecke unterhalb der Dünen nehmen sollen. Obwohl sie keine ängstliche Natur war, gruselte es ihr. Irgendetwas stimmte nicht. Noch früher Abend, aber schon stockfinster. Die mitgeführte Handlaterne kaum mehr als eine schwache Funzel. Der böige Wind ließ das Licht flackern, und dann schien es so, als lösten sich die Strahlen des Lichts auf, bevor sie den Boden berührten. Ungefähr wie Regen über der Wüste, dessen Tropfen auf halbem Weg vom Himmel herab verdunsteten. Seltsam, dass Marret ausgerechnet jetzt in dieser Eiseskälte die Wüste einfiel. Sie erinnerte sich, wie Hark Olufs von der großen Leere, der flirrenden Hitze, vom Durst, den Oasen und der Fata Morgana erzählt hatte. Niemand konnte so erzählen wie er, so ausdauernd, so packend und so spannend, dabei hatte er das, was man sich in seinen wildesten Träumen ausdenken konnte, selbst erlebt.

Jetzt erkannte Marret genau, wo sie sich befand. Rechts von ihr die dunkle Masse der Ulvsdüne, auf der ihr Vater früher Tag für Tag Ausschau nach seinem verlorenen Sohn Hark gehalten hatte. Sie war schon ein schönes Stück weiter gekommen. Spukte es hier wirklich, wie man es sich in den Dörfern erzählte? Erk Bohm sollte der Geist angeblich erschienen sein. Vor Schrecken habe er wirres Zeug geredet und sei drei Tage im Fieber fantasierend gelegen. Man hatte sogar nach Pastor Mahlenberg geschickt, von dem niemand viel hielt, und sie selbst hatte ihn schweigend mit bedenklichem Gesicht aus dem Haus treten sehen. Seit seiner Genesung, für die alle gebetet hatten, schwieg Erk Bohm über seine Begegnung mit dem Geist. Was zudem mehr als ungewöhnlich schien, denn er war allerorts als Schwätzer und Geschichtenerzähler bekannt. Pastor Mahlenberg war kurze Zeit danach bei der Witwe Antje Harken* erschienen, um bei Gerstenkaffee mit schrägem Blick auf Olufs Wasserpfeife, die einen Ehrenplatz in der Stube erhalten hatte, mehrfach zu betonen, sie solle nichts auf das Geschwätz geben. Ein guter Christenmensch irre nicht als Geist umher, und Hark Olufs sei in Gottes Hand. Sein Angebot, Grab und Grabstein erneut einzusegnen, lehnte Antje Harken jedoch entschieden ab, denn das wäre ihr wie ein Eingeständnis erschienen, bei dem Geist könne es sich tatsächlich um ihren Hark handeln. Man hatte sie viele Tage zur späten Stunde allein zur Ulvsdüne gehen sehen, doch der Geist erschien ihr nicht ein Mal. Soll sich einer einen Reim auf die Gehässigkeiten der Mitmenschen machen, mit denen sie eine arme Witwe und ihre Kinder quälen!

Waren das Schritte hinter ihr? Marret riss die Handlaterne hoch und starrte in die Richtung, aus der sie gekommen war. Nichts!

Mit einem Spitzentuch wischte sie sich den Sand aus dem Gesicht und zwang sich, ruhig zu atmen. Dies hier war Amrum, ihre Heimat, eine Insel und keine Hansestadt wie Hamburg, wo Raub, Mord und Totschlag zum Alltag gehörten. Nebelschwaden raubten ihr die Sicht auf die Lichter des Dorfes. Wüste, Mord und Totschlag! Was war nur mit ihr los? Hinter ihr lag Norddorf, vor ihr zur Linken irgendwo Nebel und Süddorf. Marret würde jetzt aufstehen und einfach mehr auf den Weg achten. Zu viele Spukgeschichten und Spökenkieker – wenn erst wieder Frühling würde...

Der Wind heulte und riss Marret die Haube vom Kopf, die landeinwärts in die Dunkelheit flog, noch bevor sie danach greifen konnte. Nicht ihr Tag! Sie zwang sich zu einem lauten, trotzigen Lachen. Da ihr kein Lied einfiel, redete sie mit sich selbst – das half gegen die Einsamkeit und gegen die Angst.

Genau in dem Moment, als Marret sich mühsam wieder hochrappelte, stand er wie aus dem Nichts vor ihr. Sie erkannte ihn sofort an seinen kostbaren türkischen Pantoffeln, die er ohne Strümpfe trug, und an seiner roten Pluderhose, die zu seiner türkischen Generaluniform gehörte. Marret sprang auf, schrie vor Entset-

---

* Der Familienname leitete sich im Friesischen vom Vornamen des Mannes ab. Hier von Hark (Olufs).

zen und machte ein paar rasche Schritte rückwärts, um Abstand zu gewinnen. Wieder schrie sie, keuchte, ihr Herz raste. Sie wollte in Panik fliehen, doch ihre Beine versagten ihr den Dienst. Im schwachen Schein der Laterne blickte sie in die vertrauten Gesichtszüge ihres Halbbruders Hark. Doch den hatten sie vor einem Jahr zu Grabe getragen! Das konnte nicht sein! Ihre Atemluft reichte gerade noch aus, um die Worte hervorzupressen: „Wer bist du?" Der Rest ging in ein Keuchen und Schluchzen über. Ihre Gefühle und ihre Reaktionen gerieten völlig außer Kontrolle.

„Du kennst mich, kleine Schwester", seine Stimme, wie aus großer Ferne, glich dem Rauschen des Windes. „Marret, ich bin es, Hark, dein Stiefbruder…" Er machte mit den Händen vorsichtige Bewegungen, um sie zu beschwichtigen.

„Das kann nicht sein. Du bist tot. Dort ist dein Grab!" Ihr zitternder Arm deutete in die Richtung, in der sie den Kirchhof von St. Clemens hinter den Nebelschwaden vermutete. „Gäbe Gott, es wäre nicht wahr, aber du bist tot!" Einer plötzlichen Eingebung folgend, presste sie die Augen wieder fest zusammen, bekreuzigte sich drei Mal und rief, so laut es ihre schwindenden Kräfte noch zuließen: „Verschwinde, bei Gott! Wer immer du bist! Im Namen Gottes, du bist nicht mein Bruder Hark!" Doch als sie die Augen wieder aufschlug und die Handlaterne hochhielt, blickte sie erneut in die wächsernen, aber vertrauten Gesichtszüge ihres Bruders Hark Olufs. Eine Teufelei! Sie spürte ihre letzte Stunde gekommen. „Nein! Nein! Zu Hilfe!", schrie sie und bekreuzigte sich in einem fort. Blindlings flüchtete sie einige Schritte ins Gestrüpp, nur um feststellen zu müssen, dass sie in der Dunkelheit nicht weiterkam. Panisch wandte sie den Kopf hin und her und rief: „Zu Hilfe! Hört mich denn niemand! Zu Hilfe!" Doch da war niemand, der ihr helfen konnte. Die Gestalt folgte ihr langsam, versuchte sie an der Schulter zu packen, doch die Hand des Mannes glitt einfach durch sie hindurch. Marret spürte nicht mehr als einen kalten Lufthauch, der sie erschaudern ließ.

Fast flehentlich jetzt seine Stimme: „Marret, bitte hör mich an. Beruhige dich. Nichts wird dir geschehen. Ich bin doch dein Bruder." Ganz sanft seine Stimme, wie das Säuseln des Windes in der Pause zwischen zwei Stürmen. Ein trügerischer Frieden. Sie zitterte am ganzen Körper, die Sinne drohten ihr zu schwinden. Für einen Moment taumelte sie. Nein! Sie wollte nicht sterben! Sie wollte leben! Sie spürte so etwas wie Kampfesmut in sich wachsen: „Du bist tot! Tot! Tot! Ich habe meine Hand auf deine kalte Wange gelegt, bevor du zu Grabe getragen worden bist. Gib endlich Frieden und lass mich gehen!"

Hark Olufs, sein Geist oder wer immer dieser Kerl sein mochte, stand mitten auf dem Weg nach Süddorf wie aus einem Block gehauen. Seine kräftige Statur, die langen grauen Haare, das feste Gesicht, die großen, kräftigen Hände, und die Art, wie er jetzt zu ihr sprach und sich bewegte, alles versammelte sich in diesem Eindruck. Hier an diesem Ort, an der Ulvsdüne, waren die Hoffnungen seines Vaters auf seine Rückkehr zu Hause gewesen. Wie oft hatte Hark in der Fremde davon geträumt, wie sein Vater auf der Düne stehen und nach ihm Ausschau halten würde. Hier hatte er sich mit Antje nach seiner Rückkehr heimlich getroffen, um ihr das Eheversprechen abzuringen, war sie doch längst mit einem anderen verlobt. Wenn das vor Marret der Geist von Hark Olufs war, der bittend und flehend mit dem Wind um die Wette säuselte, dann war dieser Ort tatsächlich der einzige Platz, der für sein Erscheinen in Frage kam.

Marret fürchtete sich davor, dass er erneut versuchen könnte, sie zu berühren. Unheimlich und kalt war seine Nähe. Also bemühte sie sich, ihm dafür keinen weiteren Anlass zu geben, und verhielt sich ruhig, während alles in ihr raste und tobte und bebte.

Da stand ihr Bruder und sah so aus, wie ein Mann aussehen musste, der alles erreicht hatte im Leben. Entkommen aus der Sklaverei, als General in der Fremde sich einen Namen gemacht, Reichtum erworben, seit 18 Jahren verheiratet, einen Sohn und vier Töchter… Warum konnte er nicht seinen Frieden machen und ruhen bis zur Auferstehung?

Marret beruhigte sich ein wenig. Fieberhaft suchte sie nach einem Ausweg, dem Geist zu entkommen. Doch dieses Wesen in Gestalt ihres Bruders, das sie jetzt wieder „kleine Schwester" nannte, stand hier, als seien es gerade alle die Erfolge in seinem Leben, die ihn verunsicherten und verdammt hätten.

„Ich bin nicht nur der, für den ihr mich alle gehalten habt. Ich bin der fremde Sohn, der Schuld auf sich geladen hat, und brauche deine Hilfe, um meines ewigen Friedens willen."

„Warum bist du nicht Antje erschienen, die Tag für Tag nach dir gesucht hat?"

„Ich habe sie zu sehr geliebt, wie hätte ich sie in Angst und Schrecken versetzen mögen? Es hätte mich auf ewig hier gebunden." Seine Stimme dröhnte ihr in den Ohren, und der Wind zerzauste ihre langen blonden Haare. Sie glaubte ihm und war jetzt überzeugt, wirklich ihren toten Bruder vor sich zu haben. „Mein Gott, Hark, wie kann das sein? Hast du Gott gesehen? Gibt es ein Paradies?" Ihre Angst schlug in aufgeregte Neugierde um, und die Fragen sprudelten nur so aus ihr heraus. Das Licht in der Handlaterne wurde von den Windböen erfasst und erlosch. Vor Schreck ließ Marret die Laterne fallen, und das Glas zersplitterte. Dennoch stand sie jetzt nicht in völliger Finsternis. Von dem Geist ging ein Leuchten wie von einem Feuer in großer Ferne aus, nur dass die Erscheinung, so schien es ihr, immer weiter an Kraft verlor. Sie hörte sein vertrautes, dröhnendes Lachen: „Kleines Schwesterherz, so wahr es Gott gibt, so wahr sage ich dir, dass es nicht der Gott ist, den die Christenmenschen und die Türken zu besitzen glauben. Dies wusste ich schon zu Lebzeiten, dass noch niemand durch Lug und Trug, durch Ränkespiele und Glockengebimmel und Pöttekiekerei das ewige Leben erlangt hat! Ich habe große Schuld auf mich geladen und wäre ein gar seltsamer Heiliger fürs Paradies. Habe mich an manchem Menschen versündigt, betrogen, gelogen, gar gemordet und alles geleugnet, zuerst fürs Überleben, dann für ein bequemes Leben. Ich bin es nicht wert, dass man mich rettet, und doch erflehe ich nichts Geringeres von dir!" Es folgten wilde Flüche in arabischer Sprache, die Marret nicht verstand, und zugleich mit der schwächer leuchtenden Erscheinung des Geistes schwanden auch spürbar ihre Kräfte. Sie spürte, wie sie ohnmächtig zu werden drohte. Seine Stimme wie Donner, das Brausen des Windes wuchs sich zu einem Sturm aus und drohte, alle Worte zu verschlingen. „Der Tod kam über mich wie ein Schuss aus dem Hinterhalt – und doch, ich hatte immer wieder die Gelegenheit, meine Sachen zu ordnen."

Marret wusste jetzt, dass keine Zeit mehr blieb für ihre Fragen. Sie hatte ihren Bruder geliebt und gefürchtet zugleich. Doch sie war entschlossen, ihm zu helfen. „Schnell, sag, was ich tun kann, wenn es keine Teufelei ist." Ihre Stimme war nur noch ein kraftloses Krächzen. Mit zitterndem ausgestrecktem linken Arm und allen Fingern seiner rechten Hand deutete er beschwörend auf den Boden: „Grab! Hörst du! Gleich, was die Leute sagen, lass dich nicht davon abbringen! Grab!" „Wo denn um Himmels willen? Hark, wo?" Die Finsternis und der Sturm gewannen immer mehr an Kraft. „Unter der Türschwelle. Die Kiste, kleine Schwester... Ein Schatz... Ich hätte längst... Alles Trug... Teilt es auf in Frieden! Grab, befreie mich!" „Ein Schatz? Unter der Türschwelle?" Marret wiederholte die Worte geistesabwesend, ihre Beine versagten und sie fiel auf den Rücken. Der Sand drang ihr in die Nase und den Mund, wehte über ihren Körper hinweg, und sie fürchtete zu ersticken. „Vor dem Haus, die Türschwelle, locker, nicht tief..." Dann ein donnerdröhnendes Lachen. „Ein Buch – wird alles erklären, nicht mehr lügen, nicht mehr schweigen... Sag Antje, wie sehr ich sie liebte... Sie soll alles wissen und reicht es weiter – in 300 Jahren, wenn die Welt sich gedreht hat, alles auf dem Kopf steht – und vielleicht, wenn die Menschen fliegen wie die Vögel. Tausend Jahre, Marret, wie ein Tag! Das ist die Wahrheit, kleine Schwester!" Noch einmal beugte sich der Mann zu ihr herab, versuchte sanft über ihre Wange zu streichen. Die Kälte auf ihrer Haut schmerzte, dass sie aufschrie.

So plötzlich wie die Erscheinung über sie hereingebrochen war, so unerwartet umgab sie jetzt inmitten des tosenden Sturms die absolute und schwärzeste Finsternis und Einsamkeit der Hölle. Sie hustete, spuckte und sank in Sekundenschnelle in eine tiefe Bewusstlosigkeit.

Es dämmerte bereits, als Marret wieder zu sich kam. Auf allen Vieren kroch sie voran. Ihr Körper glühte vor Fieber, doch sie fror erbärmlich, dass die Zähne hart aufeinanderschlugen. Ihr Gesicht brannte und ihre linke Schulter schmerzte. Marret besaß keine Kraft mehr, um auf die Beine zu kommen oder gar um Hilfe zu rufen. Ihre Sinne kreisten nur um ihr nacktes Überleben. Irgendwie vorwärts! Den Weg nicht verlieren! Nach Süddorf, zu ihrem Mann, Rettung!

Erst im Morgengrauen fand ihr Mann Hark Nickelsen sie jenseits des Weges inmitten der braunen Heidebüsche liegend, nicht weit von ihrem Haus entfernt. Er trug sie auf seinen Armen in die warme Stube und erregte damit im Dorf einiges Aufsehen, denn im

Fieberwahn rief sie kaum bei Bewusstsein immer wieder den Namen „Hark!" und deutete über seine Schulter in Richtung Ulvsdüne. Damit war jedem klar, dass sie nicht ihren Ehemann meinen konnte. Sie hatte den Geist gesehen!

Hark Nickelsen barg seine Frau sicher und warm im Alkoven. Dort saß sie von Kissen im Rücken gestützt wie eine leblose Puppe. Halb erfroren wie sie war, flößte er ihr vom stärksten Tee ein, den sie im Haus hatten. Es dauerte nicht lang, da schlug Pastor Mahlenberg an das Holz der Tür und begehrte Einlass. „Marret, ich meine, hat sie ihn gesehen?", fragte er noch atemlos. Er musste trotz seines Leibesumfanges gelaufen sein. „Das muss ein Ende haben, hörst du, Nickelsen! Dieser Aberglaube ist Teufelei und Hexenwerk, das ausgetrieben gehört! Lass mich rein, ich will sie sehen!" Das war keine Bitte, sondern eine eiskalte Forderung. Und direkt hinter ihm drängten sich die neugierigen Nachbarn, die ihr Maul nicht halten konnten.

„Nichts ist! Verlaufen hat sie sich, ihre Handlaterne in der Dunkelheit verloren. Hier gibt es nichts für dich zu tun, Pastor!" Breitschultrig stand Hark Nickelsen in der Tür und blickte dem Pastor finster geradewegs in die Augen. Seine Nachbarn ignorierte er zunächst. Mit dem ausgestreckten rechten Arm schob er den Pastor langsam, aber nachdrücklich von der Türschwelle. Dessen Blick war unstet, seine Augenlider flackerten nervös. „Versündige dich nicht, Hark Nickelsen!", rief er drohend aus. „Unser Schöpfer hatte ohnehin ein Auge auf dich geworfen. Dein Hausstand ist ohne Kinder. Eine schwere Prüfung, Gott weiß, zu welchem Zweck und aus welchem Grund."

Schritt für Schritt drängte Hark Nickelsen den Pastor zurück in den Kreis der umstehenden Nachbarn. „Einen Segen abzulehnen an einem solchen Tag geziemt keinem Christenmenschen. Oder hast du was zu gestehen?" Pastor Mahlenberg schaute sich nach Zustimmung heischend zu den Nachbarn um, die jedoch interessiert abwarteten, was geschehen würde, und keine Partei ergriffen. Dann sagte er laut, dass es jedermann hören konnte: „Vielleicht erscheint deiner kinderlosen Frau der Geist Hark Olufs, weil du mit ihm doch der Christenheit abgeschworen und in Todsünde gelebt hast!"

Die Erinnerungen an die Qualen der Gefangenschaft in Arabien standen Hark Nickelsen deutlich vor Augen, und seine Wut über diesen stubenhockenden Pfaffen wuchs turmhoch. Sein Blick, abgrundtiefer Hass und kalte Entschlossenheit. Pastor Mahlenberg hielt ihm jetzt nicht mehr stand, wich ihm für Sekundenbruchteile aus und blickte zu Boden. Der Moment des erfahrenen Kämpfers! Mit einem verdeckten, blitzschnell ausgeführten Faustschlag in die Magengrube schickte Hark Nickelsen den Pastor zu Boden. Das geschah so geschickt, dass kaum jemand seine Bewegung wahrnehmen konnte und die Umstehenden erschreckt zur Seite sprangen, als der Pastor keuchend, hechelnd und pfeifend vor Schmerz und Luftnot taumelnd auf die Knie sank.

„Fürchten solltest du mich und auf deinem Kirchhof bleiben, denn das ist dein Revier, Pastor. Lass meine Frau in Ruhe und störe nicht das Angedenken meines toten Freundes!" Dann spuckte er aus und kehrte ihm den breiten Rücken zu.

„Land unter! Die Sturmflut kommt!" Erk Bohms Stimme schreckte alle auf. Die Männer und ihre Söhne liefen davon, die Boote zu sichern, die Häuser sturmfest zu machen, das Vieh in die Stallungen zu treiben. Andere wiederum hasteten zur Ulvsdüne und zum Strand, um Ausschau nach gestrandeten Schiffen zu halten. Der Geist schreckte sie nicht länger – das Jagdfieber, die leichte Beute, lag ihnen im Blut und ernährte sie auch in schlechten Tagen, hier wie überall auf den Inseln. Und auf Amrum gab es des Öfteren Beute, befand sich die Insel doch vorgelagert in der Nordsee, inmitten tückischer Strömungen und Sandbänke, die manches Schiff in die Hände des Klabautermanns gespielt hatten.

Hark Nickelsen störte sich nicht daran, doch er schaute sorgenvoll über seine Schulter. Seine Jolle, mit der er zum Fischen rausfuhr, lag in Steenode, und so, wie der Sturm von Westen her tobte, schien nichts mehr sicher. Doch er würde Marret jetzt nicht allein lassen. Die Nachbarn zerstreuten sich rasch, die Ungeheuerlichkeit, mit der er den Pastor angegangen war, interessierte längst keinen mehr. Reet flog von einigen Dächern, die Luft war voller Sand. Hustend rief Pastor Mahlenberg Hark seinen Protest hinterher. Als er erkennen musste, wie vergeblich sein Bemühen blieb, jemanden für seinen Fall zu interessieren, schüttelte er hilflos die Fäuste gegen den Himmel und verfluchte Nickelsen. Diesen ließ das völlig gleichgültig, als hätte es den Pastor und seinen Auftritt nie gegeben, trat er einfach in die Stube und verschloss die Tür hinter sich. Mahlenberg wusste es halt nicht besser, war nie weiter als bis Hamburg gekommen. Einem Hark Nickelsen konnte er mit seinen Drohungen von Höllenqualen und seinen Mutmaßungen über Kinderlosigkeit nichts anhaben, hatte der doch die Höllenqualen bereits auf Erden in Sklavenketten erlebt. Und Hark Nickelsen wusste genau, dass nicht Gottes Fluch auf ihm lastete, dass Marret keine Kinder gebar, sondern dass dies allein Menschenwerk war. Er sprach nicht darüber, auch nicht mit seiner Frau. Nur mit Hark Olufs konnte er seine geheimsten Gedanken und die Qualen seiner Alpträume teilen – und jetzt, nach dessen Tod, blieb er allein zurück. Allein unter Schwachköpfen wie diesem Pastor, der meinte, ihm drohen zu können. Nichts wusste der von Gott, mochte er auch noch so studiert sein und sich auf der Kanzel recken, als stünde er näher beim Herrn. Wer nicht auf Erden durch die Hölle gegangen war und dem Tod tausendfach ins Auge geblickt hat, der konnte zwar wie ein Kind seine Hände falten und die Augen verschließen, der hatte aber längst keine Ahnung, wie weit der Weg zum rettenden Gott sein konnte. Keine Ahnung von Gottes tausend Gesichtern, von denen am Ende eines so wahr war wie das andere. Keine Ahnung!

Hark Nickelsen heizte den Bileggerofen ein und bereitete eine Suppe zu. Heiße Flüssigkeit mit Salz, das könnte Marret helfen. Lorenz trat ein, der Sohn von Hark Olufs. Stand da in der Stube, eingeschüchtert, drehte seinen Hut verlegen in den Händen. Wahrscheinlich war ihm der Pastor begegnet und er fürchtete sich, seinen Onkel anzusprechen. Schließlich fragte er nur: „Stimmt es? Ich meine, hat sie ihn…?" „Ja, sie ist ihm begegnet. Und Hark Olufs Geist hat uns etwas mitzuteilen." Ihre Blicke trafen sich. Der Junge nickte, als habe er nichts anderes erwartet. „Wenn Marret wieder wohlauf ist, kommen wir zu euch rüber und erzählen. Im Moment wäre ich dir dankbar, wenn du nach meinem Boot schauen könntest."

Der Junge schlüpfte wieder durch die Tür nach draußen, da rief Hark Nickelsen ihm hinterher. „Pass auf dich auf, Junge!" Lorenz beeilte sich, den Oberkörper vornübergebeugt gegen den Wind pressend, und winkte über die Schulter. „Und halte dich von der Ulvsdüne fern…" Mein Gott, wie glich der Junge seinem Freund

zu der Zeit, als ihr Abenteuer begonnen hatte! Hark Nickelsen brannte darauf, der Sache mit dem Geist und seinem Schatz auf den Grund zu gehen. Aber er würde sich etwas gedulden müssen. Tiefstes Wolkendunkel mit Hagel, Regen und Gewitter. Die Sturmflut stieg und tobte drei Tage, die Wellen brausten haushoch an Land und zerschlugen alles, was sich ihnen in den Weg stellte. Die Luft schmeckte nach Tang und Salz. Selbst in den Stuben brauste das tosende Elemente in den Ohren. Allmächtig und von nicht endendem Schrecken raubte das Unwetter in der Finsternis den Schlaf. Die Insulaner flüchteten des Nachts in das Kirchenschiff von St. Clemens, um zu beten und Pastor Mahlenberg von Buße, dem Jüngsten Gericht und der Sintflut predigen zu hören. Das Studium musste ja einen Wert haben, denn Studierte konnten was erzählen, obwohl sie selbst nichts erlebt hatten, dachte Hark Nickelsen, der nicht vom Bett seiner Frau wich und sie pflegte. Andere hockten bei Kerzenschein eng beieinander in den Stuben und suchten Trost in den Erzählungen ihrer Vorfahren. Über Generationen lebten sie hier am Rand des Königreichs Dänemark, hatten ihre Wurzeln auf der Insel und nährten sich jetzt von der Zuversicht auf eine bessere Zukunft. Doch niemand hatte in den letzten Jahren und Jahrzehnten solches Unwetter erlebt!
In diesen Sturmtagen war Hark Olufs Geist drei weiteren Männern erschienen. Er hatte nicht zu ihnen gesprochen, aber dennoch reichte die Begegnung mit dem Wiedergänger aus, auch diesen ausgewachsenen Kerlen und vierschrötigen Seefahrern nachhaltig die Sinne zu verwirren. Später erzählte jemand, man habe das Leuchten des Geistes von der Spitze der Insel Sylt trotz der Wetterlage deutlich und unheimlich sehen können. Wie durch ein Wunder kamen während all der Tage des Unwetters keine Menschen zu Schaden. Am Morgen des vierten Tages spannte sich der Himmel weit und blau über der Landschaft, die Luft war klar und reingewaschen, dazu eine Stille, die absolut schien. Müde und zerschlagen saßen sie in allen Dörfern Amrums am Frühstückstisch, zugleich aber in der frohen Gewissheit, Zeugen eines ungewöhnlichen Naturereignisses gewesen zu sein und überlebt zu haben.

DES TOTEN MANN'S KISTE

Marret schlug die Augen auf, lächelte ihren Mann an, als sähe sie ihn zum ersten Mal und verlangte nach einem Frühstück. Untergehakt gingen sie zu ihrer Schwägerin nach Süddorf, wo Hark Nickelsen aus der Scheune seines verstorbenen Freundes Werkzeug holte und sich ohne weitere Erklärung daran machte, die Türschwelle auszugraben und den Balken zur Seite zu schaffen. Drinnen saß Marret bei Antje und den vier Mädchen und berichtete von ihrer Begegnung mit dem Geist. Es flossen Tränen der Trauer und des Mitgefühls für das Leiden des toten Ehemanns und Vaters. Lorenz wollte nichts hören von diesen Geschichten und ging Hark Nickelsen zur Hand. Passanten sprachen ihn an, denn sein Schiff war gesunken und schien unrettbar verloren. Sie wunderten sich, dass er jetzt nichts Besseres zu tun hatte, als die Türschwelle seiner Schwägerin auszugraben. „Die Tür schließt nicht mehr richtig. Das nächste Unwetter kommt bestimmt", beschied Nickelsen allen knapp.

Sie brauchten nur zwei Stunden, dann stießen sie auf das Holz einer kleinen Seemannskiste. Marret hatte also nicht geträumt, und es gab diesen Schatz wirklich! Sie bargen die Kiste am späten Abend im Laternenschein. Sie war trotz ihrer bescheidenen Ausmaße so schwer, dass ihnen die Frauen zur Hand gehen mussten. Schwere Eisenbeschläge und kunstvolle Verzierungen vor allem auf dem gewölbten Holzdeckel verrieten eine arabische Handarbeit, die es hierzulande nicht zu kaufen gab. Kein Zweifel – es handelte sich um den Schatz, von dem der Geist Hark Olufs gesprochen hatte, und sie würden Hark Olufs von dem Fluch befreien, als Geist auf Amrum gefangen zu sein. Sie sprachen nicht viel, doch die Aufregung, hier und jetzt etwas Bedeutendes zu erleben, das über den Verstand eines Menschen hinausging, ließ sie nicht selten sinnlose Dinge verrichten und immer wieder die gleichen Fragen stellen, die zumeist auch Marret nicht beantworten konnte, obwohl sie doch dem Geist wirklich nahe gekommen war. Sie suchten einen Schlüssel, fanden ihn aber nirgends. Lorenz und Hark Nickelsen gruben noch einmal vor und unter der Türschwelle. Dann brachen sie schließlich das Schloss mit einem Stemmeisen auf.

Sie hockten vor der Kiste und keiner von ihnen griff nach dem Deckel – so, als ob eine Leiche darin liegen würde oder ein böser Geist aus ihr herausspringen könnte. Marret schaute auf Antje Harken, deren Gesicht weiß und deren Lippen blutleer vor Anspannung waren. Lorenz gab sich entschlossen, aber in Wirklichkeit dachte er nur an seinen Vater, und er fürchtete sich vor dem, was er jetzt entdecken würde. Die vier Mädchen saßen steif auf ihren Stühlen um den Tisch und starrten herüber. Hark Nickelsen stand auf, stellte sich vor die Kiste und erklärte: „Wir wissen ja, was drin ist – jedenfalls haben wir dank meiner Frau eine gewisse Vorstellung davon. Geld und Papiere." Er machte eine bedeutungsvolle Pause. „Er ist jetzt frei von jedem Fluch und auf dem Weg zu seinem Schöpfer. Es gibt Harks Geist nicht länger. Sein Leiden hat ein Ende, Antje, das sei dir Trost."

Marret griff nach dem zerstörten Schloss, und alle starrten sie an, als sie den Deckel einfach aufklappte. Obenauf lagen über hundert handgeschriebene Seiten, die mit Schnur und einem Siegel zusammengebunden waren. Ganz vorsichtig legte sie die Blätter zur Seite. Hark Nickelsen schaute ihr über die Schulter und blickte jetzt auf die bis zum Rand mit Münzen gefüllte Kiste. „Großer Gott!" Er hatte nicht mit einem solchen Fund gerechnet. Antje hielt sich die Hand vor den Mund und lachte und weinte abwechselnd. Die Töchter lagen sich in den Armen und riefen nur: „Wir sind reich! Wirklich reich!" Sie versicherten sich dies abwechselnd und immer wieder aufs Neue, als könnten sie so den traumhaften Zustand des Reichtums für immer in der Wirklichkeit verankern. Nur Lorenz interessierte sich für die Papiere. Nicht dass ihn diese Münzen gleichgültig gelassen hätten, aber dieser Schatz des geschriebenen Wortes schien ihm schwieriger zu heben. Er nahm die Seiten und blätterte neugierig in ihnen, las sich an verschiedenen Stellen fest und gewann rasch den Eindruck, dass der Mann, den er als seinen Vater gekannt hatte, nicht unbedingt mit dem Mann identisch war, der diese Blätter beschrieben hatte.

„Was sagst du?" Marret fasste Antje, die ans Fenster getreten war und sich die Tränen von den Wangen wischte, bei den Schultern. „Wir werden uns doch vertragen wegen des Geldes, oder?"

„Ich will das nicht. Uns geht es gut. Da ruht kein Segen drauf. Wenn wir wirklich Not hätten…"

„Aber Mutter!" Ihre Töchter protestierten, doch sie wehrte alle Einwände energisch ab. „Ich habe euren Vater geliebt, schon als junges Mädchen. Mit diesem Teil seines Lebens habe ich nichts zu schaffen."

„Wir, das heißt Hark, mein Mann, und ich, haben uns gedacht, wir verwalten das Geld, und da wir keine eigenen Kinder haben, fällt sein gesamtes Erbe an deine Kinder, Antje. Jederzeit könnt ihr etwas davon haben in der Not und für Anschaffungen. Was hältst du davon?"

Lorenz rief nach den Frauen, diese drehten sich erschrocken um und sahen Hark Nickelsen auf dem Boden vor der Kiste hocken und ohne Unterlass mit dem Oberkörper vor und zurück wippen. Sein glasiger Blick war in weite Ferne auf einen unsichtbaren Punkt gerichtet, ohne etwas wahrzunehmen. Mit halblauter Stimme brabbelte er arabische Laute, die niemand im Raum verstand, dann plötzlich griff er mit beiden Händen nach den Münzen, ließ sie wie Wasser wieder zurück in die Kiste fallen und rief dann ganz deutlich, fast schreiend: „Blut! Blut! Blut überall!" Antje Harken schickte ihre Töchter, die bleich vor Schreck weinten, ins Nebenzimmer. Marret befahl Lorenz: „Schnell, bring Schnaps, Rum oder irgendetwas!" Zur Schwägerin gewandt: „Ihr habt doch was im Haus?"

Lorenz packte seinen Onkel beim Oberkörper, seine Frau hielt ihn bei den Armen, während Antje Harken ihm in mehreren großen Schlücken den Schnaps einflößte.

„Es sind die Alpträume. Sie kommen immer wieder. Er muss Schreckliches erlebt haben in der Sklaverei", sagte Antje Harken voller Mitgefühl. „Auch mein Mann ist häufig des Nachts von Angstfantasien aufgeschreckt und umhergegangen."

Hark Nickelsen beruhigte sich rasch. Der Alkohol lief ihm übers Kinn auf die Brust. Er atmete schwer, kam aber wieder zu sich.

„Hör zu! Ich will nichts von den Schatz. Habe mein Auskommen – Hark hat gut für uns gesorgt. Es klebt Blut daran, und ich will nichts davon wissen. Von dem Geld nicht und nicht von den Papieren. Versprich mir, dass ihr für die Kinder sorgt und alles gut verwaltet."

Hark Nickelsen füllte die Münzen in viele kleine Lederbeutel und nahm sie in Gewahrsam. Lorenz, Marret und er zählten sie zuvor am Küchentisch. Es war die unvorstellbare Summe von nahezu

50.000 Mark, 200 arabischen Goldtalern und 1000 Piastern. Niemand auf der Insel, wahrscheinlich kaum jemand im ganzen Königreich Dänemark, hatte jemals so viel Geld aufgehäuft gesehen! Während Hark Nickelsen und seine Frau kauften, investierten, spekulierten, um diesen unfassbaren Reichtum zu vermehren, interessierte sich vor allem Harks Sohn für die Aufzeichnungen seines Vaters. Nachdenklich beobachtete ihn Antje Harken, wie er so dasaß in der Ofenecke, vertieft in die Papiere, den Blick für seine Umgebung verloren. Längst war er kein Kind mehr. Kaum aufgefallen war es Antje Harken, dass aus ihrem einzigen Sohn ein Mann wurde. „Bist du wirklich schon sechzehn?" „Was fragst du, Mutter?" Lorenz sah sie erstaunt an. „Ich fahre jetzt seit zwei Jahren zur See, und ich werde es nun wohl mit dem Geld des Vaters bis zum Kapitänspatent bringen."

Antje Harken nickte nur, denn alle ihre Ängste, Bedenken und auch Pläne, ihn vom Meer und seinen Gefahren fernzuhalten, wären ohnehin von ihm als Weibergeschwätz vom Tisch gewischt worden. Daher sagte sie nur: „Das Geld ist mir gleichgültig, und auch das Kapitänspatent. Als Sohn bist du mir lieb, wie du bist, und am liebsten wäre es mir, ich müsste mich nicht sorgen. Nur um eines bitte ich dich. Kein Wort zu niemandem über die Papiere. So wie Arabien ihn verschlungen hat, so wird uns die Wahrheit seiner Lebensbeichte hier in den Abgrund reißen. Wenn irgendjemand erfährt, was er wirklich erlebt hat und wie er darüber gedacht hat, können wir alle hier nicht mehr leben. Bitte gib die Papiere nicht aus der Hand, sprich nie davon und versteck sie, wenn du alles gelesen hast, an einem sicheren Ort. In 300 Jahren vielleicht wird man Hark verstehen und ihm verzeihen."

Ernst blickte der sechzehnjährige Sohn seiner Mutter in die Augen. Sie vertraute ihm und er war stolz darauf. „Ich verspreche dir, nichts, was in diesen Papieren steht, wird mich an Vater zweifeln lassen, und ich werde dafür sorgen, dass niemand von den Papieren und ihrem Inhalt erfährt." Dann nahm er die Blätter wieder auf und begann zu lesen.

***

Hark Olufs Vermächtnis

Mein Gott, im Angesicht meines nahen Todes scheint es mir, als hätte ein anderer mein Leben gelebt und ich hätte ihm dabei zuschauen müssen. Es ist wahr, ich habe mir mein Leben nicht gewählt, ich wurde von einem Leben erwählt und musste damit fertig werden, im Guten wie im Schlechten. Und ich denke, der Tod wird mich eines Tages auch nicht nach meinen Plänen fragen und mich einfach hinterrücks morden.

Amrum, in der West-See liegend und zum Stifte Ripen in Jütland, Königreich Dänemark gehörend, im Jahr des Herrn 1754. Mein Name ist Hark Olufs aus Süddorf und mein abenteuerliches Leben währte bis heute 46 Jahre. Ich schreibe dies, um der Wahrheit standzuhalten, in der Hoffnung, dass man mich versteht, in 300 Jahren vielleicht oder mehr, wenn die Menschen fliegen wie die Vögel.

Man nennt mich einen Helden, einen Türken-General, siegreich aus großen Schlachten hervorgegangen. Man zieht den Hut vor mir, verneigt sich vor meinem Geld, fürchtet mich vielleicht auch wegen meiner Andersartigkeit. Es sind eigens Männer nach Amrum rausgekommen, um mich in meiner Türkenhose zu bestaunen, und sie meinten, Gott weiß was über die Schönheit orientalischer Frauen zu hören. Ich habe ihnen allen die Geschichten erzählt, wegen derer sie mich aufgesucht haben, und auch den Pastoren ihre Seelenruhe gegeben, versichert, dass es allein unserem Christengott zu verdanken ist, dass ich überlebt habe und jetzt zu seinem Ruhm ein gottgefälliges Leben führe und ihn preise. Einer verfasste sogar eine erbauliche Geschichte aus meinem Leben, und ich führte ihm die Feder dazu. Jedes Wort, das ich erzählte, war die reine Wahrheit, aber eben nicht die ganze Wahrheit. Mein Leben ist wie ein tausendfach geschliffener Kristall, der funkelt und spiegelt, je nachdem von welcher Seite man ihn beleuchtet. All die vielen Seiten hier sind auch nichts weiter als Lug und Trug. Niemand kann aufrichtig ein Leben in 200, 300 Seiten pressen – was wäre das für ein armseliges Dasein! Und schon gar nicht kann man mit der Wahrheit handeln – sie zu Geld machen, sich Freunde erwerben und die Gunst der Mächtigen.

Ich habe mit der halben Wahrheit gespielt. Und was ich verschwiegen habe, lastet schwer auf mir. Ich bin kein Heiliger! Ich habe die Ehe gebrochen, geschworen, mit dem festen Vorsatz, den Schwur bei nächster Gelegenheit zu brechen, und gleiche eher Petrus in der Stunde, in der er den Herrn dreimal verleugnet hat, ehe der Hahn krähte. Ich bin kein Held! Zu viele sind von meiner Hand und durch meinen Befehl gestorben. Gnadenlos war ich auf meinen Vorteil und mein Überleben bedacht. Nur wer keine Skrupel kennt und ohne einen Moment des Zögerns über Leben und Tod entscheidet, kann zu Macht und Ansehen gelangen. Die Toten sind stumm und klagen nicht an. Ihr kaltes Schweigen macht einen Helden wirklich aus.

Doch bin ich sicher, dass diese Art Sünden jene sind, die mit einer Prise Buße auf Erden mit leichter Hand vergeben werden. Doch selbst die schlimmste aller Todsünden habe ich zu bekennen: Gott nicht zu ehren und andere Götter neben ihm anzubeten. Ich kenne nur einen Gott, der im fernen Arabien Allah heißt und dessen Sohn hier auf Amrum Jesus Christus ist. Nur einen Gott, zu dessen Heiligtum ich bis nach Mekka gepilgert bin und mit dessen Segen man mich hier zweimal christlich getauft hat. Er hatte für mich stets das gleiche Gesicht.

Heute scheint mir, mein Leben wäre anders verlaufen, wenn unser Schiff nur einen Tag später ausgelaufen wäre, wenn wir dem zweiten Gesicht und der bösen Ahnung der Großmutter geglaubt hätten. Doch nichts in unserem Leben ist vorbestimmt, alle Begebenheiten sind eine Kette von Zufällen, gegen deren Grausamkeiten wir aufbegehren. Dennoch ist man geneigt, in der Rückschau alles für eine Fügung oder gar eine Gottesprüfung zu halten, um gerade den außergewöhnlichen Dingen einen Sinn zu geben. Auch auf mich trifft das zu, während ich hier an einem Tisch mit Leinentischtuch und zierlichem Teegeschirr sitzend schreibe und versuche, mir den Schrecken beim Anblick der aus dem Nebel auftauchenden schmutzigen Segel des Piratenschiffs vorzustellen. Für einen Moment hing unser aller Leben in der Schwebe, waren wir alle noch Schiffer aus Amrum, bereit, unsere Ladung in Hamburg zu löschen und unser selbstzufriedenes Leben weiterzuführen. Dabei hatte im selben Moment der Zufall alles entschieden – über die einen bereits ihr Todesurteil gefällt und die anderen zu einem Leben verdammt, das sie sich nie erwählt hätten. Man spricht von Schicksalsschlägen, von gottgewollten Prüfungen, dabei handelt es sich nur um einen Zufall. Ein Zufall, der aus einem Fünfzehnjährigen einen Mörder und aus einem Christen einen Muslim macht.

Ihr wollt alles lesen? Die ganze Geschichte? Vielleicht juckt es euch, euch in Gefahr zu begeben, gar auf meinen Spuren nach Constantine ins ferne Algerien zu reisen? Ich warne euch. Das Land wird euch verschlingen, und ihr seid nie mehr die gleichen wie zuvor. Eine Rückkehr gibt es nicht, auch wenn ihr nach vielen Jahren wieder euren Heimathafen anlauft. Und selbst die Erinnerung an schöne Tage wird euch Schmerzen und Qualen bereiten. Macht, was ihr wollt – ich schreibe die Geschichte nur für mich und meine Seele. Im Namen des Dreieinigen, des Gottes, des Vaters und des Sohnes! Lâ ilâha illâ llâh; Muhammadan rasûlu llâh![*]

Eine Liebe zum Abschied

Mit dem Wind im Gesicht stapfte ich den Dünenweg hinauf. Da schrie jemand hinter mir her. Ein Mädchen. Es war Antje Lorentzen, die Tochter des Steuermanns Lorenz Wögens und seiner Frau Jung Ellen aus Süddorf. Sie winkte mir mit beiden Armen. Ich wusste nichts damit anzufangen, wollte lieber allein sein an diesem letzten Tag vor meiner Abreise, winkte zurück und ging jetzt auf der anderen Dünenseite abwärts zum Strand, wo Holz und Abfälle zu kleinen Pyramiden aufgeschichtet bereitstanden, um zum jährlichen Biaken[**] in die Dörfer geschafft zu werden. Auf dieser Seite der Düne konnte ich sie nicht mehr sehen, aber ich wusste, sie war da, hatte mir gewinkt, und ich hätte wenigstens warten sollen. Vorbei war es mit der Strandeinsamkeit, meine Ge-

---

[*] Es gibt keinen Gott außer Allah, und Mohammed ist sein Prophet!
[**] Heute gebräuchlich „Bikebrennen" im Februar.

danken kreisten um sie, wie sie hinter mir hergekommen war und gewinkt hatte. Ich schalt mich einen Narren: Mädchen! Was hatte ich noch mit alldem zu schaffen, den Mädchen, dem Biaken? Morgen wäre ich wieder für Monate weg von zu Hause und auf dem Schiff. Doch jeder Schritt fiel mir schwerer, als ginge ich in Ketten. Bis auf wenige Wachen, die jedes Dorf zurückgelassen hatte, damit niemand das aufgeschichtete Holz vorzeitig anzünden konnte, denn das war ein beliebter Wettstreit, war der Strand verlassen. Ich grüßte ein paar bekannte Gesichter aus der Ferne und lief, als gälte es, etwas Wichtiges zu besorgen, nur um nicht angesprochen zu werden.

Weiter Richtung Süden gehörte der Strand mir allein. Doch der Wind blies mir fletzig ins Gesicht. Die Haut spannte und brannte. Ich lief auf den Kniepsand zu, der sich wie eine kleine Insel aus der Flut erhob. Die See riss ihr geiferndes Maul auf und rollte heran, schäumte tosend vor meinen Füßen und trug einen eiskalten Hauch aus der Tiefe. Der nasse Sand funkelte im faden Sonnenschein wie 1000 winzige Eiskristalle. Ich schaute hinaus auf das brüllende Wasser, dessen eisige Kälte mich schon beim Anblick frösteln ließ. Was wollte ich hier allein? Stapfte Muster in den glatten, gewaschenen Sand. Ich spürte, wie die Füße kalt wurden, schüttelte sie aus, hüpfte abwechselnd von einem Bein auf das andere und schlug mit den Armen um den Oberkörper, um wieder warm zu werden. Verdammt, was wollte ich hier? Ab morgen wieder eingesperrt in der Enge der Schiffswanten mit ein paar Schritten zwischen Backbord und Steuerbord – war diese Strandeinsamkeit die richtige Art, den letzten Tag zu verbringen? Ich grinste, als ich an meine Freunde dachte, die ganz sicher anderes im Sinn hatten. Was hatte Nick geflüstert von Rum und feurigen Weibern? Angeber, alter Aufschneider! Wenigstens den Rum würde er besorgt haben. Zurück in Süddorf, um noch einmal meinen Seesack zu prüfen, dass ja nichts fehlte, würden er und seine Kumpanen schnarchend in der Ecke liegen und morgen stinken wie eine Kloake. Morgen, morgen…

Da rief mich Antje erneut. Sie rief: „Hark!" Und noch etwas, was vom Wind und dem Tosen der Wellen verschluckt wurde. Ich entdeckte sie oben auf einer Düne. Ihre blonden Haare wehten im Wind und schlugen ihr immer wieder in Strähnen vors Gesicht.

Ich verließ den Meeressaum, ging ein paar Schritte strandeinwärts und blickte zur Düne hoch. Antje war allein und kam jetzt heruntergelaufen, direkt auf mich zu. Sie war den ganzen Weg hinter mir her gelaufen. Nur meinetwegen. Ich verbat mir jeden weiteren Gedanken in diese Richtung. Morgen werde ich nicht mehr hier sein. Morgen… Aber vielleicht wäre sie ein guter Grund, Heimweh zu haben, sich nach einer baldigen Rückkehr zu sehnen und nicht nach Abenteuern.

„Das Wasser ist verdammt kalt!", schrie ich ihr entgegen, als sie näher kam, und schämte mich dafür. Verdammt kalt – verdammt einfallslos… Ihre Augen zu scharfen Schlitzen zusammengepresst, lief sie gegen den Wind und stand dann neben mir. „Nimmst wohl schon Kurs." „Nee, ist doch nichts Aufregendes. Ich meine, nur so'n Handelsschiff. Könnte genauso gut dableiben…" So war ich damals, fand das alles nicht zu bedeutend, meinte, fast alles besser machen und alle Abenteuer bestehen zu können, wenn man mich nur ließe. Wollte sagen, wenn ich mit den Walfängern von der Nachbarinsel Föhr auslaufen würde, angetan mit Nagelschuhen das Harpunieren lernen und mein Leben riskieren bei diesem gefährlichen Handwerk, ja, dann hätte ich ganz sicher Kurs genommen, aber so? Schiffsjunge auf einem Handelsschiff. Aber gesagt habe ich schließlich doch nichts, nur meine Gedanken verschluckt und blöd und aufgeblasen dagestanden.

„Kannst ja dableiben, ich gäbe was drum, fahren zu dürfen", erwiderte sie halblaut, ein wenig traurig, und ich blickte ihr ins Gesicht, sah ihre Lippen, spröde und rau vom Wetter und Salz in der Luft und ihre rot gefrorenen Wangen.

„Ich habe mir den Knöchel verstaucht, als ich gerade die Düne runter bin", sagte sie. „Könntest du mal nachschauen, ich glaube, der Knöchel wird dick."

„Und was, wenn ich nachschaue und der Knöchel tatsächlich dick wird?", dachte ich. „Bin ich Arzt?" Ich schaute ein wenig hilflos drein, zögerte, mir war das Ganze peinlich. Ich war nicht der Typ, der Mädchen den Rocksaum anhob, um ihre nackten Waden zu berühren. Antje wartete und ihre Augen sprangen unruhig hierhin und dorthin. Schließlich hob sie die Röcke vorn höher, als es erforderlich gewesen wäre, und mein Blick konnte sich nicht von ihren weißen Oberschenkeln losreißen.

„Nun, siehst du was?"

Ich fühlte, wie ich vor Verlegenheit rot wurde bis über beide Ohren. Ging rasch auf die Knie und schaute so intensiv auf ihre Füße, dass ich dort auch noch jeden Sandfloh ausgespäht hätte, nur um nicht wieder auf ihre weißen Schenkel starren zu müssen. „Quatsch, der Knöchel ist völlig in Ordnung." „Wenn du das sagst, muss es ja stimmen!" In ihrer Stimme klang ein wenig Spott mit. Sie hatte kleine, kräftige Füße, schlanke Waden. Für einen Moment vergaß ich mich, strich zart mit dem Handrücken von der Kniekehle über die Waden bis zu den Füßen, wischte den Sand von der zarten Haut. Sie sagte nichts, hielt noch einen winzigen, unschicklichen Moment still, dann ließ sie ihre Röcke fallen – und vorbei war der Zauber.

Danach ging sie mit mir am Strand entlang, und ich guckte, ob nicht am Kniepsand etwas zu entdecken wäre, worüber man reden könnte. Ich fand nichts. Kein Strandgut, nicht einmal irgend einen winzigen Abfall, nichts. Nur Möwen, vier, fünf und in Schwärmen. Die waren aber wie die Landschaft und bedurften keiner Erwähnung. Weiter hinten die Pyramiden fürs Biaken. Darüber könnte man reden. Aber wie anfangen? Ich blickte verstohlen zur Seite. Antje bemerkte es, schaute mich mit ihren großen blauen Augen an, lächelte, und ich sagte nur verwirrt: „Das wird schöne Feuer geben, dieses Jahr. Haben viel zusammengetragen."

„Sieht so aus. Wenn niemand das Holz vorher abfackelt und die Mühe umsonst war." Sie wirkte geradezu ausgelassen entspannt. „Und dein Knöchel? Wollen wir lieber zurück?" Mein Gott, hatte ich wirklich „wir" gesagt? Ich spürte, wie meine Ohren heiß wurden, und setzte, so gut es ging, möglichst gleichgültig hinzu: „Ich begleite dich gerne." Dann kam mir die Frage, die ich eigentlich schon längst hätte stellen wollen: „Warum bist du hinter mir hergelaufen? Ich dachte schon, du könntest mich nicht leiden."

Jetzt blinzelte sie verlegen zur Seite: „Nur so." „Nur so? Den ganzen Weg von Süddorf hier raus?"

Sie antwortete nicht mehr darauf, und ich bückte mich nach einer länglichen blauschwarzen Muschel, die noch geschlossen war. „Vielleicht ist eine Perle drin. Ein Schatz, was meinst du?" „Nicht doch, wirf sie zurück ins Meer. Das bringt dich rasch wieder zurück." Antje wurde zusehends verlegen.

„Ist dir das wichtig?" Wieder ein scheuer Seitenblick von mir. „Du glaubst dran?" – „Du bist mir wichtig. Warum meinst du, bin ich sonst den ganzen Weg rausgelaufen zu dir." Jetzt war's raus, endgültig. Ich hatte keine Erfahrung mit diesen Dingen. Ich lernte nun seit zwei Jahren den Beruf des Schiffers, und an Bord gab es für Gefühle dieser Art keinen Platz. Wie ein Kiesel flog die Muschel flach und weit durch die Luft auf das offene Meer. Eine Möwe drehte plötzlich ab, schnappte im Sturzflug nach der Muschel. „Zählt die Möwe auch für meine Rückkehr oder muss die Muschel überleben?"
Antje lachte über den Zwischenfall.
„Wenn du das so lustig findest, werde ich wohl in einer Woche wieder zurück sein." – „Ach du." Der Wind flaute ab, und die Sonne gewann noch einmal an Kraft und wärmte sogar ein wenig. In einer Sandkuhle zwischen zwei Dünen gruben wir uns sicher geschützt ein, lagen jetzt nebeneinander und blickten über den Rand Richtung Kniepsand. Ein schläfriger Winter, kaum Stürme, die weißen Wolken, jetzt am blauen Himmel aufgehängt, spazierten träge Richtung Festland. Wir redeten kaum, unsere Gegenwart war uns genug. Mein Herz wurde still, meine Gedanken ruhig, und ich hätte ewig neben ihr liegen mögen und den Möwen auf Krebsjagd zuschauen können. Sie hockte sich auf ihre Fersen. „Mir wird kalt." Ich schaute sie an, ihre weichen Gesichtszüge, die hellen blauen Augen, ihre vom Wind zerzausten hellblonden Haare, schaute sie an, wie ich sie noch nie gesehen hatte. Sie schien mir auf eine Art schön, dass ich sprachlos wurde. Dabei kannte ich sie schon immer, wohnten wir doch Tür an Tür.
„Ich muss bald denken, ich gefalle dir nicht." Ihre Stimme halb geflüstert, aber deutlich genug, um nicht vom Wind verschluckt zu werden. Ich spürte, dass jetzt etwas geschehen musste, mein Herz schlug schneller, aber mein Kopf war ein einziger Hohlraum, in dem es jetzt aufgeregt brauste. „Ich will mich nicht aufdrängen, hörst du?" Antje machte Anstalten aufzustehen, wirkte mehr enttäuscht als verärgert.
„Warte. Bitte sei mir nicht böse."
Sie zögerte, schaute auf mich herunter, wie ich so dalag, schaute mit einem wissenden Blick, so wie sie ein interessantes Insekt beobachten würde. Ich versuchte es mit der Wahrheit, da ich mir

dachte, das sei ich ihr schuldig. „Weiß nicht, was ich machen soll. Ich bin halt so. An Bord wird nicht viel geredet über so was. Ich hatte auch noch kein Mädchen." Jetzt raste mein Herz. Sie würde doch nicht lachen und mich für einen uninteressanten Hosenscheißer halten? Aber sie blieb hocken in der Sandkuhle, hatte nur Augen für mich, ihr Blick war eine einzige Frage.

Ich hatte bloß Angst, etwas falsch zu machen. Doch der Druck wuchs in mir mit jeder Sekunde des Schweigens, des Verharrens, des Schauens. Irgendwann hielt ich es nicht mehr aus, schnellte hoch, griff mit beiden Händen nach ihrem Kopf, presste meine Lippen auf die ihren, die sich ein wenig öffneten und mir zu meiner Überraschung entgegenkamen. Ich schmeckte das Salz auf ihren Lippen. Sie roch nach Seife, und am liebsten hätte ich sie eng an mich gepresst, geküsst, gestreichelt, ohne jemals aufzuhören. Doch mit einem Ruck riss ich mich los, atemlos geworden und stolz zugleich, dass ich mich getraut und sie geküsst hatte. Eine sanfte Brise kühlte den Kopf. Antje schob ihre Hand unter meinen rechten Arm, der jetzt beschäftigungslos neben dem Körper pendelte wie eine offene Frage. Ich spürte den Druck ihrer Finger und endlich fand ich meine Sprache wieder: „Ich habe dich schon immer gemocht, Antje. Aber ich habe nicht gewusst, dass du so hübsch bist."

Antje sprang auf und zog mich ausgelassen hinter sich her, um sich mir im nächsten Moment überraschend an die Brust zu werfen, ihre Unterarme eng um meinen Nacken geschlungen, um meinen Mund und die Wangen mit kleinen Schmetterlingsküssen zu überschütten. Dann sprang ich wie wild geworden mit meinem Herz um die Wette und vollführte vor überschäumender Lebensfreude Purzelbäume auf dem Strand.

Wie selbstverständlich überließ sie mir ihre Hand, die ich fest umschloss. Sollten es nur alle sehen, dass Antje zu mir gehörte! Vor dem Ortsrand von Nebel zog sie mich hinter eine Scheune. Es dunkelte schon, wir waren spät dran. Ich wunderte mich noch, wollte sie wieder küssen, doch sie knöpfte ihr Kleid oben vom Hals bis zur Brust auf, nahm das Schultertuch ab, griff dann nach meiner rechten Hand und schob sie langsam unter den Kleiderstoff. Ich fühlte ihre kleine Brust, wie sie sich warm und weich in meine Handfläche schmiegte, fühlte, wie Antje heftiger atmete, fühlte meine eigene Erregung, wusste nicht wohin. Dann flüsterte sie zärtlich: „Das ist mein Geschenk für dich, damit du mich nicht vergisst. Ich liebe dich, Hark Olufs. Auch wenn ich zu jung dafür bin und nichts davon verstehe. Ich verspreche dir, dass ich dich immer lieben werde."

Ich schluckte, streichelte mit dem Daumen ganz zart ihre Brust. Sie kicherte, es schien sie zu kitzeln. „Du wartest auf mich, ganz bestimmt?" – „Ich gehöre nur dir. Und du bleibst mir treu." Es folgten noch weitere Liebesschwüre und verzweifelte Küsse, getrieben von Leidenschaft, Erregung und dem wachsenden Abschiedsschmerz.

Schließlich schob Antje mich mit ihrer rechten Hand von sich, knöpfte sich das Kleid wieder zu und sagte mit noch etwas unsicherer und leiser Stimme: „Nun lauf schon zum Kirchhof. Ich warte auf dem Weg auf dich. Mach, bevor es ganz dunkel wird."

„Woher weißt du?" Ich war verblüfft.

„Hark, ich weiß vieles über dich. Auch, dass du am Abend vor deiner Abreise zum Friedhof gehst, um Abschied zu nehmen. Ich liebe dich schon lange."

Ich lief also voraus zur St. Clemens Kirche, die geduckt ohne Kirchturm und Glocken auf dem Gottesacker stand. Das Wattenmeer dahinter lag schon im nachtschwarzen Nebel. Fröstelnd stand ich am Grab meiner Mutter Marret, die vier Wochen nach meiner Geburt gestorben war und an deren Tod ich mich als Kind immer schuldig gefühlt hatte. Meinetwegen hatte sie ihr Leben gelassen. Das lastete wie eine schwere Verpflichtung auf mir, und Vater ließ es mich mehr als einmal spüren, wenn ich seinen Vorstellungen nicht entsprach oder über die Stränge geschlagen hatte.

Ich stand jetzt dort, starrte auf den Grabstein, dessen Buchstaben in der Dunkelheit nicht richtig zu entziffern waren, und dachte nur an Antjes Brust in meiner rechten Hand, an unsere Küsse, an das Versprechen. Ich seufzte, bat schließlich meine Mutter um ihren Segen für diese Liebe und meine Heimkehr, bekreuzigte mich und trat seitwärts an das Grab meines älteren Bruders Peter Olufs, der vor vier Jahren plötzlich gestorben war und nicht einmal so alt werden durfte, wie ich heute war.

Auch ihm gegenüber fühlte ich mich verpflichtet, denn seit seinem Tod genoss ich Vaters Aufmerksamkeit und Gunst als einziger Sohn. Sein Tod hatte mich für die Familie wertvoll gemacht, und man begegnete mir das erste Mal in meinem Leben mit mehr zärtlicher Aufmerksamkeit und Besorgnis als mit Strenge. Das hatte ich Peter, meinem Bruder, zu verdanken, der Platz gemacht hatte für mein Leben, und ich würde ihm, der manche Begabung zum Seefahrer hatte und in dem jeder den zukünftigen Kapitän sah, zum Dank keine Schande machen. Sein Tod verpflichtete mich zum Erfolg, wie sehr ich auch manchmal zweifelte, ob ich an Bord des Handelsschiffs meines Vaters glücklich werden würde.

Hier stand ich nun und vollzog das alljährliche Ritual, indem ich die Hände faltete und meinen Bruder einfach um Kraft und Verstand bat und darum, dass er mich vor allem Unglück und bösem Fieber bewahren würde. Aber auch diese Zwiesprache mit dem Toten fiel kurz und rasch dahingemurmelt aus, denn ich sah Antje bereits am Friedhofstor warten.

Das zweite Gesicht

Mein Vater Oluf Jensen erwartete mich bereits in der Tür mit der Handlaterne in der Hand. Er blickte Antje verstimmt hinterher, die artig knickste, grüßte und sich jetzt beeilte, nach Haus zu kommen. „Weiberröcke", knurrte er, „bisschen früh für so'n Kram, mein Sohn."

Ich hätte gern etwas erwidert, hielt es aber angesichts der Tatsache, dass ich mich den ganzen Tag herumgetrieben hatte, für ratsamer zu schweigen. Da torkelte auf dem Sandweg mitten durchs Dorf ein Betrunkener und sang laut und schräg Seemannslieder der anzüglichen Art, wenn man die Katzenlaute für Gesang halten mochte.

„Jens! Jens Nickelsen! Brauchst du Hilfe?", rief ich dem älteren Bruder meines besten Freundes zu. Statt einer Antwort fiel er auf die Knie und begann zu würgen. „Lass ihn. Der findet schon nach Hause", sagte mein Vater, fasste mich bei den Schultern, und ich wusste, spätestens jetzt war das kleinere Übel, die Weiberröcke, abgehakt. „Die Gundel ist krank. Du sollst noch Sachen für den Kapitän mit an Bord nehmen, und sie will dich sehen." Im Stehen nahm ich vom aufgewärmten Haferbrei auf dem Ofen, trank vom Tee und folgte meinem Vater zu meiner Schwipptante, wie ich sie nannte. Sie war die Frau meines Patenonkels – also irgendwie mit mir verwandt, wie so ziemlich jeder mit jedem verwandt ist auf unserer Insel – spätestens im Vollrausch oder wenn es etwas zu feiern gab, erinnerte man sich heftigst an irgendeinen Grad der Verwandtschaft. Das hat auf Amrum Tradition.

Meine Schwipptante mochte damals schon um die 60 Jahre alt gewesen sein, hatte einen Narren an mir gefressen und vertrat – wie sie erklärte – meine verstorbene Großmutter. Denn Großeltern seien wichtig für das Leben und die Einsichten junger Leute, meinte sie. Sie pflegte häufig ihre Krankheiten und verlangte noch häufiger, mich zu sehen. Daher dachte ich mir nichts dabei, als mein Vater und ich vor dem schmucken Haus standen und anklopften.

Sie saß aufrecht im Bett, gestützt von dicken Kissen im Rücken. Ihre weiße Haube mit fein gewirkten Spitzen klebte ihr schweißnass am Kopf. Das Bett stand zwar in der Ecke des Raumes, aber ich spürte sofort, dass sie der Mittelpunkt des Hauses, der Anlass für alle hier Versammelten war. Ihr Blick richtete sich in eine weite Ferne, kam zurück, dann wanderten der linke und rechte Augapfel in unterschiedliche Richtungen, dass niemand mehr zu sagen gewusst hätte, wohin sie schaute und ob sie überhaupt noch etwas sah. Speichel tropfte ihr vom Kinn, denn der Mund stand schief in den Gesichtszügen und schloss nicht mehr richtig. Ich blickte in ein vertrautes und doch fremdes, unbekanntes Gesicht, die seltsam fratzenhafte Maske voll Hoffnungslosigkeit und Erschrecken. Ihre Lippen bewegten sich jetzt schnell, als sie den Kopf hin und her warf, und dumpfe, stöhnende Laute erfüllten die Kammer wie das Heulen eines Sturms.

Ich versuchte wegzuschauen, nahm die Kräuterbüschel wahr, die man zur Abwehr von Krankheiten unter die Zimmerdecke gehängt hatte, roch ein Gemisch aus Schweiß und Schnaps. Und tatsächlich standen neben der Tür, durch die wir eingetreten waren, mehrere leere Flaschen. Hierzulande heilt man mit Hochprozentigem, trank bei Krankheit, um die schlechten Körpersäfte zu besänftigen, rieb schmerzende Gelenke und den Rücken ein. Es gibt Menschen, die behaupten, Insulaner würden bei jeder Gelegenheit in Schnaps baden, innen wie außen, und bei Lichte betrachtet, je älter sie würden, desto mehr bestünde ihr ganzer Körper aus Schnaps. Dies ist natürlich eine Lüge, zumindest eine grobe Übertreibung, denn hochprozentiger Alkohol ist, selbst in eigener Herstellung, teuer genug, um nicht der alltäglichen Maßlosigkeit anheim zu fallen. Andererseits ist wohl bis heute niemandem bekannt, dass der Aderlass der Doktoren auf dem Festland größere Erfolge und weniger Todesfälle zur Folge gehabt hätte. Auf den Inseln jedenfalls hält man die vom Festland deswegen durchweg für blutleere Geschöpfe. Ausnahmen bestätigen die Regel – und das wahrscheinlich nur, weil es nicht genügend Ärzte gibt, um jeden auf dem Festland zur Ader zu lassen.

Doch ehe ich meine lebensphilosophisch-medizinischen Betrachtungen bis zu irgendeinem Ende verfolgen konnte, machte Gundel Erken eine schwache Kopfbewegung, richtete ihre Augen mit großer Aufmerksamkeit abwechselnd auf mein und meines Vaters Gesicht und hatte dabei den ungläubigen, verzweifelt flehenden Ausdruck eines erschreckten Kindes, das sich allein und verlassen im Dunkeln eingeschlossen fand. Ihr Mund öffnete und schloss sich, ihr Atem ging rasselnd. Plötzlich schluchzte Gundel Erken mit herzerweichender Stimme lauthals auf: „Mein Gott, der Junge, der Junge! Verloren alles! Seine Liebe, seine erste Liebe, seine Heimat, große Gefahr! Mein Gott!" Ihre langen, knochigen Hände zogen die Decke bis unters Kinn, als gälte es, Eis und Schnee abzuwehren. Einzelne Tränen, große dicke Tränen, quollen ihr aus den Augenwinkeln und fielen wie Regen auf die Wolldecke. Ich fühlte, wie sich eine quälende Angst mit beklemmendem Druck auf mein Herz legte. Woher wusste sie von Antje, wo ich selbst bis vor wenigen Stunden nichts von der Liebe hätte sagen können? Mit der Gefahr, von der sie sprach und der verlorenen Heimat meinte sie mich, ausschließlich mich!

„Sie hat das zweite Gesicht! Sie blickt in die Zukunft! Wir sind verloren!" Die Stimme kam aus dem hintersten, finstersten Winkel der Stube. Erst jetzt bemerkte ich Jürgen Oksen von Föhr, der morgen mit an Bord gehen würde und schon am Tag vorher angereist war, um bei uns zu übernachten. Sein weißes Gesicht und die weit aufgerissenen Augen starrten auf die Bettstatt mit der alten Frau.

„Unsinn! Spökenkiekerei das alles! Sie fantasiert im Fieber!", antwortete Riewert Peters, der Steuermann der »Hoffnung«, dem Dreimaster meines Vaters, der in Hamburg vor Anker lag und auf uns wartete.

„Ich lese euch morgen aus dem Kaffeesatz, wann euch euer Kapitän das erste Mal wieder den Hosenboden stramm ziehen wird. Diese Art Zukunft ist wahrlich nicht schwer vorherzusagen…", setzte mein Vater heftig hinzu. Das waren gestandene Männer, die schon allerhand von der Welt gesehen hatten, und das gab Zuversicht. Nur fiel nicht ihre Reaktion eine Spur zu heftig aus, so, als seien sie sich ihrer Sache jedenfalls nicht mehr ganz sicher?

„Sie hat das zweite Gesicht, wenn ich es doch sage! Auf Föhr hatten wir auch einen Mann, der hat im letzten Jahr den Untergang…", Jürgen Oksen ließ sich nicht beruhigen. „Schaff den Burschen vor die Tür!", schnitt mein Vater ihm barsch das Wort ab, und Riewert Peters packte den Jungen grob an den Schultern, um ihn nach draußen zu befördern.

Für einen Moment wurde es gespenstisch still. Nur der keuchende und rasselnde Atem von Gundel Erken und das beruhigende Murmeln ihres Mannes Nickels Volkert Flor, der nicht von ihrer Seite wich, erfüllten den Raum.

„Muss sie sterben?", war meine bange Frage. Sie tat mir unendlich leid. Auch ich kämpfte mit meinen Tränen.

„Sterben müssen wir alle", antwortete mein Vater unberührt, und ich dachte noch, dass er als Seemann so manchen hatte sterben sehen. „Aber Gundel wird schon wieder auf den Beinen sein, wenn du hier anlandest, mein Sohn", fügte er beschwichtigend hinzu.

„Licht, bringt bitte die Lampe hier ans Bett…", mit letzter Kraft presste sie die Worte hervor, schien aber jetzt klar und bei Sinnen zu sein.

Riewert Peters trat wieder hinzu: „Du hast nur schlecht geträumt, Gundel, Oluf Jensen und sein Sohn Hark sind hier." Mein Vater stellte die Öllampe in die Nähe des Bettes. Mit unerwarteter Heftigkeit griff Gundel Erken nach seinem Arm und krallte sich an ihm fest.

„Oluf Jensen! Die »Hoffnung« muss wenigstens eine Woche später auslaufen! Besser: behalte deinen Sohn für ein paar Wochen hier. Lass ihn nicht fort!" Dann zum Steuermann gewandt in schierer Verzweiflung: „Um Gottes willen! Fahrt nicht raus!"

Die Männer packten sie und versuchten sie zu beruhigen. Aber das Grauen stand ihr ins Gesicht geschrieben. Ihr Toben und ihre Verzweiflung nahmen noch an Intensität zu. Ich hätte dieser alten, kranken Frau nie im Leben eine solche Kraft zugetraut. Auch ich versuchte beruhigend auf sie einzuwirken, obwohl mir unheimlich wurde und ich mich fürchtete. „Mir wird nichts geschehen. Ich weiß es. Alles wird gut…"

„Mein armer Junge, sie werden nicht auf mich hören und alles verlieren. Alles, hörst du? Wenn du eines Tages wieder nach Amrum zurückkehren willst, präg dir die Insel gut ein. Egal was passiert, bleib an der Reling und halte Ausschau auf die brennenden Holzstapel, lass sie nicht aus den Augen, bis dass das Meer dir keinen Blick zurück mehr ermöglicht. Ich bete für dich, dass dies reicht. Welch ein Unglück! Mein armer Junge!" Mit einem Ausruf, der wie ein Seufzer klang, fiel sie in tiefe Bewusstlosigkeit. Ihr Mann Nickels Volkert Flor sprang hinzu, wischte ihr mit einem feuchten Tuch den Schweiß aus dem Gesicht. Er rechnete mit dem Schlimmsten.

Die Männer standen noch vor der Tür beisammen, ehe man sich verabschiedete. Jürgen Oksen und ich warteten in gebührender Entfernung und mit mulmigem Gefühl, denn das, was wir gerade in der Stube erlebt hatten, mochte Kaffeesatzleserei, mochten Fantasien im Fieberwahn gewesen sein, aber uns wäre wohler gewesen, die Fahrt hätte unter einem besseren Vorzeichen gestanden. Wir versuchten zu lauschen, was mein Vater, unser Steuermann Riewert Peters und Nickels Volkert Flor, der Bruder unseres Kapitäns, zu bereden hatten, und schnappten einzelne Sätze und Wortfetzen auf.

„So weit kommt es noch, dass wir die Fahrt verschieben wegen der Spintisirereien einer alten Frau! Wir haben Verträge!" „Sicher, solch große Sachen hat sie noch nie gesehen. Den Hundebiss während der Ernte vor einem halben Jahr, das Unwetter, vor dem wir im Oktober unsere Boote in Sicherheit gebracht haben. Aber, ehrlich, ich weiß nicht, was ich dazu sagen soll…" Nickels Volkert Flor schien verunsichert.

„Ich hab's doch gesagt, sie hat das zweite Gesicht! Oh Gott, wir sind verloren..." Jürgen Oksen, der wie ich als Schiffsjunge auf der »Hoffnung« meines Vaters angeheuert hatte und, weil er einige Jahre älter war, jetzt in seiner ersten Saison als vollwertiges Besatzungsmitglied auf die Fahrt gehen sollte, konnte seine Angst nicht mehr zurückhalten. Ich ertrug seine Schwarzmalerei nicht länger und fuhr ihn an, er solle sein Maul halten, denn ich wollte alles erfahren, was zwischen den Männern gesprochen wurde.

„Wenn sie nun Recht hat? Wenn sie Dinge sieht, die eintreffen könnten, Gefahren, die alles infrage stellen? Ich meine, es ist doch nicht ausgeschlossen..." Nickels Volkert Flor schien den Erscheinungen seiner Frau Gundel größere Bedeutung beizumessen.

„Volkert, nun hör auf... Wir hatten in diesem Winter eine stabile Wetterlage. Das sieht nicht nach Stürmen aus." Oluf Jensen stopfte seine Pfeife, ehe er weitersprach. „Und den Kurs bestimmen wir. Wir nehmen zurück die sicherere Route in der Nähe der englischen Kanalinseln. Was meinst du, Riewert Peters?"

Der Steuermann nickte: „Spökenkram. Habe noch nie Korsaren gesehen auf all meinen Fahrten. Kapitän Ricklef Flor wird auch keinen Aufschub dulden."

Korsaren! Jetzt war das Wort gefallen, das in den Knochen steckte und mir das Blut in den Adern gefrieren ließ. Ich wusste, dass die »Hoffnung«, der stolze Dreimaster meines Vaters, erst vor kurzem ziemlich teuer mit Heckgeschützen nachgerüstet worden war. Die Gefahr, in die Hände von Piraten zu fallen, gab es wirklich.

Jürgen Oksen schüttelte es jetzt geradezu vor Angst, dass mein Vater ihm erst eine Ohrfeige versetzen musste, die ihn drei Schritte rückwärts taumeln ließ, ehe er sich besann und bei der Kiste anpacken half, die morgen für Kapitän Ricklef Flor mitgenommen werden sollte. Der Kapitän war bereits auf dem Schiff im Hamburger Hafen, überwachte die Fracht und stellte die Mannschaft zusammen. Wir würden ihm sein restliches Gepäck zusammen mit der Nachricht von der Gefahr bringen, und er würde ein Einsehen haben, später oder vielleicht überhaupt nicht auszulaufen... Antje... Der Sommer auf Amrum mit ihr... In meinem Kopf und Körper jagten sich widerstreitende Gefühle. Und wie bei einer Sanduhr schien meine Fähigkeit, kühl zu analysieren, in dem Maße abzunehmen, in dem meine chaotische Gefühlssituation zunahm.

Ein Schiff, beladen mit Sehnsucht und Angst

Kaum lagen wir in der Nacht endlich in den Betten, als Jürgen Oksen schon das Fantasieren anfing und im Schlaf redete. Nicht nur, dass ich in dieser letzten Nacht vor der Abreise mein Bett mit einem aus Föhr teilen musste, dieser Mensch redete einen auch noch im Schlaf viereckig! Ich tat kein Auge zu und hockte mich, eine Decke um die Schultern geschlagen, auf einen Stuhl in der Stube und starrte in die finstere Nacht.

Kanonendonner grollte aus der Ferne, Schüsse wie Blitze durchzuckten meine Fantasie, und ich beschäftigte mich damit, den Umgang mit Säbel, Messer und Degen zu erlernen. Dann verbat ich mir jede Angst auf das Entschiedenste und spürte Antjes kleine, weiche Brust in meiner Hand, schmeckte ihre Küsse auf meinen Lippen, roch in ihrem Haar. Schlaflos brach ich gegen Morgen noch in absoluter Finsternis als erster auf, verlud die Kiste und unsere Seesäcke auf den Leiterwagen, weckte Jürgen Oksen und spannte das Pferd an.

Natürlich hoffte ich, Antje noch einmal zu sehen. Aber ich wusste auch, dass wir nicht einfach aufeinander zulaufen und die Zärtlichkeiten des vergangenen Tages in aller Öffentlichkeit wiederholen konnten. Das schickte sich nicht, und vor allem Antje wäre ins Gerede gekommen. Wenn ich damals gewusst hätte, welch lange Trennung vor uns lag und welch lebensgefährliches Abenteuer, ich hätte auf alle Schicklichkeit geschissen und hätte sie geküsst und gedrückt, dass allen die Luft weggeblieben wäre.

Hätte, könnte, wollte – ich hielt mich an die Spielregeln und trug ein ebenso düsteres Gesicht zur Schau wie das Wetter in dieser abziehenden Nacht. Temperaturen um den Gefrierpunkt, starker Wind und Schneeregen. Der Abschied sollte uns nicht leicht gemacht werden. Zu allem Überfluss schien der gute Jürgen Oksen, der unterwegs die sturzbetrunkenen Nickelsen-Brüder auf den Leiterwagen verfrachtete, ausgezeichneter Laune zu sein und beschrieb mir wort- und gestenreich Brüste und Hintern seiner Edda, eines Liebchens, das er schon einmal nackt gesehen haben wollte.

Da ertönte es von hinten: „Die Edda Sörensen, du Schwerenöter und Aufschneider? Sag nur, die Edda vom Amtmann aus Husum?" „Da kann er noch lange von erzählen. Wers glaubt! Die trägt die Nase so hoch, dass sie sich von den Hausmädchen die Schuhe binden lässt", antwortete Hark seinem Bruder Jens. Und dieser wieder zurück: „Wen die unters Mieder schauen lässt, der muss eine verdammt gute Partie sein." Und wieder Hark: „Aber eine gute Partie war unser Jürgen Oksen von Föhr schon immer. Ganz besonders für den Kabeljau, wenn er grün im Gesicht über der Reling hängt und kotzt." Infernalisches Gelächter.
„Schnauze, sag ich! Die Edda steht auf richtige Kerls und nicht auf so blutleer gewordene Scheißer mit Grütze im Kopp aus Husum! Und wenn ihr jetzt noch ein Sterbenswörtchen verliert, könnt ihr zu Fuß laufen und euren Kram selber schleppen." Dann holte er Luft und meinte augenzwinkernd zu mir: „Ich habe euch zwei gesehen, Händchen haltend und knutschend. Ein hübsches Gesicht hat sie ja. Der Rest wächst sich noch aus."
Ich beschloss, ihn einfach nicht zu warnen, sondern schlug ihm, der mich gut einen halben Kopf überragte, einfach die Nase blutig, und es wäre nicht dabei geblieben, wenn nicht mein Vater angelaufen gekommen wäre und uns Streithähne auseinander gebracht hätte.
Wir sahen aus wie die Schweine, weil wir uns im Dreck des aufgeweichten Weges gewälzt hatten, aber es ging mir besser. Mein Wutausbruch vertrieb mir die Angst und die Müdigkeit, und ich führte das große Wort in der Gruppe, wahrscheinlich um endlich meine eigene Stimme zu hören, um mir zu sagen, dass ich noch lebte, dass nichts geschehen war und nichts geschehen würde. Denn in Wahrheit war ich feige, auf alles aus, nur nicht auf Abenteuer – und für solch einen hilft nur die Flucht nach vorn. Solch einer wird mehr Draufgänger als jeder andere, nur um sich selbst zu beweisen.
So einer war ich damals nach dieser durchwachten Nacht. Solange ich meine Stimme hörte, glaubte ich alles. Bis endlich mein Vater mir einen Schlag auf den Hinterkopf gab und meinte, es sei ja nicht auszuhalten mit mir, ob ich nicht endlich die Klappe halten könnte, er sei heilfroh, nicht mit einem solchen Maulhelden die Zeit an Bord verbringen zu müssen. Das fühlte sich recht grob an,

also schwieg ich und machte mir große Gedanken zu einer kleinen Insel, auf der ich zu Hause war, einem Fliegenschiss eigentlich, wenn man die Welt betrachtete, Krämerseelen und Fischer eben. Ich war einer von ihnen.

Der Himmel färbte sich grau, und der Wind blies noch heftiger, als wir am Hafen von Steenodde ankamen. Zwei große Holzstapel brannten schon, um die sich viele Menschen versammelt hatten, um Abschied zu nehmen. Nach dem Biaken fuhren die Schiffe alljährlich raus in die Welt, das hatte Tradition, und fast jeder war auf den Beinen, um Abschied zu nehmen.* Aus der Ferne erkannte ich die kräftige Gestalt unseres Steuermanns Riewert Peters, der an der Reling unseres Schmackschiffs** stand, auf die Mannschaft wartete und das richtige Beladen überwachte. Als wir näherkamen, sah ich die ersten Walfänger von Föhr aus auslaufen. Die Amrumer Grönlandfahrer ruderten in einem Boot gegen die stürmische See hinaus zu ihrem Walfänger, der weiter draußen auf Reede lag. Dort in den tiefen Prielen konnten sie sehr früh mit der ersten Flut auslaufen. Die Männer kämpften mächtig mit den Wellen, um zum Schiff rauszukommen.

Und dann nahm mein Vater Oluf Jensen mich doch noch freundlich in den Arm, schob mich in Richtung Schiff und gab mir einen Klaps auf die Schulter, während er dem Steuermann etwas zurief. Ich reckte mich und hielt Ausschau nach Antje. Sie musste irgendwo hier stehen, um auch ihren Vater zu verabschieden. Doch heute würde sie nur meinetwegen gekommen sein, da war ich mir sicher und wünschte mir nichts mehr, als dass meine Hoffnung nicht zerstört würde. Im Schein der Feuer ordnete und säuberte ich noch einmal meine Kleidung, während mein Vater vernünftig mit mir sprach, ich solle ihm keine Schande machen, auf Gott vertrauen, dann könne mir nichts geschehen. Oluf Jensen hatte sein Glück schon gefunden, er zog das zufriedene Leben als begü-

---

* Das *biak* wurde entzündet, um die Leute zum Frühjahrs-Thing zusammenzurufen, das am darauf folgenden Tag begann. Auf dem Frühjahr-Thing wurden Streitigkeiten verhandelt, Verträge geschlossen, Rechtsgeschäfte aller Art abgewickelt. Die Seeleute schlosen ihre Heuerverträge ab. Je nach Wetter und Eislage verließen die Seeleute in den darauf folgenden Wochen die Insel.
** Heute Plattbodenschiffe, die ohne Kiel und mit geringem Tiefgang für die Verhältnisse auf dem Wattenmeer konstruiert wurden.

terter Kaufmann an der Seite der jungen zweiten Frau Marret Jürgens dem größeren Leben als Seemann und Abenteurer vor. Einem Seemann ist das Zuhause überall, warum daher sich nicht auf Amrum, auf einer kleinen Insel, geborgen vor den Stürmen der Welt, in die Arme einer jungen Frau flüchten und sein Vermögen horten und auf ein langes Leben hoffen. „Und grüß mir Kapitän Flor, gib ihm diesen Brief von mir mit Orders. Komm bald wieder, vergieß keine Tränen, es kommt alles in Ordnung." Noch einmal drückte er mich scheu und schickte mich den anderen hinterher, unser Schmackschiff zu beladen. Seesäcke, Taue, Holzkisten, Waren aus Husum, die Beiladung für Hamburg. Bald schwitzten wir Jungs trotz Wind, Schnee und Nässe. Schwer beladen stapften wir mit unseren Lasten durch das Watt dem trockengefallenen Schiff entgegen.

Wieder lief ich den gleichen Weg zurück und weiter auf den leicht befestigten Strand, wieder und wieder blieb ich stehen und verrenkte mir den Hals. Einmal lief ich sogar zu einem der Feuer hinüber, weil ich sie dort vermutete. Dann plötzlich, als ich schon nicht mehr an sie glaubte, sah ich sie mit den Frauen aus dem Dorf an der Seite meiner Stiefmutter kommen. Ich werde es ihr ewig danken, der Marret Jürgens, dass sie auf mich zuging, mich zu umarmen, und Antje so auch Gelegenheit bekam, mir noch einmal die Hände zu drücken und schüchtern ein paar Worte zu wechseln.

Was wir uns sagten, war bedeutungslos, denn wir blickten uns in die Herzen. Jeder sah in dem anderen, was er sich zu sehen wünschte. Und das Gift des Abschieds lähmte unsere Leidenschaft, die wir füreinander empfanden, und betäubte den Schmerz. Zurück blieb ein taubes Gefühl in den Händen, eine kalte Leere, als sie einander losließen.

Dann zogen mich Hark und Jens Nickelsen aus dem Watt rauf an Bord und raschen Schrittes am Steuermann vorbei, der mir sicher wegen meiner Nachlässigkeiten beim Beladen einen Schlag versetzt hätte. Doch ich folgte ihnen nur widerstrebend, schon jetzt zehrte die Sehnsucht und die Angst vor dem zweiten Gesicht der Gundel Erken an mir. Denn nur der Mensch, der etwas zu verlieren hat, ist feige und ängstlich und nicht mehr auf Abenteuer aus. Und ich hatte jetzt etwas zu verlieren, das erste Mal in meinem kurzen Leben!

Die ersten Schiffe der Walfänger waren schon um die Inselspitze raus aufs offene Meer gesegelt. Andere Schlickrutscher wie unser Schmackschiff mit den zwei schweren Seitenschwertern hielten sich schwerfällig ankerauf gegen die steife Brise, um nicht auf eine der Sandbänke zu laufen. Alles war beschlossene Sache und nicht mehr aufzuhalten. Ich löste die Bänder vom Segeltuch, die Kommandos des Steuermanns brauchten wir nicht mehr, um die Segel zu setzen, die Hände griffen längst zu, als hätten sie im Leben nichts anderes gemacht. Unser Schiff würde als eines der letzten auslaufen.

Wir drehten in den Wind, begannen ankerauf Fahrt aufzunehmen, die Wellen schäumten gegen den Bug und der stürmische Tanz begann. Da wir immer in Küstennähe kreuzen würden, bestand kaum Hoffnung auf eine ruhige Fahrt. Die Segel klatschten bei jeder Wende und knallten straff auf der Gegenseite. Die Menschen am Strand winkten und lachten, einige tanzten um das Feuer. Ich lief ans Heck, scherte mich nicht um die Arbeit und die Befehle des Steuermanns. Noch einmal konnte ich Antjes Gesicht erkennen, ein wenig später nur noch die wehenden blonden Haare. Riewert Peters drehte mir das Ohr auf halb Acht, dass mir die Tränen in die Augen schossen und ich in die Knie ging, aber ich wich nicht von meinem Platz. Schließlich ließ er mich in Frieden. Hark, Jens und Peter Oksen verkniffen sich jeden Kommentar und schielten herüber, hatten selbst käsige Gesichter und rote Augen. Das Schiff bockte im Wind, klatschte vornüber in die Wellentäler. „Das wird Folgen haben, Hark Olufs. Wenn wir erst auf der »Hoffnung« sind, schicke ich dich in die Wanten, bis du zum Eiszapfen gefrierst. Ich bring dir bei, dass du Befehlen Folge leisten musst, du elender Dickkopf!"

Peters hätte meinen Willen brechen können, aber er ging ans Ruder und würdigte mich keines Blickes mehr. Wahrscheinlich spukten auch ihm die Worte von Gundel Erken noch im Kopf. Ich stand mit festem Blick an der Backbordseite jetzt vorn am Bug, mitten im Wind, schaute auf das Biak an der Nordspitze, nahm Abschied von meiner kleinen Insel. Schließlich lag die Insel schon immer weiter entfernt im tosenden Meer. Da entdeckte ich Antje noch einmal, die auf einem Pferd in scharfem Ritt am Kniepsand entlanggaloppierte, schrie und winkte. Es zerriss mir fast das

Herz. Wenn der Sprung in die eiskalten Fluten nicht meinen sicheren Tod bedeutet hätte, nichts hätte mich davon abhalten können.
Hatte ich bis jetzt geschwiegen, begann ich laut, fast kreischend
gegen das Brüllen des Sturms anzusingen. Ein paar Zeilen, die mir
in der Nacht eingefallen waren und jetzt einfach raus mussten:
„Ich singe und ich möcht doch weinen
die Liebe zieht mich zu der einen
und so oft der Mond mag scheinen
seh ich sie in fein gewirktem Leinen
im Feuerschein dort ganz allein
der Mond schaut scheu in mich hinein
beim Gesang und meinem Weinen
Ach könnt ich wieder bei ihr sein…"
Insel und Reiterin schmolzen zu kleinen Punkten in der Ferne,
ein einzelnes Feuer nur noch ein matter Schein. Der Blick zurück
schmerzte.

UNTER HAMBURGER FLAGGE
UND MIT DEM TEUFEL AN BORD

Die Seilwinde jaulte wie ein Straßenköter, dem man auf den
Schwanz getreten hatte. Kiste um Kiste, Sack um Sack wurden von
der Schmack nach oben gezogen. Wie eine Nussschale nahm sich
das in Steenodde noch ansehnliche Schiff hier neben den riesigen
Dreimastbarken und der dazwischen ankernden Zweimastbrigg
aus. Eine Nussschale mit verflucht viel Ladegut und Gepäck. Kapitän Ricklef Flor selbst überwachte die Arbeit an Bord der »Hoffnung« und gab Anweisungen, wohin die Ladung verstaut werden
sollte. Die bauchige Bark konnte gut und gerne 500 Tonnen Ladung aufnehmen. Der Erste Offizier Karl Schneider, ein echter
Hamburger mit scharfem „S" und einem langen rollenden „R",
überwachte das Laschen und legte selbst Hand mit an. Manches
Schiff war im Sturm schon allein wegen schlecht gestauter oder

unzureichend gesicherter Ladung gekentert und in Seenot geraten.

Ich hatte eine Holzkiepe mit zwei darauf festgezurrten Säcken auf dem Rücken und geriet unter der Last ins Wanken. Für einige Momente drohten mir einfach die Beine einzuknicken, dann wieder verlor ich das Gleichgewicht und torkelte seitwärts. Der Kapitän packte mich geistesgegenwärtig und schrie mich an, diese Mäuseflöhe von Gewicht endlich unter Deck zu schaffen! Wer mit Weibsleuten flaniere, müsse auch seinen Mann stehen. Aus den Augen treten und nicht einschlafen – ein klarer Befehl!

Der Ladebaum mit seinen Flaschenzügen schwebte über der hinteren Ladeluke und fütterte den Schiffsbauch mit sperrigen Holzkisten. In der vorderen Ladeluke stand eine Leiter. Vor mir wankten Hark und Jens Nickelsen mit zwei kleineren, aber nicht minder schweren Kisten in den Armen, die sie jetzt auf die Schultern stemmten, sich umdrehten und Sprosse um Sprosse nach unten kletterten. Ich folgte ihnen, drehte mich ebenfalls um, und mein linker Fuß fand die Sprosse, ein, zwei Tritte, dann krallte ich mich mit beiden Händen an die jeweilige Sprosse in Brusthöhe und arbeitete mich weiter nach unten. Mir schwindelte vor Anstrengung und Hunger. „Wer nicht arbeitet, braucht nichts zu essen!" Diese knappe Anweisung von Steuermann Riewert Peters ging an den Smutje Erik Hansen, den alle hier Kiel nannten, weil der Kapitän ihn vor Jahren dort angeheuert hatte. Kiel hatte genickt, dass seine Tränensäcke und sein Doppelkinn in Schwingungen gerieten und mir etwas Brühe zugeschoben. „Damit du mir nicht ganz vom Fleisch fällst." Auf den misstrauischen Blick vom Steuermann hin hatte er eilfertig mit piepsiger Stimme gerufen: „Der Junge muss trinken! Das ist nicht gegen die Anweisung." „Schon gut", und Riewert Peters hatte sich grinsend abgewandt, wohl wissend um das weiche Herz des Smutje.

Natürlich hielt die Brühe nicht lange vor und der Hungerwolf meldete sich bei der ungewohnten körperlichen Anstrengung heftig. Irgendwie gelang es mir, nach unten zu balancieren – bis zur drittletzten Sprosse. Dort rutschte ich aus, verlor das Gleichgewicht, schnappte mit beiden Händen nach der Leiter, baumelte für Sekunden mit den Armen an eine Sprosse geklammert und strampelte mit den Beinen, die irgendwie Halt suchten. Das Gewicht auf dem Rücken zog mörderisch an mir, ich fühlte mich, als hinge ein Riese auf mir. Dann konnte ich mich nicht mehr halten, knallte mit dem Gesicht hart gegen die Leiter und kippte nach hinten weg auf die Kiepe mit den Säcken. Jens Nickelsen hatte gerade seine Kiste abgelegt und befand sich auf dem Rückweg zur Leiter. Er half mir auf die Beine. Mein ganzer Körper schmerzte, im Kopf dröhnte es von dem Schlag gegen die Leiter, und der Schwindel war jetzt so stark, dass ich die Orientierung verlor. Jens Nickelsen hakte mich unter.

„Was ist mit unserem Zwieback los?", lästerte der Erste Offizier Karl Schneider. „Nun macht mal hin, Händchen halten könnt ihr, wenn ihr fertig seid."

Wir reagierten nicht auf diese und andere Frechheiten, um nicht noch weitere Reaktionen dieser Art zu provozieren. Irgendwie fanden die Säcke ihren Platz, und ich quälte mich erneut die Leiter hinauf, hatte längst meinen Kopf abgeschaltet, bereit, stumm die Qual zu erdulden.

Von unten aus dem Laderaum ertönte die Stimme des Ersten Offiziers: „Nun rrrollt mal an, Jungs! Ich will heut noch fertig werden!"

„Janik, was drückst du dich rum wie Falschgeld?" Der heisere Ruf des Kapitäns, jetzt in Richtung Jens Nickelsen. Den jüngeren Bruder riefen alle an Bord Nick, den älteren Janik, ein Wortspiel aus seinem Vor- und Nachnamen. Jens Nickelsen trat vor, drehte seine Mütze verlegen in den Händen: „Es ist nur..., ich meine, wegen Hark..." „Der ist alt genug und kann für sich selbst sprechen. Hark Olufs, komm er mal her!" Mit energischer Geste und scharfem Blick befahl Ricklef Flor mich heran. „Machst du etwa schon schlapp, du Leichtmatrose?" Von hinten hörte ich die Männer der Schiffsbesatzung feixen und ahnte nichts Gutes.

„Nein, Kapitän, alles in Ordnung. Geht schon wieder, ganz sicher", beeilte ich mich, allen Wind aus den Segeln zu nehmen. Er stieß mich mit einem zufriedenen Grunzen vorwärts, ich landete stolpernd auf meinen Knien, berappelte mich wieder und stand an für eine Ladung, die von einem der Schutenführer und seinen Leuten, die längsseits lagen, an Bord gehievt worden war und jetzt mittschiffs mit Seilwinden und Netzen durch die große Ladeluke in die Mitte des Schiffs nach unten gefiert werden sollte. Ich hörte das Husten, Spucken und Fluchen der Männer, die schon mit

Lasten unterwegs waren. Die Seilwinden jaulten, Kommandos im Takt, dann tauchte das Netz leer wieder auf. Der Schiffsbauch war unersättlich. Kostbare Minuten, um Luft zu schöpfen, den schmerzenden Körper zu entlasten, Kopf hoch. „Schlaf nicht ein!" Irgendein Kommando von einem der Männer an der Laderampe. Ein Stockschlag zwischen die Schulterblätter, nicht zu hart, aber unmissverständlich.

Ich würde es ihnen zeigen, dass ich einer von ihnen war, dass ich, wenn ich als Kapitän oder Steuermann erst Karriere gemacht hätte, aus ganz anderem Holz geschnitzt wäre. Mein Bruder, Gott hab ihn selig, hätte nie aufgegeben. „Na, mach schon. Beweg deinen Arsch!" Die Last traf mich, als wäre mir ein riesiger Bär auf den Rücken gesprungen. Wieder wollten die Knie einbrechen. Ich krümmte den Rücken und drückte die Knie mit letzter Kraft durch. Wie ein Betrunkener starrte ich nur auf die Füße des Vordermanns und wankte voran. Schritt für Schritt, rabenschwarz wurde mir vor Augen. Ich schlug einfach der Länge nach hin. Die Last begrub mich unter sich. Die Luft wurde mir knapp, mein Atem ging keuchend, stoßweise. Ich bewegte mich nicht mehr. Die Dunkelheit meiner Wahrnehmungen erschien mir absolut. Ich weinte vor Erschöpfung und Enttäuschung über meine Schwäche, versuchte mich zu konzentrieren, fühlte mich wie der zu Boden geschlagene Boxer, den ich letztes Jahr in einer Boxbude in Hamburg gesehen hatte. Geräusche und Stimmen wie aus großer Ferne drangen gedämpft an mein Ohr. Mir wurde schlecht, und ich kotzte kurz darauf auf die Schiffsplanken. Wie konnte das sein? Mein Bauch war doch völlig leer!

Ein stechender Schmerz in der linken Brust brachte mich zu Bewusstsein. Dann wieder, noch einmal, heftiger. Da trat mich jemand mit Absicht in die Seite.

„Steh auf, Drecksack!", schrie der Mann wieder und wieder. Mit letzter Kraft drehte ich den Kopf zur Seite. Tatsächlich verschwand die Finsternis für Sekunden, und ich erkannte das wutverzerrte Gesicht von Fran Doorp, der jetzt wieder nach mir trat und auf mich hinabspuckte. Dann schwanden meine Wahrnehmungen erneut. Mit letzter Kraft, großer Ruhe und für alle in der Nähe befindlichen Männer hörbar sagte ich: „Quälen Sie mich nur zu Tode! Sie sind nur eine Laus, nicht der Kapitän. Nicht mal Schiffsoffizier. Man wird Sie dafür hängen oder einfach, wie es einer Laus gebührt, zerquetschen! Doorp, niemand wird Sie vermissen…" Fran Doorp wurde weiß vor Wut, griff in meine Kleidung, zerrte mich an der Brust hoch und schlug mir mit der Faust ins Gesicht. Das Würgen gewann Überhand, mein Herz stolperte, und ich schnappte erneut nach Luft. Ich hatte das Gefühl, nur noch ersticken zu können. Von irgendwoher die Stimme von Kapitän Ricklef Flor: „Lasst von dem Jungen ab! Doorp, zum Teufel noch mal! Landgang gestrichen!" Ich spürte, wie mich kräftige Hände aufrichteten. „Schafft den Jungen aufs Achterdeck in den Kartenraum und ruft den Smutje, er soll ihm was zu trinken und zu essen geben!" Ich spürte, wie man mich vorsichtig wie Porzellan fasste und langsam wegtrug. „Jeder sofort auf seinen Posten!", rief Ricklef Flor. „Fran Doorp, Sie melden sich in einer Stunde bei mir zum Rapport!"

In meinem Kopf lärmte es wie die Hölle, doch die Erinnerung kehrte in Stücken zurück. Meine Hände tasteten um sich. Ich lag auf dem breiten Sessel im Kartenraum, die Beine auf zurechtgerückten Stühlen hochgelegt. „Na endlich, da bist du ja wieder, Zwieback!" Das erleichtert lächelnde Gesicht des Smutje erschien mir wie eine Erscheinung aus dem Paradies. Er flößte mir etwas zu trinken ein. Ich versuchte mich zu erheben, doch die Knochen schmerzten höllisch und ich fiel sofort wieder nach hinten zurück. „Lass gut sein, Junge. Du brauchst Ruhe. Der Kapitän will gleich selbst nach dir schauen." Zuwendung und Besorgnis umspülten mich wie warmes Wasser und taten mir unendlich wohl.

Ich genoss auch die Ruhe und Erhabenheit, die diese große Kabine achterdecks ausstrahlte. Doch wer sich auf hohe See begab, der hatte keinen Anspruch auf Ruhe, Geborgenheit und Zuwendung. Reisen in die Welt waren nun mal aus Gefahren, Not und Angst gemacht, und nur Kämpferherzen konnten überleben. Das wutverzerrte Gesicht Fran Doorps stand mir wieder vor Augen, aber ich presste meine Lippen zusammen und schluckte meine Furcht hinunter, wo sie zum Teufel gehen mochte. Aber ich würde wieder zurück in das Quartier mittschiffs müssen, wieder mit der Mannschaft arbeiten und mich der Gewalt von Typen wie Fran Doorp erwehren müssen.

„Wie lange bin ich schon hier, Kiel?" „Zwei Stunden vielleicht", der Smutje zog fragend die Augenbrauen in die Höhe. „Warum willst du das wissen?" „Was ist mit Fran Doorp?" „Du meinst die Sache mit dem Rapport? Das hast du tatsächlich noch mitbekommen? Hark Olufs, du bist ein Wunder!" Der Smutje reichte mir etwas zu trinken. In diesem Moment betrat Hark Nickelsen das Kartenzimmer. „Nick! Seid ihr fertig für heute?" Ich freute mich wirklich, meinen Amrumer Freund zu sehen.

„Bist du in Ordnung? Ich meine, so, dass du morgen an Deck kannst?" Hark Nickelsen lehnte sich lässig an den großen Kartentisch, sah aber mächtig müde und mitgenommen aus.

„Hast du Sorge, ich könnte ein paar Schiffsladungen auf meinen Schultern verpassen?", scherzte ich noch.

„Das wohl nicht. Aber etwas anderes solltest du nicht verpassen." Nick setzte ein bedeutungsschwangeres Gesicht auf.

„Nun rück schon raus!" „Ich streich dir das Essen! Oder noch schlimmer, ich brate dir eine Schiffsratte auf Reis, wenn du nicht sofort sagst, was du zu sagen hast!", fuhr der Smutje ihn an.

„Lass gut sein, Kiel. Ihr kommt ohnehin nicht drauf. Fran Doorp war beim Rapport. Der Kapitän hat ihm die Wahl gegeben, in den drei Tagen, die wir offenbar hier noch vor Anker liegen, an Bord bleiben zu müssen, oder…" „Was – oder? Hat er ihn endlich von Bord gejagt?" Das wäre eine Lösung ganz in meinem Sinne, schoss es mir durch den Kopf.

„Du vergisst, dass der Holländer auf einem Kriegsschiff gedient hat und sich mit unseren Kanonen auskennt. Der Kapitän braucht ihn. Leider…", antwortete Kiel.

„… oder fünf Stockschläge…" Jetzt war es raus. Schockschwere Not! Welche Wahl! „Dieser Holländer schaute nur grinsend in die Runde, meinte, er sei ein Kerl und natürlich wähle er die Schläge, wobei er an der Gerechtigkeit eines jeden Schlages zweifle. Ein wunder Rücken sei aber alle Mal besser, als auf ein warmes Bett und eine weiche Brust in Hamburg zu verzichten."

„Das hat er wirklich gesagt?", wunderte ich mich und fühlte mich ganz klein, denn ich hätte zweifellos die Schläge vermieden und versucht, den Kapitän nicht weiter zu reizen.

„Mit einem frechen Grinsen auf den Lippen und überlauter Stimme. Die Mannschaft hat gejohlt, weil er mit den Händen noch eine nackte Frau angedeutet hat. Dann hat Kapitän Flor ihn aufgefordert zu erklären, wo die Ungerechtigkeit der Strafe liegen solle. Und als Antwort hat Fran Doorp nur getönt, er wisse schon, dass das Söhnchen des Schiffseigners unter besonderem Schutz stehe. Wo es denn so was gäbe, Stockschläge, weil so'n Schiffszwieback von Schiffsjunge seine Arbeit verweigere und die Planken vollkotze!" Nick schnäuzte sich und genoss es, im Mittelpunkt zu stehen. Dann gab er mit verstellter Stimme die Antwort von Kapitän Flor zum Besten: „Zeige er mir, Doorp, ein Schiff der christlichen Seefahrt, auf dem Strafen willkürlich von jedem Matrosen verhängt werden und man Misshandlungen so lange für rechtmäßig hält, wie man nur das Recht des Stärkeren für sich reklamieren kann. Doorp – solche Zustände mag er bei Korsaren finden, aber nicht auf einem Handelsschiff unter Hamburger Flagge! Zwei Stockschläge zusätzlich wegen Uneinsichtigkeit."

„Der Teufel steckt ihm in den Knochen, diesem verdammten Holländer", fluchte Kiel.

„Der Kapitän sollte ihn von Bord jagen, bevor er mit seiner Art noch die Mannschaft aufwiegelt. Wie frech er gegrinst hat. Zehn Schläge, eine runde Sache und keine Halbheiten, hat er gefordert, und als Ricklef Flor ihm daraufhin das Essen gestrichen hat, spuckte der Kerl einfach mit Verachtung vor seine Füße, grinste weiter und trat ohne jede Achtung zu zeigen ab", schloss Jens Nickelsen seinen Bericht.

„Das Schlimme ist, dass solche Kerle immer die Meute auf ihrer Seite haben und zu beeindrucken wissen", meinte ich.

In diesem Moment flog die Tür auf. Steuermann Riewert Peters und Kapitän Ricklef Flor betraten in Begleitung eines Arztes, den sie extra aus seiner Praxis Nähe Hopfenmarkt an der Kirche Sankt Nicolai herbeordert hatten, den Raum.

„Wie geht es dem Schiffsjungen vom Stamme Olufs?" Der Kapitän erschien besorgter, als er zugeben wollte. Er redete mehr als gewöhnlich, und der Steuermann Riewert Peters und er spielten sich dabei die Bälle zu. Ein schlechtes Gewissen nannte man so etwas, und ich sonnte mich in meiner Selbstgefälligkeit. Es war Kiel, der an meiner Stelle antwortete: „Sorgen machte er sich halt wegen diesem Fran Doorp. Sorgen, dass jetzt alles noch schlimmer wird, ist doch so, Hark?"

Ich nickte nur. Kiel hatte den Nagel auf den Kopf getroffen. Der

Arzt begutachtete meine Blessuren, prüfte meinen Kreislauf, ließ mich aufstehen und umhergehen, was mir mehr oder minder gut gelang. Eine Paste mit Arnikaextrakt gegen die Blutergüsse und Tropfen aus Minze, Kampfer und Pfeffer sowie zwei Tassen Kaffee aus dem Bestand des Kapitäns für den Kreislauf. Das Beste an der Verordnung des Arztes waren jedoch ein paar Tage Ruhe und die Befreiung von der schweren Arbeit. Ich rechnete nach und kam schnell zu dem Schluss, dass ich bis zum Auslaufen keine Säcke und Kisten mehr zu schleppen brauchte. Steuermann und Kapitän machten bedenkliche Gesichter dazu.

„Man sollte diesen Holländer von Bord jagen. Der hat den Teufel im Leib!", rief Kiel noch einmal wütend aus und schwang drohend die Fäuste.

„Du, Smutje, verzieh dich in deine Kombüse und lass das unsere Sorge sein", entgegnete Ricklef Flor, ohne den Wunsch, den wohl alle hier im Raum verspürten, zu kommentieren.

„Jedenfalls brauchst du ihm heute nichts ins Essen zu pantschen. Er fastet auf eigenen Wunsch, wie man so sagen könnte", lachte Riewert Peters und versuchte die Stimmung aufzuheitern, was jedoch kaum gelang. Stattdessen räusperte sich Ricklef Flor, schaute mir geradewegs mit seinen stahlblauen Augen ins Gesicht und sagte: „Die Sache mit der Prophezeiung, du weißt schon, Gundel Erkens Angstfantasien…" Ich nickte. „…es wäre gut, wenn du nicht darüber sprichst, und, wenn du gefragt wirst, alles als Spinnerei abtust." „Aye, Kapitän." „Das gilt für alle!" Er erhob seine Stimme und blickte in die Runde. „Wir werden mit nur einem Tag Verspätung auslaufen. Und wir werden pünktlich und unversehrt zurückkommen, so wahr ich Flor heiße und Kapitän der »Hoffnung« bin. Aber eine unkende Mannschaft, die nicht bei der Sache ist, kann ich nicht gebrauchen. Verstanden?" „Nick, abtreten, schlafen gehen!", brummte Riewert Peters. „Hast doch gehört, morgen darfst du für deinen Freund hier mitarbeiten."

Wir waren noch nicht ausgelaufen und litten bereits unter dem Gefühl, dass unsere Fahrt unter keinem guten Stern stehen würde. Man befahl mir, die Nacht im Kartenraum zu schlafen. Ein Wunsch, dem ich von ganzem Herzen gern nachkam. Ich dachte an Antje und verzehrte mich vor Sehnsucht, was ich andererseits auch ziemlich blöd fand, denn wie konnte ich so ein Verlangen nach ihr verspüren, die ich mein ganzes Leben lang kannte? Es machte keinen Sinn, mit seinem Schicksal zu hadern, nur wenn man sich fügte, hielt man alle Kräfte und Sinne beisammen. Und diese würde ich brauchen, wollte ich Gundel Erkens Prophezeiung trotzen und unversehrt zu meinem Mädchen zurückkommen.

DAS STRAFGERICHT

Der Wachmann schlug auf der Glocke oberhalb des Achterdecks sechs Glasen*. Der Erste Offizier trat mit einem weiten Schritt hinaus und prüfte Wind und Wetter, als ginge es auf hohe See. Der Wachmann kam die Treppe hinunter und deutete auf mich: „Herr Schneider, der Junge hockt da schon seit Stunden."
Der Erste Offizier streifte mich mit einem prüfenden Blick: „So? Konnte wohl nicht schlafen. Hat wahrscheinlich Schmerzen, der Junge."
Von irgendwoher hinter dem Großmast tauchte der Bootsmann Boye Boysen von Amrum mit Jürgen Oksen auf. „Alle Mann achteraus treten!", gab ihm der Erste Offizier Order. Der Bootsmann zog seine Pfeife aus der Westentasche und blies einen lang gezogenen Ton von der Tiefe bis in schrille Höhen. Er rief das Kommando schneidig. Jürgen Oksen wurde geschickt, eine stärkere Lampe zu holen, denn das Oberdeck lag noch fast im Dunkeln. Ich hockte da, reglos auf einem Haufen Taue und blickte auf das Geschehen wie in einem Traum. Geräusche von Stimmen, Schritten, von Backbord kamen zunächst die Männer aus Elmshorn, die Ricklef Flor erst vor zwei Tagen verpflichtet hatte, dann tauchten im Halbdunkel auf der Steuerbordseite kurz die Silhouetten von weiteren Männern auf, die sich zögernd Richtung Achterdeck bewegten. Sie wirkten schwarz und flach, wie die Schattenrisse, die man aus Papier schnitt. Es war empfindlich feucht und kalt an diesem

* Sechs Glasen = sieben Uhr.

Morgen. Die Spitzen des Großmasten schienen in einer Nebelwolke zu verschwinden.

Mit schweren Beinen stand ich auf, bereit zum Appell. Weit verstreut über der dunkel glänzenden Elbe schwammen im matten Glanz ihrer Ankerlampen reglos die Schiffe, wie riesige zur ewigen Ruhe bestimmte Inseln.

Der Bootsmann hielt jetzt die Laterne in die Höhe, und der Erste Offizier rief einen Namen nach dem anderen. Jedes Mal trat ein Mann hervor in den Lichtschein und rief: „Hier!", „Ja, Sir!", „Aye!", „An Bord!" Es lag eine Spannung über dieser ganzen unwirklichen Szenerie. Jeder wusste, was gleich geschehen würde, und niemand konnte genau vorhersagen, welche Folgen das nach sich ziehen konnte. Als mein Name aufgerufen wurde und ich hervortrat in den Lichtschein, musste ich mich erst räuspern, bevor ich meine Stimme wiederfand. Ich vermied es, zur Gruppe der Männer auf der Steuerbordseite zu treten, weil ich ihre Reaktionen fürchtete, fühlte ich mich doch irgendwie schuldig an diesem Strafgericht. So stand ich ein wenig abseits und erregte damit wahrscheinlich größere Aufmerksamkeit, als mir lieb sein konnte. Dann rief der Erste Offizier den Smutje auf: „Kiel!" Niemand meldete sich. Es herrschte einen Augenblick Stille, während Karl Schneider auf seine Liste sah, als ob er den Vermissten dort auffinden konnte. Dann wurde er förmlich und rief den Smutje beim Namen: „Erik Hansen! Hansen, vortreten!" Keine Antwort. Er gab Jürgen Oksen den Befehl, unter Deck nach Kiel zu suchen. Die Männer raunten sich Vermutungen zu, sie begannen unruhig zu werden. Der Bootsmann schritt mit hoch erhobener Laterne in den Kreis, beleuchtete die Gesichter. Ich sah ihre fahle Gesichtsfarbe, ihre Müdigkeit, ihren Unwillen und unter ihrer rauen Schale auch ihre Verunsicherung. Kiel blieb verschwunden. Das konnte nicht sein, denn er war absolut nicht der Kerl, der sich nachts von Bord schlich, sondern eher die Zuverlässigkeit in Person. Der Erste Offizier las die Liste bis zum Ende, und auch Fran Doorp trat nicht hervor. Jetzt erschienen Riewert Peters und Ricklef Flor an Deck. Der Erste Offizier meldete laut: „Zwei Männer fehlen, Herr Kapitän! Kiel und Doorp!" Mit polterndem Bass befahl der Kapitän: „Durchzählen!", und der Steuermann selbst nahm die Laterne und schritt das Deck ab. „Vorn ist keiner mehr, Kapitän. Sind beide nicht an Bord." „Vielleicht sehen wir den Holländer nicht mehr wieder… Auch gut…", bemerkte Ricklef Flor mehr zu sich selbst. „Aber nach Kiel müssen wir suchen." Schon wollte er die Mannschaft abtreten lassen, als wir einen Mann mit forschen Schritten die Schiffsplanken hinaufkommen sahen.

„Ich bin doch noch nicht zu spät?", war laut schallend Fran Doorps Stimme zu vernehmen, und ich hätte mir gewünscht, es wäre die hagere Gestalt von Kiel gewesen, die jetzt selbstbewusst in den Lichtschein der Laterne trat.

„Da soll doch der Teufel…", der Bootsmann beendete den Satz nicht. Fran Doorp schlug die Hacken zusammen, nur, um in strammer militärischer Haltung kühl lächelnd zu bemerken: „Tschuldigung Kapitän. Die Nacht war etwas länger. Bin aufgehalten worden." Dabei deutete er auf seinen rechten Oberarm, an dem er mit einer kunstvollen Haarnadel ein Strumpfband befestigt hatte. „Es ging nicht anders, der schönen Frau musste ich heut früh noch einmal huldigen. Alles andere wäre nicht nur unhöflich, sondern geradezu eine Sünde gewesen…" Der Rest seiner großspurigen Rede ging im Grölen und Lachen der Mannschaft unter.

„Mäßige er sich, Doorp! Den nötigen Respekt will ich ihm schon beibringen!", schrie Ricklef Flor und herrschte die Mannschaft an, Ruhe zu geben.

„Machen wir eine runde Sache – zehn Schläge. Das hatte ich ohnehin schon vorgeschlagen. Ich bin bereit!" Daraufhin begann der Holländer seine Jacke auszuziehen und sein Hemd aufzuknöpfen.

„Ist er allein von Bord gegangen? Oder hat er jemanden von der Mannschaft getroffen?"

Fran Doorp hielt inne und schaute interessiert zum Kapitän: „Wird jemand vermisst?" Dem Kapitän schien jegliche Unterhaltung mit diesem Subjekt zuwider und er schwieg. An seiner Stelle nannte der Steuermann den Namen Kiel. „Ohohoh, unser Smutje! Wer hätte das gedacht?" Fast triumphierend ging Fran Doorp auf die Frage ein. „Ja, den habe ich auf dem Weg in die Speicherstadt getroffen. Bei meinem Stelldichein konnte ich ihn aber nicht gebrauchen. Er wäre nur eifersüchtig geworden." Dabei machte er mit der Hüfte anzügliche Bewegungen und alles grölte erneut. Ich schaute ihm ins Gesicht und spürte sofort, er log, dass sich die

Balken bogen! Nie im Leben hätte Kiel die Gesellschaft von Fran Doorp bei einem Landgang gesucht. Und was wollte der Smutje mitten in der Nacht in der Hamburger Speicherstadt? Hier war etwas faul!

„Fünfzehn Schläge!", ordnete Ricklef Flor an, und ein Raunen lief übers Deck. Danach würde für Tage, wenn nicht für Wochen nicht mehr mit dem Holländer zu rechnen sein. Manch einer war nach einer solchen Strafe am Wundfieber gestorben. Für einen Moment erstarrten Fran Doorps Gesichtszüge, doch dann gab er sich wieder überlegen und lachte und scherzte, als wollte man ihn nur kitzeln. Doch sein Publikum an Deck rückte enger zusammen und wurde vor Schreck schweigsamer.

Das Tageslicht, grau unter den feuchten Nebeln, gewann an Kraft. Irgendwann konnte ich die Männer auch ohne das Licht der Laterne unterscheiden. Ein eiskalter Wind trieb Schneeregen vor sich her, als Fran Doorp sich mit nacktem Oberkörper vor dem Achterdeck platzierte. Der Erste Offizier ließ erneut Signale pfeifen. Ricklef Flor stand breitbeinig oberhalb auf dem Achterdeck, als wäre er Teil des Schiffs, und brüllte etwas von Respekt und Pflichterfüllung. Er sprach langsam, mit rauer Stimme, gab jedem einzelnen Wort Raum und Bedeutung. So musste ein Kapitän sprechen, dachte ich noch, nicht nur, weil Dialekte und Sprachen zu unterschiedlich waren auf einem Schiff. Solch gesetzte Worte trugen seine Autorität in die Köpfe der Mannschaft. Ich war beeindruckt und nahm mir fest vor, mich an diesen Morgen und diese Worte zu erinnern, wenn ich erst einmal selbst Kapitän wäre. Dann verkündete Ricklef Flor noch einmal laut das Urteil, der Bootsmann pfiff noch einmal Signal. Halblaut setzte der Kapitän hinzu: „Sie wollten es nicht anders, Doorp", und er zeigte damit, wie sehr ihm diese Art von Bestrafung zuwiderlief.

„Ich bitte darum!", erklärte Fran Doorp mit gekünsteltem Lächeln, ging freiwillig ohne Eskorte zur Gräting mittschiffs und legte sich bäuchlings auf das hölzerne Gitter. Der Bootsmann trat hinzu, band ihm Arme und Beine mit Lederriemen fest. Dann trat der Erste Offizier vor, den Stock mit dem daran befestigten langen Lederriemen in der Faust. Es wurde unheimlich still. Irgendetwas musste noch geschehen. Doch dann war es nur das Pfeifen und Knallen des Riemens, wenn Karl Schneider weit ausholte und mächtig zuschlug.

Die Haut platzte bereits nach dem dritten Schlag großflächig auf. Nach dem fünften Schlag begann Fran Doorp zu keuchen, und nach dem siebten Schlag schrie er das erste Mal auf. Sein Rücken, eine einzige offene Wunde. Der achte Schlag, Fran Doorps bitterer Schmerzensschrei schnitt durch das Schiff und zerriss meinen letzten Willen zum Widerstand. Das durfte so nicht weitergehen! Ich konnte und wollte nicht länger Zeuge sein, wie man ihn totschlug. Ich sah und hörte nichts mehr, stürmte aufs Achterdeck und schlug die Schiffsglocke, immer und immer wieder, bis schließlich die starken Arme des Steuermanns mich umklammerten und er mich fortriss. Ich schrie und weinte zugleich. Ricklef Flor stand wie aus einem Block geschlagen unbeweglich auf dem Achterdeck. Das Wunder geschah, die Glockenschläge beendeten das Strafgericht. Die Mannschaft durfte abtreten.

Deutlich wahrnehmbar das Stöhnen von Fran Doorp, als der Bootsmann und ein Kamerad ihn losbanden, stützten und unter Deck schleiften. Überdeutlich seine krächzende Stimme: „Niemand schlägt einen Fran Doorp ungestraft! Das werde ich euch schon lehren! Ich verfluche diesen gottverdammten Kahn!" Er hatte keinen Namen genannt, aber seine Worte Richtung Achterdeck gerufen und Hass gesät. Es wäre für uns alle besser gewesen, Ricklef Flor hätte ihn jetzt von Bord verbannt. So jedoch bettete man ihn im Mannschaftsquartier bäuchlings auf Heuballen, und Jürgen Oksen wurde nach dem Wundarzt geschickt.

Ich hatte nichts zu meiner Verteidigung vorzutragen. Mein Einschreiten würde nicht ohne Folgen bleiben, doch bevor der Kapitän sein Urteil fällen konnte, lief ein Bursche auf das Deck und überbrachte eine unglaubliche Nachricht. Kiel saß in Haft! Unser Smutje sollte einen Hamburger Kaufmann überfallen haben und vom Büttel gestellt, geknebelt und in Haft genommen worden sein. Uns allen standen die Zweifel an dieser Geschichte ins Gesicht geschrieben. Jeder andere, aber nicht unser Smutje! Das passte überhaupt nicht zu ihm! Eine Verwechslung, ja, es musste sich um eine Verwechslung handeln. Aus dem Burschen war ansonsten nicht viel Erhellendes rauszubringen, außer dass Kiel zunächst im Zollhaus gefangen gehalten wurde. Wir hatten vor dem Auslaufen ohnehin noch Zollformalitäten wegen der Ladung zu klären und über Schutzbriefe zu verhandeln, segelten wir doch unter Hamburger Flagge. Riewert Peters erhielt den Auftrag, sich unverzüglich um alles zu kümmern, und weil ich ohnehin nicht arbeitsfähig war und der Kapitän mich aus den Augen haben wollte, erstreckte sich dieser Auftrag zwangsläufig auch auf mich.

„Nicht Kiel", dachte ich. Der Smutje war ein freundlicher Mann, hilfsbereit gegenüber jedem. Von dieser Sorte gab es auf keinem Schiff der Welt viele. Ich hatte ihm immer vertraut. Kiel konnte kein Dieb oder Betrüger sein. Dabei blieb es, punktum.

DIE WAHRHEIT WILL NIEMAND HÖREN!

Der Nordost trug einen kräftigen Hauch Winterkälte in die Stadt. Riewert Peters schritt kräftig aus, und ich versuchte, mit einem kleinen Abstand hinter ihm den Anschluss nicht zu verlieren. Am Elbufer drängten sich inzwischen wieder Menschen und Fuhrwerke. Die Schiffsbäuche fraßen die Fracht, und die Menschen waren ihre Sklaven, die sie fütterten und ihre krummen Rücken selbst als Opfer darbrachten. Dazwischen das Gebrüll und die Grobheiten der Aufseher, der Offiziere und der Kaufleute. Denn hier war Zeit tatsächlich Geld, und das Leben des Einzelnen nur den Ertrag wert, der sich im Haben und Soll niederschlug.

Der Steuermann strahlte Autorität und Entschlossenheit aus, und so wichen ihm die Leute nach rechts und links aus, wie sich eine Bugwelle vor dem Kiel eines Schiffs teilt, um hinter uns wieder die Reihen in dichtem Gedränge zu schließen. Wir kamen gut voran, und ich liebte diese Hafenatmosphäre, wenn nicht der Anlass ein so ernster gewesen wäre. Wir liefen das Johannisbollwerk entlang geradewegs über den Vorsetzen bis hin zum Baumwall, wo der Binnenhafen endete. Wir liefen ohne Rast, in einem Tempo, das jegliches Gespräch untunlich erscheinen ließ. Zu meiner Verwunderung steuerte Riewert Peters jetzt nicht das Zollgebäude mit seinem Anbau an der Wasserseite an, sondern ging auf die Dachterrasse des Gasthauses auf dem alten Zollgebäude, setzte sich, als wären wir auf einem Sonntagsausflug und orderte auch für mich ein Bier. Ich stellte keine Fragen und wartete gespannt auf eine Erklärung. Nirgends war die Aussicht über die Stadt und die weite Elblandschaft so schön wie von dieser Dachterrasse. Ein weiter Blick über die vielen Elbarme mit ihren grünen Inseln. Drüben auf dem kleinen Grasbrook weideten die Schafe. Sie würden Lämmer haben, wenn die »Hoffnung« wieder in Hamburg einlaufen würde. Am Ende des Steinhöft legte ein Ewer* schwer beladen ab und segelte nach Hamburg. Sein Segel straffte sich hart im Wind, der immer wieder Schneeregen vor sich her trieb. Für einen Moment schaukelte der Ewer schräg gegen den Wellengang, ehe er Fahrt aufnahm. Mich fröstelte. Es war empfindlich kalt hier oben, und wir waren die einzigen Gäste.

„Setz dich doch und trink, Junge", brummte Riewert Peters und begann nach einer kurzen Pause mit einer Erklärung. „Du musst nicht denken, dass dein Onkel gerne Leute auspeitschen lässt. Doch an Bord kann nur einer führen. Das muss bedingungslos klar sein! Sonst geht das Schiff beim erstbesten Sturm führerlos unter. Das sind alles harte Hunde. Da gibt es keine Schwäche und kein Mitgefühl."

Ich wusste schon, was jetzt kommen würde, und schaute in mein halbleeres Glas. Unser Steuermann orderte ein weiteres Bier. „Ich kann dich verstehen, die Sache mit der Schiffsglocke und so. Fünfzehn Schläge, da braucht es Nerven. Das ist eine üble Sache, die jedem fühlenden Lebewesen an die Nieren geht. Dennoch: es war falsch, mein Junge! Auf eine ganz üble Art ganz falsch!" Er unterbrach sich, schaute einer Möwe hinterher, die über unseren Köpfen eine Runde drehte und prüfte, ob es bei uns etwas zu holen gab. „Ich weiß das, Steuermann. Es soll nicht wieder vorkommen", gab ich kleinlaut zu.

„Es darf nicht wieder vorkommen, Junge!" Riewert Peters schlug mit der Faust auf den Tisch. „Sonst taugst du nicht zum Kapitän – und noch nicht mal zum Offizier! Ein Kapitän darf kein Mitleid, keine Skrupel haben – zumindest darf er seine Gefühle nicht zei-

---

* Ein offenes, flaches Segelboot, das als Elbfähre oder Lastkahn zwischen den Großseglern im Elbstrom oder den Speichern und Märkten an den städtischen Fleeten und Flussarmen diente.

gen. Hat er Zweifel, gibt er sich siegesgewiss, hat er Angst, stürmt er mutig voran. Ein Kapitän aus solchem Holz ist für die Mannschaft das rettende Ufer inmitten turmhoher Wasserwogen. Ein solcher Kapitän ist die Zuversicht, auch wenn alle Masten brechen sollten. Sonst zerfleischt sich die Meute panisch, gepeinigt von Angst und Fantasien im ersten Tosen des Sturms. Sein Wort ist das einzige Gesetz inmitten von Gier, Hass und Niedertracht, die immer herrschen, wenn man Menschen wie Ratten in einem Bau auf engstem Raum zusammengepfercht." Riewert Peters sprach leise, fast so, als bedaure er diese Wahrheiten. „Die Strafe war angemessen. Dein Vater hätte genauso entschieden, Hark. Und niemand, auch du, niemand – hörst du? – hat das Recht, diese Strafe aufzuheben. Wenn du das nicht lernst, kannst du nie als Offizier aufs Achterdeck. Das musst du aushalten!"

„Aber fünfzehn Schläge hätten ihn getötet!" Ich konnte diese bittere Wahrheit nicht länger zurückhalten und begehrte auf.

Seine blauen Augen trafen mich eiskalt. „Dann hätte es ihn eben getötet. Ersatz finden wir überall in diesem Gewimmel auf den Kais. Es geht nicht um diesen gottverfluchten Holländer. Ich spreche von etwas Größerem!" Jetzt war er doch noch laut geworden. Doch es war die reine Wahrheit: Fünfzehn Schläge hätten ihn getötet. Und das war die Lektion, die ich hier lernen sollte, auch wenn unser Steuermann andere Worte gebrauchte. Es gab Situationen, in denen ein Menschenleben nichts wert war und Gottes Gebote woanders galten. Wer befehlen wollte, wer die Macht wollte, musste bereit sein, über Leichen zu gehen – mit unnachgiebiger Härte auch gegen sich selbst regieren, Furcht einflößen und brutale Entschlossenheit zeigen. Gegen Angst half nur Mut und gegen das Faustrecht einer Rebellion nur abschreckende Brutalität. Es war schwer, in einer solchen Welt ohne Hoffnung zu überleben. Wie zur Entschuldigung flüsterte ich fast: „Ich habe noch nie einen Menschen getötet…"

„Wahrscheinlich wäre es besser gewesen, ihm einfach den Kopf abzuschlagen und die schäbigen Reste über Bord zu werfen. Einer giftigen Natter kann man keine Gnade gewähren, und es lohnt auch nicht, darauf zu hoffen, dass sie zu einem ins warme Bett kriecht und aus Dankbarkeit ihren Giftzahn nicht gebraucht."

Riewert Peters stand auf, zahlte und ging hinunter in den Anbau wegen der Zollformalitäten.

Ein Vertreter der Admiralität versammelte dort eine Handvoll Seeleute um einen Kartentisch. Seine Goldknöpfe am Jackett imponierten mir mächtig. „Ein Mann für tausend Kanonen", flüsterte mir Riewert Peters noch zu, bevor er in den Kreis trat und Hände schüttelte. Einer der Gründe, warum wir offenbar unter hamburgischer und nicht unter dänischer Flagge segelten. Wenngleich rasch klar wurde, dass sich die Eigner der »Hoffnung«, zu denen auch mein Vater zählte, keine Eskorte durch ein Hamburger Kriegsschiff leisten konnten und wollten. Wir würden nach Nantes segeln, immer an der Küste entlang, was im Allgemeinen durchaus für gefährlich gehalten wurde. Es waren in den letzten Monaten gut ein Dutzend Schiffe gekapert worden. „Nicht auf dieser Route", behauptete einer der Kapitäne. Doch Riewert Peters schien die Diskussion nicht weiter zu berühren, denn sie seien, wie er betonte, mit der Lieferung ohnehin schon in Verzug und könnten sich Umwege nicht leisten.

„Segelt wenigstens auf dem Rückweg", der Admiral fuhr mit dem Zeigefinger über einen eingezeichneten Kurs, „die englische Küste entlang. Soweit nach Norden kommen die Korsaren selten. Sehen Sie hier? Und hier?" Sein Finger klopfte auf Städtenamen, englische Häfen. „Gute Zuflichtmöglichkeiten." „Was kostet der englische Schutzbrief?" Der Admiral nannte einen Preis. Die ersten Seeleute verließen bereits wieder den Kartenraum. Riewert Peters schlug ein, das Geschäft war rasch gemacht. Also von Nantes zur englischen Küste und dann durch den Ärmelkanal. Nahe der Eddystone Rocks sollten wir auf ein deutsches Begleitschiff stoßen. Bis dahin wäre die »Hoffnung« allerdings auf sich allein gestellt. Auch hier schlug der Steuermann ein und kniff mir ein Auge. Das Geschäft kam offenbar billiger, als sie kalkuliert hatten, der Kapitän und seine Leute.

Man winkte mich heran und schüchtern trat ich an den Kartentisch. Ein Kapitän mit weißem Vollbart, der ihm bis zur Brust reichte, drückte mir die Hand: „Der Sohn von Oluf Jensen von Amrum. Gewachsen ist der junge Mann!" John Jansen kommandierte eine Brigg und war mit diesem Schiff, das schneller und wendiger war als unsere Dreimastbark »Hoffnung«, viele Jahre mit den Föhrern auf Walfang und Robbenschlag aus gewesen. Aus dieser Zeit kannten sich mein Vater und er. Beide hatten sie als Schiffsjunge und Maat über Jahre ihre Hängematten geteilt. Jetzt hatte sich John Jansen auf den Kaffee spezialisiert, der aus Übersee in den Häfen an der Atlantikküste anlandete. Er galt als alter Fuchs, knüpfte Kontakte und roch Gefahren auf 100 Seemeilen gegen den Wind. Längst kämpften die Walfänger hart um ihre Existenz. Die goldenen Zeiten schienen vorbei, da machte John Jansen Gewinn als Handelsschiffer. Auch wenn sein Schiff nicht viel Frachtraum hatte, den er zudem noch zugunsten einer Bewaffnung verkleinerte, auch wenn er für die zusätzlichen Kanonen und die Arbeiten, die auf einem Handelsschiff anfielen, eine fast doppelt so große Mannschaft wie die an Bord der »Hoffnung« benötigte, strich er immer noch genügend Gewinn ein. Seine Mannschaft galt als kampferfahren. Ich rieb mir unter dem Gelächter der Umstehenden meine Handknöchel, denn sein fester Griff schmerzte wie die Hölle.

„Man sieht schon, ein stattlicher junger Mann, ganz wie der Vater." Es wurden ein paar Höflichkeiten ausgetauscht, und ich berichtete von zu Hause. Dann kam John Jansen auf das Seehandwerk zu sprechen und fragte mich nach meinen Interessen und Fortschritten. Riewert Peters brummte dazwischen: „Er ist verdammt gut im Schiffsglocke Läuten!" Ein höllisches Gelächter. Ich wurde rot bis hinter beide Ohren. „Niemand sollte eine Schiffsglocke gering schätzen!", entgegnete John Jansen und lachte, dass er sich die Tränen aus den Augenwinkeln wischte. Ich jedoch wäre am liebsten vor Scham im Boden versunken. Was sollte ich entgegnen? Dass ich mit der Schiffsglocke ein Menschenleben gerettet hatte? Diese schlichte Wahrheit hätte der Missachtung des Befehls unseres Kapitäns nachträglich die Krone aufgesetzt. Und für diese Offiziere hier am Kartentisch hatte Befehlsgehorsam natürlich einen höheren Stellenwert als die vage Einschätzung eines Schiffsjungen. Ich schwieg und machte einen vorsichtigen Schritt rückwärts Richtung Tür.

„Keine Sorge, mein Junge!" Schon packte mich Jansens Pranke an der Schulter. „Ein Sohn von Oluf Jensen macht seinen Weg! Schiffsglocke! Haha, ein guter Anfang, mein Junge! Wer kommandieren will, muss Laut geben!" Er lachte noch einmal herzhaft, dann ließ er sich von einem Offizier seines Schiffs eine kleine Holzkiste geben. „Da, das ist für dich. Damit es nicht bei der

Schiffsglocke bleibt." Vorsichtig lugte ich in das Innere der Kiste und fand dort zu meiner großen Überraschung und Freude einen wunderschön gearbeiteten Sextanten. Ich bedankte mich überschwänglich, doch John Jansen winkte nur ab und meinte in Richtung Riewert Peters: „Jetzt dauert es nicht lange, und der Junge wird dir altem Steuermann die Kurskoordinaten diktieren. Dann wirst du vielleicht noch ganz neue Routen auf den Weltmeeren entdecken und endlich mal vor der Konkurrenz einen Hafen anlaufen, du »Hoffnungs«-Träger…"

„Ihr wollt es wirklich bei den vier Kanonen unter Deck belassen?", fragte jetzt Jansens Offizier. Riewert Peters verwies auf den Laderaum, der bares Geld sei. Außerdem benötige man doppelt so viele Leute an Bord, um wirklich mehr Feuerkraft zu entfalten. Aber man habe zwei kleine Heckgeschütze erworben.

„Eine gute Investition", lobte der Vertreter der Admiralität. Das Heck sei eine Schwachstelle für einen Piratenangriff. Aber dennoch seien vier Kanonen an Bord zu wenig. „Damit verscheuchst du nicht mal eine Möwe", entschied John Jansen. Der Admiral nannte einen Preis – sie hatten drei respektable Geschütze zum Verkauf. Riewert Peters schaute sich mit verschwörerischer Miene um und vertraute dem Kreis ein Geheimnis an: „Zwei Geschütze auf jeder Seite reichen. Dazu gibt es vier Holzattrappen auf jeder Seite, die selbst mit dem Fernglas noch täuschend echt wirken."

„Ich weiß nicht, ob Flor oder du, Steuermann, die richtigen seid, um mit gezinkten Karten zu spielen. Am Ende werdet ihr noch wegen eurer Drohgebärde versenkt." John Jansen machte ein bedenkliches Gesicht und meinte dann nur noch: „Ihr solltet euch auf Kaffee spezialisieren. Dann bräuchtet ihr nicht den ganzen Laderaum. Der Umschlagplatz hier in Hamburg wächst und wächst. 20 Millionen Pfund im Jahr werden hier umgeschlagen. 270 Kaffeehäuser gibt es bereits in der Stadt."

„Schlimm genug, dass wir den Türkentrank als Beiladung an Bord haben", murrte Riewert Peters, der sich ein wenig über die guten Ratschläge zu ärgern schien. „Wir kommen schon klar. Das Zeug macht ein schwaches Herz, eine gefährliche Droge, mit der uns die Musilmanen schwächen wollen. Der Tag ist nicht fern, da wird man das Gebräu verbieten." „Vielleicht, vielleicht auch nicht, mein Freund", schmunzelte John Jansen. Er verabschiedete sich und wünschte gut gelaunt immer eine Handbreit Wasser unter dem Kiel. Auch die Admiralität gab sich jetzt kühl, denn man kam wegen der Kanonen nicht mehr ins Geschäft.

Kiel hockte in einem winzigen lichtlosen Raum, an den Beinen zusammengekettet. Riewert Peters herrschte den Wachhabenden an, man verlange Licht und Stühle. Doch die Zöllner bewegten sich erst, als er ihnen Geld zusteckte. Dann saßen sie allein. Man hatte Kiel die Ketten an den Beinen nicht abgenommen. Er hockte auf der äußersten Stuhlkante und wippte unaufhörlich mit dem Oberkörper vor und zurück. Sie hatten ihm übel mitgespielt, eine Platzwunde auf der Stirn und blaue Flecken überall auf seinem Körper waren deutliche Belege für Gewaltanwendung. Er meinte jedoch, der Büttel und die Zöllner hätten ihn geschlagen, um ihn zu Geständnissen zu bewegen, aber die Kopfverletzung habe er schon vorher gehabt, ohne sich daran erinnern zu können, wie es dazu gekommen sei. Überhaupt konnte er sich an wenig erinnern – und er trug eine blaue Uniformjacke und Hosen, die ihm nicht gehörten und die nicht passten. Auch hierzu konnte er nichts sagen. Das Letzte, an das er sich deutlich erinnern konnte, war, dass Fran Doorp und zwei von der Mannschaft in die Kombüse gekommen waren, um ihre Suppe abzuholen. Dann habe auch er etwas gegessen, ihm sei schlecht geworden und er habe wahrscheinlich das Bewusstsein verloren. Irgendwo am Hafen sei er mitten in der Nacht mit furchtbaren Kopfschmerzen und in dieser Verkleidung, die ihm nicht gehörte, erwacht und kurze Zeit danach festgenommen worden. Er habe schon gespürt, dass irgendetwas nicht stimmte, und versucht, den Bütteln in Richtung Schiff zu entkommen, doch in seinem Zustand hätten sie ihn schnell eingeholt und zusammengeschlagen.

„Niemanden habe ich überfallen! Ich weiß nicht einmal, wie ich vom Schiff zum Hafen gekommen bin." Seine weit aufgerissenen Augen blickten uns flehentlich an. Seine Tränensäcke schienen mehr geschwollen als sonst und sein Doppelkinn zitterte. „Helft mir! Sie wollen mich heute Mittag ins Gericht bringen." Seine Stimmlage ging in ein kindliches Wimmern über.

Ich hockte da mit meiner Holzkiste und dem Sextanten auf dem Schoß wie auf einem Kindergeburtstag, an dem gerade die Großeltern verstorben waren.

„Wir holen dich raus, Kiel!", versprach ich. „Das liegt auf der Hand, dass du reingelegt worden bist."

Er lächelte mir dankbar zu, doch Riewert Peters fuhr scharf dazwischen: „Versprechen kann ich nichts. Wir laufen übermorgen aus, mit dir oder ohne dich, Smutje. Im ungünstigsten Fall bekommt Oluf Jensen auf Amrum Nachricht und wird sich um dich kümmern. Aber ich halte nichts von Versprechen, die ich nicht halten kann."

Ich murmelte eine Entschuldigung.

„Wen sollst du denn überfallen haben?"

„Kenne ich nicht, habe ich noch nie von gehört. Einen Holländer. Kaffeehändler. Buteku oder so ähnlich."

Jetzt verfinsterten sich die Gesichtszüge des Steuermanns völlig: „Bontekoe, Kornelius Bontekoe! Der Inhaber des ersten Hamburger Kaffeehauses nahe Börse und Rathaus, der preußische Leibarzt! Weiß Gott, Kiel, einen Besseren hättest du dir für deinen Verbleib hinter Gittern nicht aussuchen können!" Unschuldsbeteuerungen halfen nicht weiter, die Verzweiflung Kiels wuchs in dem Maß, in dem unsere Hoffnungen schwanden, seine Unschuld beweisen oder ein Missverständnis aufklären zu können.

Riewert Peters hinterlegte einen Betrag für eine ordentliche Behandlung und die Verpflegung des Gefangenen. Ich zweifelte, ob das Geld wirklich unserem Smutje zugute kommen würde.

„In seiner Situation war es auf jeden Fall einen Versuch wert, ihm jede mögliche Erleichterung zu verschaffen", erklärte Riewert Peters, als wir das alte Zollgebäude verließen, und er bewies damit, dass er, wenn es darauf ankam, nicht so hartherzig war, wie er versuchte, mich glauben zu machen. Mit den Worten: „Uns verbleibt verdammt nicht viel Zeit und nur eine Möglichkeit. Wir müssen mit Bontekoe selbst reden, ihn überzeugen!" schlug er den Weg Richtung Kaffeehaus und Rathaus ein.

Als wir zurück auf das Deck der »Hoffnung« kamen, war die Mannschaft dabei, Pulverfässer und Kanonenkugeln unter Deck zu räumen, Musketen, Munition und Degen neben der Kapitänskajüte hinten im Schiff unterzubringen. Kapitän Flor und der Erste Offizier Schneider standen dabei und überwachten die Arbeiten. Die Stimmung an Bord schien ausgezeichnet. Waffen! Das war etwas für große Männer und Matrosen. Da fühlten sie sich unbezwingbar und bedeutend. Ich hingegen erinnerte mich an die Gespräche am Kartentisch im Zollhaus und fühlte mich nicht mehr so sicher und behaglich, wenn ich an unsere vier Kanonen unter Deck dachte. Mir war längst klar, dass unsere Feuerkraft nicht ausreichen würde, in einem Gefecht einen Piratenüberfall abzuwehren. Wir bauten auf den Anschein einer Wehrhaftigkeit, der einzig den Zweck der Abschreckung verfolgte, und wir hofften auf einen Glückstreffer im Ernstfall. Riewert Peters trat neben den Kapitän, grüßte zackig, das machte er vor der Mannschaft immer, während sie Achterdeck im Kartenraum hockten und sich duzten und als Amrumer Nachbarn zuprosteten. Ordnung musste halt sein... Er erstattete Bericht, und mir schien, Ricklef Flor hatte nichts anderes erwartet als diesen ungünstigen Ausgang der Geschichte.

Ich war gerade dabei, den Sextanten auszupacken, um ihn unserem Kapitän zu zeigen, als drei Männer im Ruderboot längsseits kamen. Der Kapitän nahm dies aus den Augenwinkeln wahr, reagierte aber nicht weiter, sondern widmete sich dem Gerät und ordnete an, die Kiste sicher im Kartenraum zu deponieren. Nick, Janik und ich sollten uns jeden Abend für eine halbe Stunde zum Unterricht einfinden. Ich hörte schon kaum mehr hin und lugte neugierig zur Strickleiter, wer da wohl an Bord kommen würde. Der Schiffsmaat stand vorn an der Leiter und beäugte argwöhnisch den ersten Mann, der mit einem weiten weißen Kaftan und einem riesigen Turban geschickt wie ein Affe die Leiter nahm und gleichzeitig mit der rechten Faust einen Seesack trug. Behänd sprang er dem Maat vor die Füße, schaute sich kurz um und rief in breitem Hanseatisch: „He da, hoffe nur, ihr habt auch was Essbares geladen und nicht nur eure Waffenkammern gefüllt. Gegen wen ziehen wir denn in den Kampf, Kamerad?"

Der Maat starrte ihn an wie ein Fabelwesen, der riesige Turban, der weiße Kaftan, die dunkle Hautfarbe und der Hamburger Dialekt fügten sich in seiner (wie immer gearteten) Vorstellung nicht zu einem stimmigen Ganzen zusammen. Doch bevor er seine Gedanken sortiert hatte und zu einer Entgegnung und Meldung fähig gewesen wäre, bevor alle anderen, die sich gerade an Deck befanden und ihre Arbeit ruhen ließen und jetzt gafften, überhaupt richtig mit ihren Mutmaßungen beginnen konnten, wer da an Bord gekommen war, schnitt Ricklef Flor dem Turbanmann kurzerhand jede weitere Bemerkung ab: „Josef Bombai, nehme ich an. Wenn er schon keine Meldung machen und sich vorstellen kann, wie es sich gehört, schaffe er sich nach unten in die Kombüse. Die Mannschaft will Mittag haben!"

Der Neue grinste, salutierte und stapfte mit dem Seesack auf dem Rücken unter Deck. Noch bevor er nach unten verschwunden war, ließ Ricklef Flor überdeutlich vernehmen: „Schneider, walten Sie Ihres Amtes und bringen Sie mir die Papiere dieses Clowns! Wenn die nicht in Ordnung sind oder wenn das Essen nicht genießbar ist, entsorgen Sie ihn ungefragt über Bord. Meinen Segen haben Sie!" „Ja, Sir, jawoll, über Bord entsorgen!" Der Erste Offizier eilte dem seltsamen Vogel hinterher. „Ach, noch etwas, Schneider. Wenn er schon seinen Turban tragen muss – ich bestehe auf Seemannshosen und anständiger Kleidung!"

Jetzt erst bemerkten wir den zweiten Kerl, einen glatzköpfigen, mit schwarzem Vollbart und hellblauen Augen, übergewichtigen Kloß, der nur mit Hilfe des Maats, der ihn wie einen nassen Sack über die letzten Stufen der Leiter hinauf hievte, überhaupt das Deck erreichte. Da stand er nun in einer abgewetzten Uniform mit einem lächerlich kurzen Säbel, den er in Offiziersmanier an seiner rechten Seite baumeln hatte, versuchte ordentlich zu grüßen, schnappte aber derartig nach Luft, dass nur keuchende und pfeifende Laute über seine Lippen drangen. Ich sprang hinzu, um ihn gemeinsam mit dem Maat zu stützen und ihm den Seesack abzunehmen, denn es stand zu befürchten, dass er gleich zusammenbrechen würde.

Die Mannschaft lachte. „Den schickt selbst der Peters nicht in die

Rahen!" „Da würde uns glatt der Mast wegbrechen!", lästerte ein anderer. „Gibt es nichts mehr zu schaffen?", brüllte der Kapitän. „Vorwärts, Männer, wir wollen bis zur Flut fertig werden mit dem Beladen."

Der Koloss blieb ruhig und überlegen, stand da, als wolle er Wurzeln schlagen und reagierte nicht auf den Spott, den die Mannschaft über ihn ergoss. Dann schien er doch wie durch ein Wunder seine Stimme wiedergefunden zu haben. Sein tiefer, brummender Bass war weithin über das Schiff zu vernehmen: „Könnte mir jemand bei meinem Gepäck helfen?" „Nick, Janik! Die Kiste an Bord!", kommandierte der Kapitän. Meine beiden Freunden und ich zogen an zwei kräftigen Schiffstauen eine Seemannskiste von beträchtlichem Gewicht nach oben. Dann sprangen, neugierig geworden, Männer von der Besatzung hinzu und besorgten den Transport unter Deck. Jeder wollte gern wissen, was die Kiste barg. „Wir lassen uns abkanzeln von dem holländischen Kaffeebaron, versprechen Kiel das Blaue vom Himmel und zur selben Zeit hat der Kapitän unseren Kiel schon abgeschrieben und Ersatz geordert!", zischte ich meinen Freunden empört zu. „Niemand ist unersetzbar. Schon gar nicht als Seemann", antwortete Nick. „Aber Kiel, verdammt noch mal, unseren Kiel durch so 'nen Turbanträger zu ersetzen!" Janik blickte verstohlen zur Seite, nur um nicht aufzufallen. Doch der Schiffsmaat schnappte Gesprächsfetzen auf und reimte sich den Rest zusammen: „Was hätte der Kapitän denn tun sollen? Wir laufen in aller Frühe mit der Flut aus. Er hat nach Amrum geschrieben. Dein Vater, Hark, wird sich der armen fehlgeleiteten Seele schon annehmen." „Kiel ist nicht fehlgeleitet, sondern unschuldig!", rief ich aufgebracht und alle Augenpaare richteten sich auf mich, bevor sie wieder der fülligen Gestalt des abgehalfterten Soldaten folgten, der jetzt mühsam seinem Gepäck folgend unter Deck wankte.

Gemeinsam traten wir vor den Kapitän, bereit, weitere Befehle zu empfangen. Riewert Peters schaute Ricklef Flor ungläubig von der Seite an: „Ein Musilmane, der uns in den Kochtopf spuckt, und ein Kanonier, der seine eigene Kanonenkugel verschluckt hat… Eine ausgezeichnete Ergänzung der Mannschaft."

Natürlich war diese Kritik nicht für unsere Ohren bestimmt. Wir senkten den Blick und stellten uns taub. Ricklef Flor wandte sich ihm zu, dann ließ er seinen Blick über das Deck schweifen, bis hinauf zum Krähennest im Hauptmast. „Vergiss nicht, mein Freund, wir laufen morgen aus. Da kann man nicht wählerisch sein." Nach einer Pause: „Du solltest die Neuen nicht unterschätzen." „Ich habe doch Augen im Kopf!" Dieser Wortwechsel erschien beiden wohl zu viel der Vertrautheiten. Danach schwiegen sie sich an.

GEKREUZTE KLINGEN

Am Nachmittag, als der Rest der Ladung endlich verstaut war, der Hamburger Musilmane zur Verwunderung aller mit Sauerkraut und Schweinefleisch seine Bewährungsprobe mit Bravour bestanden, aber dennoch einen Gebetsteppich Richtung Mekka ausgebreitet hatte, als das große Deckschrubben mit Essigwasser und das letzte Aufräumen in den Kojen begann, am Nachmittag lief das Gerücht um, zwischen dem Kapitän und dem Steuermann gäbe es eine Wette, unser Neuer, dessen Name irgendwie zu ihm passte: Thomas (Tom) Frederic Wilhelm Mampe, genannt Bartenwetzer, weil er mehr einem Holzfäller als einem Matrosen ähnelte und aus der Nähe von Korbach in Hessen stammte, einer Hansestadt ohne Hafen,… naja, jedenfalls: Es ging darum, Riewert Peters hatte behauptet, der Kanonier könne weder eine Kanone gefechtsbereit machen, noch mit dem Degen länger als zwei Minuten gegen ihn standhalten. Wahrscheinlich wisse der überhaupt nicht mehr, wie man eine solche Waffe führen müsse. Ballast sei der Bartenwetzer, Vorrat vertilgender, gefräßiger Ballast, der nur Kosten verursache und nichts bringe. Der Kapitän hatte dagegengehalten, der Steuermann würde spätestens nach fünf Minuten ohne Degen dastehen und um Gnade winseln.
Noch bevor Gewissheit über die Auseinandersetzung zwischen Kapitän und Steuermann bestand, griff schon das Wettfieber um sich. Ausgerechnet Fran Doorp hütete die Wettkasse, lag da auf Stroh und Decke gebettet und führte trotz sichtlicher Schmerzen

und Fieber schon wieder das große Wort. Alle setzten sie auf den Steuermann. Das machte wenig Sinn, ergab keine Gewinnquote, doch dem Bartenwetzer traute niemand etwas zu.

„Na, Zwieback, was ist mit dir? Willst du nicht dagegenhalten? Riskier was, Kleiner, schwimmst doch gern gegen den Strom!" Fran Doorp hatte mich entdeckt und begann schon zu spotten, von wegen Kapitänssöhnchen, traut sich nichts, hat keine Ahnung, tut sich nur wichtig und anderen Unsinn. Ich drehte ab, um wieder an Deck zu gehen, da hielten mich zwei seiner Kumpane fest, schoben mich nach vorn, und Doorp verlangte mir mit der Spitze seines Dolchs einen Wetteinsatz ab. Ich entschloss mich spontan, gegen Riewert Peters zu wetten. Es war mehr ein Gefühl als eine vernünftige Eingebung. Die Männer klopften sich belustigt auf die Schenkel. Das Ganze steigerte sich zur Gaudi, als Nick und Janik es mir auch noch gleichtaten. Erst als unser neuer Koch mit seinem großen Turban erschien und ebenfalls auf den Bartenwetzer setzte, wurden sie ruhig. Einige begannen jetzt erstmals erschrocken überhaupt die Möglichkeit zu erwägen, dass Tom Mampe, genannt der Bartenwetzer, als Sieger aus der Sache hervorgehen könnte.

Plötzlich fieberten alle dem Kampf entgegen. Schon kursierten die seltsamsten Geschichten über dicke Männer und unheimliche Fähigkeiten. Fran Doorp jammerte, dass er nicht aufstehen und alles miterleben konnte, doch niemand beachtete ihn mehr richtig. Unbemerkt schlich ich mich nach oben und traf Tom Mampe, wie er Oberkörper und Arme mit einem Lederpanzer schützte und zwei Degen polierte. Er schien selbstbewusst und keineswegs nervös. Jedenfalls gab er sich zuversichtlicher als ich, der ich um meinen Einsatz fürchtete. Er redete freundlich mit mir, gerade so, als sei ich jemand, der etwas auf dem Schiff zu sagen hätte. Jürgen Oksen, Nick und Janik kamen hinzu. Sein Degen machte die Runde. Der Bartenwetzer war als Kanonier auf einer Hamburger Brigg gewesen und hatte vor zwei Monaten bei einem Landgang die Abfahrt seines Schiffes verpasst. Seitdem hing er in der Nähe des Hafens rum, hatte es sich ein, zwei Wochen gut gehen lassen, bis sein Geld aufgebraucht war. Er nahm den Degen, machte uns auf die Prägung aufmerksam: „Ein italienisches Meisterstück, leicht und doch scharf genug, um mit einem Hieb einen Knochen zweizuteilen. Hier das Wappen des Löwen – der Markuslöwe von Venedig. So ein Stück findet ihr kein zweites Mal." Dann legte er die Klinge des Degens mit der flachen Seite zu zwei Dritteln auf seine rechte Hand. Der Degen schaukelte ein wenig nach vorn und hinten, lag aber schließlich ruhig auf zwei ausgestreckten Fingern. „Die Verteilung des Gewichts stimmt, austariert, der führt sich fast von selbst. Ein Meister braucht ein Leben lang, um so ein Kunststück hinzubekommen." Hunger, meinte er, sei eine schlimme Sache. Er habe sehr abgenommen, aber nie im Leben wäre er auf die Idee verfallen, sich von dem Degen zu trennen. Er wäre eher Hungers gestorben, und wenn man ihm Tausende geboten hätte. Er kniff uns ein Auge: „Und glaubt mir, Jungs, da standen die Interessenten, Reiche wie windige Hunde, Schlange." Beeindruckt von dem Degen, aber auch ungläubig, wie einer mit solch einer Körperfülle abgenommen haben sollte, starrten wir auf seine Kanonenkugelwampe.

Um uns herum bildete sich inzwischen ein Kreis von Männern. Dann betraten Ricklef Flor und Riewert Peters das Deck. Der Steuermann und der Bartenwetzer reichten sich die Hand und blickten sich lange und ernst in die Augen. Riewert Peters legte jetzt auch die Lederweste und den Armschutz an. Er hatte zwei Degen aus der Waffenkammer mitgebracht. Gesprochen wurde kein Wort mehr, bis der Erste Offizier die Regeln verkündete. Der Kampf sollte nicht länger als zwölf Minuten dauern und über zwei Runden gehen. Der Rest ging im Geschrei und Gejohle der Mannschaft unter. Die Schiffsglocke wurde geschlagen, die Degen wurden gekreuzt, feierlich wurde dreingeblickt, für einen Wimpernschlag von allen geschwiegen, noch ein Glockenschlag und der Tanz begann.

Niemand erwartete wirklich etwas von dem Bartenwetzer, aber die Uhr lief gegen unseren Steuermann. Der stürzte sogleich wie ein wild gewordener Stier vorwärts und drosch mit seinem Degen auf den Gegner ein, als gelte es, mit einem Hammer eine Wand einzureißen. Tom Mampe lief sogleich rot an im Gesicht, und das bekannte Schnaufen und Ächzen begann, dass jedermann sofort Mitleid bekommen hätte, wenn nicht ringsum durch die klatschenden, schreienden und Füße stampfenden Männer ein solch infernalischer Lärm ausgebrochen wäre, der alles, selbst die Gedanken überdeckte. Auch wenn mich jetzt das Geld schon reu-te, das ich auf den Neuen gesetzt hatte, er wankte, taumelte rück-wärts, aber er hielt den Degen oben und wehrte sich verzweifelt. Ich hatte Respekt vor ihm.

Riewert Peters umtänzelte ihn im Halbrund mit einer Beweglich-keit und Schnelligkeit, die ich unserem Steuermann nicht zuge-traut hätte. Wo lernte man auf Amrum, so zu fechten? Das Schrei-en, Klatschen und Pfeifen nahm kein Ende und steigerte sich weiter. Die Kontrahenten näherten sich dem Bug. Bald gab es kein Zurück mehr für Tom Mampe.

Eine Entscheidung stand schon nach weniger als zwei Minuten unmittelbar bevor. Ein jeder spürte das, und Riewert Peters schrie mit stolz geschwellter Brust zwischen zwei Degenhieben: „Gib auf, bevor ich dich zu Brei schlage oder du vor Anstrengung tot um-fällst!" Dann nach einem weiteren Kreuzen der Klingen erneut: „Nimm Vernunft an! Du hast keine Chance!" Doch Tom Mam-pe wollte oder konnte nicht antworten. Das Maul weit geöffnet, schnappte er nach aller Luft, die er kriegen konnte. Inzwischen goss es in Strömen, doch die Nässe schien niemanden zu stören. Mit einer blitzschnellen rechten Drehung aus der Hand führte der Steuermann den Degen und versuchte seinem Gegner die Waffe aus der Hand zu schlagen. Das gelang zwar nicht wirklich, aber der Bartenwetzer verlor für einen Moment die Kontrolle, bekam seine Waffe zu spät hoch, und der Degen von Riewert Peters streif-te den Lederschutz am Arm und riss an einer ungeschützten Stelle den Ärmeln der Uniformjacke auf.

Die Kämpfer hatten das Ende des Schiffs erreicht. Triumphierend das Geheul der Mannschaft, der verzweifelte Blick von Tom Mam-pe zur Seite. Er fluchte plötzlich über die zerrissene Jacke – es war seine einzige, fluchte über diese sinnlose Kraftverschwendung und dass er Hunger habe wie ein Wolf. Riewert Peters lachte in sicherer Erwartung des Sieges, und so traf es ihn unerwartet, dass jetzt der Dicke zwei Schritte nach vorn kam und ihn attackier-te. Ruhig, geradezu überlegen, führte der Bartenwetzer die Waffe, schien jede Finte seines Gegners zu kennen, bevor dieser über-haupt dazu kam, sie auszuführen. Sein Körper langsam, Schritt um Schritt, aber mit einer zwanghaften Entschlossenheit, trieb er jetzt den Steuermann zum Rückzug. Als sie schließlich wieder die

Mitte des Schiffs erreicht hatten, kochte es unter den Zuschauern. Längst standen auch die Mannschaften der umliegenden Schiffe an Deck. Einige waren sogar in die Wanten geklettert und gafften, schrien und pfiffen herüber. Es war mir ein Rätsel, wie es der Bartenwetzer anstellte, er bewegte sich kaum, parierte dennoch jeden Schlag. Sein Degen schien sich selbständig gemacht zu haben und schwang in einem wilden Takt in alle Richtungen, gerade so, als ob er leicht wie eine Feder wäre. Kurz, für einen Sekundenbruchteil, touchierte seine Degenspitze den Lederpanzer vor der Brust des Steuermanns. Der nutzte seine Schnelligkeit und sprang erschrocken vier Schritte zurück, um Abstand zu gewinnen. Fassungslos starrte er auf Tom Mampe, der einfach weiter seinen Degen schwang und wie ein Fels dastand, der darauf wartete, dass die Flut ihm das Schiff zutrieb, damit es an ihm zerschellte.

Mein Blick jagte zwischen beiden Kontrahenten hin und her und jetzt, zum ersten Mal, hatte ich die Gewissheit, richtig gewettet zu haben. Riewert Peters wurde von den Männern nach vorn geschubst. Er taumelte geradezu seinem Gegner vor die Klinge. Schrie wild vor Entschlossenheit, drosch zwei, drei Mal auf den Degen des Bartenwetzers ein, da machte dieser einen halben Ausfallschritt zur Seite, ließ seinen Degen eine unverhoffte Linkskurve beschreiben und vom Schwung und Druck des Schlages getragen, flog die Waffe des Steuermanns in hohem Bogen durch die Luft und steckte gut zwei Meter entfernt mit der Spitze in den Planken. Vergeblich versuchte der Steuermann noch, den Griff des Degens zu erreichen, doch mit einer weiteren halben Drehung, die ihn nicht mehr als einen Schritt kostete, stieß ihn der Bartenwetzer mit der Schulter zur Seite und stellte ihm ein Bein, dass er bäuchlings zu liegen kam und die kalte Spitze des Metalls in seinem Nacken spürte.

Zumindest an Bord der »Hoffnung« herrschte eine jähe Stille. Der Erste Offizier läutete die Schiffsglocke und wieder brach der Tumult los. Dieses Mal getrieben vom Zorn der Männer, die sich um ihren sicher geglaubten Wettgewinn betrogen fühlten. Aus den Augenwinkeln nahm ich wahr, wie sich zwei Matrosen mit Knüppeln bewaffneten und offenbar dem Bartenwetzer von hinten eins überziehen wollten. Ich stieß Nick an, und zusammen rannten wir auf die Angreifer zu. Als wir dem ersten in den Arm fielen, rammte Tom Mampe, ohne die Füße gehoben oder sich umgeschaut zu haben, dem zweiten mit einer halben Drehung seines Oberkörpers den Ellenbogen ins Gesicht, dass ihn dessen Knüppel nur noch an der Schulter streifte, der Mann rückwärts bis zur Bordwand taumelte und jammernd aus dem blutenden Maul zwei ausgeschlagene Zähne ausspuckte.

Der Kapitän schien bester Laune, strich den beiden Angreifern ihre Essensration für diesen Tag und schickte sie zum Reinigen des Achterdecks. Dann begrüßte er Thomas Frederic Wilhelm Mampe, genannt Bartenwetzer, unter feierlicher Nennung seines ganzen Namens als wehrhaften Kanonier unseres Schiffs, ließ ein dreifaches „Hoch" ausrufen und kündigte tägliche Waffenübungen an, die am selben Abend mit dem Ausrichten der Kanonen unter Deck beginnen sollten. Jürgen Oksen hatte auf Geheiß eine dicke dunkelblaue Seemannsjacke aus den Beständen des Kapitäns geholt, die der Bartenwetzer jetzt gerührt aus den Händen von Ricklef Flor entgegennahm.

Ich fasste allen Mut und machte mich zusammen mit Nick und Janik auf, meinen Wettgewinn bei Fran Doorp einzufordern. Natürlich hatte er uns schon erwartet. Als ich an das Strohlager des Holländers trat, schnitten mir plötzlich fünf Männer den Fluchtweg nach hinten und zur Seite ab. Sie lachten frech, als ich vom Wettgewinn sprach, und die Gier nach dem Geld, das bei der Quote eine hübsche Summe ausmachen würde, blitzte in ihren Augen. „Was denkst du, Zwieback, was wir mit dir und deinesgleichen machen? Marschiert hier rein und fordert Geld! Da könnte jeder kommen." Fran Doorps Stimme schreiend und beleidigend. Die Männer griffen sich meine Freunde, verdrehten ihnen die Arme hinter dem Rücken, dass sie vor Schmerzen ächzten. Die anderen bedrängten und schubsten mich näher an das Lager von Fran Doorp heran, der jetzt einen kleinen Dolch in den Händen wog. Ich stellte mich breitbeinig, holte tief Luft und erklärte mit belegter Stimme: „Ich bin bereit. Mein Geld, Fran Doorp." Häme und Drohungen übergossen mich. „Sollen wir dem Scheißerchen gleich den Rest besorgen?" „Der zittert ja. Wir machen ihn ganz langsam fertig, damit er was davon hat." Einen Hilfeschrei würde niemand hören. Dieses Zeichen von Schwäche gestatteten sich weder meine Freunde noch ich. Der erste verpasste mir eine

Kopfnuss, der zweite legte seine Pranke auf meine Schulter, so wie es der Büttel zu tun pflegte, wenn er einen Dieb verhaftete. „Die Sache mit deinem Geld war doch ein Irrtum, mein Junge. Das siehst du doch ein!", sagte er mit süßlicher Stimme. Ich war nahe daran, ihm wenigstens in die Eier zu treten. Aber ich unternahm nichts, ließ die Hand, die mich klein machte, auf der Schulter. Ich versuchte mich zu konzentrieren, den richtigen Moment für die Gegenwehr abzuwarten. Janik schrie auf vor Schmerzen, und ich kochte vor Wut: „Verdammt noch mal! Mein Geld will ich! Das könnt ihr nicht machen!"

„Der soll seine Klappe halten! Sein Maul ist ohnehin das Beeindruckendste an ihm!", fuhr Fran Doorp dazwischen, erhob sich schwerfällig von seinem Strohlager und kam mir mit der Spitze des Dolches gefährlich nah. „Meinst du nicht, es wäre besser für euch alle, wenn ihr die Sache mit dem Wettgewinn vergesst? Ich jedenfalls kann mich an nichts erinnern. Habt ihr etwas Schriftliches? Glaubt mir, es ist besser, ihr vergesst das alles, sonst…"

„Sonst? Sonst!" Jetzt schrie ich auch. „Sonst was? Etwa die Lösung, die du für Kiel gefunden hast? Das bist du gewesen, Fran Doorp! Da kommst du nicht raus. Wir wissen das, und bald wissen es auch die Hafenbehörden!" „Einen Dreck weißt du, Hund und Sohn eines Schiffseigners. So'n Zwieback wie du treibt nicht lange im brackigen Hafenwasser, dafür sind die Möwen viel zu hungrig."

Aus Leibeskräften schrie ich irgendeinen schauerlichen Laut, und jetzt trat ich meinem Hintermann tatsächlich in die Eier, dass der nur so keuchend wegsackte. Nicht mal die Luft zum Stöhnen blieb ihm. Auch Nick hatte sich für kurze Zeit vom Zugriff befreit und hing dem Mann, der seinem Bruder den Arm verdrehte, im Nacken, bereit, ihm die Augen auszukratzen. Das stumpfe Dolchende traf mich mit Fran Doorps Faust auf die Nase. Ich krachte gegen die Bordwand, und das Blut schoss mir aus dem Gesicht. Schon hatten mich die Männer wieder am Wickel und schoben uns vor ihren Anführer Fran Doorp. Die Würfel schienen gefallen, unser Schicksal besiegelt!

Ein Messer, kaum, dass ich es wahrgenommen hätte, zerfetzte den Jackenärmel meines Bewachers, verletzte ihn und schlug mit aller Wucht nur fingerbreit neben Fran Doorps rechter Wange in die

Wand. Für einen Moment verlor Fran Doorp die Fassung, ein Moment, der von dem Angreifer genutzt wurde, zwei weitere Männer zu Boden zu bringen, indem er sie mit den Füßen zuerst ansprang. Dann stand er da, breitbeinig, ein Messer in der linken und eines in der rechten Hand, offenbar entschlossen, auch bis zum Äußersten zu gehen und zu töten. Der Angriff hatte nur Sekunden gedauert, doch unsere Situation schien völlig verändert. Vollkommen fasziniert starrten meine Freunde und ich Bombai, unseren Koch, an. Offenbar ein Mann mit Vergangenheit.

„Ich denke, es reicht, Fran Doorp. Ihr habt euren Spaß gehabt, jetzt sollten die Jungs und ich das Geld bekommen." „John Bombai, misch dich nicht ein, wenn du Smutje bleiben willst!" Fran Doorps Stimmlage war unmissverständlich aggressiv.

„Da werde ich dich und deinesgleichen kaum nach fragen, Doorp! Das Geld!" Sein finsterer Blick genügte, um den Versuch einer Gegenwehr im Keim zu ersticken.

Niemand leistete mehr Widerstand. Wir erhielten unseren Gewinn. Genau genommen erhielt John Bombai den korrekten Betrag und uns fehlte ein gutes Viertel, was unser Retter mit einem Achselzucken quittierte und von Gebühren und Lehrgeld sprach. Dennoch, der Schnitt, den wir gemacht hatten, war beträchtlich. Ich hatte mehr gewonnen, als ich als Schiffsjunge auf der ganzen Fahrt verdienen konnte. John Bombai nahm uns zunächst mit in die Kombüse, wo wir ihm noch einmal dankten. Er stellte uns Fragen über unsere Herkunft, unsere Eltern, die wir arglos beantworteten. Dann sah er mich an, als wüsste er bereits alles über mich. Ich ging ihm bei seiner Arbeit zur Hand und bemerkte, wie er mich beobachtete, registrierte, was ich sagte, wie ich mich bewegte, aber voller Gleichmut, so wie ein sattes Raubtier, das stets auf der Hut ist, nach Gefahr und Beute Ausschau hält. Ich bedeutete für ihn offenbar weder Gefahr, noch schien ich mich als Beute zu eignen, so empfand ich es damals jedenfalls. Wie sollte ich mich in dieser Einschätzung täuschen! Damals stellte ich fest, was mich an Bombai so faszinierte und zugleich ängstigte. Das war das Raubtierhafte an seinen Bewegungen, eine stete Gefahr, die in seinen hungrig umherspringenden Blicken lag.

Nick, Janik und ich legten unseren Gewinn zusammen, um Riewert Peters zu bitten, das Geld im Achterdeck für uns aufzubewahren. Die Gefahr, im Mannschaftsquartier ausgeraubt zu werden, schien uns zu groß.

Lange noch lag ich in der Nacht wach und dachte über John Bombai, seinen Turban, seine blitzschnellen Bewegungen, seine Sicherheit, mit dem Messer umzugehen, und seine Entschlossenheit, vielleicht auch zu töten, nach. Fremd standen mir seine Kleider, seine dunkle Hautfarbe und sein Turban vor Augen. So unheimlich er mir war, meine Freunde und ich mussten ihm unendlich dankbar sein. Dieser Koch war aus anderem Holz geschnitzt als Kiel. Den beförderten sie nicht so schnell von Deck. Doch würde er uns mit seiner katzenhaften Schnelligkeit und kaltblütigen Entschlossenheit nicht auch selbst gefährlich oder uns allen gar zum Verhängnis werden? Damals meinte ich noch, in ihm einen starken Verbündeten gefunden zu haben gegen Fran Doorp.

Ich spürte meine eiskalten Füße. Sie lagen wie Eisklötze unter der Decke. Gefroren, als besäße ich tatsächlich keine Muskelkraft mehr, sie irgendwohin zu bewegen. Und ich spürte ein flaues Gefühl im Magen. Eigentlich hatte ich alles verdrängt, aber jetzt packte sie mich, die Angst. Die Angst, sie war die mächtigste Kraft von allen, sie zerstörte alles, konnte jeden kopflos oder verrückt werden lassen, zum Mörder machen. Ich versuchte, ihr mit Scharfsinn und Logik beizukommen. Warum fürchtete ich mich? Dass einer von Fran Doorps Speichelleckern mit gezücktem Dolch neben meine Hängematte treten und mich meucheln könnte? Ich hatte doch nichts mehr von Wert bei mir. Aus Rache vielleicht, für die Schmach? Dafür riskieren, als Mörder gehenkt zu werden oder in Verließen zu verfaulen? Unwahrscheinlich. Doch die Logik wärmte mir die Füße nicht. Mein übernächtigtes Bewusstsein malte Fratzen und Schreckensbilder. Das Gesicht von Gundel Erken tauchte auf, ihre Prophezeiung, wir alle seien verloren. Diese Fahrt schien tatsächlich unter keinem guten Stern zu stehen. Ob Gundel noch lebte? Wenn es diese dunklen Mächte gab – wer war ich, dagegen aufzubegehren? Gegen etwas, das den Lauf der Welt beeinflusste? Jede Macht auf der Welt forderte ihren Lohn, war nicht zum Selbstzweck da. Ich überlegte, was der Lohn der Angst sei. Sie fraß die Hoffnung, bis wir keine Kraft mehr zum Leben hatten. Ohne Hoffnung – keine Angst! Ich würde der Angst die Nahrung entziehen und nicht mehr auf meine Rückkehr hof-

fen. Ich würde ohne Angst mein Leben riskieren, jeden Tag ohne
Hoffnung und Zukunft leben. So lange, bis ich sie besiegt hätte,
die Angst. Ich faltete die Hände, und wie unter Zwang betete ich
die Zeile flüsternd wieder und wieder: „Ohne Hoffnung – keine Angst. Ohne Hoffnung – keine Angst…" Ich schlief tatsächlich ein und war ein anderer, als ich am nächsten Morgen meinen
Dienst antrat.

DER RITT AUF DEM STURM

Kurz vor der Morgendämmerung ließ der Bootsmann vor dem
Mannschaftsquartier seine Pfeife ertönen, und die Mannschaft
eilte zu den Gangspillen. Die kurzen Kommandos, die Pfeife zu
den Bewegungen bis zum Ausführen der Befehle, die Mannschaft,
die im Schein der Laterne an ihre Plätze hastete. Das Verlassen des
Heimathafens war immer ein aufregender Moment und trotz Re-
gens, stürmischen Wetters und Eiseskälte etwas, das niemand gern
verschlief. Noch einmal flogen meine Gedanken zu Kiel, den wir
hier in Hamburg im Gefängnis zurückließen, während wir wahrscheinlich die Schurken, die die Verantwortung dafür trugen, an
Bord hatten. Noch einmal flogen meine Gedanken nach Amrum,
zu meiner Liebsten, und schon folgte ich dem Kommando in die
Wanten, das Sturmsegel zu setzen. Die doppelte Schicht hatte ich
durchzustehen. Meine Strafe musste ich abdienen, da vergaß Ricklef Flor nichts, da behandelte er mit Härte jeden gleich. Ich hörte
noch, wie Riewert Peters bemerkte, er solle bei der Kälte Gnade
vor Recht ergehen lassen, sonst fiele ich bei dem Sturm noch steif-
gefroren aufs Deck. Es blieb dabei, die Mannschaft wechselte bei
Temperaturen um die null Grad in gut einer Viertelstunde, ich
hatte mindestens eine halbe Stunde in luftiger Höhe auszuharren.
Riewert Peters rief meinen Namen, kletterte ein Stück hinter mir
her und reichte mir Fäustlinge, in denen Löcher für die Finger
ausgespart waren. Er fand noch ein paar aufmunternde Worte, die

aber im Lärm und in der Aufregung untergingen. Dann beeilte ich mich, den anderen hinterherzukommen, und der Steuermann begab sich zum Rudergänger, um seine Anweisungen zu geben und das Auslaufen zu überwachen.

Bald wurde der Anker im Rhythmus eines Seemannsliedes aufgewunden, und er hing triefend am Bug, bald begannen Stag- und Vorsegel zu schwellen, und Schiffe und Land glitten an der Backbordseite vorüber. Auch unter Deck herrschte Betriebsamkeit. Tom Mampe ließ zu beiden Seiten ein Geschütz ausfahren. Man hatte Genehmigung für zwei Salutschüsse gegeben. So verließ die »Hoffnung« unter Hamburger Flagge die Hansestadt Richtung Nordsee, den Ärmelkanal, den Atlantischen Ozean, schwer beladen, immer mehr oder weniger in Küstennähe, um in Nantes Ladung zu löschen und neue für die Rückfahrt aufzunehmen. Die Salutschüsse machten ziemlich Lärm und Qualm. Die Trockenübung glückte, erregte Aufsehen, so dass sich trotz der frühen Stunde und des Dauerregens zahlreiche Menschen am Ufer einfanden und winkten und riefen. Kapitän Ricklef Flor war zufrieden.

Es wollte nicht hell werden bei diesem Sauwetter. Kein Sonnenstrahl durchbrach die moorschwarze Wolkennacht, und Jürgen Oksen neben mir in den Wanten schaute nur mit düsterer Vorahnung zum Horizont: „Warte nur ab. Wenn wir das Meer erreicht haben, bricht ein Sturm los, der seinesgleichen sucht. Auf dieser Fahrt liegt ein Fluch, und du weißt es auch!" „Mensch, halt die Klappe!" Die Arbeit erforderte vollste Konzentration. Die Finger waren bereits nach wenigen Minuten so steif gefroren, dass es die Aufbietung des ganzen Willens kostete, Knoten zu lösen und an dem Segeltuch zu zerren. Alle Muskeln schienen kraftlos geworden und schmerzhaft eingefroren zu sein. Zum Stagsegel galt es jetzt, noch ein gerefftes Großsegel am Großmast zu setzen. Schwer beladen, aber mit schneidigem Manöver gewannen wir rasch an Fahrt.

Wie leblos hing ich in der höchsten Rahe, klammerte mich ans Segeltuch, als die Wachablösung die Wanten heraufkletterte. Die Kälte machte mich schläfrig, fast ein wenig gleichgültig. Sturm und Regen zerrten an mir, Wolken fegten über mich hinweg, das Rauschen und das Tosen der Elemente hier oben knapp unter dem Krähennest des Großmastes füllte alle Wahrnehmungen. Es war, als würde ich fliegen. Die Seevögel schossen nah heran, streiften schon die Rahe eine Armlänge über mir, äugten hungrig zu mir herüber und drehten kreischend wieder ab. Der Sturm heulte. Zwischen zwei Windstößen sog ich gierig Luft in meine Lungen. Die Augen tränten. Wir waren noch längst nicht auf dem offenen Meer, und doch rollte das Schiff bereits auf den vom Sturm aufgepeitschten Wellen der Elbe. Jede Bewegung des Schiffes verstärkte sich hier oben um ein Vielfaches. Der Eindruck, der Mast könnte kippen oder nach vorn stürzen, machte schwindlig, doch nach wenigen Augenblicken stand der Mast wieder gerade. Unten das Gewimmel, die stinkende Enge der Menschen an Bord. Für einen Moment fühlte ich mich glücklich und frei, ganz gleich, wie schmerzhaft Kälte und Nässe mir zusetzten.

Eine Hand packte mich grob an der rechten Schulter, stieß mich heftig zur Seite, und ein Fuß traf mich in der rechten Kniekehle. Ich kippte nach links, meine Füße verloren den Halt auf dem Fußpferd unter der Rahe. Vor Schreck setzte mein Herzschlag Sekundenbruchteile aus. Ich würde abstürzen und auf dem Deck aufschlagen. Keine Chance, das aus dieser Höhe zu überleben. Doch meine steifgefrorenen Finger krallten sich noch fester in das Segeltuch. Mein Körper hing an meinen Armen, meine Beine taumelten in luftiger Höhe. Aus weiter Ferne von unten hörte ich Schreie, das Pfeifen des Bootsmanns, Befehle, die nicht mehr mir galten. „Hark! Halt durch!" Das war Nicks Stimme. Winzige Augenblicke nur, die sich zu einer Ewigkeit ausdehnten. Ich schaute zur Seite, blickte in die grinsende, unrasierte Fratze eines Matrosen, der gestern Fran Doorps Handlanger gewesen war. Wieder packte er grob zu. Dieses Mal erwischte er meinen rechten Arm. Lange konnte ich mich ohnehin nicht mehr halten, ein kleiner Ruck von ihm würde genügen, meine letzten Kraftreserven zu überwinden und mich abstürzen zu lassen. Doch nichts dergleichen geschah. Mit schmerzhaftem Griff umklammerte seine Pranke meinen Unterarm.

„Hallo Zwieback! Da könntest du doch gleich abstürzen. Ein tragischer Unfall. Wäre schade um dich. Na, wie fühlt man sich denn so?" Sein Grinsen wurde noch breiter, einige schwarze Zahnstumpen aus seinem schlechten Gebiss wurden sichtbar. „Willst du denn gar nicht um Hilfe schreien? Ein wenig um dein bisschen Leben winseln? Ein letztes Gebet vielleicht?"

„Affenarsch!", schrie ich wütend, entschlossen, eher zu sterben, als dieser lausigen Schiffsratte einen Triumph zu können. Mein Herz jagte, ich rang nach Atem und mit letzter Kraft: „Beschissener, stinkender, blöder Affenarsch!" „Pass auf, du!" Eine Zornesfalte wuchs auf seiner Stirn. Doch mit einem Ruck riss er mich in die Höhe. Ich strampelte ein wenig mit den Füßen, fand jedoch sofort wieder Halt auf den Tauen und beugte meinen Oberkörper erschöpft auf das Segeltuch. Da kam an der linken Seite Janik zu Hilfe. „Mensch, Hark, was machst du denn für Sachen?" Erst jetzt bemerkte er den Matrosen an meiner rechten Seite. „Hast du ihn gestoßen? Das kommt dich teuer zu stehen! Dafür sorge ich!", tobte Janik, der vor Kraft und Empörung nur so zu strotzen schien. „Nichts wirst du!", brüllte der Mann zurück. „Jederzeit seid ihr des Todes hier. Da hilft euch weder der Steuermann noch euer neuer Freund, der Turban. Mit dem rechnen wir auch noch ab. Seht euch vor, Jungs! Überlegt euch gut, wen ihr zum Freund habt!"

Eine Sturmböe raubte ihm für einen Moment die Luft. Er machte ein Zeichen nach unten, dass alles in Ordnung sei. Janik fasste mich schützend bei den Schultern.

„Wenn es nach mir gegangen wäre, lägst du Ausgeburt eines Kapitänssöhnchens ohnehin jetzt auf dem Deck. Aber so richte ich einstweilen nur Grüße von Fran Doorp aus. Nur die Schiffsglocke lässt dich am Leben, Zwieback. Aber dein Kredit ist aufgebraucht, und du solltest dich vorsehen!" Mit diesen Worten rückte er wieder nach rechts außen auf seine Position und begann, das Segeltuch zu reffen.

Ich gewann meine Beherrschung wieder und schrie ihn mit aller Kraft, die mir noch zur Verfügung stand, an: „Du weißt es noch nicht, du bärtiges Gesicht von einem stinkenden Affenarsch, aber wir sind alle verloren! Niemand von euch wird jemals wieder in Hamburg einlaufen! Und du wirst lange vor mir in der verfluchten Hölle braten!"

Janik bat mich, mit ihm nach unten zu kommen. Aus großer Entfernung hörte ich das Kommando des Ersten Offiziers, das meine sofortige Ablösung befahl. Ich richtete mich auf. Unter Tränen und Schmerzen nahm ich meine Arbeit beim Reffen des Segeltuchs und beim Festmachen der Zeisinge wieder auf. „Der Kahn ist verflucht, Affenarsch! Elendig verflucht! Und Doorp wird dir als erster seinen Dolch zwischen die Rippen stoßen, so wahr ich Hark Olufs heiße!"

„Pass auf, du! Ich mach dich fertig!", giftete der Matrose zurück.

„Ich habe keine Angst mehr. Ob ich früher oder später sterbe, ist mir egal. Mein Schicksal ist besiegelt, das weiß ich längst." Mit diesen Worten wandte ich mich ab.

„Ist also was dran an dem Fluch! Gibt es die Prophezeiung wirklich?" Meine Worte fraßen an seinem Herz, und das war gut so. Ich blieb ihm jede weitere Antwort schuldig und schickte Janik wieder nach unten, er solle dem Maat ausrichten, ich würde meine Strafschicht zu Ende bringen und ließe mich von nichts und niemandem davon abhalten. Sollten sie sich um mich sorgen, allesamt! Ich wollte die Bitterkeit und die Ungerechtigkeit der Strafe auskosten.

„Mensch, Hark, das ist Befehlsverweigerung. Das lässt der Kapitän nicht durchgehen." „Dann bleibe ich halt noch eine halbe Stunde hier oben." Ich versuchte ein Lachen, das mir im Halse stecken blieb, weil der Sturm mich würgte, nahm aber sofort unverdrossen meine Arbeit wieder auf, und Janik kletterte unverrichteter Dinge nach unten, nicht jedoch ohne dem Matrosen außen an der Bramrah noch einmal eine Drohung zuzurufen, die dieser mit einer obszönen Geste quittierte.

Das letzte Stück trugen mich meine Freunde fast aus den Wanten, weil ich aus eigener Kraft das Deck wohl nicht mehr erreicht hätte. Mein Bewusstsein sackte fast vollständig weg, ich war nur noch müde und zerschlagen. Sie legten mich neben der Pumpe an der Reling ab. Jemand fasste mich bei den Schultern. Verschwommen erkannte ich Riewert Peters. „Wie geht es dir, Junge? Das machst du Dickschädel nie wieder! Sonst lasse ich dich im Eiswasser Kiel holen, hörst du!"

Ich war unfähig zu antworten, unfähig überhaupt zu einer Geste, sackte einfach zusammen, froh, dass alles vorbei war. Ricklef Flor schlug mich mit der flachen Hand ins Gesicht, damit ich nicht einschliefe. Ich fühlte nichts mehr. Längst hatte ich die Grenze des Schmerzes, die Grenze, über die hinaus man sich nicht mehr ängstigen konnte, überschritten. Ich fühlte mich seltsam leicht, als ob ich schwebte, wie vom Körper befreit, aus großer Ferne das Schiff unter mir beobachten würde. Wenn ich mich bewegte, kehrte die bleierne Schwere zurück und die Müdigkeit, schlimmer als je zuvor. Wieder setzte es Ohrfeigen von Ricklef Flor, erneut seine barsche Stimme, mit der Aufforderung wach zu bleiben. Dann drängte sich die Gestalt von Fran Doorp in meine Wahrnehmungen, sein besorgtes Gesicht: „Was war denn bloß los da oben, Junge?" Er deutete mit ausgestrecktem Arm zum Großmast hinauf, als würde er nicht allzu genau wissen, was dort oben geschehen war. Wenn ich bis dahin geglaubt hatte, alle Gefühle seien erloschen, loderten irgendwo noch einmal Hass und meine Wut auf. „Nichts los! Verflucht sind wir, verdammt! Verloren, allesamt. Auch du mit deinem Dolch", presste ich hervor.

„Beruhige dich, Junge." Ricklef Flor griff nach meinen Händen, um diese vorsichtig zu erwärmen. Sie lagen leblos in den seinen. Doch ich fand noch genügend Kraft zu ein paar letzten Worten: „Er wollte es nicht glauben, dein Freund. Verflucht, verloren, auch du. Ich weiß es sicher." Wieder schlug eine Welle nach dem Schiff. Fran Doorp taumelte und wurde kreidebleich. „Das ist törichter Aberglaube!", rief er empört, während der Kapitän ihn durchsuchen ließ und ihm den Dolch abnahm. „Keine Waffen", entschied der Kapitän und befahl ihm, unter Deck zu verschwinden oder sich gesund zur Arbeit zu melden. Eine Demütigung, gehörte doch ein Messer zur Ausrüstung eines jeden Seemanns.

„Der Abgrund, in den wir alle herabstürzen", fantasierte ich noch. Voller Verzweiflung kauerte Nick neben mir, nahm meinen Kopf in beide Hände, hauchte mir seinen warmen Atem ins Gesicht und beschwor mich im Namen aller Heiligen, ihn nicht im Stich zu lassen. „Du darfst nicht sterben, Hark!", schrie er gegen das Tosen der Elemente an.

Bombai drängte sich nach vorn und hielt eine Tasse heißer Suppe in den Händen. „Richtet ihn auf und stützt ihm den Kopf", befahl er Jürgen Oksen und Nick. Der Kapitän ließ ihn gewähren. Da sperrte mir der Smutje das Maul auf und flößte mir die heiße Brühe schluckweise ein. „Er kommt zu mir in die Kombüse", entschied Bombai, „dort ist ein Ofen. Der wärmste Ort an Bord, damit er sich von der Unterkühlung erholt. Er atmet kaum noch." Ricklef Flor nickte nur und ließ ihn erneut gewähren. Zu dritt schleppten sie mich unter Deck und stürzten dabei ein ums andere Mal bei dem Seegang gefährlich. Eine halbe Stunde später schrie ich vor Schmerzen, weil das Blut stechend und pulsierend wieder in die gefrorenen Gliedmaßen schoss. Bombai gab Anweisungen, und Nick, der bei mir bleiben durfte, wusch und bewegte meine Arme und Beine vorsichtig und unablässig. Ich glaube, ich war damals hart davor, den Geist aufzugeben, wenn nicht Bombai sich meiner so kundig angenommen hätte.

Im Auge des Orkans!

Kaum erreichten wir die Nordsee, überfielen die Sturmböen das Schiff nicht mehr aus unterschiedlichen Richtungen, sondern bündelten sich zu einem peitschenden Sturm, geradezu einem Orkan, der uns westwärts trieb. Über die schäumende See rasten strähnige Regenlinien. Der Horizont verschwand hinter dichten Schleiern. Hagelkörner prasselten gegen das Sturmsegel. Ein halb gerefftes Segel am Besanmast hatte es zerfetzt. Es schlug wild um sich und konnte im Moment nicht geborgen werden. Wie lange ich mehr oder weniger ohne Bewusstsein für alles, was um mich herum geschah, in der Kombüse gelegen hatte, wusste ich nicht mehr, als ich die drohende Gefahr endlich wahrnahm. Die gesamte Mannschaft war auf den Beinen. Wer nicht zur Arbeit eingeteilt war, sicherte die Ladung oder die Kanonen immer wieder aufs Neue oder krallte sich irgendwo an Deck fest, denn die Luft und der Gestank nach Erbrochenem unter Deck, die lichtlose Enge dort und das Stöhnen und Ächzen des Holzes waren auch erfahrenen Seeleuten nur noch schwer erträglich.
Ich kam zu mir, als das Schiff beim Aufbäumen gegen den Sturm so stark nach Backbord krängte, dass Nick und ich übereinander purzelten und gegen die Kombüsentür geschleudert wurden. Dann holte es weiter aus zur anderen Seite und bäumte sich wie ein wild gewordenes Tier vorn auf. „So'n Schiet aber auch!",

schimpfte Bombai, den es auch von den Füßen gehoben hatte, der jetzt nach seinem Turban angelte und ihn auf dem Kopf ordnete, bevor er sich daran machte, das Feuer zu löschen. „Zu gefährlich bei diesem Teufelsritt. Keine Feuerstelle mehr an Bord!", entschied er. Eher ein typischer Einzelgänger als ein Befehlsempfänger in einer Mannschaft, dachte ich noch. Er brauchte sich nicht lange mit dem Löschen aufzuhalten, denn kaum waren wir zur sicheren Seite gekrabbelt, als die Kombüsentür von einem Schwall Wasser aufgestoßen wurde, alles flutete und ein wildes Durcheinander entstand. Bombais Flüche in tausend Sprachen und Dialekten bedurften keiner Übersetzung und sind nicht geeignet, dieses Papier zu beschmutzen. Er fragte mich, wie sicher ich auf den Beinen sei. Ich stützte mich auf Nick, und zusammen machten wir uns auf den beschwerlichen Weg nach oben. Alles schien uns besser, als unter Deck zu ersaufen oder von einem der umherfliegenden Kochtöpfe erschlagen zu werden.

Die Männer, die wir antrafen, steckten unentwegt die Köpfe zusammen. Meine Geschichte vom Fluch und dem Abgrund hatte die Runde gemacht, und viele sahen schon ihr sicheres Ende nahen. Oben banden Nick und ich uns mit einem Seil aneinander und sicherten uns an einem der Balken im Deckaufgang, ehe wir uns weiter wagten.

Das Meer, grün und gelb, gepeitschte Schaumkronen. Plötzlich sah ich, dass sich achtern eine See auftürmte, ein flaschengrün schimmerndes Gebirge. Zusammen rissen wir uns am Seil entlang zurück zu dem Deckpfosten, an dem wir gesichert waren, gerade noch rechtzeitig, bevor uns das Ungetüm in die Höhe hob. Oben verharrte das Schiff für einen Augenblick, als hielte die Welt in diesem Wahnsinn den Atem an. Dann schoss das schwer beladene Schiff in einen dunklen Abgrund hinunter. Mit einem Schlag erstarb das Tosen der Elemente in einem gleichmäßigen Rauschen, bevor uns eisige Kälte umfing. Das Wasser toste haushoch über das Deck, gurgelte in den Ohren, füllte salzig die noch vom Schreien offenen Münder und presste sich durch alle Ritzen. Auf wundersame Weise richtete sich das Schiff wieder auf. Auf dem Deck floss knietief schwarzes Wasser und stürzte jedes Mal, wenn das Schiff zur Seite rollte, die Stufen zum Mannschaftsquartier hinunter.

Wir unternahmen einen weiteren Versuch, auf das Deck zu gelangen. Irgendwo hinter dem Sturm musste es eine Sonne geben, auch wenn deren Strahlen keine Wärme spendeten, aber der Himmel war nun von der schwarzen Starre einer Moorleiche zu einer einzigen gelblichen Wolke geworden, die sich wie der Rauch einer Feuersbrunst ausdehnte und sich auf uns zu bewegte. Das Meer brüllte wie kochendes Wasser in einem überirdischen Kessel.

Die »Hoffnung« schlug sich entgegen allen Prophezeiungen tapfer und richtete sich ächzend nach jeder Sturzsee wieder auf, um einen neuen Wellenkamm zu erklimmen und dahinter schwankend und stürzend ihr Gleichgewicht zu finden. Riewert Peters Arme, geschwollen und dick wie die Äste einer hundertjährigen Eiche, ließen nicht ab vom Ruder und gaben dem Schiff die Richtung. Er reagierte mit keiner Regung auf das unglaubliche, urgewaltige Geschehen, stand da unbeweglich, festgebunden am Aufbau vor dem Ruder, mit zwei Männern an seiner Seite, die auf sein Kommando zur Linken und Rechten in die Speichen griffen, wenn es galt, das Ruder gegen den Schlag der Wellen auf Kurs zu halten. Wer Riewert Peters so kämpfen sah, konnte nicht umhin, ihn zu bewundern. Unser Schicksal lag in seinen Händen, seiner Kraft, seiner Geistesgegenwart, seinem Mut. Mochte er auch gestern noch auf den Planken gelegen und das kalte Metall von Mampes Degen im Nacken gespürt haben, heute kämpfte er wie ein Held. Er aß nichts, trank nichts und ließ keinen Augenblick nach im Kampf gegen die Elemente. Das ging bis in den späten Nachmittag. Inzwischen hatte sich der Sturm so weit beruhigt, dass der Kapitän die Wasserpumpe besetzen ließ und wir mit Eimern Wasser schöpfen konnten. Noch immer lehnte Riewert Peters eine Ablösung ab. Er hatte den Mund weit aufgerissen, die Augen quollen vor Anstrengung aus seinem Kopf hervor. Wir hatten viel Seewasser aufgenommen, und durch dieses Gewicht zusätzlich zur Ladung war das Schiff schwer zu manövrieren. Wir arbeiteten wie besessen, das Wasser über Bord zu schaffen, um unseren drohenden Untergang zu verhindern.

Fran Doorp forderte lauthals mit einer Handvoll Männer, Ladung und Kanonen über Bord zu werfen. Nur ohne diese Last sei das Schiff noch zu retten. Für Momente drohte ein Chaos auszubrechen, bis sich Ricklef Flor, der Bootsmann Schneider und Tom

Mampe unter den Männern Gehör verschaffen konnten. Als Fran Doorp auf den Kapitän losgehen wollte, hielt dieser plötzlich eine Pistole in der Hand und zielte auf die Stirn des Meuterers. Erst jetzt bemerkten alle die Waffen, die auch der Bootsmann und der Bartenwetzer mit sich führten. Ein Warnschuss beendete schließlich den Versuch, mitten im Sturm das Kommando an sich zu reißen. Die Ladung blieb an Bord, die Luken und Niedergänge verschlossen, und die Männer besannen sich eines Besseren und nahmen den Kampf um die »Hoffnung« wieder auf.

Gegen Abend klarte das Wetter auf, die Regenwolken zogen ab, und die »Hoffnung« schaukelte auf der Nordsee, als sei sie auf einer Ausflugsfahrt. Doch das Schiff selbst bot ein Bild der Verwüstung. Noch immer quietschte die Pumpe, noch immer bildeten die Männer Ketten, um in Eimern das Wasser über die Bordwand zu schaffen. Eine der beiden Heckkanonen war verloren, das Heck an dieser Stelle eingedrückt, das Schanzkleid beschädigt. An Deck ein heilloses Durcheinander von Holztrümmern, zerfetztem Tauwerk und Gerätschaften. Ich richtete mich auf, spürte nur noch eine aus einer totalen Erschöpfung gespeiste Teilnahmslosigkeit. Mein Blick ging zum Ruder. Der Platz, an dem Riewert Peters gekämpft hatte, war leer. Ein lebloser Körper lag auf den Planken. Ich stürzte sogleich hin. Doch der Tote, unser Rudergänger Piet Jannen, war einer der beiden Männer, die an der Seite des Steuermanns gekämpft hatten. Sein Gesicht von wächserner Leichenblässe überzogen, die Kinnlade heruntergeklappt, sein leerer Blick starr in den Himmel gerichtet.

Ricklef Flor fasste mich bei den Schultern. „Der Steuermann ist unter Deck, mein Junge. Er wird es schaffen. Ein harter Bursche, unser Riewert." Dann stellte er den Bartenwetzer ans Ruder, koordinierte die Aufräumarbeiten und verließ die Kommandobrücke nicht mehr bis zum nächsten Morgen. Kein Wort über die Vorkommnisse während des Sturms. Und die Mannschaft lebte geradezu auf. Man entging der Strafe, hatte dem Fluch getrotzt, und der Sturm hatte uns, wie wir noch am Abend bei der Peilung mit dem Sextanten feststellen konnten, fast eine Tagesreise schneller vorwärts getrieben. Auch wenn wir die Küstenlinie aus den Augen verloren hatten und jetzt mitten auf der Nordsee segelten, wir würden einen halben Tag eher im Hafen von Nantes einlaufen.

Der Bootsmann nähte den Leichnam mitsamt zwei schweren Steinen in ein Stück zerrissenes Segeltuch ein, das wir vom hinteren Mast geborgen hatten. Am nächsten Mittag sprach Kapitän Ricklef Flor zur Mannschaft von Pflichterfüllung und Gehorsam, von der Zuversicht und dem Gottvertrauen, das jede Fahrt begleiten solle, und der Leichnam von Piet Jannen wurde auf der Steuerbordseite dem Meer übergeben.

Der Schaden unter Deck hielt sich in Grenzen. Das Getreide war nass und aufgequollen. Der geladene Stockfisch war durch das eingedrungene Seewasser aufgetrieben, hatte die Fassdauben gesprengt, und auch die Fässer mit Pökelfleisch waren zerborsten. Da die Schiffskatze ertrunken war und die Ratten an Bord übermütig zu werden drohten, machte sich die Mannschaft im Wettkampf mit den ekelhaften Nagern heißhungrig daran, das Fleisch in Mengen aufzuzehren. Doch der ungeheuer hohe Salzgehalt führte zu Magenverstimmungen, so dass zu jeder Stunde eine Reihe nackter Seemannsärsche auf dem Dollbord balancierend und Notdurft verrichtend zu besichtigen waren. Vor allem ging der Vorrat an Frischwasser vorzeitig zuneige. Die Mannschaft der »Hoffnung« war wahrscheinlich die durstigste seit langem, die in den Hafen von Nantes einlief.

DER VERRAT

Das Getreide war verloren, aber der Rest der Ladung mehr oder weniger unversehrt. Sogar das Steingut und die Töpfe an Bord hatten bei dem Sturm keinen Schaden genommen. Die Ladung wurde in Nantes gelöscht und die Beiladung auf eigene Rechnung mit Gewinn verkauft. Dabei erwies sich Bombais Sprachbegabung als äußerst hilfreich. Vielleicht erregte er mit seiner seltsamen orientalischen Tracht an der Seite unseres Kapitäns genügend Aufsehen, um das Warenangebot, das wir aus der Heimat feilboten, für etwas Besonderes zu halten. Ganz gleich, worin die Ursache zu suchen war, der Schiffsbauch leerte sich binnen zwei Tagen und die Handelskasse des Kapitäns füllte sich auf das Erfreulichste. Dann begann erneut die Plackerei. Zusammen mit Schauermännern, die im Hafen angeheuert wurden, luden wir Bauholz, alte Möbel, einige Weinfässer und zuoberst, damit die wertvolle Fracht kein Wasser abbekommen sollte, Kaffeesäcke als Beiladung für Hamburg. Zuguterletzt hatte Bombai noch einen Tuchhändler aufgetan, der etliche Ballen feinstes Tuch, sorgsam geborgen in zehn übergroßen Seekisten, für ein Hamburger Handelskontor laden ließ.

Mit der Sonne spürten wir bereits das Frühjahr nahen. Guter Dinge trat die Mannschaft nach einer Woche Aufenthalt im Hafen von Nantes zur Musterung an. Gleichsam mit dem finsteren Winterwetter schien die Angst vor dem Fluch verschwunden zu sein. Zeitig ging es zurück nach Hamburg. Und wenn die Ladung stimmte, die Herren Offiziere auf dem Achterdeck gute Miene machten, gab es zudem keinen Anlass, sich um die Heuer, den Lohn für die gefahrvolle Arbeit auf See, zu sorgen. Selbst ich mochte nicht mehr an Gundel Erkens Prophezeiung glauben, allein Jürgen Oksen blieb skeptisch und meinte nur ein ums andere Mal, wir sollten uns unserer Sache nicht zu sicher sein.

Zufrieden blickte Ricklef Flor auf seine Mannschaft, die offenbar den Barbieren im Hafen zu guter Beschäftigung verholfen hatte, denn bei einem Großteil waren die Haare gestutzt, die Wangen glatt rasiert. Seine Ansprache war knapp und deutlich. Ohne Schnörkel befahl er Fran Doorp und zwei weiteren Männern vorzutreten und gab ihnen eine Stunde, um unter Aufsicht ihre Sachen zu packen und das Schiff zu verlassen. Für eine glückliche Heimkehr müsse er auf jeden Mann zählen können, und sie hätten das in sie gesetzte Vertrauen nicht gerechtfertigt. Der Erste Offizier trat vor und händigte ihnen ihre Heuer aus, die sie auf der Mannschaftsliste quittieren mussten. Die Männer protestierten, Fran Doorp schwieg finster und rief der angetretenen Mannschaft nur noch, bevor er unter Deck ging, seine Sachen zu holen, zu: „Man sieht sich, ganz sicher! Und darum beneide ich keinen von euch!" Meine Freunde und ich atmeten auf, diesen Schurken endlich von Bord zu wissen. Was sollte jetzt noch einem glücklichen Ausgang unserer Reise im Wege stehen? Fran Doorps düstere Andeutungen schreckten weder uns noch die Mannschaft. Nur jene, die in den letzten Tagen seine Nähe gesucht hatten, blickten ihm verunsichert hinterher.

Der Schiffszimmermann hatte gute Arbeit geleistet und das Schanzkleid ausgebessert. Auf eine neue Heckkanone wurde verzichtet. Der Tuchmacher hatte die Segel ausgebessert und das Takelwerk am hinteren Mast erneuert. Ich fühlte mich nach diesem überstandenen Abenteuer ungewöhnlich stark, lief umher, packte an, half und lernte begierig von Tom Mampe, mit Degen und Gewehr, und von Riewert Peters, mit dem Sextanten umzugehen. Ich brannte darauf, dass wir möglichst bald Anker lichten und wieder gen Hamburg segeln würden. Der Gedanke, Antje wieder in die Arme schließen zu dürfen, verursachte mir Herzklopfen. Und während Janik und Jürgen Oksen ausführlich über die Etablissements im Hafen im Allgemeinen und die französische Damenwelt im Besonderen zu berichten wussten, ging ich nicht mehr von Bord der »Hoffnung«, als ob ich mich tatsächlich in Gefahr befunden hätte, ihr Auslaufen zu verpassen.

Die Nacht vor der Heimfahrt war außergewöhnlich mild und sternenklar. Ich nahm mir einen Apfel aus der Apfeltonne, die Vorschiffs stand und für die Abreise nachgefüllt worden war, blickte träumend zum Hauptmast hinüber und vom Krähennest aufwärts zum Sternenhimmel. Die Welt schien mir verdammt groß. Sie schien zu wachsen, seit ich gelernt hatte, mit dem Sextanten umzugehen und mit Hilfe des Mondes und der Gestirne die kleine Welt hier unten zu vermessen und die Position zu bestimmen. Die Welt wuchs mit jeder Fahrt, die mich von Amrum in die Fremde führte. Dabei gab es nur wenige Menschen, die dieses Leben führten und in der Lage waren, Linien und Winkel an den Himmel zu legen. Den meisten blieb ihre Position fremd wie ihr eigenes Leben, und sie würden auf ewig in blindem Gottvertrauen Sklaven ihrer Unwissenheit und Befehlsempfänger bleiben. Irgendwann würde den meisten von ihnen die fremde Welt zu groß, und sie würden zur leichten Beute für jene, die ihnen Sicherheit, Reichtum und Orientierung versprachen. Jeder Mensch träumte davon, diese unendliche Weite, die Ewigkeit zu begreifen. Dieser Traum schien mir damals mächtiger als der Kinderglaube, der in St. Clemens, unserer Inselkirche, von der Kanzel gepredigt wurde.

Ich kaute an meinem Apfel und hockte vorn am Ohrholz, den Ankerstock im Rücken. Vom Hafen her leuchteten einige Laternen, das Meer war schwarz und plätscherte sanft an das Holz des Schiffskiels. Der Sternenhimmel glitzerte stumm. Ich genoss diese seltene nächtliche Stille.

Von Ferne hörte ich jemanden die Schiffsplanken heraufkommen. Zwei, drei halblaut gesprochene Sätze der Schiffswache. Ich warf das Gehäuse des Apfels im weiten Bogen in das Hafenbecken, wollte gerade aufstehen, um mir noch einen aus der Tonne zu holen, da hörte ich Schritte und geflüsterte Gesprächsfetzen. Ich fuhr erschrocken herum, versuchte zu erkennen, wer da an Bord nicht gehört werden wollte. Angetrunkene und feiernde Schiffsheimkehrer hörten sich anders an. Zwei Männer schienen etwas zu verbergen zu haben. Instinktiv gab ich meinen Plan auf, einfach aufzustehen und zur Apfeltonne zu gehen. Ich duckte mich in die Dunkelheit vor dem Ankerstock und spähte zum Achterdeck, wo die Wache stand. Der Bursche dort, im Schein einer Schiffslaterne, schaute angestrengt zum Hafen, als wollte er von den beiden Männern, die ich zwar hören, aber noch nicht ausmachen konnte, keine Notiz nehmen. Dabei war ihm zumindest der eine, der über die Planken an Bord gekommen war, begegnet. Irgendetwas stimmte hier nicht!

Die Männer kamen näher. In der Dunkelheit erkannte ich zuerst den weißen Turban von Bombai, aber auch die geflüsterte Stimme des zweiten Mannes kam mir bekannt vor. Wenige Meter noch, und sie mussten mich unweigerlich entdecken. Ich legte mich auf den Bauch und robbte auf dem Deck entlang nach vorn zur Galionsfigur der »Hoffnung«. Die Männer verharrten im Schutz des Vormastes. Wenn jemand aus den Kabinen des Achterdecks gekommen wäre, er hätte sie kaum wahrnehmen können.

„Zum Teufel auch, wir hätten das Schiff im Sturm an uns bringen sollen. Diese feige Horde hier an Bord! Werden schon sehen, was sie davon haben…"

„Geduld macht sich bezahlt. Wir kennen die Route, die Kassen sind gut gefüllt. Der Sturm war zu gefährlich. Wir hätten auf keinen Mann verzichten können. Allah ist mit uns", entgegnete Bombai.

Und wieder der andere: „Jeder Tag, an dem sich dieses Gesindel auf dem Achterdeck für was Besseres hält, ist ein verlorener Tag. Niemand schlägt mich ungestraft. Vergiss nicht, wer dir die Stelle als Smutje verschafft hat, damit du im Namen Allahs meinst, hier bestimmen zu können, wann es losgeht!"

„Du wirst mal in dein Verderben rennen…", Bombai mahnte, leiser zu sprechen und nicht den Sichtschutz des Masten zu verlassen.

Jetzt wusste ich endgültig, bei wem es sich um den zweiten Mann an Bord handelte: Fran Doorp! Welch eine Unverfrorenheit, sich nach all dem, was vorgefallen war, unerlaubterweise wieder an Bord zu schleichen! Das konnte nur gelingen, wenn die Wache und vielleicht auch Teile der Mannschaft ihn deckten. Da wurde nichts Geringeres geplant als eine Meuterei! Offenbar wollte man die »Hoffnung« kapern und wartete nur noch auf einen günstigen Moment, um loszuschlagen! Welche Enttäuschung es für mich bedeutete, feststellen zu müssen, dass Bombai zu den Köpfen der Bande gehörte, vermag ich nicht zu beschreiben. Denn ich hatte ihm nicht nur mein Leben zu verdanken, sondern mich inzwischen sogar ein wenig mit ihm angefreundet. Er war weit herumgekommen, verstand es, spannend zu erzählen, und er wusste viel über fremde Länder und die Sitten und Gebräuche der Menschen dort. Längst hatte ich meine Furcht vor seiner Andersartigkeit und meine Vorbehalte gegen ihn aufgegeben. Zu Unrecht, wie ich jetzt feststellen musste. Mir war klar, dass, wenn sie mich entdecken würden, ihnen nichts anderes übrig bliebe, als mich zu ermorden und ins Hafenbecken zu werfen. Einen Mitwisser würden sie nicht dulden. Mir gefror das Blut in den Adern, und ich suchte angestrengt nach einem sichereren Versteck. Vorsichtig richtete ich mich ein wenig auf, zog mich an der Galionsfigur vorbei nach vorn und erkletterte das Netz, das am Klüverbaum angebracht war. Dort lag ich regungslos, jedes Geräusch vermeidend, lauschte angestrengt und bangte um mein Leben.

„Es bleibt dabei. Auf offener See liegt unsere Chance." Offenbar zog Bombai ein Papier aus der Tasche, denn ich vernahm das Knistern, als er es entfaltete. Sie kamen weiter nach vorn zum Ankerstock, jenem Platz, an dem ich mich noch vor wenigen Augenblicken verborgen hatte. Sie fühlten sich offenbar so sicher, dass Bombai sogar ein Kerzenlicht entzündete. „Hier, das ist die Rou-

te an der Küste entlang nach England. Hier erwarten sie Geleitschutz. Bis dahin müssen wir zuschlagen."

„Woher hast du das? Bist du sicher?" In Fran Doorps Stimme
schwang Erstaunen und Bewunderung mit.

„Ich bin nicht so ein Krawallbruder und Aufschneider wie du,
Ungläubiger, der du demnächst in der Hölle schmoren wirst. Man
vertraut mir. Es war gar nicht schwer für mich, beim Servieren
die Karten achterdecks zu studieren." Wieder knisterte das Papier.
„Hier die Kreuze. An diesen Stellen sind sie zu packen. Die Bark
ist schwer beladen, das Wetter günstig. Behalte einmal in deinem
Leben einen kühlen Kopf, Doorp. Wir machen eine gute Prise."

„Wenn du ein falsches Spiel spielst, du Hamburger Musilmane,
kriege ich dich! Kein Loch wird klein genug sein, dass du dich vor
mir verkriechen könntest."

„Du bist selbst schuld, dass du von Bord geflogen bist. Ich war von
Anfang an dagegen, überhastet zu handeln. Bist du sicher, was die
Mannschaft angeht?" Bombai ging nicht weiter auf Fran Doorps
aggressiven, misstrauischen Ton ein.

„Ein Leben vor dem Mast eines solchen Kahns ist doch wie ein
Gefängnis ohne Gitter. Diese Plackerei im Hafen, das Vegetie-
ren unter der Back, viel zu dunkel, viel zu miefig, diese ständige
Furcht, irgendwann doch einmal abzusaufen und nie genug Geld,
ein vernünftiges Leben anzufangen. Die glauben alles, wenn sie
nur lang genug dabei waren. Zwei, drei werden mitmachen, die
anderen halten still, wenn es ernst wird. Verlass dich drauf. Ein
paar Goldmünzen als Vorschuss genügen."

„Du und ich, wir haben einiges gemeinsam, Doorp. Vergiss das
nicht!" Wieder waren Geräusche an Bord zu hören. Stimmen von
der Hafenseite her. Oben löschte Bombai das Kerzenlicht. Papier
knisterte.

„Hier, nimm das, versau es nicht, behalte einen kühlen Kopf, sonst
lasse ich ihn dir abschlagen, mein Freund." Fast fröhlich klang
Bombais Drohung an seinen Spießgesellen. „Und lass dich hier
nicht mehr sehen. Auf bald."

Beide entfernten sich. Was dann noch gesprochen wurde, konnte
ich nicht mehr verstehen. Vor lauter Angst verließ ich für Stunden
nicht mein Versteck unter der Galionsfigur. Dann kletterte ich
durchgefroren und steifbeinig nach oben, schlich mich am An-

kerspill vorbei zum Vordeck, wo mich der Wachhabende sofort entdeckte. „Wo kommst du denn her, Zwieback?"
Ich deutete vage zum seitlichen Schanzkleid, wo eines unserer Ruderboote befestigt war und meinte, ich hätte in die Sterne geschaut und sei eingeschlafen. „Ganz schön kalt hier draußen. Sehe mal zu, dass ich meine Hängematte finde." Ich trollte mich unter Deck und spürte den misstrauischen Blick des Mannes, der zu Fran Doorps Jüngern gehört hatte und sicherlich jetzt zu den Verschwörern zählte. Aber offenbar glaubte er mir, denn er ließ mich unbehelligt ziehen.

IN EINE UNGEWISSE ZUKUNFT

Nach einer schlaflosen Nacht blickte ich von Angstfantasien gepeinigt einer ungewissen Zukunft entgegen. Ich konnte nicht so einfach als Schiffsjunge aufs Achterdeck spazieren und mein Geheimnis ausposaunen, denn ich war mir sicher, dass der Wachhabende längst mit Bombai gesprochen hatte und sie mich beobachten würden. Zudem gab es Regeln, über die ich mich nicht ohne Aufsehen hinwegsetzen konnte. Das Achterdeck war dem Kapitän, den Offizieren, dem Steuermann und wenigen Helfern vorbehalten. Die strenge Grenze zu diesem Bereich verlief hinter dem Großmast. Die Mannschaft sah es nicht gern, wenn die Höheren, die Achterdecks lebten, nach vorn kamen und gafften oder dort das große Wort führten, und der Kapitän duldete die Mannschaft nur auf dem Achterdeck, wenn er es befohlen oder Erlaubnis dazu gegeben hatte. Nur der Bootsmann und der Erste Offizier und seit neuestem auch der Bartenwetzer, dem das Amt des Waffenmeisters und Kanoniers an Bord übertragen worden war, durften regelmäßig und ungefragt die Grenze zwischen Achterdeck und Back, zwischen Bug und Heck des Schiffs überschreiten. Da ich nicht selbst einfach aufs Achterdeck marschieren und unser Auslaufen verhindern konnte, hatte ich beschlossen, Tom

Mampe, den Bartenwetzer, ins Vertrauen zu ziehen. Offenbar gehörte er nicht zu den Verschwörern. In seiner Eigenschaft als Waffenmeister würde er selbst das erste Ziel von Bombai und den Verschwörern sein. Ohne einen erfahrenen Kanonier an Bord wäre die »Hoffnung« erheblich geschwächt und sicherlich eine leichte Beute. Doch war er nicht mit Bombai zusammen an Bord der »Hoffnung« gekommen? Ich wusste nicht, was ich davon halten sollte. Doch irgendetwas in mir sagte mir, dass der Bartenwetzer vertrauenswürdig und wahrscheinlich meine einzige Möglichkeit war, den Kapitän unauffällig vor der drohenden Kaperung und Meuterei zu warnen.

Es brauchte eine gute Stunde nach dem Auslaufen und dem Setzen aller Segel, ehe wir mit voller Beflaggung stolz aufs offene Meer hinausliefen und ich für den Vormittag freie Zeit zur Verfügung hatte, bevor ich mich zu Mittag in der Küche melden sollte. Allein mit Bombai, dem Verräter, in der Kombüse… Diese Stunde, bis ich endlich dem Bartenwetzer gegenüberstand, um ihn einzuweihen, dauerte eine Ewigkeit. Dabei musste etwas geschehen, und zwar schnell, sonst waren wir alle verloren!

Ich stellte mich Tom Mampe in den Weg und zerrte ihn nach vorn zum äußersten Ende des Bugs. Dort, in der Nähe der Galionsfigur, die die bösen Geister des Meeres besänftigen sollte, begann ich, ihm von dem zu berichten, was ich in der letzten Nacht hier erlauscht hatte. Seine hellblauen Augen fixierten mich ungläubig: „Das hast du geträumt, mein Junge. Man erlebt ja so manches unter Deck, da geht einem die Fantasie durch…"

Bevor ich antworten konnte, stand plötzlich Bombai neben uns. Wir hatten ihn mit seiner wieselflinken, lautlosen Art nicht kommen gehört und starrten beide erschrocken drein. „Na, ihr starrt mich an, als sei ich ein Gespenst", lachte er, aber seine Augen verengten sich misstrauisch zu Schlitzen. „Was gibt es denn so Geheimnisvolles zu besprechen?"

Der Bartenwetzer fing sich als erster und entgegnete geistesgegenwärtig: „Unser junger Freund hat schlecht geträumt und meint, das Pulver könne die Kanonen verstopfen und der Schuss nach hinten losgehen. Er sieht schon riesige Löcher in der Bordwand und uns untergehen. Ich will ihm die Spökenkiekerei schon austreiben, bevor ich ihn in die Kombüse schicke, wenn's recht ist."

„Seltsam, welche Gespenster uns des Nachts verfolgen können", erwiderte Bombai vieldeutig, blickte mich prüfend an und meinte nur lachend, ich solle nicht so lange auf mich warten lassen. Der Bartenwetzer führte mich unter Deck zu den Geschützen und erfuhr jetzt die ganze Geschichte von mir. Aber auch hier tauchte ein ums andere Mal einer der Matrosen auf und machte sich unter Vorwand an der Ladung zu schaffen oder stellte neugierige Fragen. Wir waren uns jetzt sicher, die Meuterer hatten Verdacht geschöpft. So nahm mich der Bartenwetzer schließlich mit zu dem verbliebenen Heckgeschütz auf das Achterdeck, wo er die Gelegenheit fand, den Steuermann mit wenigen Worten in Kenntnis zu setzen.

Am Nachmittag, die »Hoffnung« befand sich inzwischen schon weit auf dem Atlantischen Ozean und machte Fahrt, fanden sich der Erste Offizier Schneider, Riewert Peters, der Steuermann, der Bartenwetzer, der Bootsmann und ich bei Kapitän Ricklef Flor im Kartenraum ein. Ich erstattete erneut meinen Bericht und es wurde beratschlagt, wie man der drohenden Gefahr begegnen könne. Ricklef Flor stand mit Blick zu einem der Fenster des Kartenraums, ließ die anderen diskutieren und schien sich nur für die unendliche Weite des Meeres zu interessieren. Dann hatte er offenbar genug gehört, drehte sich ruckartig um und fuhr Karl Schneider an: „Handeln, Schneider, handeln…, sicherlich. Aber wie? Einfach umkehren? Vielleicht segeln wir den Piraten, die uns folgen, geradewegs vor die Kanonen." „Wir binden diesen verfluchten Bombai nackt auf die Gräting und hängen seinen verfluchten Turban gut sichtbar ans Krähennest auf dem Großmast!", tönte der Bartenwetzer und fasste mit seiner Rechten an den Griff des Dolches, der an seinem Bauchgurt hing. Er regte sich so auf, dass er kurzatmig schnaufte.

„Große Worte, Waffenmeister", entgegnete Ricklef Flor, „wir wissen nicht einmal genau, wie viele Männer zu den Verschwörern gehören. Vielleicht bricht die Meuterei gleich los. Und sortieren wir erst einmal vorsichtshalber die halbe Mannschaft aus und sperren sie unter Deck, bleiben uns bei unseren 25 Mann Besatzung nicht mehr genug für alle Manöver und zur Verteidigung des Schiffes." Die kühle Analyse des Kapitäns deckte alle Schwachpunkte schonungslos auf und wir schwiegen betroffen.

„Ändern wir den Kurs!", schlug jetzt Riewert Peters vor. „Versuchen wir, nach Amsterdam zu gelangen."

„… und wir verfehlen unseren Geleitschutz vor der englischen Küste…", ergänzte der Kapitän.

„Was ist schlimmer?", fragte der Bartenwetzer. „Dass die Verschwörer, die offenbar Verdacht geschöpft haben, auch noch den Rest der Mannschaft auf ihre Seite ziehen, dass wir beim Angriff nicht wissen, wo an Bord Freund und Feind stehen? Oder dass wir beizeiten klare Verhältnisse schaffen und mit dem Rest Seite an Seite um unsere Freiheit kämpfen?"

„Ich bin dafür!", rief Karl Schneider, und ich nannte die Namen jener, die damals beim Wettvorfall unter Deck zu den Spießgesellen von Fran Doorp gehört hatten. Von ihnen waren noch drei an Bord.

„Mir war dieser Hamburger Musilmane gleich unheimlich", sagte der Steuermann und blickte vorwurfsvoll in Richtung des Kapitäns, den er für dessen Anheuerung immer noch verantwortlich machte.

„Ich habe ihn empfohlen", gab der Bartenwetzer kleinlaut zu, „er war Koch in einem Hamburger Lokal und hat mich in meiner schweren Zeit großherzig über Wasser gehalten. Nie hätte ich gedacht, dass er zu solcher Hinterhältigkeit fähig sein könnte."

„Mir hat er das Leben gerettet", ergänzte ich, denn mir tat Tom Mampe leid, der jetzt alle Schuld auf sich nahm.

„Er hatte einen guten Leumund, Fürsprache im Hafen und seine Küche war respektabel, da braucht sich niemand Vorwürfe zu machen." Ricklef Flor wischte die Diskussion mit einer einzigen Armbewegung weg. „Nur um unseren armen Kiel tut es mir leid, der dieser Schurkerei als erster zum Opfer fiel."

„Vielleicht hat er in Hamburg noch das bessere Los gezogen. Wer weiß, was uns bevorsteht…", sann ich düster nach und bemerkte, als ich unserem Kapitän ins Gesicht schaute, dessen Sorgen, die ihn quälten. Die anderen schluckten an ihrer Furcht und schauten finster in sich hinein.

Unter dem Vorwand, eine Gefechtsübung durchzuführen, versammelte der Bartenwetzer die zuverlässigsten Männer um sich, unter ihnen auch Nick und Janik sowie Jürgen Oksen, der sich jetzt in allen düsteren Vorahnungen bestätigt sah. Bewaffnet setzten sie die bekannten Verschwörer fest, sperrten die drei Matrosen in die Nähe der gut bewachten Waffenkammer und banden Bombai, der weder Gegenwehr leistete noch protestierte, so wie er war, mit gespreizten Armen und Beinen auf die Gräting auf dem Achterdeck. Als Ricklef Flor die Mannschaft antreten ließ, rief Bombai nur einmal laut mit tiefer, kehliger Stimme und fremdländischen Lauten: „Allaha Akbar! Esch schähdu inna Mohamed rasullah! La illaha ill Allah!" Was soviel heißt wie: „Gott ist groß! Ich bezeuge, dass Mohammed der Prophet Gottes ist! Nur der Herr ist Gott!" Finster schwieg er und blickte starr in den Himmel und zum Großmast, an dem unsere Hamburger Flagge wehte.

Die Männer waren starr vor Schrecken und überrumpelt von den Ereignissen. Mit Degen und Pistole im Gurt stand Ricklef Flor breitbeinig vor ihnen und hielt eine knappe Ansprache: „Männer! Freie Christenmenschen! Seeleute der »Hoffnung«! Wir sind verraten worden. Verraten und betrogen von Männern unseres Vertrauens, von Kameraden an Bord. Ein Kaperschiff hat bereits unseren Kurs genommen. Man will die »Hoffnung« entern und uns alle versklaven!"

Unruhe machte sich breit, die Männer besprachen bestürzt die Neuigkeit. Ricklef Flor hob den rechten Arm, aber die Unruhe wuchs. Da legte der Bartenwetzer seine Büchse an und schoss handbreit über die Köpfe der Mannschaft, die vor Schreck und wie vom Donner gerührt verstummten.

„Auch wenn ich einen der Rädelsführer von Bord geschafft und den zweiten hier auf die Gräting gebunden habe, ist die Gefahr nicht gebannt. Ihr habt ihn fremdländisch reden gehört. Die Sprache wird euch bis in eure finstersten Träume verfolgen, wenn ihr euch nicht wehrhaft und unerschrocken zeigt. Ich weiß, dass einige von euch leichtgläubig den Versprechungen des Verbrechers Fran Doorp erlegen sind und jetzt zweifeln. Das enttäuscht mich zutiefst, denn wir alle haben euch unser Vertrauen geschenkt. Jenen unter uns sage ich jetzt: Ihr seid verloren, so oder so! Ihr werdet auf dem Sklavenmarkt verkauft oder zuvor als Meuterer sterben!" Ricklef Flor schaute in die Runde der um ihn auf dem Achterdeck versammelten schwer bewaffneten Männer. „Ich verhänge hiermit das Standrecht über das Schiff. Sollte sich einer von euch den Meuterern anschließen oder sich nicht wehrhaft zeigen, lasse ich ihn angesichts der drohenden Gefahr sofort erschießen. Gefangene werden nicht gemacht! Wir sind stolze Seefahrer und freie Christenmenschen. Und wir werden uns zu wehren wissen! Gott mit uns! Ea la frya fresena! Leewer duad us Slaaw!'"

Der Funke sprang über, und nicht einer der Männer, der nicht kampfbereit laut schreiend antwortete: „Leewer duad us Slaaw!" Dann wurden die Waffen verteilt, Pulverfässer und Kugeln zu den Kanonen geschleppt und mit allen Segeln Fahrt aufgenommen. Zwar hatte Ricklef Flor meinen Beitrag an der Aufdeckung des Verrats mit keinem Wort erwähnt, wahrscheinlich um mich vor den unter uns befindlichen Verschwörern zu schützen, aber alle Augen richteten sich auf mich, die Sache hatte sich längst herumgesprochen. Einige schlugen mir anerkennend im Vorbeigehen auf die Schulter, und ich hätte mit stolz geschwellter Brust herumstolzieren mögen, insbesondere auch, da mich unser Kapitän offiziell vom Schiffsjungen zum Matrosen befördert hatte. Allein die Furcht saß mir im Nacken, und wenn ich die raubtierhafte Geschmeidigkeit und verschlagene Klugheit eines John Bombai mit der plumpen Kraftmeierei der Männer unserer Mannschaft verglich, kamen mir Zweifel, ob wir überhaupt einen Kampf bestehen würden. Sicherlich waren wir die besseren Seeleute. Wir müssten ihnen davonsegeln und entkommen. Darin lag gewiss unsere größte Chance.

PIRATEN IN SICHT!

Kurzentschlossen meldete ich mich beim Ersten Offizier zur Wache, kletterte in die Wanten, hoch über das Krähennest hinaus und knotete mich mit einem Seil am Mastkopf fest. Meinen Blick ununterbrochen auf den Horizont gerichtet, hielt ich Ausschau nach dem Piratenschiff. Doch nur das Wasser blinkte tausendfach

---

* „Wehr Euch, ihr freien Friesen! Lieber tot als Sklave!"

im Sonnenschein und verschmolz auf der Kimm der Krümmung geheimnisvoll mit den wenigen Wolken am Himmel. Der Mast neigte sich träge vor und zurück. Da der Wind fast vollständig abflaute, machte die »Hoffnung« nur noch wenig Fahrt. Wir alle wurden ungeduldig und hätten sie am liebsten mit vollen Backen heimwärts gepustet. Jetzt, wo es darauf ankam, quälte uns das Gefühl, kaum noch von der Stelle zu kommen.

Als mir die Seile in die Haut schnitten und ich spürte, dass ich mich nicht länger hier oben halten konnte, ließ ich mich ablösen. Unten schlich sich die Angst vor der Gefahr in viel stärkerem Maß wieder an. Ich bemerkte, wie auch die Männer immer wieder zum schlaffen Segeltuch emporblickten und stiller wurden. Ohne zu fragen, gingen Nick und ich zum Steuermann und wurden nicht getadelt dafür, die Grenze hinter dem Großmast zum Achterdeck überschritten zu haben. Die Gesetze an Bord waren außer Kraft. Die Kombüse blieb kalt und niemand beschwerte sich. Immer wieder ließ Ricklef Flor mit dem Log* die Fahrtgeschwindigkeit schätzen, immer wieder bestimmten der Steuermann und er unsere Position neu. Sie übertrugen die Daten auf die Karte, nur um kurze Zeit später unnötigerweise Geschwindigkeit und Position erneut zu überprüfen. „Keine Sorge", beruhigte uns Riewert Peters, „wir kommen voran. Und die Piraten haben auch nicht mehr Wind."

Ich nickte nur, dachte aber bei mir: Dafür haben sie auch weniger Ladung an Bord und einen schlanken Schiffsrumpf. Wir durften die Hoffnung nicht aufgeben.

Der Tag kroch dahin und nichts geschah. Am späten Nachmittag übernahm ich erneut die Wache im Krähennest. Es war kühl geworden, die Sonne längst hinter den Wolken am Horizont verschwunden. Ich hockte dort in eine warme Decke eingeschnürt und heftete meinen Blick auf das Halbrund der Meeresoberfläche hinter unserem Schiff. Irgendetwas in mir ließ mich spüren, sie würden kommen, und ich würde sie als erster entdecken.

Kurz darauf nahm ich einen schwarzen Strich am Horizont auf der Backbordseite wahr. Ich hatte Verfolger, wenn überhaupt, eher von der Landseite auf Steuerbord erwartet. Wenn dieser Strich ein

* Ein mit Blei beschwertes Seil, das Maßeinheiten aufweist.

Schiffskörper wäre, käme er von der Meerseite. Vielleicht eine optische Täuschung? Vielleicht ein Segler aus der Karibik, der Kurs auf einen französischen Hafen nahm? Ich meldete zunächst nichts und behielt den Horizont fest im Blick. Der Strich wurde rasch größer und aus ihm wuchsen später die Mastbäume. Ohne Zweifel ein Segler mit Kurs auf uns, zudem ein Schiff, das vermutlich viel schneller war als wir. Noch einen Moment, noch einige Minuten wartete ich, den Schrecken der Gewissheit allein auskostend. Bald könnten sie den Segler auch an Deck ausmachen. Dann schrie ich nach unten: „Segler an Backbord! Kurs Englischer Kanal!" Ich wiederholte die Meldung und konnte von hier oben beobachten, wie ein Tumult losbrach und alles auf die Backbordseite des Achterdecks stürmte und zum Horizont starrte. Noch ließ sich nichts Besonderes an dem Schiff wahrnehmen. Doch noch vor Einbruch der Dämmerung war der Verfolger so nah gekommen, dass ich vom Ausguck drei Lateinersegel mit ihrer trapezförmigen Segelfläche und die schlanke Schiffsform einer Schebecke, die bekanntlich nur einen geringen Tiefgang hat und vermutlich auf jeder Seite mit zehn Ruderbänken bestückt war, erkennen konnte. Das erklärte, warum sie bei dieser Flaute so viel schneller unterwegs war als wir.

Ich verließ den Ausguck und erstattete Meldung auf dem Achterdeck, wo sich Kapitän, Steuermann und der Bartenwetzer erneut über die Karte bückten. Ein Sprecher der Mannschaft trat vor und überbrachte die Forderung, die Ladung über Bord zu werfen, um so leichter zu werden und an Fahrt zu gewinnen. Für einen Moment schien Ricklef Flor diesem Gedanken durchaus zugeneigt, doch der Steuermann meinte nur, das allein würde nicht ausreichen, dem wesentlich schnelleren Verfolger zu entkommen. Er blickte prüfend zum Himmel. „Wir müssen alles geben, sie auf Abstand zu halten und uns in die Dunkelheit retten. Dann segeln wir scharf nach Norden auf die englische Küste zu. Wir retten uns in den ersten Hafen, den wir erreichen können." Der Kapitän entschied sich jetzt gegen die Forderung der Mannschaft, ließ, als das Schiff der Verfolger sich noch weiter näherte, die gesamte Mannschaft mit Gewehren, Degen und Schwertern auf Deck antreten, das Heckgeschütz besetzen und die Holzkanonen ausfahren, um Stärke zu demonstrieren. Dieses Manöver würde jedoch, wenn

Fran Doorp dort drüben unter den Piraten sein sollte, wenig Eindruck machen, da diese über unsere tatsächliche Stärke bestens Bescheid wissen würden.

Bald schien es nicht mehr sicher, dass wir es bis in die rettende Nacht hinein schaffen würden. Längst ließ sich mit dem Fernrohr von Bord aus die Piratenflagge am Hauptmast und die Kanone am Bug des Schiffes ausmachen, die auf uns ausgerichtet war. Niemand sprach, keiner sang. Das Schiff taumelte vor Angst. Tom Mampe und Ricklef Flor gingen jetzt unablässig von Mann zu Mann, erteilten Befehle und sprachen Mut zu.

Es dämmerte bereits, und die beiden Schiffe wurden zu schemenhaften Umrissen, da erleuchteten die Piraten ihr Schiff mit Fackeln und Handlaternen und begannen plötzlich ein infernalisches Gebrüll, als seien sämtliche Seeteufel dort an Bord ausgebrochen und bereit, uns mit Haut und Haaren zu verschlingen. Die Mannschaft der »Hoffnung« vergaß alle Befehlsordnung und stürmte zum Achterdeck. Sie standen dort am Schanzkleid, starrten hinüber und erkannten undeutlich, aber nicht minder furchteinflößend wie das Gebrüll, die quer über den Köpfen der Piraten geschwungenen Entermesser. Das Blut gefror uns angesichts des Spektakels in den Adern.

Da zündete der Bartenwetzer die Heckkanone und schoss mit Pulver, ohne Kugel, in Richtung des Piratenschiffs, da sich dieses noch nicht in der Reichweite der leichten Kanone befand. Der Schuss rollte wie Donner über das Meer und übertönte für Sekunden das Gebrüll dort drüben, das sich jetzt wütend steigerte. Auch auf dem Piratenschiff war man nicht untätig und beschäftigte Kanoniere. Die Antwort ließ nicht lange auf sich warten. Die große Bugkanone der Piraten schickte ihren Gruß herüber. Ich sah den Schuss wie eine Explosion, hörte das Dröhnen des Kanonenfeuers und wurde vom Ersten Offizier Schneider auf die Planken des Decks geworfen. Das Geräusch der heranfliegenden Eisenkugel werde ich nie vergessen. Bruchteile von Sekunden in Todesangst. Aber die Kugel flog zwischen den Masten hindurch und klatschte auf der Backbordseite ins Wasser.

Mit den Worten „Ea la frya fresena! Leewer duad as Slaaw!" schrie Ricklef Flor, neben den Heckkanonen stehend, den Degen in der Faust, seinen Männern Mut zu und trieb sie zurück auf ihre Posten und in die Wanten. Trotz des schwachen Windes wollten er und der Steuermann ein riskantes Manöver wagen und alles auf eine Karte setzen. Der Bartenwetzer stürmte mit vier Männern unter Deck. Die beiden Kanonen auf der Steuerbordseite wurden ausgerichtet und in Windeseile eine Wende vorbereitet, mit dem das Schiff zunächst abdrehte und auf die französische Küste zusteuerte. Während die Piraten der Kursänderung folgten, nutzte Riewert Peters den Schwung einer plötzlich aufkommenden Brise, um glücklich weiter nach Steuerbord abzudrehen und Fahrt aufzunehmen. Er brachte das Schiff dabei fast in Seitenlage, und es gelang ihm, das Piratenschiff mit voller Breitseite vor die Steuerbordseite zu bekommen. Beide Kanonen wurden geladen, ausgerichtet und feuerten zwei Mal bleierne Grüße hinüber. Atemlos verfolgte ich das Geschehen von der Rahe aus, wo wir jetzt die Segel brassten und hart am Wind segelten, um Abstand zu gewinnen und Fersengeld zu geben. Ich sah an Bord des Piratenschiffs Flammen auflodern, hörte Schreie und beobachtete, wie Fackeln über Bord geworfen wurden und das Kriegsgebrüll der Piraten merklich leiser wurde. Ein letzter Schuss, der unmittelbar vor dem Bug des Piratenschiffs aufschlug, gelang dem Bartenwetzer noch. Das Piratenschiff drehte jetzt zur anderen Seite ab.

Noch wussten wir nicht, ob es sich um eine Finte für einen neuen Angriff handelte oder ob wir die Piraten tatsächlich in die Flucht geschlagen hatten. Die Mannschaft an Deck und in den Wanten ließ Triumphgeheul ertönen, doch Ricklef Flor befahl absolute Stille, ließ alle Lichter an Bord löschen. Riewert Peters kreuzte für die nächsten Stunden in absoluter Finsternis auf Gegenkurs Richtung Atlantik. Waffenstarrend und schweigend verharrte die Mannschaft stehend an Deck und lauschte dem immer leiser werdenden Gebrüll auf dem Piratenschiff, bis uns schließlich nur noch die Geräusche des Meeres umgaben.

LIEBER TOT ALS SKLAVE!

Wolken und dichter Nebel machten eine zuverlässige Positions- und Kursbestimmung fast unmöglich. Für wenige Augenblicke wurde jedoch der Mond sichtbar. Gemeinsam beugten sich beim Schein der Handlaterne Steuermann und Kapitän über ihre Karte und fuhren mit dem Finger Richtung englische Küste. Wir alle beobachteten sie mit gemischten Gefühlen. „Wir sind verloren. Warum segeln wir nicht nach Nantes?", jammerte Jürgen Oksen.

„Hör auf rumzuheulen", fuhr ich ihn an. „Für diesen Moment haben wir unseren Kopf noch auf den Schultern und keine Sklavenketten um die Fußgelenke. Das ist doch auch schon was! Gib die Hoffnung auf deine Rückkehr auf und kämpfe – dann besiegst du auch die Scheißangst!"

Janik schlug mir anerkennend auf die Schulter. „Ach du!" Jürgen Oksen stapfte niedergeschlagen und keineswegs überzeugt davon. „Ihr Amrumer haltet euch immer für etwas Besseres. Ihr werdet schon sehen."

Wachen wurden eingeteilt, die Mannschaft zur Ruhe unter Deck geschickt. Dort lagen wir, die Waffen griffbereit, in unseren Hängematten, obwohl kaum einer Schlaf fand.

Noch in stockfinsterer Morgenstunde alarmierte uns die Schiffsglocke. Wir stürmten nach oben und fanden anstelle eines drohenden Angriffs nur die Wachen mit Kapitän und Offizier an der Gräting versammelt. Brodersen von Sylt und Nettersheim, ein Fischer vom Rhein, den es irgendwie an die See und an Bord gespült hatte, beteuerten dort ihre Unschuld. John Bombai war verschwunden, obwohl noch alle Fesseln im Urzustand verknotet an der Gräting hingen und sich alle seine Sachen noch an Bord befanden. Sogar sein Turban hing am Hauptmast. Niemand fand eine Erklärung dafür. Der Kapitän ließ das Schiff von der Mastspitze bis in die Laderäume drei Mal absuchen. John Bombai blieb verschwunden, und es gab kein Anzeichen, wie er das angestellt hatte. Wo war er nur hin? Die drei Verschwörer hockten noch in der Waffenkammer. Kein Hinweis für einen Befreiungsversuch. Alles blieb rätselhaft und geheimnisvoll.

Ricklef Flor beriet sich mit seinen Offizieren, und noch bevor der

Morgen graute, gingen erste Schauergeschichten bei den Matrosen um. Einer wollte Bombai als Geist gesehen haben, weiß leuchtend in der Nacht, seinen Kopf unter dem Arm tragend, sei er frech aufs offene Meer hinausspaziert. „Das ist ein Zeichen! Der Musilmane war nicht von dieser Welt", tönte ein anderer. Und der dritte zog den Schluss: „Geister künden vom Untergang der Schiffe. Wir sind verflucht. Das war der fliegende Holländer! Keiner überlebt, der ihm jemals begegnet ist." Natürlich erinnerte man sich wieder an meine düstere Prophezeiung, dass niemand mehr seine Heimat wiedersehen würde, und auch Jürgen Oksen wurde aufgesucht, um über Gundel Erkens Visionen zu berichten.

Ich wollte diesen Stimmungsumschwung nicht begreifen. Wir hatten die Piraten in die Flucht geschlagen und konnten froh sein, diesen Bombai nicht mehr an Bord zu haben. Meinetwegen sollte er über die Reling gegangen und ersoffen sein. Aber diese vierschrötigen Kerls, die hoch in den Masten den schlimmsten Stürmen trotzten, waren abergläubige Hasenherzen, die dazu neigten, sich verrückt zu machen, wenn es für irgendetwas nicht sofort eine Erklärung ab.

Auch wenn der arme Peter Nettersheim noch so beteuerte, er habe Bombai nicht befreit und sei nur für fünf Minuten auf dem Dollbord gewesen, sein Geschäft zu verrichten, und wenn er auf die unversehrten Knoten verwies und darauf, dass nichts von Bombais Sachen fehlte, Ricklef Flor klagte ihn der Meuterei an und sperrte ihn zu den Übrigen in die bewachte Kammer. Ein folgenschwerer Irrtum, wie sich später herausstellen sollte, denn die drei Meuterer dort hielten Nettersheim, der nicht zu ihnen gehörte, für einen Spion und Vertrauten des Kapitäns, misshandelten und erwürgten ihn schließlich.

Der Morgen graute. Dichte Nebelschwaden umgaben uns, feuchter, kalter, dichter Nebel. Fröstelnd und erschöpft von der durchwachten Nacht und mit angstvollen Gesichtern trat die Mannschaft der »Hoffnung« an. Kapitän Ricklef Flor sprach ein Gebet und ließ „Eine feste Burg ist unser Gott, ein gutes Wehr und Waffen", das herzerwärmende Lied Martin Luthers singen, bevor er alle wieder auf ihre Posten schickte. Ich glaubte jetzt tatsächlich an unsere glückliche Rückkehr. Das Schiff machte im leichten Wind wieder Fahrt, und selbst wenn sich in unserem Kielwasser Piraten tummeln sollten, sie würden uns bei diesem Nebel, der fast die Spitzen unserer Masten verhüllte, kaum noch aufspüren.

Nick, Janik, der Bartenwetzer und ich standen zusammen und kauten Schiffszwieback, als sich wie von Geisterhand vor dem Bug unseres Schiffes die Nebelwand teilte und uns für wenige Augenblicke atemlos vor Schreck machte. Wir blickten geradewegs in die Kanone des auf uns zusteuernden Piratenschiffs, dessen Rammsporn uns in weniger als zehn Minuten treffen musste. Dann schoben sich erneut Nebelschwaden zwischen die Schiffe und verschleierten die Sicht. Geistesgegenwärtig schrie ich zum Steuermann Richtung Brücke: „Piraten! Piraten voraus!" Da donnerte aus der Nebelwand bereits der erste Kanonengruß. Zwei mit Ketten zusammengeschmiedete Kugeln überflogen uns am Bug der »Hoffnung«, zerschmetterten mit ihrer mörderischen Kraft den Fockmast in der Mitte und rissen mit dem abbrechenden Mastteil die Takelage nach unten. In diesem Wirrwarr versuchte ich nun jene Matrosen, die nicht abgestürzt, aber von Mastteilen getroffen worden waren, zu befreien. Da wir die Segel nicht mehr ordnen konnten, befahl Ricklef Flor, auf das Piratenschiff zu schießen. Jedoch die Sicht war schlecht und das infernalische Gebrüll der Angreifer, das die braven Seeleute an Bord der »Hoffnung« schreckte, tat sein Übriges. Alle Gegenwehr und auch ein letztes Ausweichmanöver misslangen. Wenigstens schoss man nicht mehr mit der Bugkanone auf uns. Sie wollten das Schiff ja nicht auf den Grund des Meeres schicken!

Ricklef Flor schickte Nick und mich, die Jüngsten an Bord, das Achterdeck zu verteidigen und unserem Steuermann Deckung zu geben. Er händigte mir noch seine Pistole aus, da ich eine Muskete wegen des Rückschlags nicht mit Sicherheit hätte abfeuern können. Auch vom Piratenschiff aus schoss man jetzt mit Musketen auf uns, und wir krochen am höheren Schanzkleid entlang nach hinten und suchten Deckung. Keine zwei Meter vor uns schlug plötzlich eine große sechszackige Enterdegge auf Deck und wurde mit einem Ruck gegen das Schanzkleid gezogen, dass das Holz nur so splitterte. Nick und ich wussten sofort, was das bedeutete: In weniger als einer Minute würden sich die ersten Piraten an dem Tau hochgezogen haben und den Kampf auf unserem Schiff aufnehmen. Gemeinsam versuchten wir die eisernen Widerhaken herauszuziehen und die Enterdegge von Bord zu schaffen. Der Zug von unten war jedoch so kräftig, das Gerät zu schwer, als dass es uns hätte gelingen können. Schon hörten wir Stimmen und Geräusche der ersten Piraten, die die Bordwand erklommen. Während Nick alles nach unten in ihre Richtung schleuderte, was in seiner Reichweite lag, Holzleisten, Flaschen, ja sogar Äpfel und die leere Apfeltonne, versuchte ich fieberhaft, mit dem Degen das Tau der Enterdegge zu durchtrennen. Wie ein Besessener hieb ich drauf los, erreichte aber nicht mehr, als dass ich die äußersten Seile zerschnitt, ohne zum Kern des Taus vorzudringen. Mein Degen erwies sich als nutzloses Spielzeug in diesem Kampf. Verzweifelt und verärgert schleuderte ich ihn zur Seite, fand bei einem der vom Mast erschlagenen Kameraden einen Dolch und machte mich mit dieser scharfen Klinge erneut an die Arbeit. „Schnell, Hark, ich habe nichts mehr, um sie aufzuhalten!", schrie mir Nick zu. Schüsse krachten, die ihn nur knapp verfehlten, und er warf sich keuchend und heulend neben mich auf die Planken.

„Weiter, Nick! Weiter! Nicht aufgeben!" Ohne von meiner Arbeit an dem Tau abzulassen, reichte ich ihm die Pistole. „Das ist für die erste Fratze, die über die Bordwand kommt!"

Kaum hatte ich es ausgesprochen, tauchte ein Turban, dann ein hakennasiger Pirat auf, einen Arm schon über dem Schanzkleid, sein Entermesser in der freien Faust, bereit, sich wie einst Bombai mit affenartiger Geschicklichkeit an Bord zu schwingen. Ich schrie nur: „Mein Gott, Nick! Pass auf!" Schon drückte mein Freund ab. Der Rückstoß des Schusses schleuderte die Pistole aufs Deck. Die Entfernung zwischen ihm und dem Piraten war jedoch kurz genug, dass der Schuss traf, der Turban sich rot färbte und der Pirat mit einem entsetzlichen Schrei, den wir beide unser Lebtag nicht vergessen sollten, nach hinten ins Meer stürzte. Bevor es mir tatsächlich gelang, das Tau zu durchtrennen und den Angriff abzuwehren, erschütterte ein furchtbarer Schlag die »Hoffnung«. Das Piratenschiff rammte uns an der Backbordseite des Bugs. Auch das letzte Ausweichmanöver unseres Steuermanns misslang. Die Schreie der abstürzenden Piraten, die versucht hatten, hinter dem erschossenen Spießgesellen die Bordwand zu erklimmen, wurden bereits vom Kampfgeschrei der Angreifer übertönt, die über den Rammsporn und die Enterbrücke am Bug auf unser Schiff stürmten.

Nick lud die Pistole, ich griff zum Degen. Wir beeilten uns, den Auftrag unseres Kapitäns auszuführen, das Achterdeck zu verteidigen. Nur zwei Schritte von uns entfernt schlug zu unserem Entsetzen eine weitere Enterdegge aufs Deck und verkrallte sich im Schanzkleid.

Riewert Peters verließ das Ruder, griff nach einem Entermesser, sprang vom Achterdeck nach vorn und schrie der ganzen Mannschaft, die verzagt zurückwich und den Kapitän und den Bartenwetzer fast kampflos im Stich gelassen hätte, Mut zu, dass sie nun den türkischen Angreifern Paroli boten und sich auf das Heftigste zu wehren begannen. Tatsächlich hielten sie den Piraten, die ihrer Gewohnheit nach in Jubelschreie ausbrachen, als sie haufenweise von der Enterbrücke auf unser Schiff sprangen, löwenartig stand, und es floss Blut auf beiden Seiten. Über das Tau auf der Steuerbordseite hatten weitere Piraten die Bordwand genommen, von denen zwei unseren Kameraden jetzt in den Rücken zu fallen suchten und einer auf uns zukam, das Achterdeck zu besetzen. Nicks Arm zitterte, als er die Pistole anlegte und feuerte. Er verfehlte sein Ziel, und schon kreuzten wir die Klingen mit dem Angreifer. Allein, unsere Degen vermochten nichts gegen den kampferprobten Schwung des schwereren Entermessers des Türken auszurichten. Wie nutzloses Spielzeug zerbrach zuerst mein Degen, so dass ich mich zum Heck flüchten musste und dort fieberhaft nach einer neuen Verteidigungsmöglichkeit suchte. Dann entwaffnete der Türke mit wenigen Hieben Nick und streckte ihn mit einem Faustschlag und mehreren brutalen Tritten zu Boden, dass ich nicht sicher sein konnte, dass mein Freund diesen Angriff überleben würde. Allein, mir blieb mein Dolch! Diesen schleuderte ich, wie ich es bei Bombai beobachtet hatte, in Richtung des Angreifers und traf den fluchenden und stöhnenden Musilmanen zu meiner eigenen Überraschung in den Oberschenkel. So konnte ich ihm entkommen und mich nach vorn zu meinen kämpfenden Kameraden durchschlagen. In Wirklichkeit waren es nur noch fünf Männer, die dort in der Mitte des Schiffes, rund um den Hauptmast, einen verzweifelten Kampf ausfochten. Ricklef Flor lag schwer verwundet vor der Ankerspille und regte sich nicht mehr.

Unbehelligt von dem Kampfgeschehen kauerte ich auf der Backbordseite mittschiffs und weinte und heulte vor Anspannung und

Verzweiflung zugleich. Unsere »Hoffnung« war verloren! Mir schlotterten die Glieder vor Angst und ich machte mir in die Hosen, ohne dass ich es wirklich merkte. Die Grausamkeiten, die sich vor meinen Augen damals abspielten, haben sich für alle Zeit so tief in meine Seele eingegraben, dass ich mich für Jahre nicht der Tränen erwehren konnte, besonders wenn mich die Qual meiner elenden Gefangenschaft hart presste. Und noch heute wache ich manche Nacht schweißgebadet und schreiend auf, verfolgt von den Geschehnissen jenes Tages.

Verzweifelt suchte ich nach einem letzten rettenden Ausweg und spähte auf das Piratenschiff, auf dem ich außer dem Steuermann keine Seele an Deck ausmachen konnte. Siegessicher hatten sie alles zum Kampf auf unser Schiff geschickt. Da reifte in mir der aberwitzige Plan, mich an Bord des Türkenschiffes zu schleichen und das Pulver der Kanone zu entzünden. Auch wenn es mich mein Leben kosten würde, das ohnehin verwirkt war, ich würde es ihnen heimzahlen und den elenden Kahn versenken! Sie sollten keine Freude an uns haben! Leewer duad us Slaaw!

Wie ich auf das andere Schiff gelangt war, weiß ich nicht mehr, doch dass ich einen Moment zögerte, als ich eine brennende Pechfackel in der rechten Faust hielt, daran erinnere ich mich genau. An Bord der »Hoffnung« erhielt gerade der tapfer kämpfende Brodersen aus Hamburg einen tödlichen Hieb von einem Entermesser. Er sackte in sich zusammen. In all dem Kampfgetöse hörte ich seinen letzten Seufzer, als würde die gesamte Luft aus seinem bulligen, kraftstrotzenden Körper herausgepresst. Dann trat ihm der Pirat mit dem Fuß ins Gesicht und er fiel rückwärts mit ausgebreiteten Armen leblos auf die Planken. In stummer Verzweiflung legte ich die Fackel an das Pulverfass, das auf dem Piratenschiff vorn am Bug neben der Kanone stand. Die Schreie der Galeerensklaven, die mich angekettet von unten beobachten konnten, nahm ich nicht wahr. Dann plötzlich trafen mich am Kopf und an der Schulter zwei Schläge, wie von einer riesigen Keule ausgeführt, und raubten mir für Sekunden das Bewusstsein.

Das Wasser war eiskalt. So kalt, dass ich zwar rasch wieder zu mir kam, aber zu keinem Gedanken fähig schien. Verschiedene Teile meines Leibes entwickelten Todesängste von einer Intensität, die ich nicht mehr für möglich gehalten hätte. Ich tauchte auf und sah die Bordwände beider Schiffe hoch über mir. Ein riesiger Wellenbrecher rollte heran und riss mich in die salzige Tiefe. Als ich halb ersoffen wieder auftauchte, lachte ich wirr. Zu dämlich, um mich kurz entschlossen in die Luft zu sprengen und jetzt Angst vor dem Tod haben? Lächerlich! Ersaufen konnte doch recht erfrischend sein. Weder Kraft noch Willen zum Überleben mochte ich aufbieten, breitete meine Arme aus und schon stürzte das Eiswasser erneut über mich her. Plötzlich rissen mich starke Arme in die Höhe und zogen mich in ein Ruderboot. Ich kotzte Wasser, als sie mir ins Gesicht schlugen. Ich kauerte als gebeugte, bläuliche Gestalt, stöhnte vor Schmerzen und war eigentlich längst ertrunken. Einen Tag verbrachte ich abwechselnd in Schweiß gebadet und unter Kälteschauern fröstelnd auf den Planken des Decks des Piratenschiffs liegend. Doch mein Körper erwies sich als zäh und ich erwachte aus dem todesähnlichen Zustand. Das erste, das ich erwachend wahrnahm, waren ein riesiger weißer Turban und das braune Gesicht von John Bombai. „Wo bin ich?" Mir kamen Zweifel, ob ich wirklich erwacht war oder ob mich nicht ein Alptraum quälte. „Willkommen im Vorhof zur Hölle, mein Junge!", begrüßte mich John Bombai grinsend.

Von weiter hinten ertönte die verhasste Stimme Fran Doorps: „Hättest ihn ersaufen lassen sollen. Wäre besser gewesen für uns alle – der schafft uns noch die Pest an den Hals." „Gib endlich Ruhe, Holländer!", fuhr ihn John Bombai an, und da war er wieder, der raubtierhafte Blick, vor dem alle kuschten. Spätestens da wusste ich, das alles war bittere Wirklichkeit: Ich lebte.

„Kann ich jetzt die Sache mit dem Jungen zu Ende bringen? Schön langsam, ein wenig qualvoll." Fran Doorps Visage erschien nun auch in meinem Blickfeld und natürlich sein Dolch, mit dem er immer drohte. Ich hatte keine Hoffnung auf irgendeine Zukunft und verspürte, jetzt, da alles verloren war, auch keine Angst. Schwach, wie ich war, unfähig zu reagieren, drehte ich meinen Kopf zur Seite und bot ihm meinen Hals dar. Sollte er zustechen! „Hohlkopf! Der Junge ist ein gutes Geschäft. Und wer mir ein Geschäft verdirbt, zahlt dafür!" Bombai packte ihn bei den Schultern und stieß ihn weg.

„Schafft ihn nach unten, gebt ihm zu essen. Und vor allem, legt ihn in Ketten. Ab morgen kommt er auf die Ruderbank!"

Erst als die zwei mich packten und nach unten schleiften, bemerkte ich, dass man mir alle Kleider geraubt hatte und ich nur mit Lumpen notdürftig meine Nacktheit verbergen konnte. Und dann musste ich mitansehen, dass man unseren Kapitän, den Steuermann und den Ersten Offizier, alle offensichtlich schwer verwundet, zum Gespött der Mannschaft völlig nackt an den Mast gekettet hatte. Dort vegetierten sie in ihrem Blut und ihren Exkrementen und waren den Tritten und Gemeinheiten sogar der Schiffsjungen ausgesetzt. Jeden Tag bekamen sie nur einen Eimer Salzwasser über den Körper geschüttet, dass sie vor Schmerzen schrien, wenn das Salz in den Wunden biss und die Haut aufplatzte.

Der Erste Offizier Karl Schneider starb nach einer Woche an seinen Wunden und dieser Qual. Man schleifte seinen Leichnam an den Haaren bis zur Bordwand und warf ihn einfach ins Meer. An Stelle eines christlichen Gebets tönte nur Fran Doorps Stimme, dass ihn niemand ungestraft peitschen dürfe. Dann hieb er mit der Peitsche auf die wehrlosen, noch immer am Mast gefesselten Männer, den Kapitän und den Steuermann ein, und er hätte sie in diesem Moment erschlagen und dem Ersten Offizier hinterher geschickt, wenn nicht Bombai und zwei Türken ihn brutal angegangen und bewusstlos geprügelt hätten. Doch geschah dies nicht aus Menschlichkeit, sondern nur, weil sich Bombai und der Kapitän des Piratenschiffs ihr Geschäft nicht verderben lassen wollten. Man konnte ein beträchtliches Lösegeld erwarten. Aus diesem Grund fand ich nach ein paar Tagen auch einen Platz auf der Innenseite der Ruderbank, wo die Arbeit noch am leichtesten war, und bekam Extrarationen von dem Fraß, den man uns vorsetzte. Nach dem Tod unseres Ersten Offiziers ließ der Kapitän Mannschaft und Gefangene zur Musterung antreten und befragte jeden nach seiner Herkunft. Mit Erstaunen musste ich feststellen, dass das Piratenschiff von einem Deutschen kommandiert wurde, der uns in unserer Sprache anredete. Er mochte unseren vorwurfsvollen Blick wohl deuten, wie er da in prächtigem türkischem Gewand, mit Turban und Krummsäbel vor uns stand, und für einen Augenblick mochte er sich an seine Heimat erinnern und schämte sich sogar, dass er uns in die Sklaverei beförderte. Aber der Abtrünnige überwand diese Skrupel schnell und begann, über Herkunft und Kenntnisse der Gefangenen Buch zu führen wie über eine Schiffsladung im Hafen. Da halfen keine Verstocktheiten, denn Bombai wusste, auch ohne dass wir einzeln vortraten, über fast jeden Gefangenen Angaben zu machen und dessen Wert zu taxieren. Ich verfluchte jede ihm erwiesene Freundlichkeit, jedes Gespräch über persönliche Verhältnisse, die Heimat, das Elternhaus, alle Details, die er jetzt eiskalt in bare Lösegeldmünzen umrechnete und jene, die uns jetzt so fern waren und denen wir uns doch so verbunden fühlten, umso teurer zu stehen kommen würden. Das Gute an Kaufleuten schien mir allerdings, dass sie den Wert ihrer Waren schätzten und ihn zu steigern suchten. Jetzt bestand wenigstens die Hoffnung, dass uns niemand mehr nach dem Leben trachten würde. Folgerichtig brachte man unseren Kapitän Ricklef Flor und unseren Steuermann Riewert Peters unter Deck zu den übrigen Gefangenen und kümmerte sich erstmals um sie. Meine Person wurde als Sohn des Schiffseigners angepriesen, aus dem noch manches auszupressen sei – auch blieben mein Scharfsinn und mein Mut nicht unerwähnt, die mich zu manchen Diensten befähigen würden. Bei der Nennung des Vaternamens Oluf Jensen deutete Bombai mit großer Geste auf das offene Meer, und ich entdeckte in einiger Entfernung unser Schiff, das stark beschädigt und mit Notbesatzung, die offenbar aus den Meuterern bestand, hinter uns hersegelte. Wie gern hätte ich wenigstens dort hinüber gewechselt, statt hier als Galeerensklave zu schuften. Bombai bemerkte meine sehnsüchtigen Blicke und grinste verschlagen, ohne ein weiteres Wort darüber zu verlieren.

Unser Schiff verlor an Fahrt, die Ruder wurden eingezogen und die »Hoffnung« schloss zu uns auf. So sehr ich mich auch dazu zwang wegzuschauen, ich starrte wie alle anderen, die fröstelnd auf dem Deck standen, auf unser ehemaliges Schiff. Jetzt trat ein Musilmane neben den Piratenkapitän, ein Gelehrter, der den Koran, die Bibel der Muslime, auswendig zitieren konnte. Bombai stellte ihn als Thaleb mit dem Namen Ahmet Bin Hussein vor, er wurde, wie ich später erfuhr, von seinen Landsgenossen ehrfürchtig „Mahadshir" genannt, was bedeutet: „Einer, der sich auf dem Weg zu Gott befindet." Er soll am Hofe des Dey von Tunis, eines der höchsten Fürsten in der musilmanischen Welt, ein bedeutender Geistlicher und Ratgeber gewesen sein und mit höchsten Ämtern und Ansehen ausgezeichnet worden sein. Man erzählte sich, dieser fromme und gelehrte Mann, der uns jetzt zunächst schweigend anstarrte, sei in Ungnade gefallen, weil er den Dey zu einem gottgefälligeren Lebenswandel anhalten wollte und ihm öffentlich widersprochen habe. Nur der Respekt vor seiner Heiligkeit habe ihm das Leben gerettet und ihn als Geistlichen und Heilkundigen an Bord dieses Schiffes verschlagen. Ahmet Bin Hussein genannt Mahadshir machte Eindruck, wie er dort in seinem weißen Gewand, mit dem großen Turban mit der roten Kappe in der Mitte, stand und uns mit glutschwarzen Augen prüfte, ehe er mit lauter Stimme zu einem Singsang ansetzte, den Bombai mit den Worten übersetzte: „Es ist kein Gott als Gott, und Mohammed ist sein Gesandter." Es handelte sich um die erste Sure des Koran, die mir in den folgenden Jahren zur täglichen Begleiterin werden sollte, denn sie tönte von jeder Spitze der Minarette und überall, wo Gebetsrufer ihre Glaubensgenossen zur rechten Andacht mahnten.

Inzwischen war die »Hoffnung« längsseits fast zum Greifen nah, und der Thaleb, wohl wissend um die Gefühle, die in uns brausten, deutete zum Bug des Piratenschiffs, wo ein Fass stand, und dann weiter auf unser Schiff. Wer sich zum rechten Glauben an Allah und den Propheten Mohammed bekenne und mit dieser ersten Sure des Koran zum Musilmanen werde, der bekomme eine Ration vom Pökelfleisch aus dem Fass und Obst, so viel er wolle, und sei seiner Pflichten am Ruder ledig. Jene, die nun die Wahrheit anerkennen würden, wie viel mächtiger Allah sei als der Christengott, dürften als Mannschaft auf die »Hoffnung« wechseln und dort ihre Fahrt fortsetzen. Sie würden als Seeleute in Diensten des Bey von Algier ein gutes Leben führen und das ewige Leben erwerben.

Fleisch – satt zu essen – keine Schläge mehr auf der elenden Ruderbank – und zurück auf die »Hoffnung« – aber um welchen Preis! Wir alle starrten auf das Fass, das Schiff und den Thaleb, der nun zu Ende gesprochen hatte und würdevoll schwieg. Bombai forderte jeden von uns auf, einzeln vorzutreten und sich zu dem Angebot zu äußern.

Der erste Mann trat vor und schüttelte nur energisch den Kopf, ohne ein Wort zu sagen. Wenngleich seine weit aufgerissenen Augen und seine verzerrten Gesichtszüge seine Angst verrieten, seine Gesten bedurften keiner Übersetzung in die arabische Sprache.

„Amechi, Christ, amechi!",* schrie der Thaleb. Schon schlugen einige Piraten und Schiffsjungen unter wüsten Beschimpfungen mit Stöcken nach unserem armen Kameraden und trieben ihn unter Deck, wo er dann wimmernd und blutend zwischen den Ruderbänken lag. Ahmet Bin Hussein genannt Mahadshir pries Allah und richtete seine Frage erneut an uns. Da traten zwei Männer vor, die offenbar kleingläubig geworden genug hatten von der Prüfung, die man uns auferlegt hatte. Mit schwerfälliger friesischer Zunge wiederholten sie auf Arabisch Stück für Stück die erste Sure des Koran.

Der zufrieden lächelnde Thaleb legte ihnen die Hände auf die Schultern, ließ ihnen die versprochenen Fleischrationen reichen, und ohne sich zu uns umzudrehen, wechselten sie mit schlechtem Gewissen an Bord der »Hoffnung« und wurden dort freudig willkommen geheißen. Erst jetzt bemerkte ich drüben in den Wanten Nick und Jürgen Oksen. Gott sei Dank, sie lebten! Bevor Ahmet Bin Hussein wieder das Wort an uns richten konnte, begann irgendjemand aus der Mannschaft laut das „Vaterunser" zu beten und alle stimmten ein. Ungehalten ließ sich der Thaleb von Bombai übersetzen, was da vor sich ging. Dann schrie er uns die erste Sure des Koran entgegen. Die Piratenmannschaft stimmte ein und prügelte uns im Takt unter Deck. Aus Bombais zufriedenem Gesichtsausdruck schloss ich, dass es ihm ganz recht war, dass sich nicht noch mehr Männer hatten bekehren lassen. Renegaten, so nannte man Leute, die zum Islam übertraten, konnten nicht mehr gegen Lösegeld in ihre Heimat und waren nicht ganz so rechtlos verfügbar wie Christensklaven. Das „Vaterunser" hatte ihm zumindest sein Geschäft gerettet.

* Verschwinde, Christ, verschwinde!

Gibraltar und die Mohrenküste

Unten sperrte man uns in einen lichtlosen, von Menschenleibern überfüllten Schiffsraum. Wohl verschnürt und zum Teil aneinandergekettet standen oder lagen wir zunächst bewegungslos, spürten aber die drangvolle Enge durchaus, ohne in der Finsternis etwas erkennen zu können. Aber es war nicht allein die Dunkelheit, die uns, die wir gerade noch fröstelnd im grellen Sonnenlicht gestanden hatten, zusetzte, wir vermochten hier kaum zu atmen in dieser Enge, in der es nach Schweiß, Exkrementen, Blut und Erbrochenem stank. Die Tür schlug hinter uns zu, ein Riegel wurde vorgeschoben, und auch den Letzten blieb das bis jetzt kraftvoll hinausposaunte „Vaterunser" im Halse stecken. Wir würgten und keuchten und blieben stumm wie die übrigen Gefangenen, die zum Teil aus unserer Mannschaft, zum Teil von anderen Schiffen und aus Dörfern geraubt, entführt und hier zusammengepfercht worden waren. Ein jeder versuchte, die aufkommende Panik, Verzweiflung und Wut zu unterdrücken und den Schmerz der eigenen Gefangennahme, den gewaltsamen Tod von Kameraden und die Erniedrigung des Sklavendaseins zu verarbeiten. Zudem hockten hier zum Teil Menschen aus verschiedenen Ländern mit verschiedenen Sprachen zusammen, so dass die Verständigung schwierig war.

Dankbar dachte ich noch an den mutigen Mann, der mit dem Gebet begonnen hatte. Keineswegs war ich mir meiner Reaktion sicher, wenn mich der Thaleb als Nächsten aufgerufen hätte. Ich empfand die Lage, in der ich mich befand, als ungerecht – wie konnte ich so große Sünden aufgehäuft haben in meinem kurzen Leben, dass ich dies alles erleiden musste? Ich haderte mit meinem Christengott. Noch als ich diesen Gedanken nachhing, schälten sich nach und nach Gesichter und Konturen aus der Finsternis, und ich erkannte, dass sich selbst Frauen und Kinder unter den Gefangenen befanden. Sie rückten zusammen, bekamen aber selbst mit angezogenen Beinen kaum alle Platz nebeneinander.

Rechts von mir vernahm ich die vertraute Stimme unseres Steuermanns Riewert Peters, der jetzt auf die Fragen eines bärtigen Alten antwortete, den man von einem holländischen Walfängerschiff geraubt hatte, das bei dem Überfall untergegangen war. Hier erfuhr ich zum ersten Mal, wie nah wir unserer Rettung gewesen waren. Das Piratenschiff hatte uns am 10. März erst vor den Skilly Islands vor der englischen Küste eingeholt, vielleicht eine halbe Tagesreise von der zugesagten Eskorte durch die Hamburger Fregatte entfernt. Der alte Walfänger schwieg vor Enttäuschung, wischte sich Tränen von den Wangen, denn sein Heimathafen Vlissingen, den dieses Schiff niemals anlaufen würde, war nur einen Steinwurf von dem Ort des Überfalls entfernt gewesen. Die Neuigkeiten machten die Runde, denn einige der Rudersklaven schienen mit dem Piratenschiff schon Ewigkeiten unterwegs und sie berichteten davon, dass sie einen Monat in der Biskaya gekreuzt seien, bevor sie das erste Mal wieder die französische Küste zu Gesicht bekommen hätten. Sie diskutierten jetzt überall eifrig die Taktik des Kaperns, tauschten Koordinaten und Geschwindigkeit der Reise aus, erwogen Kurs und Zielsetzung, als ob sie das Kommando über das Schiff gehabt hätten. Das Gespräch über seemännische Dinge ließ sie für einige Zeit ihre verzweifelte Lage vergessen.

Tatsächlich wurde die Arbeit an den Ruderbänken leichter, denn die stark beschädigten Schiffe hielten Kontakt und machten weniger Fahrt. Zwei Tage lang segelten wir aufs offene Meer hinaus, dass wir schon meinten, die Karibik sei unser nächstes Ziel. Aber die Piraten mieden nur die Küstenlinie und die dort aufkreuzenden Marineschiffe. Dann nahmen wir Kurs gen Süden.

Ahmet Bin Hussein genannt Mahadshir war, wie sich jetzt herausstellte, nicht nur der Geistliche der Musilmanen an Bord, sondern zugleich auch der Heilkundige, der die Wunden versorgte und sich kräuterkundig um die Erkrankten kümmerte. Nachdem er die ersten Tage vor allem um die Mannschaft der Piraten besorgt war, nahm er sich jetzt auch des elenden Zustandes der Gefangenen an. Ich erbat die Erlaubnis, ihm zur Hand gehen zu dürfen. Der weise Alte ignorierte meine Frage, ließ mich aber gewähren und brummte mich mit seinen unverständlichen arabischen Lauten an, wenn er irgendetwas brauchte.

Der Thaleb kannte kein Mitleid und ging barbarischer mit den Verletzten um als die Folterknechte in der Heimat. Sobald sich einer der Kameraden jammernd beschwerte oder sich gar selbst verbinden wollte, setzte es statt einer Wundversorgung Prügel und Beschimpfungen. Wenn man dieses Leid der Gefangenschaft und der Not erlebte, die verwundeten Kameraden dem Tode nah wie welkes Gemüse im eigenen Blut und in Exkrementen liegen sah, dann war ein jeder geneigt, an die Hölle auf Erden zu glauben. Allein, die Piraten hatten bei dem Überfall auf die »Hoffnung« ebenfalls einen erheblichen Blutzoll geleistet. Dieses und unsere Verstocktheit in Glaubensdingen mögen die finstere Stimmung des Thaleb befördert haben. Zu seiner Rechtfertigung mag ich ebenfalls anführen, dass sich die Türken auf den Schlachtfeldern, auf die es mich später noch verschlagen sollte, stets mit Heilkundigen um die Verletzten kümmerten, während der einfache Soldat auf den christlichen Schlachtfeldern zumeist sich selbst überlassen jammervoll verenden musste. Zudem kannte man unter den Türken Kräuter und Behandlungen, von denen man in der Christenheit noch nie gehört hatte. Wenn ich aber bis jetzt geglaubt hatte, ich könne mir billig auf diese Weise allerlei kundiges Wissen erwerben und in der Fremde eine andere Laufbahn als die des gescheiterten Kämpfers einschlagen, so täuschte ich mich gewaltig. Denn als Ahmet Bin Hussein sich dem fiebernden und schwer verwundeten Kapitän Ricklef Flor zuwandte und sich daran machte, ihm das gehackte Blei von zwei Kugeln aus der Wunde zu schneiden, musste ich mich übergeben und wurde ohnmächtig. Mit Tritten, Schlägen und infernalischem Gebrüll beförderte mich der Thaleb wieder auf die Beine und hieß mich, mit der Wundzange die Schusswunde zu spreizen, damit er die Kugeln entfernen konnte. Ich zitterte am ganzen Körper und fühlte mich elend wie nie zuvor. Allein die Sorge um das Leben unseres Kapitäns ließ mich durchhalten. Dann drückte mir der Thaleb die Kugeln in die Hand und trieb mich mit Tritten und Beschimpfungen davon.

Dort hockte ich in der finstersten Ecke des Raumes, starrte auf das Blei und lernte, dass die Musilmanen mit größeren Kugeln als die Christen schossen und über diese Kugeln noch eine weitere halbe in den Gewehrlauf stopften, die sie in zwei bis drei Teile zerhackten. Dies leitete den Schuss sicherer und machte die Wunde todbringender. Ich faltete meine Hände und versuchte zu beten, allein mir fehlten die Worte und so schwieg ich in stummer Verzweiflung.

Bei geschrotetem Gersten-Biscatto, Oliven, ein paar Becherfüllungen Wasser und reichlich Prügel als Zugabe segelten wir mit einer leichten Brise in immer wärmere Regionen Richtung Süden. Neugierig und voller Angst zugleich warteten wir, welches Schicksal uns an der Mohrenküste beschieden sein würde. Seit einigen Tagen brachte mich Bombai auf Anweisung von Ahmet Bin Hussein von der Ruderbank aufs Deck und kettete mich dort in völliger Einsamkeit an die vorn am Bug befindliche Kanone. Wenn ich mich die ersten Tage in der Einsamkeit dort draußen noch fürchtete, so stellte sich doch bald heraus, dass der Thaleb genügend Autorität besaß und mich niemand dort belästigte. Schließlich hing ich meinen Gedanken nach, während meine Augen über den Sternenhimmel wanderten und unsere »Hoffnung« als schwarzen Schatten hinter uns am Horizont suchten. Ich malte mir aus, wie sie drüben mit einem Aufstand das Schiff zurückerobern würden. Natürlich blieb diese Fantasie ein Traum. Dann dachte ich an meine Freunde und schließlich wunderte ich mich darüber, warum man mich hier von den anderen Gefangenen getrennt hielt. Fran Doorp machte mir eine Fratze, als er mir ungefragt zurief: „Weil du als erster über die Klinge springst."

John Bombai meinte, ich solle nur nicht krank werden, alle versprächen sich einen guten Verkaufserlös und ein Lösegeld für meine Person. Ich hatte mich noch nie als Warenangebot gesehen und mir wurde unheimlich zumute. Mit Menschen handeln wie mit Fleischstücken am Haken der Metzgerei… seltsame Gedanken überfielen mich, aber ich wollte überleben. Wollte zurück nach Amrum. Zurück zu Antje. Unbedingt.

Die Tage wurden heißer als im heißesten Sommer auf Amrum, und auch die Nacht brachte keine ersehnte Frische. Unter Deck, auf den Ruderbänken, vor allem aber im hinteren Schiffsraum, wo man die Gefangenen zusammengepfercht hatte, waren Hitze und Gestank unerträglich. Wir waren jetzt schon drei Wochen auf See, ohne einen Hafen anzulaufen oder überhaupt einen Küstenstreifen zu Gesicht zu bekommen. Das Trinkwasser wurde knapp, und der Rest in den Wasserfässern war von einem grünlichen Algenschleim durchzogen und schmeckte ungenießbar. Der Thaleb ließ die knapp bemessenen Wasserrationen vom Smutje abkochen und verbot, direkt aus den Fässern zu trinken. Zu dem Hunger, der uns quälte, gesellte sich jetzt der Durst als ständiger Begleiter. Viele litten an Durchfallerkrankungen. Am ersten Hitzetag, an den ich mich erinnern kann, war unser Kapitän Ricklef Flor wieder frei von Fieber und klar bei Bewusstsein. Zusammen mit dem Bartenwetzer und Riewert Peters war es mir erlaubt worden, mit ihm ein paar Worte zu wechseln. Bombai schaute vorbei, grüßte knapp und schien mehr als zufrieden. Ein Kapitän brachte stets ein gutes Lösegeld. Der Thaleb hatte gute Arbeit geleistet. Doch für mich war das Überleben unseres Kapitäns so etwas wie ein Versprechen, dass noch immer eine Hoffnung auf Rückkehr bestand. Als ob er meinen Gedanken erraten hätte, fasste er mich am Unterarm, schaute mir fest in die Augen und sagte: „Es wird doch noch alles gut, Hark. Sie werden ein Lösegeld für uns zahlen und wir können wieder nach Hause. Solange wir zusammenstehen und auf uns Acht geben, wird uns nichts geschehen." Zum Dank für diese Worte drückte ich ihm die Kugeln, die der Thaleb ihm aus dem Leib geschnitten hatte, in die Faust. Sie sollten ihm Glück bringen.

Das Schiff nahm wieder Kurs auf die Küste und segelte weiter nach Süden. Jene, die schon seit langem als Galeerensklaven an Bord waren, schlossen daraus, dass die Piraten heimzukehren gedachten. Von Tag zu Tag erwarteten sie, die Meerenge von Gibraltar zu passieren. Von unserer Mannschaft war noch niemand so weit südlich bis ins Mittelmeer gekommen. Die Spannung und die Furcht vor der ungewissen Zukunft wuchsen. Nach langen drei Wochen seit unserer Gefangennahme nahmen die Schiffe endlich Kurs Richtung Osten, und der Kapitän hieß seine Mannschaft, sich mit Schwertern und Pistolen bewaffnet sichtbar an Deck zu begeben. Unter lautem Rufen und hektischem Gestikulieren wurden die Bordkanonen besetzt und geladen. Alles machte den Eindruck, dass man sich auf eine Seeschlacht vorbereitete.

Mit Entsetzen sahen wir uns der Gefahr eines Angriffs, schließlich unseres drohenden Untergangs gegenüber und hatten keine Waffen außer unseren Fäusten, um uns zu verteidigen. Wer nicht an den Ruderbänken hockte und jetzt mit Peitschenhieben zur Höchstleistung angetrieben wurde, den sperrten die Piraten in den finsteren Raum unter Deck. Alle erwarteten Gewehrsalven und Kanonendonner. Wir hielten den Atem an und lauschten gespannt. Dann hörten wir an den Ruderbänken, wie die Piraten von Estreka oder Straet und Gibraltar sprachen. Und jene, die schon lange auf dem Schiff dienten, schienen beruhigt, denn in ihren Augen handelte es sich um ein ganz normales Manöver. In der Enge der Straße von Gibraltar konnten die Piraten feindlichen Schiffen und einem Beschuss von Landseite nicht mehr sicher ausweichen und rüsteten sich deshalb zum Kampf.

Nach einer Stunde wurde ich abgelöst und von Bombai mit an Deck genommen. Mein Rücken brannte von den Schlägen, ich war schweißnass und keuchte noch von der Anstrengung. Aber ich war auch zu neugierig, als dass ich Bombais Aufforderung, ihm zu folgen, ausgeschlagen hätte. Die Küstenlinie stieg gen Osten steil an. Ich konnte in der Ferne die Umrisse einer befestigten Stadt hinter massiven Mauern erkennen. Im Norden tauchten die Hügel und Berge Spaniens auf. Wir durchfuhren eine Meerenge von wenigen Kilometern Breite. Bombai wurde nicht müde, mir die Gegend zu erklären und mich mit Geschichten zu versorgen, die sich hier abgespielt haben sollten. Mit finsterer Miene inspizierte der Piratenkapitän seine Mannschaft und trieb sie zur äußersten Wachsamkeit an. Er ließ die Rahe am Hauptmast besetzen und sich alle paar Minuten Bericht erstatten.

Nach ein paar Stunden wurde uns allen klar, dass man keinen konkreten Angriff fürchtete, sich jedoch angesichts des regen Schiffsverkehrs in dieser Meerenge gegen einen Überraschungsangriff wappnen wollte. Auch wenn sich jetzt meine Anspannung legte und ich neugierig die Küstenlinie und die stolzen Schiffe, die uns passierten, begutachtete, machte ich mir Sorgen um meine Freunde an Bord der »Hoffnung«, die wir inzwischen so weit hinter uns gelassen hatten, dass sie zu einem schwarzen Strich am Horizont geschrumpft war. Die spärliche Besatzung dort und der Zustand des Schiffes würden sie im Ernstfall zu einer leichten Beute machen. Ich betete für das Wohlergehen meiner Freunde.

Der Wind kam von Westen und frischte auf. Die Segel blähten sich, die Ruder klatschten in rascher Folge ins Wasser, und das Stöhnen der geschundenen Galeerensklaven war zum Herzerweichen. In rascher Fahrt ließ das Piratenschiff die Meerenge hinter sich, und vor uns öffnete sich ein weiter Golf. Wir hielten uns nahe der Mohrenküste, die sich hier steil und unwirtlich emporhob und auf ihrem Rücken eine gewaltige Festung trug. Dahinter reihte sich Berg an Berg, so weit das Auge reichte.

DER SKLAVENMARKT VON ALGIER

Der Thaleb hockte in der Nähe des Hauptmastes, ungefähr dort, wo man noch vor Tagen unseren Kapitän und den Steuermann angekettet hatte, und betete gen Mekka. Anschließend hockte er regungslos auf seinen Knien und rezitierte kehlige, mir unverständliche Laute. Das seien Kapitel des Koran, erklärte Bombai, die er zur Erbauung der Mannschaft und für einen glücklichen Ausgang der Fahrt auswendig dahersage. Auch wenn ich nichts verstand, beeindruckte mich die Vorstellung, denn ich hatte noch von keinem Pfarrer gehört, der Ähnliches mit unseren Bibeltexten hätte veranstalten können.

Nach einer weiteren Stunde wurden die Ruder eingefahren und die Segel eingeholt. Auf den Ruderbänken schrie man nach Wasser und stöhnte vor Schmerzen und Erschöpfung. Meine Kameraden unter Deck blieben unbeachtet, und die Mannschaft des Piratenschiffs musste weiter in voller Kampfbereitschaft in der grellen Sonne ausharren. Gespannt warteten jetzt alle darauf, ob auch die »Hoffnung« die Meerenge unversehrt passieren würde.

Tatsächlich tauchte sie nach einer weiteren Stunde auf und grüßte uns mit voller Besegelung am Hauptmast. Der deutsche Piratenkapitän ließ ein zufriedenes Murren hören. Die Mannschaft hingegen stieß wildes Kriegsgeschrei aus, feuerte mit Musketen und Pistolen in die Luft und führte einen Siegestanz an Deck auf. Die Ausgelassenheit sprang offenbar wie ein Funke auch auf die »Hoffnung« über, denn von drüben waren ähnliche Geräusche zu hören. Die Ausgelassenheit der Piraten hielt noch den ganzen Tag über an, aber man hatte es offenbar nicht mehr eilig, den Heimathafen zu erreichen. Bombai meinte, für die Geschäfte sei es alle Mal günstiger, man ginge erst am frühen Morgen vor Anker.

Ich blickte hinüber zur Küste Spaniens, die sich immer weiter entfernte. Gibraltar lag längst hinter uns. Plötzlich vernahm ich neben mir die dunkle Stimme des Thaleb, der mich mit seinen arabischen Lauten ansprach. Hatte er nicht eben noch drüben gehockt und gebetet? Wollte er mich jetzt bekehren, und was würde meine Strafe sein, wenn ich standhaft bliebe?

Ich verhielt mich ruhig, senkte den Kopf zum Zeichen des Eingeständnisses meiner totalen Niederlage. „Willst du wissen, was Ahmet Bin Hussein genannt Mahadshir dir zu sagen hat?", fragte Bombai. Ohne meinen Blick zu heben, nickte ich. Da ergriff der Thaleb bereits meinen Kopf, drehte ihn, langsam, aber mit Nachdruck, zur Mohrenküste nach rechts und redete erneut auf mich ein. „Das da drüben sei deine Vergangenheit, an die du keinen Gedanken mehr verschwenden solltest. Das Land des Abends, meint der Thaleb, sei unerreichbar für dich. Deine Zukunft liegt im Süden, im Morgenland der aufgehenden Sonne. Und da muss ich ihm Recht geben", erklärte Bombai. „Er will mich nicht bekehren?", fragte ich verwundert. Bombai lächelte: „Er ist sich seiner Sache sicher, weil er dich für etwas Großes hält. Du trägst ein Zeichen oder so etwas." „Und das Lösegeld? Du rechnest doch fest damit, oder?" Ich starrte auf die Mohrenküste und wäre am liebsten sofort auf der Backbordseite über die Reling gesprungen und durch das offene Meer geschwommen. „Wer weiß, ob dein Vater überhaupt die Summe aufbringen kann, jetzt, wo ihm euer Schiff verloren gegangen ist. Viele hoffen vergebens. Die meisten wahrscheinlich", meinte Bombai. Doch ich nahm ihm jegliche Art von Anteilnahme längst nicht mehr ab. Der Thaleb hatte zu sprechen aufgehört und mir kurz seine linke Hand wie zum Segen auf den Kopf gelegt. Dann ging er gemessenen Schrittes davon, und ich blickte ihm nachdenklich hinterher.

„Wie groß ist das Land an der Mohrenküste?" „Größer als der Kontinent, von dem du stammst, mein Junge. Es wäre manches leichter für dich, wenn du dem Thaleb folgen würdest…" Ich wurde wütend und unterbrach ihn: „Mich abfinden, in der Fremde als Sklave zu leben, meinen Christenglauben zu verleugnen und Musilmane zu werden, wenn es geht, auch noch Pirat wie deinesgleichen…!" Diese und andere Scheußlichkeiten reihte ich in lautem Protest hintereinander. Der Thaleb drehte sich noch einmal um und lächelte nachsichtig, als wüsste er es besser.

„Ja, ungefähr so hat er es auch gesagt. Dein Arabisch ist schon gar nicht schlecht für diese kurze Zeit hier an Bord", spottete Bombai. „Ach ja, und dann meinte er noch, du könntest dich um Fran Doorp kümmern, denn du hättest ein großes, weiches Herz und wolltest Heilkundiger werden." „Was fehlt dem Holländer denn?" Meine Neugierde war größer als mein Hass.

„Um genau zu sein, Mittel- und Ringfinger seiner rechten Hand." Ich schluckte bei der Vorstellung, folgte aber sogleich dem Thaleb. Tatsächlich fand ich Fran Doorp blass vor Schmerz und Blutverlust auf dem Achterdeck liegend. Die Wunde sah scheußlich aus, man hatte ihm einfach die Finger abgehackt. Ich wollte mich mit Grausen abwenden, als mir Ahmet Bin Hussein eine kostbar gearbeitete Holzschatulle in die Hand drückte. „Im Namen Allahs und des Propheten, der die Gesetze gegeben hat, die die Welt zusammenhalten. Ihm geschah Recht, weil er sich dies aneignete", übersetzte Bombai und deutete auf den Sextanten, den ich in einem anderen Leben von John Jansen in Hamburg geschenkt bekommen hatte. So erfuhr ich von dem Gesetzbuch der Muslime, der Scharia, die seit Jahrhunderten zum Maßstab aller menschlichen Verfehlungen gemacht wurde. Fran Doorp hatte noch Glück gehabt, sie hätten ihm auch gleich die Hand abhacken können.

Der Thaleb forderte mich nun auf, die Wunde zu versorgen und mich um den Holländer zu kümmern. Ich konnte den Anblick der Wunde nicht ertragen, und der Hass auf diesen Verräter, der auch mir nach dem Leben getrachtet und so viel Unheil über uns gebracht hatte, machte es mir unmöglich, der Aufforderung nachzukommen. Ahmet Bin Hussein lachte mich aus. Ein Heilkundiger oder Geistlicher würde aus mir wohl in diesem Leben nicht mehr werden. Bombai belehrte mich, dass ich ein Geschenk eines Geistlichen oder eines Herrschers niemals ausschlagen dürfe und mich in angemessener Weise zu bedanken hätte. Also öffnete ich die kostbare Holzschachtel und wäre vor Schreck fast ohnmächtig geworden, denn dort lagen in kostbare Stoffe eingeschlagen die zwei Finger Fran Doorps. Wie vom Blitz getroffen klappte ich den Deckel wieder zu, erinnerte mich an Bombais Worte und verbeugte mich zum Dank tief vor dem Thaleb, ohne jedoch mein Entsetzen verbergen zu können. Wieder vernahm ich die kehligen arabischen Laute des Thaleb. „Er meint, Allah habe Großes mit dir vor. Auch wenn du als Heiler nicht taugst. Du würdest ein mächtiger Mann, ein Herrscher über Leben und Tod und dennoch lange Jahre ein Sklave."

„Josef Bombai", ich redete ihn jetzt bewusst mit dem deutschen Vornamen an, „sag ihm, ich habe genug von Prophezeiungen. Sie sind zu nichts nütze, und ich glaube nicht daran. Soll er die Geschichte jemand anderem erzählen!" Sprachs wütend und reichte dem Thaleb die Kiste mit den Fingern zurück, nicht jedoch, ohne mich erneut tief zu verbeugen.

„Ein Löwenherz hat er, Hark Olufs, achte er aber darauf, ob der Jäger eine Waffe mit sich führt, bevor er ihn anbrüllt", erwiderte der Thaleb in gebrochenem Deutsch, und ich erschrak. Bombai schmunzelte und meinte, nun wüsste ich, wie weise ein islamischer Geistlicher sein könne. Er habe jetzt die Ehre, mich an die Ruderbänke zurückbegleiten zu dürfen, damit ich mein Betragen vervollkommnen würde. Ich bemerkte die feine Ironie seiner Worte.

Alles in mir sträubte sich dagegen, mich unter Deck in mein Schicksal, in irgendeine Bestimmung zu fügen. Daher unternahm ich einen aberwitzigen Vorstoß: „Was geschieht mit dem Schiff meines Vaters?" Bombai schaute mich überrascht an: „Wieso interessiert dich das? Es wird instandgesetzt, für unsere Zwecke umgerüstet und fährt zunächst nach Korsika, um dort den Kaffee und die Stoffballen für Herrn Bontekoe aus Hamburg auf einen dort vor Anker liegenden Franzosen umzuladen." „Bontekoe? Ihr habt die Ware schon in Hamburg verkauft?" „Der Überfall, nun ja, Doorp übertreibt immer. Er hat dem armen Bontekoe ein wenig zu sehr zugesetzt. Ich denke, das wird uns dieser das nächste Mal auf die Rechnung setzen."

Ich starrte ihn ungläubig an.

„Sagen wir also, er hat gut bezahlt, so gut, dass auch der Bey von Algier mit seinem Anteil zufrieden sein wird." „Kiel ist unschuldig. Ich habe es immer gewusst." „Sicher, mein Junge, das wissen wir alle. Er war nur zur falschen Zeit am falschen Platz." „Schreckt jemand wie du vor nichts zurück? Gibt es nichts, was dir heilig ist?" „Ein gutes Geschäft vielleicht", lachte Bombai. „Die Religion ist etwas für Betschwestern und Angsthasen. Fressen und gefressen werden, das ist das Gesetz der Natur. Der Mensch, glaube mir, ist in diesem Sinn das größte Raubtier."

„Also ein gutes Geschäft." Ich blieb abrupt stehen. Er stieß mich vorwärts Richtung Ruderbänke. „Ich halte Wort, ehrlich." Ich zitterte am ganzen Körper vor Aufregung. Sah mich schon auf der Heimreise. Dann lachte mich Bombai einfach aus: „Du denkst allen Ernstes, ich könnte dich so einfach ziehen lassen? Ich fasse es nicht! Die Beute gehört allen – auch dem einfachsten Schiffsjungen – zu festen Anteilen. Selbst wenn ich wollte..." Er führte den Satz nicht zu Ende. „Außerdem ist das nicht meine Art, Geschäfte zu machen. Wenn ich immer auf Vertrauen, Ehre und Gewissen zählen würde, hätte ich nichts im Geldsäckel und in dieser Gesellschaft vielleicht auch meinen Kopf nicht mehr zwischen den Schultern oder zumindest ein Messer zwischen den Rippen. Also schlag dir diese Kindereien aus dem Kopf und werde erwachsen."
„Es gibt keinen besseren Botschafter als mich für eine Geldforderung." Ich klammerte mich an diesen letzten Satz wie an einen Strohhalm. Nur befanden wir uns auf dem offenen Meer, und da halfen dem Ertrinkenden keine Strohhalme, seinen Kopf über Wasser zu halten. Ich hatte eben noch nicht gelernt, wie meine Gegner zu denken.
„Zerbrich dir mal nicht unseren Kopf. Die Nachricht in die Heimat ist längst auf dem Weg. Auch alles andere wird sich finden." Er stieß mich vorwärts, drückte mich auf das harte Holz der Ducht* und kettete mich an. „Nicht, dass du mir noch über die Reling springst und elendig ersäufst. Denn ersaufen würdest du, bevor du das spanische Festland erreichst. Also nimm die Fesseln als meine Freundlichkeit."
Die Zunge klebte mir am Gaumen, und ich war müde, bevor ich das erste Mal einen Zug am Ruder getan hatte. Am Ende des Riemens** hockte der Bartenwetzer, der mir aufmunternd zulächelte und für drei zog und pullte.
Am nächsten Morgen bei Sonnenaufgang wurden die Riemen eingezogen und die Gefangenen an Deck getrieben. Das Schiff glitt langsam auf eine weite Bucht zu. Dort standen wir in Zweierreihen auf der Backbord- und Steuerbordseite, blinzelten in die Morgensonne und schauten hinüber zu den zahlreichen stol-

---

* Ruderbank
** Ruderholz

zen Piraten- und Handelsschiffen, deren Bäuche mir prall gefüllt schienen mit Waren, an denen Blut und Elend klebten. Unablässig schrien die Möwen oberhalb der Mastbäume und balgten sich im Sturzflug um die Schiffsabfälle. Die Sonne schnitt schon am frühen Morgen die Luft mit ihren heißen Strahlen, und alles hatte einen aufreizenden, scharfen Sinn, wohin ich auch blickte. Die Mohrenküste wirkte auf mich grob wie rohes, scharfkantiges Erz. Keine kühle Brise wie zu Haus. Keine Verheißung zu erwarten, geborgen zu werden aus aller Not.

Die Tränen rannen mir vor Erschöpfung und Hunger und Elend in Bächen über die Wangen. Tom Mampe, der Bartenwetzer, legte mir seinen Arm um die Schultern und drückte mich. Mir gegenüber in der Reihe erkannte ich durch meinen Tränenschleier Ricklef Flor, der den Kopf gesenkt hielt und sich seiner Tränen schämte. In dieser frühen Stunde trat Ahmet Bin Hussein, genannt Mahadshir, vor den Hauptmast, steckte einen Finger in jedes Ohr und fast gleichzeitig mit dem Ruf, der jetzt vom Minarett, dem Kirchturm der Muslime, erschallte, war deutlich und klar seine laute Stimme zu vernehmen, die uns zurief: „Aschhadu a"lâ ilâha illâ ,llâh. Aschhadu anna Muhammadan rasûlu ,llâh hajja ,alâ s-salât. Allâhu akbar. Allâhu akbar. Allâhu akbar!"*

Hierauf stand die gesamte Mannschaft, die sich zu Mohammed und dem Propheten bekannte, auf, wusch sich in dem letzten Rest unseres brackigen, mit Algenschlieren durchzogenen Wassers, das wir unsere Kehlen hinuntergestürzt hätten, so man uns nur gelassen hätte. Sie reinigten sich die Hände bis zum Ellenbogen und die Füße bis an die Knie, wuschen Mund und Nase und strichen sich mit dem Handrücken das Angesicht bis hinter die Ohren. Dann beteten sie fünfmal hintereinander mit großer Ernsthaftigkeit: „Al-Hamdu li'llâhi rabbi l-àlamîn arr-rahmânu r-ahîm maliki jaumi d-dîn ijjâka na´budu wa-ijjâka nasta`înu. Hdinâ s-sirâta l-musaqîma s-sirâta `lladhîna anámta àlaihim. Al-hamsu li `llâhi rabbi l-`âlamin!"**

---

* Ich bekenne, dass es keinen Gott gibt außer Gott. Ich bekenne, dass Mohammed der Prophet Gottes ist: Auf zum Gebet! Gott ist der Größte…
** „Lob sei Gott, dem Herrn der Menschen in aller Welt, dem Barmherzigen und Gnädigen, der am Tag des Gerichts reagiert! Dir dienen wir und dich bitten wir um Hilfe. Führe uns den geraden Weg, den Weg derer, denen du Gnade erwiesen hast. Lob sei Gott, dem Herrn der Menschen in aller Welt!"

So gottlos sie waren als Piraten und so teuflisch sie sich uns gegenüber aufführten, so fest glaubten sie daran, durch das Gebet das ewige Leben zu erwerben und Allah nahezukommen.

Der Piratenkapitän und John Bombai standen im teuersten Tuch gekleidet auf dem Achterdeck und hoben sich auch in ihrer erhabenen Haltung deutlich vom Rest der Mannschaft ab. Der Kapitän trug auf dem Kopf einen riesigen blauen und John Bombai einem weißen Turban. Ich fand das seltsam, gehörte zumindest der Kapitän nicht zu den eifrigen Musilmanen. Die Klingen der gebogenen Schwerter an ihren Gürteln blitzten in der Sonne, und eine mit Silberbeschlägen verzierte Pistole steckte auf der gegenüberliegenden Seite. Rein äußerlich unterschieden sie sich jetzt in keiner Weise mehr von den reichen und edlen Türken der Mohrenküste. Zuerst sah ich von Algier die weißen, flachen Häuser und dann hoch über der Stadt die Kasba, die Burg des türkischen Dey. Die Tränen versiegten und die Neugierde überwog wieder. So schaute ich bereits Kamelen und Dromedaren, Eseln und Lastkarren hinterher und unterschied einzelne Gestalten am Ufer. Araber und Mauren in weiten weißen Gewändern, tief verschleierte Frauen und türkische Janitscharen in bunten langen Röcken.

Das Schiff passierte eine Landzunge mit breiten Wachttürmen. Der Kanonier schoss zum Gruß mit Pulver von unserer Bugkanone. Pulverwolken erhoben sich und trieben träge auf das Land zu. Donner hallte vielfach von den Türmen und aus der Festung zurück. Die Piraten verfielen wieder einmal in helle Begeisterung, knallten mit Pistolen und Musketen in die Luft und tanzten vor Freude. Alles in allem ein ziemliches Getöse, das der Bartenwetzer mit den Worten quittierte: „Wenn ich nach Hause komme, reicht gewöhnlich ein einfaches Klopfen mit der Faust gegen das Holz der Haustür. Hierzulande scheint man schwerhörig zu sein. Kein Wunder, wenn sie alle Tage solch einen Lärm veranstalten…" Tom Mampe zauberte mir mit seiner Art immer wieder ein Lächeln ins Gesicht.

Die Mannschaft ging fröhlich und entschlossen daran, klar Schiff zu machen und die Ladung mit kleinen Schiffen, Fellukenseglern, die nach Art der Schebecke, auf der wir uns befanden, ebenfalls mit Trapezsegeln ausgestattet waren, an Land zu schaffen. Wir Gefangenen starrten wie gebannt Richtung Algier. Hinter den

Mauern ein riesiges Gewimmel von eng beieinander stehenden Häusern und immer wieder hohe Türme, die mit ihren Spitzen aus dem steinernen Meer herausragten. Dann goldene Kuppeln, die in der Sonne glänzten. Paläste, Moscheen, Kirchen? Das Land, in das wir als Sklaven nun entführt wurden, schien reicher und mächtiger zu sein, als man es uns im kühlen Norden hatte weismachen wollen. Dort sprach man über die Musilmanen von der Mohrenküste eher wie von einer Horde Wilder mit grausamen Riten und Gebräuchen, und sogar die Menschenfresserei schienen ihnen einige zuzutrauen. Ja, wahrscheinlich fraßen Städte wie diese tatsächlich Menschen für ihren Reichtum, aber anders, als man es sich auf Amrum oder in Hamburg vorstellen mochte, wenn man dort eher an einen riesigen Dampfkessel dachte, in dem man unsereins gar kochen würde. Heiß wurde mir auch, aber eher von der gnadenlosen Sonne und dem überwältigenden Durst.

Es waren noch nicht alle Beutestücke von Bord geschafft, als die Piraten damit begannen, uns wie die Schafe auf einer Weide zu sortieren. Vor Aufregung schlug mir das Herz bis in den Hals. Wir mussten zusammenbleiben! Wir, die wenigen, die von der Mannschaft der »Hoffnung« übrig waren. Auf keinen Fall durfte ich den Bartenwetzer oder unseren Kapitän und den Steuermann verlieren. Ich drängte mich zur Steuerbordseite hinüber und versuchte, in der Nähe von Ricklef Flor möglichst unauffällig im Gedränge einen Platz zu finden. Auch an anderen Stellen schien man Ähnliches zu denken, und es begann ein wildes Durcheinander, worauf die Piraten mit der gewohnten Härte und Brutalität reagierten. Unter Schreien und Tritten, mit Stöcken und Peitschen und dem stumpfen Ende der Schwerter, ja sogar mit Gewehrkolben trieb man uns zu Gruppen zusammen.

Ab jetzt galt es nur noch, nicht aufzufallen! Zusammenbleiben! Herrgott hilf! Möglichst nicht allein in der Fremde. Ein einäugiger, dunkelbärtiger Mohr hielt mir einen Strick vors Gesicht, und ich ließ mich ohne Widerstand fesseln. Da nickte er zufrieden und knotete die Fesseln auf eine Weise, dass ich zumindest meine Hände ein wenig bewegen konnte und mir das Blut nicht abgeschnürt wurde. Dann band er uns zu einer Kette zusammen, in der sich drei weitere Kameraden der »Hoffnung« befanden. Ricklef Flor rief noch: „Wir stehen zusammen!" Jetzt erst sah ich, dass

Riewert Peters und er Fußeisen an den Beinen trugen. Anderen, die Widerstand geleistet hatten, wurden Halseisen angelegt, und sie schnappten vor Schmerzen und Enge nach Luft, wenn sich die Menschenkette bewegte und an den Eisen zerrte.

Unter Aufsicht Bombais und des Piratenkapitäns wurden wir in Gruppen in größere Landungsboote getrieben, die für die schwereren Lasten vorgesehen waren, und man ruderte uns an Land. „Welch ein Luxus, welche Ehre", brummte Tom Mampe, „wir werden wie die Könige gerudert, ohne selbst Hand anlegen zu müssen."

In dem Rund des Hafenbeckens ankerten mehr Schiffe als in Hamburg. Piraterie musste ein einträgliches Geschäft sein. Und dann der Gedanke, als wir zwischen den hohen Rümpfen von riesigen Kriegsschiffen hindurch Richtung Ufer gerudert wurden, vielleicht ist ihr Glaube einfach mächtiger. Ich starrte nach vorn auf den Kiel des Ruderbootes, um das Gleichgewicht zu halten, denn wenn nur ein, zwei Männer über Bord stürzen würden, unser Tod wäre uns, verschnürt und verkettet wie wir waren, sicher gewesen.

Das Boot legte an einem aus Steinen aufgeschichteten Kai an, wo uns Janitscharen, türkische Krieger, erwarteten und uns prügelnd und fluchend an Land trieben. Aus großen Fässern gab es drei, vier Kellen frisches Wasser für jeden und eine Schale Brei. Immer neue Schiffsladungen mit Sklaven legten an und immer wieder das gleiche Schauspiel.

Dann stand Bombai mit einer Handvoll Piraten wieder mitten in der Gruppe der Gefangenen, separierte diese von den übrigen Sklaven, und man trieb uns den Hafen hinauf Richtung Algier. Die Sonne brannte. Der heftige Wind, der vom Meer hinüberwehte, wirbelte Sand, Staub und Dreck auf. Aus halb geschlossenen Augen, die ich mit der Hand noch gegen die Sonne abschirmte, versuchte ich etwas zu erkennen. Kaum nahm ich die Hand herunter, schmerzte das Sonnenlicht in den Augen. Ich brauchte immer noch sehr lange, bis ich mich an die grelle Helligkeit gewöhnte und normal sehen konnte.

Unzähliges Volk drängte sich in der Nähe der Kais, offensichtlich auch viele Geschäftsleute. Dunkle Haut, dunkle Augen, knöchellange, weit geschnittene Kaftane, farbenprächtige Turbane, aber auch rote spitze Mützen, wie sie die Seeräuber bei Landgang zu tragen pflegten. Oder die Geistlichen, ganz in Weiß oder Schwarz gewandet, mit langen Haaren und Bärten und einer erhabenen Haltung, die sie von allen anderen unterschied. Dann tauchten Kinder und Jugendliche auf, die heftig gestikulierten und in schallendes Gelächter ausbrachen. Sie machten sich wohl lustig über uns, die wir mehr nackt als bekleidet mit Stockhieben vorwärts getrieben tatsächlich der Lächerlichkeit preisgegeben waren. Wie Lumpenpack, das man in Ketten abführt. Doch was hatten wir, was hatte ich verbrochen? Sie bewarfen uns mit Dreck und Steinen. Die Piraten vertrieben sie schließlich, wohl mehr aus Sorge, selbst getroffen zu werden.

Ich geriet ins Stolpern, wurde ein Stück von der Menschenkette mitgeschleift, kam nicht gleich wieder auf die Beine. Schon traf mich ein Peitschenhieb auf dem Rücken, und der Körper reagierte sofort in der geforderten Weise.

MIT HAUT UND HAAREN

Der Weg der Sklaven führte durch ein großes Stadttor in die mit hohen Mauern geschützte Stadt hinein. Die mit Steinen gepflasterten Straßen glühten, und die nackten Füße schmerzten höllisch. Ich versuchte zu trippeln, um den Boden nur so kurz wie möglich zu berühren. Dann wechselte ich auf die Hacken und kurze Zeit danach wieder zurück, bis der Schmerz all meine Gedanken beherrschte. Schatten spendende enge Gassen erschienen mir wie ein Paradies. Wir kamen an Lebensmittelläden mit Obstauslagen vorbei. Der Duft frischer Backwaren wehte uns unwiderstehlich in die Nasen, doch das Gebrüll der Sklaventreiber, ihre Schläge und Peitschenhiebe trieben uns weiter, bis wir einen weiten Platz erreichten, der von prächtigen Gebäuden umschlossen war. Ein breiter Fußweg führte um den Platz herum, unmittelbar an den Fassaden dieser großartigen Häuser entlang. Von ihm ging man über zwei Stufen auf den Platz in die Mitte hinab. Dort hockten Männer, die sich unterhielten oder um Waren feilschten. Andere gingen um den Platz herum, beobachteten den Handel oder bekundeten Interesse an dem Warenangebot der Händler. Immer mehr Kaufleute und Neugierige traten hinzu. Die Waren aufzuzählen, die hier zumeist im Tausch die Besitzer wechselten, schien mir schon bald unmöglich. Ganze Ladungen von gekaperten Schiffen, Beute aus Überfällen auf Städte, Dörfer und Kirchen, aber auch lokale Handwerksarbeiten lagen dort ausgebreitet und wurden lautstark angepriesen. Trotz der Vielfalt und des Gedränges herrschte auf dem Markt der Piraten eine gewisse Ordnung.

Das Zentrum dieser Ordnung fand sich in der Person des Hadschi Murat, der als Muhtasib, Marktaufseher, den Platz beherrschte. Er gehörte zum Kreis der Rechtsgelehrten, jedoch sein Körper sprach eine andere Sprache. Stiernacken und Oberarme vom beeindruckenden Umfang meiner eigenen Oberschenkel nötigten jedem Respekt ab. Und kaum wurden wir am Rand des Platzes zusammengetrieben, prügelte der Muhtasib einen zänkischen Händler fast bewusstlos und drohte dessen Freund, ihn zu erdolchen, falls er es auch nur wagen würde, die Hand zu erheben. Hadschi Murat genoss auch unter den Seeräubern höchsten Respekt und Anerkennung.

Bombai gesellte sich gleich zu ihm, um dem angezeigten Respekt in barer Münze Ausdruck zu verleihen, und kehrte nach kurzem Gespräch gut gelaunt zurück. Der Grund seiner Freude bestehe darin, erklärte er einem der Gefangenen, dass der Dey von Algier, einer der höchsten Herrscher dieses Landes, Allah sei ihm gnädig, noch derselbe sei wie vor seiner Abreise. Somit würde sich auch an den Geschäftsvereinbarungen nichts verändern. Ob der Dey denn so alt sei, dass er zu sterben drohe, wollte der unerfahrene Renegat aus unseren Reihen wissen, der damals auf die »Hoffnung« gewechselt war. Bombai lachte nur, nein, alt sei der Dey noch nicht und auch nicht gebrechlich, allein es sei hierzulande ein guter Brauch, wenn der Herrscher ermordet werde, dass dieses Schicksal auch den Kindern und Kindeskindern und Anverwandten und Amtsinhabern drohe. Auch der Mord unter Geschwistern sei üblich – so werde den Stärksten zur Macht verholfen. Allein jemand Besonderes wie ein Muhtasib sei nicht so leicht zu ersetzen wie ein Bey oder Dey. Aber alles sei gut und die Geschäfte könnten beginnen.

Seit ich den Renegaten entdeckt hatte, hörte ich kaum mehr richtig hin und hielt nach meinen Amrumer Freunden Ausschau, ob sie sich ebenfalls unter den Gefangenen befänden. Ein Stand wurde eröffnet, vor dem bald dichtes Gedränge herrschte. Davor, auf einem vom Bombai herbeigeschafften wertvollen Teppich, nahmen einige angesehene Männer in bunt gewirkten Kaftanen Platz, bekamen Tee kredenzt. Unmittelbar dahinter herrschten nichts als Gedränge und Geschrei. Der Markt hallte jetzt wider von Stimmengewirr. Schon nach wenigen Augenblicken war mir klar, dass man jetzt nicht mehr um Waffen, Geschirr oder Geschmeide feilschte, sondern dass jetzt mit Menschen gehandelt werden würde.

Mit Entsetzen beobachtete ich, wie die Kaufleute auf einige der Kameraden deuteten, die dann aus der Menge geholt und herumgeführt wurden, wie die Kaufleute ihnen die letzten Lumpen vom Körper rissen und sie am ganzen Körper befummelten und betatschten, sich die Zahnreihen wie beim Pferdekauf besahen, ehe der Handel perfekt gemacht und sie wieder weggeführt wurden. Entsetzen ergriff die Mannschaft der »Hoffnung«, die jetzt des letzten Restes Ehrgefühls beraubt werden sollte. Auch das Versprechen, zusammenstehen zu wollen, erwies sich als Wunschtraum. Sie würden weiter erniedrigt, verkauft und, wenn sie zu nichts mehr nütze sein würden, wie ein alter Schuh entsorgt werden.

Meine Gedanken rasten und suchten nach einem Ausweg, den es nicht mehr gab. Außerdem konnte ich unter der stechenden Sonne längst nicht mehr klar denken. Der Schweiß rann mir am Körper entlang und floss mir übers Gesicht. Dennoch zitterte ich vor innerer Kälte und Angst.

Soeben trat Hadschi Murat mitten unter uns und zog eine Frau aus der Menge, um sie den Händlern vorzuführen. Auch ich wurde losgebunden und vorwärts gestoßen. Dort stand ich auf dem kostbaren Teppich neben der Frau, die mit tränenerstickter Stimme wimmerte: „Schau nicht hin, mein Junge", denn nun wurden auch ihr die letzten Fetzen vom Körper gerissen. Ich hörte sie wohl, als man sich auch an meinem Lumpen zu schaffen machte, und ich schämte mich dafür, dass ich den Blick gesenkt hielt, aber dennoch hinüberschaute. Ich hatte noch nie eine nackte Frau gesehen, und es schmerzte mich, wie ihre Schönheit hier zu Markte getragen wurde, wie man ihr mit einem anzüglichen Lachen in die Pobacken kniff und die Brust befühlte, ob sie schwanger wäre. Auch auf meinem Körper befanden sich Hände, die tasteten und prüften, auch ich sah mich ihrem frechen Hochmut ausgesetzt, als ich, nicht mehr Kind, aber auch kein Mann, spürte, wie ich nicht wirklich teilnahmslos bleiben konnte und mich ihr Anblick berührte. Sie deuteten auf mein Geschlecht, die Turbanmänner schrien vor Lachen und geiferten. Gebote machten die Runde. Für sie, für mich? Hadschi Murat sprang zwischen den Händlern umher und pries seine Ware an. Bombai übte sich in der Selbstzufriedenheit eines Eroberers und rief den vorsichtigen Bietern Beleidigungen zu, die reichlich Gelächter auslösten. Schließlich warf man der Frau ein Tuch über die Schultern und der Muhtasib machte den Handel perfekt.

Ich stand immer noch da, wie Gott mich erschaffen hatte. Ich begriff, ein guter Preis ließ sich nur erzielen, wenn schnell zugeschlagen wurde, wenn die Gier der Händler entfesselt wurde. Damals konnte ich am eigenen Leib erfahren, wie Angebot und Nachfrage den Preis bestimmen. Wie man das Interesse schürt, Ware feilbietet und warum man einen Fehlschlag landet. Die Frau hatte die Aufmerksamkeit auf sich gezogen, und ich hatte zu lange als Sonderangebot daneben gestanden. Da half es dann nichts, dass der Muhtasib mich jetzt in allerlei Sprachen und Dialekten anpries: „Ein neuer ungläubiger junger Hund als Sklave! Lernfähig, kräftig und gesund! Wer kauft? Zwölfhundert Piaster sind der Preis!" Bombai zauberte von irgendwoher einen ansehnlichen Kaftan, den er mir überwarf. Er stellte mich, seine Ware, damit aus. Nur, das besagt eine weitere Kaufmannsregel, das Aufhübschen der Ware sollte hinter der Bühne stattfinden. Wenn der Vorhang hochgeht und man dabei beobachtet wird, besteht der Verdacht, man wolle etwas Minderwertiges teuer losschlagen. Ja, meine Kaufmannstugenden habe ich von den Sklavenmärkten der Mohrenküste.

Vor meinen Augen verschwamm alles. Der Lärm der Händler, die Schreie des Muhtasib, die Lobpreisungen Bombais, alle Laute vermischten sich zu einem Brausen in den Ohren. Die Sonne drohte, mir Haut und Haare zu versengen. Noch einmal führte mich der

Muhtasib umher, und ich stolperte an seiner Hand. Dann ging alles schnell: Ein dunkelhäutiger Mann mit weißem Turban trat hervor, bot eintausend Piaster oder Cartuches. Ich hörte nicht mehr hin, was geredet wurde, versuchte einen Blick auf meine Kameraden zu erhaschen. Da entdeckte ich in einer Gruppe links von mir Nick, Janik und Jürgen Oksen. Die Freude schnürte mir fast die Kehle zu. Gleichzeitig hörte ich den Namen meines neuen Eigentümers, des Kaufmanns Abaidallah, und rief meinen Freunden einen Gruß zu. Auch Janik drohte ein Schicksal wie meines. Er schien an einen anderen Kaufmann in soldatischer Tracht versteigert worden zu sein. Hoffentlich musste er nicht auf einem Piratenschiff dienen. Ich zerrte an meinen Fesseln, wollte hinüber, die Freunde in den Arm nehmen, mich verabschieden. Wollte vergessen, wo ich mich befand, was mit mir geschah. Da traf mich die flache Seite der Klinge eines krummen Janitscharensäbels auf dem Rücken, dass ich nach vorn stolperte, und Abaidallah riss mich an den Fesseln mit sich fort.

Ich spürte nichts als Panik! Fortgerissen von meinen Freunden, fern von den Männern aus Amrum und von Bord der »Hoffnung«, die mir vertraut waren, auf die ich zählen konnte, wenn es gefährlich werden würde. Abaidallah zerrte mich hinter sich her, als ob er befürchtete, doch noch einen höheren Preis bezahlen zu müssen. Ich schrie aus Leibeskräften, hielt dagegen! Zwei Janitscharen sprangen hinzu, um mir das Maul zu stopfen. Dann erschien auch noch Bombais wütende Fratze in meinem Gesichtsfeld. Er war unzufrieden, mehr als unzufrieden, mit dem Preis, der für mich erzielt worden war. „Wir sehen uns wieder! So billig kommst du mir nicht davon. Stellst dich so an und verdirbst das Geschäft!"

„Hark! Hark Olufs! Halte durch!" Das war Nicks Stimme!

„Der Erste, der nach Haus kommt, richtet Grüße aus!" Janik, sein Bruder, lachte irre, dass mir grauste. Auch bei den Männern unseres Schiffes herrschte Unruhe. Ich vernahm die Stimmen von Ricklef Flor und Tom Mampe. Wie er es geschafft hatte, weiß ich nicht, aber plötzlich stand Riewert Peters neben mir, befreite mich von den Janitscharen und nahm mich für Sekunden in den Arm, ehe man ihn zu Boden warf und wegzerrte. In mir zerriss etwas…

FRESSEN UND GEFRESSEN WERDEN

Das Anwesen von Abaidallah lag in unmittelbarer Nähe des Stadt-
tores Bab-el-Sand. Das fest gemauerte Haus mit roten Zinnen
stand in einem geräumigen Garten mit Palmen, in dessen Mitte
sich ein großer Teich befand. Als wir am Nachmittag dort anlang-
ten, befahl er mir, zusammen mit anderen Sklaven den Garten zu
wässern und die Tiere zu versorgen. Dabei erhielt ich zahlreiche
Gelegenheiten, den Rohrstock zu verspüren, da ich die Landes-
sprache nicht verstand und auf die gegebenen Befehle nicht in der
gewünschten Weise reagieren konnte. Zwar konnte ich jetzt meinen Durst mit frischem Wasser stillen und trinken, so viel es mir
beliebte, was mir bei meinen Leidensgenossen, die mich dabei beobachteten, den Spitznamen „Wasserfass" einbrachte, jedoch fand
sich außer ein paar Datteln und Feigen an diesem Tag nichts, um
meinen Hunger zu stillen.

Am späten Nachmittag erschien Abaidallah bei dem Aufseher, der
aus Norditalien stammte und leidlich deutsch sprach. Sie riefen
mich zu sich und befragten mich eindringlich, ob ich mich los-
kaufen könne und ob es jemanden gäbe, der ein Lösegeld für mich
aufbrächte. Auch wenn ich mir nichts sehnlicher wünschte und
alle Hoffnung auf ein Lösegeld meines Vaters setzte, missfiel mir
der Gedanke, die schlechte Behandlung, die ich hier erlitt, noch
durch sauer verdientes Geld aus der Heimat vergoldet zu sehen.
Ich wusste nicht so recht warum, aber ich verneinte die Frage und
erklärte, ich sei soeben vom Schiffsjungen zum Matrosen befördert worden und weder vermögend noch bedeutend. Abaidallah
schaute verärgert drein, hatte er sich offenbar einen besseren Ertrag für sein eingesetztes Kapital versprochen.

Ich hockte mich zu den Sklaven und nahm meine Portion von der
täglichen Speise entgegen, die aus einer Portion Reis bestand, der
mit Honig oder Sirup gekocht und mit etwas Ciboa vermengt war.
Ciboa ist eine daumendicke Wurzel, die von den Mohren in Kräuter und Essig eingelegt wird. Durch das Verkochen entsteht eine
sehr zähflüssige Speise, die jedenfalls den Hungerwolf für längere
Zeit besänftigt, auch wenn sie nicht täglich den Gaumen zu kitzeln vermag.

Dann arbeiteten wir weiter bis zum Einbruch der Dunkelheit. Erschöpft wie wir waren, trieb man uns in ein dunkles Loch unterhalb des Hauses. Ich erschrak sehr bei dem Gedanken, unter der Erde in einem Loch hausen zu müssen, und weinte heftig, ohne dass dies jemanden weiter beeindruckt hätte. Wie vermisste ich meine Vettern, meine Freunde, meine Kameraden von der »Hoffnung«. Heimweh und Ängste, düstere Gedanken und Hass quälten und schmerzten mich wie Messerstiche, und ich meinte, vor Kummer sterben zu müssen.

Schließlich komplimentierte man mich mit den Worten: „Kriech schon runter. Da unten ist dein Quartier!" auf allen Vieren in das Loch. Dahinter befand sich ein niedriger, aber geräumiger Gewölbekeller mit gestampftem Lehmboden. An die zehn Sklaven logierten hier ohne Bettstatt ganz in der Nähe des Loches zusammengerückt auf engstem Raum, darunter drei Deutsche, die schon fast ein Jahr die Gastfreundschaft dieser Art genossen. Zunächst wunderte ich mich, dass der Raum nicht in Gänze genutzt wurde, denn bequem hätte man sich in kleinen Gruppen aus dem Weg gehen können. Doch dann entdeckte ich am andern Ende einen Abwasserpfuhl und die eigentliche Plage, die uns zusetzte, denn dort wimmelt es nur so von Ratten und Mäusen, die uns bei lebendigem Leib aufzufressen drohten. „Fressen und gefressen werden", hatte Bombai gesagt, und hier bewahrheitete sich seine karge Lebensweisheit aufs Neue. Abaidallah hatte eine große Öllampe aufstellen lassen, die jetzt des Nachts mitten in dem Gewölbe brannte und gespenstische Schatten an die Wände warf. Schon bald begann das Toben und Geschrei der schwarzen Sklaven, die sich die Nachtruhe mit Mäuse- und Rattenjagd vertrieben. Die Mäuse waren hier weitaus größer als die, die ich von Amrum her kannte. Groß und kräftig konnten sie auf den hinteren Füßen aufrecht gehen und die Pfoten dabei fest an die Brust anlegen. Die Mohren zogen ihrer Beute mit großem Geschick das Fell ab, weideten sie aus und brieten sie an einem hölzernen Spieß, streuten etwas Salz darauf und lobten die Abendmahlzeit als einen Leckerbissen. Sie hatten riesigen Spaß, dass ich nicht daran teilhaben mochte und mich erschrocken zeigte über ihre Gewohnheiten.

Meine deutschen Mitgefangenen meinten nur, Abaidallah habe auf mich geboten, weil man ihm ein Lösegeld für mich in Aussicht gestellt habe. Das sei gar nicht gut, wenn sich diese Erwartung nicht erfüllen würde. Schon manchem sei danach hier die Hölle auf Erden bereitet worden. Ich aber blieb dabei und erklärte, wer solle für einen frisch gebackenen Matrosen aus einem friesischen Dorf schon zahlen wollen. Denn mir war schon zu Ohren gekommen, dass sich unter den christlichen Sklaven viele fanden, die gegen ein Trinkgeld entsprechende Gerüchte verbreiteten. Der arme Sklave, der diesen Umstand dann leugnete, wurde bald durch Stock und Peitsche von Eigentümer und Wächter eines Besseren belehrt. In diese Art größerer Gefahr wollte ich nicht geraten, hatte ich mit den jetzigen widrigen Umständen meiner jammervollen Existenz schon genug zu kämpfen. Schließlich nahmen mir alle meine Erklärung ab, ich sei so bettelarm und ohne jede Hoffnung, jemals aus Algier fortzukommen.

Am nächsten Tag holte Abaidallah mich mit zwei Mohren zu einem Stadtgang ab. Ich fand mich in einer neuen Welt wieder, als mir Kamele und Affen, ja sogar riesige Elefanten auf meinem Weg begegneten. Menschenmassen, ständig in Bewegung, ständig lärmend, handelnd und streitend, fluteten Straßen und Gassen hinauf und hinab. Alles Volk drängte sich in Algier zusammen, da es im weiten Land viel Wüste, aber wenig Dörfer und kleine Städte wie in Deutschland gab. Und überall entdeckte ich Sklaven wie meinesgleichen, die für alle Verrichtungen herhalten mussten. Durch krumme, enge Gassen eilte ich Abaidallah hinterher und hatte doch Augen und Nase offen für die Verkaufsstände des Basars, insbesondere für jene, die Essbares feilboten. Dann ging es eine Gasse mit unzähligen Stufen hinauf. Plötzlich hielt Abaidallah vor einem Kaffeehaus an, um dort einen Mann zu begrüßen, der eine Wasserpfeife rauchte. Die Mohren kauerten sich auf der gegenüberliegenden Straßenseite in den Schatten und begannen, den Schlaf nachzuholen, den ihre nächtliche Rattenjagd ihnen geraubt hatte. Zwischen Abaidallah und dem anderen Mann entspann sich ein langes Gespräch. Kaffee, Wasser und salzige Nüsse wurden gereicht. Natürlich verstand ich kein Wort, so sehr ich mich auch mühte, beherrschte ich doch ihre Sprache nicht. Wohl aber merkte ich, dass sie immer wieder herüberschauten und dann wohl auch von mir die Rede war. Als schließlich der andere Mann einen Lederbeutel über den Tisch schob und Abaidallah begann, die Münzen nachzuzählen, die ich auf elfhundert Piaster schätzte, wusste ich, dass man mich mit Gewinn weiterverkauft hatte. Angesichts meiner Erfahrungen vom Tag zuvor war ich nicht böse darum, denn noch viel schlimmer konnte es wohl kaum kommen. Abaidallah ließ mich einfach gut gelaunt stehen und ging mit den zwei Mohren, ohne mich eines weiteren Blickes zu würdigen, davon. Mein neuer Herr, der Seidenzüchter Mansur ibn Hussein, kam auf mich zu, lächelte mich an und bedeutete mir, ihm in ein nahe gelegenes Haus zu folgen, das sich schmucklos und mit schmutziger Fassade ganz in der Nähe des Stadtzentrums befand. Allein das Portal war mit kostbaren Schnitzereien verziert, die vor Jahrzehnten von einem Sklaven aus Emden angefertigt worden waren. Umso größer war meine Überraschung, als ich mich im Haus selbst in luftigen Räumen mit kostbar geschnitzter Täfelung und noch kostbareren Teppichen wiederfand und im Innenhof Mosaike und Säulen und Springbrunnen entdeckte. Mansur bedeutete mir mit Gesten, dass ich das Haus sauber zu halten hätte, aber den hinteren Teil des Hauses, der als Frauenquartier diente, bei schwerer Strafe nicht betreten dürfe. Er zeigte mir, wie ich die Seidenraupen mit Blättern von den Maulbeerbäumen zu füttern hätte und erwies mir einige Freundlichkeiten. Als er sich schon zum Gehen gewandt hatte, fiel sein Blick noch einmal auf meine abgerissene und zusammengestückelte Sklaventracht. Er schüttelte missbilligend den Kopf und rief einen Mohrensklaven aus dem Frauenquartier herbei. Dieser erklärte mir in einem Gemisch aus Holländisch und Englisch, was ich natürlich verstand, einem Muslim sei es verboten, gestreifte Hemden und bunte Hosen zu tragen, da sie als Zeichen schlechter weltlicher Gesinnung und Eitelkeit gelten würden, wenngleich bei dem Flickwerk, das meinen Körper zierte, wahrlich nicht von Eitelkeit die Rede sein konnte. Mansur ließ mir freundlich lachend ein weißes grobes Hemd, weite einfarbige Hosen, einen Tuchgürtel, ein Turbantuch und einen einfachen weiten Mantel bringen. Das größte Geschenk jedoch, das er mir machte, waren die weichen Ledersandalen für meine vom heißen Pflaster geschundenen und blutenden Füße. Allein für diese hier so genannten Pasamaken liebte ich ihn. Und so kam es, dass ich mich schon in weniger als einer Stunde nach meinem Verkauf äußerlich in einen Araber verwandelt hatte und viel weniger mit meinem Schicksal haderte als zuvor.

Ich gab mir größte Mühe, die mir erwiesenen Freundlichkeiten durch fleißige Arbeit zu entgelten, Sitten und Gebräuche, vor allem aber die Sprache dieses Landes zu erlernen. Die Arbeit erschien mir leicht, die Verpflegung gut, und es gab niemals Anlass, sich über Grobheiten oder Gewalt gegen mich zu beschweren. Mansur schien mir ein guter Kaufmann, der den Widerspruch erfolgreich lebte, zugleich freundlich gegen jedermann zu sein. Sicherlich keine einfache Sache in einem Land wie diesem. Ich bewunderte ihn dafür.

In der zweiten Woche als Sklave im Haus des Kaufmanns Mansur, ich trug gerade einen Korb mit Maulbeerblättern in den Verschlag für die Seidenraupen, meinte ich, im Innenhof einen Mann entdeckt zu haben, der große Ähnlichkeit mit Bombai aufwies. Natürlich konnte ich nicht alles stehen und liegen lassen, um mir Gewissheit zu verschaffen, und Mansur war kein Mensch, der über seine Geschäftsbeziehungen und Kontakte mit jedermann zu sprechen pflegte. Bei allen erwiesenen Freundlichkeiten, der wöchentlichen Ration Hammelfleisch, galt auch hier das Gebot, dass ein Sklave das Wort nicht ungebeten an seinen Herrn zu richten habe. Außerdem: Ich hätte ihn ohnehin nicht verstanden, denn meine Sprachkenntnisse wuchsen nur langsam, mangelte es mir doch an Lehrern und Gesprächspartnern. Verwundert und auch besorgt schaute ich dem Mann hinterher, der jetzt an der Seite von Mansur das Haus verließ.

Drei Tage später erlangte ich Gewissheit. Ich fegte den Weg vom Portal zum Haus, als Bombai an mir vorbeiging, ohne Notiz von mir zu nehmen, um Mansur zu begrüßen, der bereits auf der Türschwelle seines Hauses stand, um ihn mit offenen Armen zu empfangen. Was hatte das zu bedeuten? Sicherlich, Bombai trieb mit vielen Handel, musste in seinen Geschäften alle wichtigen Personen kennen. Aber es blieb das flaue Gefühl, dass der Besuch des Piratenkaufmanns ein ungutes Omen für mich darstellen könnte.

Aus Constantine erschien am nächsten Tag ein Freund Mansurs, der mit hohen Ehren begrüßt wurde. Das ganze Personal war angetreten, den Gast auf dem Pfad hinter dem Portal zu begrüßen, und fast sämtliche Arbeit hatte zu ruhen, damit sich ein jeder um die Belange des Gastes und seiner Begleiter kümmern und ihm jeder Wunsch von den Augen abgelesen werden konnte. So viel ich verstand, handelte es sich um einen Hofbeamten des Bey von Constantine. Längst hatte ich den Besuch Bombais bei Mansur vergessen, da überraschte mich dieser mit der Nachricht, ich sei erneut verkauft worden und nun Eigentum des Bey von Constantine, der von seinen Männern Bey Assin gerufen wurde. Schon vor dem Morgengrauen musste ich mich tränenreich von dem guten Mansur verabschieden. Ich verließ dieses Haus nicht gerne und verfluchte Bombai für seinen Geschäftssinn und seine Beziehungen. Allein mein Wert in dieser fremden Welt stieg beträchtlich – nur hatte ich keine Teilhabe daran... Der Bey von Constantine hatte 450 Stück von Achten, was ungefähr 1500 Piastern entsprach, für mich bezahlt.

Eine Handvoll Janitscharen legten mir und zwanzig anderen Sklaven eiserne Fußfesseln an, banden uns zu einer Kette zusammen, und kurze Zeit später lag das Stadttor von Algier hinter und das gebirgige Land und die Wüste für viele mörderische Meilen vor uns. Der edle Hofbeamte erklärte mir als dem Jüngsten unter den Sklaven, die aus Frankreich, Spanien und Deutschland stammten, abends beim Lagerfeuer auf meine Fragen so manches über dieses Reich. Ein Franzose aus dem Elsass, der die Umgangssprache, mit denen sich die Araber, Mohren und Türken verständigten und die man Lingua Franca nannte, verstand, übersetzte mir ins Deutsche. So erfuhr ich, dass das Land, in dem ich mich befand, in drei große Herrschaftsbereiche geteilt war. In jedem dieser Teile herrschte ein Bey, eine Art Gebietsfürst. Namentlich nannte mir der Edle den Bey von Oran, den Bey von Titery und den Bey von Constantine, dem er diente. Jeder Bey setzte in seinem Gebiet Kaids ein, Stammesfürsten, die in seiner Abwesenheit regierten und für ihn die festgesetzten Steuern und Abgaben ihres Herrschaftsgebietes einforderten. Auch wenn der Bey einem kleinen König glich und seine Herrschaft keine Beschränkungen kannte, musste er dennoch alle drei Jahre dem obersten Dey von Algier die „dennush", die Steuer, entrichten, da der sonst seinen Stellvertreter, den Khalifa oder Kalifen, mit Truppen anrücken ließ. Doch, vertraute mir der Hofbeamte des Bey von Constantine an, der Bey von Oran sei schon vier Jahre und der Bey von Constantine sechs Jahre nicht mehr in Algier gewesen, um den Tribut zu leisten. Die eigentliche Ursache sei die Furcht, sie könnten ihr Leben verlieren. Mancher

sei von den Türken bei Hofe in Algier schon zu Tode befördert
worden, weil er sich selbst einen Teil vom Reichtum sichern wollte. Auf meine Frage, wie das denn zusammenginge, man sei doch
hierzulande sehr fromm und kenne gewiss auch das Gebot, man
solle nicht töten, klopfte der Edle mit der rechten Hand auf seinen Krummsäbel, lachte und meinte nur „Inshallah!", was so viel
bedeutete, dass unser aller Schicksal dem Zufall und Allahs Weisheit überlassen bliebe. Ich meinte nur, solche Ausflüchte seien mir
auch von christlichen Schurken vertraut, allein bei uns pflege man
nicht die Könige und Fürsten zu meucheln. Aber im Grunde verspürte ich angesichts der Erschöpfung vom täglichen Marsch in
der Sonnenglut und der mich drückenden stummen Verzweiflung
nicht viel mehr als Gleichgültigkeit gegenüber diesen Berichten.

Durch die Wüste nach Constantine

Wie oft weinte ich mit Sehnsucht den Schlaf herbei, und in glücklichen Nächten gelang es mir, von zu Haus, von Antje und einer
besseren Zukunft zu träumen, bis am nächsten Morgen mein Jammer aufs Neue begann. Der edle Hofbeamte des Bey hatte wohl
einen Blick dafür, denn nach fünf Tagen Fußmarsch hielt ich den
Tod für meinen einzigen, meinen allerbesten Freund, und hätte er
mir Gelegenheit gegeben, ich hätte mit einem einzigen gezielten
Messerstich meinem Dasein ein rasches Ende gesetzt. So aber redete der Hofbeamte zu mir, achtete auf mein Leben und gab sich
sogar besorgt.
Wieso er mich nicht von den eisernen Fesseln befreie, fragte ich
ihn. Wenn er wirklich so besorgt sei, möge er mir meine Qualen doch erleichtern. Zuerst verwies er darauf, dies sei zu meinem eigenen Schutz, denn ich könne der Versuchung erliegen zu
fliehen. Aber da draußen gäbe es auf viele hundert Meilen nichts
als Wildnis und Hitze, und wenn mich das Land nicht töten würde, dann seien es die wilden, gefräßigen Tiere. Tatsächlich schlich

eines Nachts unbemerkt ein Löwe in unser Quartier. Das Feuer, das diese Raubtiere fürchteten, war aus Unachtsamkeit heruntergebrannt. Ich wurde wach, als mir der faule Atem der Raubtierschnauze ins Gesicht blies. Dann hörte ich das tiefe Brummen des Tieres, das zwischen den Schlafenden im Lager umherschlich. Erschrocken wollte ich, ohne genau zu wissen, was überhaupt los war, aufspringen, doch der starke Arm des Hofbeamten an meiner Seite drückte mich zu Boden. Schon hörte ich von der anderen Seite den Elsässer zischen: „Keinen Laut, Hark! Keine Bewegung! Um Gottes willen, bleib ruhig! Sonst sind wir des Todes!" Die Pferde und die Dromedare, die wir mitführten, wurden unruhig und zerrten an den Seilen, mit denen wir sie angepflockt hatten. „Was ist das? Ich habe Angst!", entfuhr es mir heiser, bevor der Elsässer mir mit der Hand den Mund verschloss. „Ein Löwe, ein gottverfluchter Löwe, der einen Scheißhunger hat!", zischte der Elsässer, und schon hörten wir die Bestie wieder näherkommen. Wir lauschten angestrengt, die Augen in der Finsternis weit aufgerissen, um irgendetwas zu erkennen. Da stand das Ungeheuer als schwarzer Schatten keine zehn Schritte von mir entfernt, schüttelte seine zottelige Mähne und brüllte wütend, weil es sich vergeblich mit einer der Verpflegungstaschen abmühte. Dieses tiefe, dröhnende Brüllen füllte die Nacht und die Leere dieser Wildnis, in der wir uns befanden, und ließ erahnen, welche Kraft in diesem Tier stecken mochte. Die Nächte hier draußen waren bitterkalt, während die Tage glühend heiß alles verbrannten, das nach Leben lechzte. Aber in der Kälte rann mir der Angstschweiß den Körper entlang. Niemand im Lager bewegte sich, kein Laut war zu hören, nur die Geräusche des Raubtieres. Dann nahm der Löwe Witterung zu unseren Reittieren auf, die sich wie wild gebärdeten. Er sprang mit zwei, drei Sätzen zielstrebig auf seine Opfer zu. Genau in diesem Moment erwachte das Lager mit ungeheurem Getöse. Mit wildem Geschrei sprangen alle auf, und die Janitscharen schossen in der Dunkelheit drauflos, ohne den Löwen zu treffen, der ein Packpferd verletzt hatte, das man jetzt nur noch töten konnte. Der Angriff vertrieb ihn gründlich, und wir aßen zwei Tage später dürftig abgehangenes Pferdefleisch und erinnerten uns daran, wie knapp wir dem Tod, den ich meinte, doch herbeizusehnen, entkommen waren.

Doch Löwen und Tiger waren nicht die einzigen Plagen, mit denen die Bewohner dieses Landes leben mussten. Es gab Giftschlangen unzähliger Arten und solche, die ihre Opfer ansprangen und würgten. Doch die größte Gefahr ging für uns von den Skorpionen mit ihrem Giftstachel am Schwanzende aus, von denen manche Gegenden so verseucht waren, dass man kaum einen Stein von der Erde aufheben konnte, ohne nicht ein oder zwei von ihnen darunter zu entdecken. Heute kann ich mir kaum noch vorstellen, wie ich überhaupt ein Auge schließen konnte, setzten uns doch auch Fliegen und Mücken in großen Schwärmen zu und zerbissen und quälten uns am ganzen Körper.

Der nächtliche Vorfall mit dem Löwen blieb ungesühnt, und der türkische Janitschare, dessen Unachtsamkeit uns fast das Leben gekostet hätte, wurde nicht zur Rechenschaft gezogen. Aus diesem Umstand und meinen Fragen lernte ich weitere Wahrheiten über dieses Land und das Verhalten des Hofbeamten. Mochten auch die Beys mächtig und die Deys zu Algier und Tunis unvergleichlich in ihrer Machtfülle und Herrlichkeit sein, allein der Obrist Bassa, der die türkische Besatzung vertrat, befehligte in Algier über 1000 gut ausgerüstete Janitscharen und stellte die Palastwache des Dey. Dieser saß zur Zeit in seinem eigenen Palast in Arrest, da er in diesem Jahr die „Dazos", die kaiserlichen Schutzgelder für die Besatzer, noch nicht abgeliefert hatte. Auch in der Gerichtsbarkeit und den großen Staatsangelegenheiten kam dem Obristen Bassa mehr Gewicht zu als dem Dey zu Algier, der nur über bürgerliche Streitigkeiten und Einzelstrafen zu Gericht sitzen durfte. Die Wahrheit also war, dass alle Mauren, und mochten sie noch so hohe Ämter innehaben, sich mit einer fast angeborenen Scheu vor den Türken und insbesondere den türkischen Janitscharen fürchteten, die sich selbst oft so anmaßend aufführten, als seien die Mauren in ihrem eigenen Land deren Leibeigene.

Als Wahrheit erwies sich später ferner, dass jener edle Hofbeamte kein persönliches Interesse an meinem nichtsnutzigen Leben hatte, sondern um sein eigenes Wohlergehen fürchtete, wenn ich ihm auf die eine oder andere Weise verlustig gegangen wäre. Ein junger Mensch wie ich war formbar und konnte für manche Funktion in diesem Staat taugen. Schon viele konnten für den Islam gewonnen und als Renegaten für skrupelloses Vorgehen nach den

Befehlen des Bey eingesetzt werden. Junge Menschen waren gefügig, Angst und Schmerzen machten sie skrupellos und ihrem Herrscher als Ersatzvater treu ergeben. Oder aber sie verursachten in ihrer Heimat solche Schmerzen, dass das Lösegeld eher als sonst aufgebracht wurde. Ein junger Sklave bis zu seinem 20. Lebensjahr erwies sich als wertvolles Spekulationsobjekt. Und als solches genoss ich Schutz, Geleit, Fürsorge und sogar abendliche Unterhaltung…

Zu Haus auf Amrum feierte man dieser Tage sicherlich das Osterfest, aber wir, Sklaven, die nicht reiten durften, krochen in zwölf Tagen von Algier kommend durch die Wüste, bis vor uns endlich das hoch gelegene Constantine auftauchte. Noch nie hatte ich eine Stadt gesehen, die mit dieser vergleichbar erschien. Hoch auf einem 200 Meter hohen steilen Felsen glänzte die Stadt weiß im Sonnenlicht. Über die flachen Dächer ragten nur die hohen Gebäude der Kasba, die Kuppel und die Minarette der Moschee Dschama Kobir und die hohen Bauten der Reiterkaserne El Bardo. Unten in der Schlucht, die im Halbkreis die Stadt umgab, hörte man den Rumelfluss brausen.

Weiß gekleidete Gestalten starrten uns nach, als wir uns der hohen Brücke, die über den Rumel auf die Stadttore zuführte, näherten. Über den schmalen Zugang zur Stadt, durch enge Straßen und über Marktplätze zog unsere Sklavenkarawane in Richtung Kasba, der Residenz und Burg des Bey.

Kalyan Hasan Bey, genannt Bu Kamya, war bereits 77 Jahre alt, als ich ihm das erste Mal vorgeführt wurde. Seine Haut war blass, denn er arbeitete nicht wie seine Untertanen in der Hitze des Sonnenlichts. Seine auffällig hellen Augen blickten scharf wie frisch geschliffene Messer in das Innerste seines Gegenübers. Mit seinem schwarzen Turban, seinem langen, schneeweißen Bart, den farbenfrohen, goldbanddurchwirkten Gewändern machte er einen würdigen, einen erhabenen Eindruck. Seine hohe Stimme wurde nie laut, und dennoch vernahm man jedes seiner Worte im ganzen Land. Er galt als weise und war gefürchtet wegen der Härte seines Urteils. Der Bey zu Constantine, alles andere als ein Greis, galt als beweglich und energisch sowohl körperlich als auch geistig. Die meiste Zeit des Jahres verbrachte er nicht in seinem Palast oder in einer Burg, sondern auf Reisen in seiner Zeltstadt inmitten seiner Soldaten und Bediensteten. Kein Mensch wie etwa sein Vetter, der Herrscher von Marokko, der sich von seiner Leibgarde am Gängelband führen ließ oder der ohnmächtig duldete, dass der Schatzmeister die Staatskasse mit seinem eigenen Geldsäckel verwechselte. Unerwartet tauchte der Bey auf, wo niemand ihn in seinem Reich vermutete, und forderte Rechenschaft.

So kam es, dass ich im Tross, die Ketten an den Füßen durch die glühende Wüste schleifend, völlig erschöpft und ausgebrannt mit blutigen Fußsohlen Constantine erreichte, von dem leblosen Körper des dortigen Schatzmeisters, eines der höchsten Beamten in diesem Staat, willkommen geheißen wurde. Er hing in vollem Ornat an einem Arm und einem Bein kopfüber am Tor der Kasba. Vögel hatten ihn schon übel zugerichtet, und es drehte sich mir bei dem Anblick des halb verwesten Körpers der Magen um.

Der Bey ging seinen Geschäften nach, als wir ihm vorgeführt wurden. Er hielt Hof und diskutierte angeregt mit seinem Hofstaat. Während der Einzug unserer kleinen Gruppe in Constantine noch für ein wenig Aufsehen gesorgt und man uns mit Trommelschlägen und schrägen Tönen aus Holzhörnern in übermütiger Laune auf dem Weg zur Kasba verspottet und begafft hatte, ja, wir sogar in die verschlafenen Gestalten, die in der Sonne und Hitze auf dem Hofe der Kasba herumlungerten, Bewegung brachten, verspürten wir jetzt in der Gegenwart des Landesfürsten nichts anderes als Gleichgültigkeit. Wir schickten uns, wie uns geheißen war, in respektvollem Abstand zu seinem Thron auf den Boden und kauerten dort, bis man uns mit Stockschlägen bedeutete, uns zu erheben. Der Bey wählte sich die Sklaven aus, die in seinem Hofstaat verbleiben sollten. Die übrigen sollten wieder angeboten und weiterverkauft werden. Ein kurzer Fingerzeig des Allmächtigen machte mich zu einem der für den Palast Auserwählten. Wieder küssten wir den Boden zu seinen Füßen, ehe wir uns in gebückter Haltung rückwärts schreitend zu entfernen hatten.

VOM GLANZ UND ELEND
EINES SKLAVEN BEI HOFE

Diese Schmeißfliegen von Edlen bei Hofe waren die eigentlichen Plagen aller Sklaven. Speichelleckende Diener ihres Bey, unterwürfig bis zur Selbstverleugnung und doch beim Anzeichen der ersten Schwäche des Herrschers bereit, ihm einen Dolch zwischen die Rippen zu stoßen oder ihn zu vergiften. Sie waren wie Eiterbeulen auf unseren geschundenen Sklavenkörpern und wie eine Heuschreckenplage für das gemeine Volk an der Mohrenküste. Die Arbeit, die ich bei Hofe zu verrichten hatte, war leicht. Den Hof fegen, Essen auftragen, Teppiche ausbürsten und klopfen und die Pferde des Bey striegeln und versorgen. Diese Arbeit war eine Kleinigkeit. Sie ließ genügend Zeit für den Müßiggang in der Kasba und für den vom Bey verordneten Sprachunterricht.

Doch kaum war diese Arbeit getan, hatte ich zum Vorteil des Hofbeamten, dem ich unterstellt war, Geld zu verdienen. Was nützten mir das aus roter Wolle gewebte Käppchen auf dem Kopf, das neue weiße Baumwollhemd und ein paar weite Hosen, die bis über die Knie gingen, und die gebrauchten, aber mir gehörenden Pasamaken, wenn ich wie ein gewöhnlicher Sklave schuftete und Prügel fürchten musste. Was nützte mir die Großzügigkeit des Bey, wenn meinesgleichen von den Küchenabfällen und den Resten der Tafel speisen musste, weil sich selbst aus dem bescheidenen Mahl eines Sklaven des Bey noch Geld pressen ließ?

In meinem ersten Monat ließ mich der Erste Schwertträger des Bey, der nutzlose und unzählige weitere Ehrentitel trug, mein Brot hart verdienen, indem ich als Wasserträger den Schlauch auf dem Kopf tragend unaufhörlich zu schreien hatte: „Wasser! Wer kauft Wasser? Frisches Wasser!" Die Last drückte den Körper und die Schande, nichts anderes feilbieten zu können, machte mich klein. Und taumelte ich durch die engen Gassen von Constantine, musste ich mich vorsehen, nicht einen Türken zu berühren, weil es sonst Schläge setzte, die ich stumm zu erdulden hatte. Liefen die Geschäfte schlecht, musste ich keuchend unter der Last bis in die oberen Stadtteile, in denen es keine eigenen Wasserquellen gab, um das kostbare Nass dort loszuschlagen. Da man dort wusste, dass dieses nur ein letzter Versuch war, um den nötigen Tagesverdienst zu erzielen, drückten sie, meine Not ausnutzend, den Preis, was ich hilflos hinnahm. Am Abend lieferte ich den Verdienst ab und bekam die Geißel und den Stock zu spüren, wenn es nicht ausreichte. Ich versuchte, den Ersten Schwertträger für eine Monatsabrechnung zu gewinnen, um so schlechtere mit guten Tagen auszugleichen und mich der Prügel zu entziehen. Aus höchster Not lernte ich unter meinesgleichen auch die Beutelschneiderei und besaß bald gutes Geschick darin, das Geld fremder Passanten einzustreichen, um so die fehlenden Beträge bei den Einnahmen zu ersetzen.

Wieder lernte der Junge von damals eherne Kaufmannsregeln, wie: Verkaufe nie, wenn du gezwungen bist zu verkaufen und dein Gegenüber das weiß. Was ein Tag nicht bringt, bringt der andere, und auf den Monat gesehen, lässt sich oft ein besseres Ergebnis erzielen. Als ich eines Tages meinen Monatslohn schon erwirtschaftet hatte, mit dem Wasserschlauch auf dem Kopf bis in die höchst gelegenen Stadtteile in sengender Hitze gestolpert war und wieder einmal die Mauren dort meinten, mir die Last für fast ein Nichts abschwatzen zu können, nahm ich den Schlauch vom Rücken, trank mit großen Schlucken vor den Augen meiner vermeintlichen Käufer daraus und übergoss mich schließlich vom Kopf bis zu den Füßen mit dem kostbaren Nass, das ich, bis der Schlauch fast leer war, die Gassen hinunterlaufen ließ. Sie beschimpften mich und jagten mich davon, hatte ich sie doch bloßgestellt und um ihre leichte Beute gebracht. Und ich, ich lachte aus voller Kehle, voller Wut und Hass, weil ich nächsten Monat wieder gezwungen sein würde, vor ihnen zu Kreuze zu kriechen.

Man führte Klage über mich, und der Erste Schwertträger des Bey warf mir vor, ich sei undankbar und faul. Er schwang den Rohrstock und ließ mich spüren, dass er noch gut bei Kräften und von bewundernswerter Ausdauer war, was ich ihm bei allem Geschrei, das ich wegen der Schläge veranstaltete, auch sagte, indem ich auf Türkenart die Arme vor der Brust verschränkte und mich tief verbeugte: „Efendi, Herr, habt Dank für diese Lektion in Demut. Voller Bewunderung stelle ich fest, dass Ihr trotz Eures Alters und Eures stattlichen Bauches, der eines jeden Mannes Zierde wäre, noch über so viel Kraft und Geschicklichkeit verfügt, einen kleinen Jungen zu schlagen. Ihr seid wirklich ein edler Kämpfer vor dem Herrn." Natürlich blieb ihm mein Spott nicht verborgen, und er schrie vor Wut und prügelte mich in den Kerker, wo er mich am liebsten bei Wasser und Brot hätte verfaulen lassen, allein ich stand dem Bey höchstselbst zu Diensten und musste bei Kräften bleiben. Dennoch, Stock und Peitsche der Wächter und Edlen machten aus langbärtigen Männern muntere und gefügige Lehrjungen, die alles auf sich nahmen. Und mancher hat wohl solche liebevolle Behandlung auch nicht überlebt.

Ich fand mich im Bagno der Kasba, dem öffentlichen Gefängnis für Lösegeldsklaven, wieder, lag hingestreckt auf einer Binsendecke unter einem Segeltuch, das alt und dreckig war und ziemlich steif auf mir lastete. Im Bagno gab es einen englischen Feldscher, der von dem Ersten Schwertträger, meinem Peiniger, bezahlt wurde, meine Wunden zu versorgen, damit ich bald wieder zu Kräften käme. Der Mann nahm Anteil an meinem Schicksal und meinte zu mir, das Leben sei zu hart für einen Jungen meines Alters. Er selbst habe Kinder im fernen England, und er hoffe, dass sie es besser antreffen würden und ihnen ein solches Schicksal wie das meine erspart bliebe. Er redete mir zu, wegen eines Lösegeldes meinem Vater zu schreiben, und ich willigte schließlich ein, ungeachtet des Umstandes, dass die Summe, die der Schwertträger mir nannte, so hoch erschien, dass sie kaum aufzubringen wäre. Doch ich schöpfte wieder Hoffnung in meinem Elend und meinem Unglück.

William, so wurde der gute Engländer gerufen, mochte zwar kein so großer Heiler gewesen sein wie der Thaleb vom Piratensegler, aber er kannte sich mit Kräutern aus und genoss deshalb einen guten Ruf bei Hofe. Man ließ ihn des Öfteren rufen, und kein Mann wird jemals durch seine Behandlung Schaden genommen haben, denn ansonsten hätte er das wohl nicht überlebt. Er legte mir mit spanischem Rotwein getränkte Umschläge auf die Wunden. Von irgendwoher bezog er Seife und Öle. Wie durch ein Wunder gesundete ich jeden Tag mehr in diesem Dreckloch und erlitt keine Entzündungen und Fieberschübe. Nach einer Woche verfügte ich bereits wieder über ausreichend Kräfte, um im Bagno umherzugehen und zu scherzen, wenngleich mich abends die Melancholie überfiel und ich zum Herzerweichen schluchzte. Auch hier wusste

William Rat, indem er mir etwas Arrak und Rum mit Kokossaft vermischt verabreichte und mich in den Schlaf schickte. Ich berauschte mich gern an diesem Getränk und wäre am liebsten in diesem Zustand der Schwerelosigkeit verblieben, allein dem Ersten Schwertträger gefiel es, mich wieder arbeiten zu sehen. Da half keine Fürsprache von William mehr, der darauf verwies, ich sei nur noch Haut und Knochen und bald zu nichts mehr zu gebrauchen, auch nicht die Drohung, er könne des Lösegeldes verlustig gehen, wenn ich ernsthaft Schaden nähme, verfing nicht, denn dies Lösegeld gebührte ohnehin dem Bey.

Als neueste Schurkerei stellte der Erste Schwertträger eine Truppe von sechs bis acht Sklaven zusammen, die unter der Aufsicht eines Mohren dazu verdonnert wurden, die Wände der Häuser der Edlen und Kaufleute mit Kalk und Milch innen und außen zu weißeln und die Fußböden zu schrubben. An dieser Art Arbeit bestand ein großer Bedarf, denn die Türken und Mauren hielten viel auf Reinlichkeit und Prunk. Was zum Teil auch notwendig erschien, denn in den Städten wimmelt es nur so von Ungeziefer. Überhaupt, wer es sich hier leisten konnte, badete alle Tage und pflegte seinen Körper mit Ölen und Essenzen.

Nachdem ich bis Mittag in der Kasba bei den Tieren gearbeitet hatte, ließ uns der Erste Schwertträger nach einer Pause zusammentreiben und gab im bellenden Kommandoton Anweisungen. Die Straßen und Gassen von Constantine waren um diese Tageszeit menschenleer. Die Pflastersteine glühten. Ich hatte die letzten Wochen in der Kühle des Bagnos verbracht, in diesem finsteren, stinkenden, aber kühlen Dreckloch. Die Hitze des herannahenden Sommers traf mich wie ein Keulenschlag. Einige Rundbögen und vorstehende Dächer warfen scharfkantige Schatten auf den Weg. Dort verlangsamte ich meinen Schritt und atmete tiefer. Auch die anderen aus der Gruppe hatten es nicht so eilig. Ich ging mit gesenktem Kopf. Ich wurde stumpf, fast willenlos, ich ging immer nur weiter und war überzeugt, früher oder später nirgendwo mehr anzukommen. Zögernd blieb ich stehen, zitternd vor Erschöpfung, als uns mit Schlägen bedeutet wurde, diese Wand müsse noch weißer werden. Endlich entschloss ich mich, die Farbe anzurühren. Ich goss Ziegenmilch hinzu, die für uns Sklaven zum Trinken zu teuer gewesen wäre. Niemand hörte mein Keuchen und meine raschen Atemzüge. Es gab noch einen Schmerz jenseits des Schmerzes, eine Erschöpfung jenseits der Erschöpfung und eine Furcht, die sich immer noch an das Leben klammerte.

In der Gruppe der Aufseher sprach man davon, der Bey würde mit seinem Hofstaat Constantine verlassen. Ich wunderte mich, dass er nicht das ganze Jahr über in der Kasba residierte. Doch William erklärte mir, dass der Bey mit seinen Zelten umherziehe und mitten unter seinen Stämmen lebe, um seinen Machtanspruch im Land aufrechtzuerhalten. Und natürlich, grinste er, um Geld zu verdienen. Denn er triebe ganz nebenbei die Steuern und Abgaben ein. Ein Herrscher, der hierzulande seine Burg nicht mehr verlasse, sei bald ein König ohne Land. Mir behagte der Gedanke nicht, in die Wüste zu ziehen, auch wenn mich hier in meinem elenden Dasein nichts wirklich hielt. Wann würde er zurückkommen? Und wenn eine Nachricht oder gar das Lösegeld aus der Heimat einträfe?

Dem Sprachunterricht, der uns Jüngeren am Abend auf Weisung des Bey zuteil werden sollte, konnte ich vor Müdigkeit kaum folgen. Jusuf Hodscha, unser alter Lehrer, ließ uns in guter alter Art Zeilen des Koran auswendig lernen und dahersagen, bevor wir zu den Dingen des Alltags kamen, die ich häufig vor Erschöpfung verschlief. Auch wenn Jusuf Hodscha eher zu den Sanftmütigen zählte und meine Misserfolge im Unterricht nicht mit Schlägen strafte, belastete mich der Umstand sehr, dass ich nur langsam die Sprache des Landes lernte. Denn wer die Sprache eines Landes spricht, ist in der Lage, annähernd zu verstehen, wie die Menschen dort leben und denken. Und solange man nicht sprechen konnte, sondern die Befehle mit Schlägen verständlich gemacht und Stöcke zu diesem Zweck in jeder Ecke der Kasba griffbereit standen, war man nur ein dummer Sklave, auf dem jeder rumtrampeln durfte! Also versuchte ich tagsüber bei der Arbeit meine Ohren zu spitzen wie ein Mäuschen, um Gespräche und Wörter aufzuschnappen und durch Fragen und Hindeuten Begriffe zu erlernen. So beherrschte ich recht bald perfekt das „adie bu?" (wie heißt das?) und das „burce?" (was ist das?) und erwarb mir unter meinesgleichen den Spitznamen Hatschi Bu.

VON DEM GRAUSAMEN ENDE
EINER FREUNDSCHAFT

Ich fragte meinen Sprachlehrer und William nach Städten und
Orten, nach Häfen und Transportmitteln des Landes aus, bis
mich schließlich Jusuf Hodscha zur Seite nahm und mir zuraun-
te: „Bislang, junger Sklave, habe ich für bare Münze genommen, dass dich viele für außerordentlich klug für dein Alter halten.
Aber ich fürchte, deine Gedanken sind zur Zeit die eines Toren."
Dann machte er eine Pause, und ich erschrak über diese Eröff-
nung, denn er äußerte sich selten so persönlich und hielt als Lehrer grundsätzlich höfliche Distanz zu seinen Schülern. „Um es
deutlich zu sagen und dir weitere Fragen und krumme Gedanken
zu ersparen, will ich dir eröffnen: Du befindest dich zwischen einem Meer aus Wasser, das der Bey und seinesgleichen auf dieser
Seite der Küste ziemlich lückenlos kontrollieren, und einem Meer
aus glühenden Steinen und Sand auf der anderen Seite. Wohin du
auch fliehst, es wird sehr, sehr bitter, und du wirst nicht lebend
entkommen. Und sollten sie dich fangen, dann gnade dir dein
Christengott, mein Junge. Allah sorgt sich nicht um jene, die vor
ihm flüchten." Ich kreuzte die Arme vor der Brust und verbeugte
mich tief auf Türkenart vor Jusuf Hodscha. „Verzeih mir und hab
Dank für deinen ehrlichen Rat", entgegnete ich.
In derselben Nacht setzte ein Sandsturm ein, und ich bekam Fieber. William wich nicht von meiner Seite, machte kalte Umschläge
und flößte mir abgekochtes Wasser ein, solange ich nur schlucken
konnte. Als man ihn fortrief, um einen der Edlen zu behandeln,
sagte er mehr zu sich selbst als zu mir: „Das kann so nicht weitergehen, mein Junge. Das überlebst du nicht."
Was dann geschah, weiß ich nicht, denn ich fiel in einen tiefen
Schlaf, der einer Bewusstlosigkeit gleichkam. Als ich Tage später
wieder zu mir kam, hieß es, das Bagno würde inspiziert und wir
bekämen neue Kleider. Wir badeten in einem See, und tatsächlich
legte man uns neue Sachen zurecht, eine geschneiderte Montur,
die sogar passte, frisch und frei von Ungeziefer. Auf meine Frage
nach William schwieg man betroffen. Schließlich wurde ich mit
zwei anderen Jungen, um die sich William gekümmert hatte, von

einigen prächtig gekleideten Janitscharenoffizieren abgeholt und in den Palast gebracht.

Im Empfangssaal war eine große Anzahl von Würdenträgern versammelt, darunter die Edlen, die zum engsten Kreis der Familie des Bey gehörten. In der Mitte des Raums entdeckte ich den sichtbar nervösen Ersten Schwertträger, der eine Grimasse schnitt, als man mich hineinführte. Seitwärts neben dem Thronsessel des Bey hatten sich dessen Söhne und Offiziere aufgereiht. Irgendetwas war geschehen, und ich hatte Angst, weil ich nicht wusste, warum ich hier war und was man von mir und meinen Mitgefangenen wollte.

Jusuf Hodscha, unser Sprachlehrer, trat ein und postierte sich in der Nähe unserer kleinen Sklavengruppe. Er erklärte uns vielsprachig und mit flinker Zunge, er würde für uns übersetzen. Was genau geschehen sei, wisse er nicht, nur dass der Engländer (er meinte William) vor zwei Tagen bei einem der Söhne des Bey vorgesprochen und sich über die Zustände im Bagno und die Behandlung der Kinder durch den Ersten Schwertträger beschwert habe. Der Sohn des Bey, von dem die Rede war, befand sich nicht im Raum.

Sidi Abd-er Rahman ben Mohammed, ein Maghrebi, so wurden im Orient die Marokkaner genannt, bekleidete am Hofe des Bey das Amt des Zeremonienmeisters und eröffnete auf Geheiß unseres Herrn die Versammlung. Der englische Gesandte aus Tunis war zu Gast, und er machte in Begleitung eines Forschungsreisenden und dessen Frau seine Verbeugung. Mich wunderte sehr, dass es Menschen gab, die freiwillig dieses Land aufsuchten. Angesichts der Willkür, die ich erfahren hatte, wunderte es mich noch mehr, dass sie mit großer Wahrscheinlichkeit sogar ungeschoren und ohne Lösegeld wieder abreisen konnten. Es musste Regeln und Gesetzmäßigkeiten in diesem System geben, die ich als halbwüchsiger Matrose einfach nicht verstand. Dass mein Unverständnis in wenigen Momenten noch in Entsetzen umschlagen sollte, vermochte ich damals nicht zu erahnen. Man belustigte sich unter den Edlen bei Hofe darüber, dass die unverschleierte Frau in Begleitung von zwei Männern reiste, und ich musste unwillkürlich an die Frau vom Sklavenmarkt denken, wie sie nackt dastand und sich begrabschen lassen musste. In den Augen der

Muslime hatte eine Frau, die gegen alle Vorstellungen ihrer Welt verstieß, nichts anderes verdient. Äußerlich erwiderte man noch die Freundlichkeiten des Gesandten, begutachtete die Gastgeschenke und machte ehrerbietige Gesten. Aber die Stimmung unter den Anwesenden stieg, bis schließlich ein Edler die englische Lady unter ihr Kinn fasste und ein anderer ihre hellbraunen langen Haare durch die Finger gleiten ließ. Die Frau kreischte laut, die Herren protestierten aufgeregt, und die versammelten Muslime lachten aus vollem Halse. Das Ganze hätte sicherlich noch eine für die Frau unangenehme Erweiterung erfahren, wenn nicht Sidi Abd-er Rahman, der Maghrebi, mit zwei energischen Zwischenrufen die Versammlung zur Besinnung gebracht und Kalyan Hasan Bey mit seiner leisen Stimme das Wort ergriffen hätte. Er bat die englischen Forscher, über ihre Reisen zu erzählen, und meinen Lehrer Jusuf Hodscha zu übersetzen. Bald schon tauschte man Erinnerungen an ähnliche Erlebnisse und Abenteuer aus, erzählte von Sitten und Gebräuchen verschiedener Volksstämme, und es herrschte die aufgeräumte Stimmung eines Familientreffens. Als schließlich ein Vetter des Bey die Unterhaltung auf die im Bau befindliche Moschee Suq al-Ghazal lenkte, man sich gemeinsam über Pläne und Skizzen beugte, geriet der Bey, der hier von seinen Freunden und Bedienten schlicht Bey Assin genannt wurde, wortreich ins Schwärmen.

Sogar ich vergaß meine Ängste und düsteren Vorahnungen. Der Erste Schwertträger des Bey selbst gab sich am Ungezwungensten; er ging zwischen Thron und den Gästen hin und her. Ging? Nein, er stolzierte scherzend wie ein Pfau und schlug dabei seinen bunten Fächer auf. Doch dann trübte sich die Miene des Kalyan Hasan Bey und er beendete mit den Worten „Bedauerlicherweise muss ich mich mit ernsteren Angelegenheiten befassen" die Audienz und entließ seine Gäste.

Auf seinen Wink hin wurden drei Frauen mit Kindern vor den Thron geführt, die allesamt in lautes Wehklagen und Heulen ausbrachen. Ali Mohammed, der Kaid bei Hofe, der oberste Richter, erklärte der Versammlung, einer der geliebten Söhne des Bey sei vorletzte Nacht verstorben. Es bestünde der Verdacht, der Engländer William Black habe ihn vergiftet. Der Kaid gebot den Weibern und Kindern zu schweigen, und tatsächlich ebbte das Geschrei und Wehklagen zu einem Gewimmer und Schluchzen ab. Als man jedoch den von Schlägen und Folter gezeichneten William hereinführte, mussten die Janitscharen hinzuspringen, um die Frauen von dem Angeklagten fernzuhalten. Jetzt trieb man auch mich und meine Mitgefangenen, die Williams Freundschaft und Fürsorge genossen hatten, nach vorn und stieß uns zu Boden, wo wir bäuchlings auf der Erde liegenblieben und auf das lauschten, was mit uns geschehen sollte.

Der Kaid befragte nun den Ersten Schwertträger, ob es zutreffend sei, dass er den Engländer an das Bett des Sohnes des Bey, Allah habe ihn selig, geführt habe. Der Angesprochene erwies sich als gut vorbereitet, trat vor und erklärte mit fester Stimme und großen Gesten: „Die Hauptfrau des Verstorbenen, die anwesende Haifsa, mag mein Zeuge sein. Man brachte mir Kunde von seiner schweren Erkrankung, und ich suchte nach sofortiger Hilfe. Da traf ich auf diesen Hund von einem Engländer, von dem man sagte, er kenne sich mit Kräutern und Heilkunst aus. Ich befahl ihm mitzukommen, Eile sei geboten. Doch dieser krätzige Hund…", er spuckte vor meinem Freund auf den Boden, „dieser krätzige Köter führte nur Beschwerden." „Welcher Art Beschwerden?", unterbrach ihn der Kaid.

„Über die schwere Arbeit. Dabei weiß ein jeder von der Güte unseres Bey, Allah schenke ihm ein langes Leben." Die Blicke des Kaid und des Ersten Schwertträgers kreuzten sich einen misstrauischen Augenblick zu lang, und es schien so, als läge darin die unausgesprochene Mahnung des hohen Richters, es mit dem Lügen nicht zu weit zu treiben.

Der Sohn des Bey hatte über Bauchschmerzen geklagt, Durchfall und Erbrechen. Als William eingetroffen war, hatte der junge Mann bereits hohes Fieber, war jedoch noch ansprechbar. William hatte den Bauchraum abgetastet und nichts Auffälliges feststellen können. Seine Verordnung war unspektakulär, Kräuter, Salz und Flüssigkeit. Zutaten, die er im Beisein der Hauptfrau des Sohnes gemischt und verabreicht hatte. Als sich der Zustand weiter verschlechterte, hatten sie kühlende Umschläge gemacht, und er hatte ihn zweimal zur Ader gelassen. Gemeinsam hatten sie auf Besserung und den nächsten Morgen gewartet. Der Erste Schwertträger hatte sich schlafen gelegt. Und auch der Frau gegenüber hatte William Klage geführt, wie hier die jungen Sklaven, Kinder noch, ausgebeutet und misshandelt würden. Gegen Morgen plötzlich trat die Atemnot ein. Der Sohn des Bey bekam Schaum vor dem Mund und erstickte. Der Erste Schwertträger klagte sofort William an, inhaftierte ihn und ließ ihn unter Folter verhören.

Der Kaid fragte, woher William seine Kräuter bezogen habe. Über die Gefängnisaufsicht. Der Erste Schwertträger habe noch in der Nacht diesen Mann aufgesucht und die Kräuter beschafft.

Die ganze Zeit über kamen wüste Anklagen und Beschimpfungen gegen William. Er bekam kaum Gelegenheit, sich zu den Vorwürfen und zum Geschehensablauf zu äußern. Schließlich erhob sich der Bey, gebot mit einer energischen Geste absolute Ruhe. Auf sein Zeichen hin schob man William näher zu ihm heran. Der Herrscher blickte dem todgeweihten Gefangenen prüfend ins Gesicht, nickte dem Kaid zu, der jetzt William fragte: „Bist du bereit, dich zum Allmächtigen, zu Allah und seinem Propheten Mohammed zu bekennen?"

William senkte den Blick und antwortete nicht. Er wusste, dass sein Schicksal mit dem Tod des Sohnes des Bey längst besiegelt war.

„Da habt ihr es!", rief der Erste Schwertträger triumphierend aus. „Der ungläubige Hund von einem Christen hat den Sohn unseres geliebten Herrschers vergiftet. Tötet ihn! Befreit den heiligen Boden Mohammeds von diesem Ungeziefer ohne Glauben und Gewissen!" Schon kreischten wieder Witwen und Kinder, und die Verwandten bei Hofe skandierten ihre Todesforderung rhythmisch, als dirigiere der Erste Schwertträger ein Orchester.

Doch der Kaid befragte nun uns, die wir jetzt mit gesenktem Oberkörper auf den Knien näher heranzurutschen hatten, ob wir für den Angeklagten William Blake ein Wort der Güte finden könnten. Der Erste Schwertträger forderte ein Urteil und versuchte, diese Befragung zu verhindern. Doch der Kaid ließ sich nicht beirren.

Meine Mitgefangenen brachten kaum zusammenhängende Sätze hervor, so sehr fürchteten sie, etwas Falsches zu sagen und ebenfalls angeklagt zu werden. Das Wenige, das sie sagten, wurde, soweit ich es beurteilen konnte, zudem nicht richtig und wörtlich übersetzt. Jusuf Hodscha formulierte ein wenig frei, wohl auch, um die jungen Sklaven zu schützen.

Als ich an der Reihe war, erhob ich mich. Man stieß mich zu Boden, doch ich erhob mich wieder und wieder, bis ich William erreicht und unter lauten Protesten seinen vor Erschöpfung und Furcht zitternden Körper umarmt hatte. Dann sagte ich laut, so dass es jeder hören konnte: „Danke, mein Freund! Möge Gott dir zur Seite stehen!" Ich ließ mich noch vor ihm zu Boden fallen und verharrte dort in Demut. Für einen Augenblick herrschte absolute Stille, bis die leise Stimme des Bey zu vernehmen war: „Wie lautet dein Urteil, ehrwürdiger Kaid?"

„Der Engländer ist des Mordes an Eurem Sohn schuldig, edler Bey, und muss mit dem Tod diese Tat büßen. Nach der Scharia ist er zu enthaupten, wie das Schwertgehänge läuft." Nach der Verkündung verbeugte sich der Kaid vor dem Thron des Bey. Der Erste Schwertträger trieb die versammelten Janitscharen an, uns Sklaven aus dem Raum zu schaffen. Mich schleifte man einfach Richtung Tür, legte mich dort ab und vergaß mich. Der Hauptmann der Palastwache wurde gerufen. Er trat heran und küsste sein riesiges Schwert, ehe er mit einem einzigen Hieb Williams Körper von der rechten Schulter bis zur linken Hüfte spaltete. Der Körperteil, der noch mit dem Kopf verbunden gewesen war, stürzte sogleich zu Boden, während jener, der noch auf den Beinen stand, wie von Geisterhand geführt, noch ein wenig hin und her schaukelte, bevor er umfiel. Eine riesige Blutlache breitete sich auf dem Boden aus, und auch die Wände auf der linken Seite und die Säulen waren über und über mit Blut bespritzt. Während der Kaid und Bey Assin den Hauptmann lobten und ihm einen Beutel mit Goldmünzen zusteckten, rechnete ich aus, wie viel Farbe wir anrühren müssten, um die Wände und Säulen wieder weiß zu bekommen. Ich war mir sicher, dass mir diese Rechnung gelingen musste. Die Flächen grob geschätzt, glatter Untergrund, Abschläge und Zuschläge, wenn ich nur etwas zum Schreiben gehabt hätte... Mein Kopf schwirrte vor Zahlen, mein Oberkörper wiegte langsam vor und zurück. Noch einmal die Addition. Zahlenkolonnen, und schon tauchte vor meinem geistigen Auge eine Kette von Holzbottichen auf, in denen die Farbe bereitstand. Die Rechnung war noch längst nicht beendet! Wie viele von uns würden sie brauchen? Stumm bewegte ich meine Lippen und wiederholte die Namen jener, die in unserer Sklavenkolonne für den Ersten Schwertträger schufteten und Häuser weißelten. Ich konzentrierte mich mit aller Kraft auf meine Rechnung, bündelte allgemeine Gedanken und weißelte die grausame, blutbesudelte Welt um mich herum, weißelte meine grausame Einsamkeit und tauchte unerreichbar für alles, was mich umgab, ab.

So erfuhr ich erst später, dass der Bey noch im Angesicht des vollzogenen Todesurteils mit leiser Stimme den Richter befragt hatte: „Nun, ehrwürdiger Kaid, wollen wir wissen, ob der Ungläubige allein gehandelt hat. Oder ob es Mitwisser oder gar Anstifter zu dem Mordplan gab. Ob es unter uns welche gibt, die davon gewusst, aber nichts unternommen haben. Eine Intrige vielleicht gar, unter Umständen gegen mich?"

Aufgeregtes Gemurmel unter den Verwandten, ja sogar Schreckensstarre. Ein Fingerzeig des Kaid würde jetzt genügen, jedermann in diesem Raum vom Leben zum Tod zu befördern. Dazu bedürfte es keiner weiteren Beweise, die Autorität seines Amtes würde genügen. Für die Dauer eines Herzschlages kreuzten sich die Blicke des Kaid und des Ersten Schwertträgers, und jeder von beiden wusste, was der andere dachte.

„Nun?", fragte Bey Assin erneut. „Gibt es jemanden?" Der Kaid wandte sich ab, verbeugte sich tief vor dem Herrscher: „Nein, mein Herrscher, niemanden." „Was ist mit meinem Ersten Schwertträger? Immerhin hat er den Engländer an das Lager meines Sohnes geführt…"

Schon warf sich der in Verdacht Geratene zu Boden und beteuerte seine Unschuld. Der Kaid antwortete schlicht: „Er ist immer ein treuer Diener seines Herrn gewesen. Es liegt nichts gegen ihn vor." Niemand aus der Runde der Versammelten widersprach.

„So sei es!", entschied Bey Assin und hob seine Stimme lauter als gewöhnlich. „Dann gebührt ihm Anerkennung. Er möge sich erheben." Sichtlich erleichtert trat der Erste Schwertträger vor den Thron, wo ihm der Bey eine schwere Silberkette zur Anerkennung seiner Treue umlegte und sprach: „Nicht länger soll er sich mit dem stinkenden Bagno und den Sklaven herumplagen. Er weiß, wie viel mir an der neuen Moschee liegt. Ich übertrage ihm neben seinem Amt die Bauaufsicht und weiß ihn reichlich zu entlohnen, sollte er auch dieses Mal nicht fehlen." Am nächsten Morgen sollte sich der Erste Schwertträger bereits auf der Baustelle einfinden, um sein neues Amt anzutreten. „So erwerben wir gemeinsam vor Allah, dem Schöpfer und Herrscher der Welt, ein Leben in Wohlgefallen zur Ehre und zum Ruhm Mohammeds." Nach diesen Worten des Bey warfen sich alle zu Boden und priesen die Güte und Weisheit des Herrschers. Nicht wenige jedoch wunderten sich auch über diesen Ausgang, denn der Erste Schwertträger stand bei vielen in Verdacht und war ein äußerst unbeliebter Intrigant.

KALYAN HASAN BEY
GENANNT BU KAMYA – DER BEY ASSIN

Am Morgen danach packte mich die Angst, ich könnte verrückt werden. Die wahnsinnige Sehnsucht nach vertrauten Gesichtern, einem kühlen Wind, dem Brausen des Meeres und auch einigen Worten friesischer Muttersprache. Vielleicht wäre in ein paar Monaten oder Jahren in Gefangenschaft für immer meine Erinnerung, meine Muttersprache so verblasst, dass man mich zu Hause für einen Fremden halten würde. Wie viele Wörter waren mir bis jetzt schon verloren gegangen? Ich reihte Wörter hintereinander, wie sie mir in den Sinn kamen. Dieser Verfall musste aufgehalten werden! Wenn meine Träume und Gedanken nur noch die Sprache Mohammeds kannten, würde auch ihre Denkweise mich beherrschen, und ich würde meine christliche Seele einbüßen.
Gedanken dieser Art füllten die Leere in mir aus, die mich seit dem vergangenen Tag beherrschte. Die Hoffnung auf eine Nachricht von meinem Vater, gar auf das Lösegeld und meine Befreiung nährte diese Gedanken. Ich hoffte, ich klammerte mich an jedes Anzeichen einer möglichen Besserung, und ich fürchtete mich wider bessere Wissens zu Tode. Nichts hatte ich begriffen auf dem Weg bis hierhin, ich musste noch tiefer sinken und mich noch länger quälen.

Völlig überraschend erschien Sidi Abd-er Rahman, der Maghrebi, der Haushofmeister des Bey, in Begleitung von zwei Dienern im Bagno. Sie packten meine Sachen. Ich stand teilnahmslos, willenlos daneben und sah ihnen zu. Der Maghrebi sprach mit sanftem Ton zu mir, allein, ich verstand kein Wort. Er legte mir begütigend die Hand auf die Schulter und ich zuckte zur Seite, am ganzen Körper zitternd. Man brachte mich aus der Kasba. Als ich mich nach einer Weile zu orientieren versuchte, befanden wir uns bereits im Stadtviertel der Nahhassin, der Kupferschmiede. Dass Jusuf Hodscha, unser Lehrer, hier wohnte, war die nächste Überraschung. Ich war selbstverständlich davon ausgegangen, dass auch er eine Wohnung in der Kasba hatte. Er hieß mich willkommen, und wir nahmen im Innenhof auf einem Teppich zu Füßen eines mit Rosen umrankten Brunnens Platz. Der Haushofmeister führte das Gespräch und mir wurde eröffnet, dass ich künftig bei meinem Lehrer und nicht länger im Bagno wohnen und bis zum Aufbruch des Hofstaates die Sprachen des Landes lernen sollte. Mentetee aus einem starken Aufguss von Pfefferminze wurde serviert, und ich rauchte mit Jusuf Hodscha und Sidi Abd-er Rahman Kif aus einer großen Wasserpfeife. Die berauschende Wirkung des afrikanischen opiumhaltigen Kif schläferte mich ein, machte mich leicht und bescherte mir süße Träume. Später habe ich Menschen im Orient getroffen, die diesen Träumen und dem süßlichen Qualm des Kif vollkommen verfallen waren und nur noch vor sich hindämmerten, unfähig, sich selbst zu versorgen oder auch nur eine Mücke abzuwehren. Damals wusste ich nichts von der Gefahr, und ich gesundete an Körper und Seele von allen Grausamkeiten, die mir widerfahren waren.

Dankbar für die Befreiung aus dem Bagno, für die Güte und Fürsorge, die mir jetzt widerfuhr, fügte ich mich, lebte wie ein Maure, aß wie ein solcher und betrachtete es als meine heilige Pflicht, ihre Sprache zu erlernen. Aufmerksam und wach folgte ich jetzt dem Unterricht von Jusuf Hodscha, meinem guten, alten Lehrer. Ich begleitete ihn überall hin, und wenn er in der Kasba für den Bey arbeitete, versuchte ich mich in Gesprächen mit den Männern dort bei Hof. Von den Janitscharen lernte ich so die Eigenarten des Türkischen, von den Palastbeamten und Lakaien bei Hofe Arabisch und auf der Straße die Umgangssprache Lingua Franca, mit der sich diese babylonische Vielfalt untereinander verständigte. Sogar einige Brocken Berberisch schnappte ich dort auf. Vor allem die Lingua Franca ging mir bereits nach wenigen Tagen gut von den Lippen, so dass ich einer Unterhaltung schon folgen und mich in Bruchstücken verständlich machen konnte.

So lebte ich im Stadtviertel der Nahhassin unter der Obhut meines Lehrers, der mich wegen meines Lerneifers lobte, und ich erkannte, wie bescheiden die Menschen hier ihr Dasein organisierten. Es wurden tagsüber nicht viele Gerichte aufgetragen, vielerlei Arten von Früchten, aber keine üppigen Mahlzeiten. Ich speiste an der Tafel meines Lehrers morgens zuerst Gebackenes und trank danach Kaffee, aß um zehn Uhr zu Mittag, ruhte die Hitze des Tages meidend einige Stunden und nahm gegen vier Uhr am Nachmittag ein letztes Mahl ein. Mentetee und Wasserpfeife bei wichtigen Gesprächen, Nüsse und Datteln, Kürbiskerne und Rosinen zum Zeitvertreib. Ja, ich betete sogar zu meinem Christengott, wenn der Ruf vom Minarett erschallte und die gläubigen Muslime ihre Teppiche gen Mekka breiteten. Ich achtete auf mich, badete jeden Tag, hielt mich reinlicher als je ein Seemann gewesen ist und kleidete mich, dass mich kaum jemand für einen Sklaven halten mochte. Die Sehnsucht fraß noch immer an mir, aber auch meine Hoffnung und meine Zuversicht wuchsen. Ohne dass ich hätte vorhersagen können, welches Gefühl am Ende die Oberhand erhalten sollte.

Mit den Worten: „Genug des Kifrausches, Hark Olufs. In dir steckt mehr, und ich will, dass du dich ankleidest und mir folgst. Setz die Schaschin (rote Mütze) auf, füll den Wasserschlauch. Es ist heiß, und wir verlassen die Stadt", drängte mich Jusuf Hodscha zum Aufbruch. Ich stellte keine Fragen, denn ein Schüler hatte Anordnungen Folge zu leisten. Wir gingen allein und zu Fuß, was mich beruhigte, denn das konnte nur bedeuten, dass wir bei normalem Lauf der Dinge gegen Abend zurückkehren würden.

Wie die Karawanen und Händler nahmen wir hinter dem Stadttor Constantines die hohe Brücke über den Rumelfluss, über die ich vor Wochen in die Stadt gekommen war. Doch verließen wir bald die Handelsstraße und stolperten über unwegsames Gelände Richtung Südost. Jetzt fragte ich Jusuf Hodscha doch nach unserem Ziel. Er deutete zum Himmel und sagte: „Der Sonne entgegen." Als ich ihn immer noch fragend anschaute, ergänzte er mit sehr ernster Miene: „Der Weisheit wegen." Nach drei Stunden erklommen wir eine kleine Anhöhe, von der aus man in der Ferne Constantine auf dem Bergplateau liegen sah. Aber mein Lehrer deutete in die Wüste, als wollte er sagen, dort läge der Schatz, den wir suchen sollten, dicht zu unseren Füßen. Er sparte dieses Mal auch nicht mit einer Erklärung, als er mich an Jesus erinnerte, der zum Zeichen der Erleuchtung in die Wüste gegangen sei. Ich antwortete ihm, ich sei Seemann und würde unter der Hitze leiden, so dass für mich an eine Erleuchtung nicht zu denken sei. Außerdem hätte ich als Matrose nicht den Status des Sohnes Gottes, sondern würde nur auf ein Lösegeld und meine Freiheit hoffen.

Jusuf Hodscha ließ diese Frechheiten unkommentiert und schwieg. Mir blieb nichts, als an seiner Seite hier in der Einsamkeit und Hitze auszuharren. Noch immer wusste ich nicht wirklich, warum wir hier waren und was dieser Ausflug zu bedeuten hatte.

Ein Hitzeflirren bewegte die Luft vor den Augen, so als blickte man in einen riesigen glühenden Ofen. Nach einer Weile verschwamm alles in einem dunstigen Schleier, der jedes Ding bedeckte, Himmel, Landschaft, Lebewesen. Dieses fremdartige trübe Licht in Augenblicken großer, greller Hitze zeuge davon, sagte Jusuf Hodscha, dass die Sonne selbst aus den Steinen das Leben zu saugen vermöge. Der Verstand konzentrierte sich unwillkürlich auf die letzten Dinge und begriff, was wirklich und wichtig war. Es herrschte fast völlige Windstille. Kein Vogelschrei durchgellte die Luft. Da war nur das ewige Rauschen der Leere, von der ich nicht wusste, ob es sich um ein Geräusch handelte, das von außen zu mir drang, oder etwas war, das mein Kopf in Extremsituationen innerlich produzierte. Die graubraune Erdoberfläche lag vollkommen unbewegt, aber es kam mir vor, als müsste diese makellose Starre jeden Augenblick in einem wütenden Aufbegehren gegen dieses auszehrende Element umschlagen. Das Land hier an der Mohrenküste war ein mächtiges Tier, eine Löwin, die in vorgetäuschter Trägheit auf der Lauer lag, um im nächsten Moment aufzuspringen und mit Gebrüll und Raserei unerwartet zum tödlichen Angriff überzugehen.

Ich schöpfte tief Atem, aber es war, als gewänne ich nur verbrauchte Luft. Ich atmete rascher, um immer mehr Sauerstoff in mich hineinzupumpen, um mein Herzrasen zu beruhigen, und in meinem Mund schmeckte ich das Salz meines Schweißes. Ich begriff, wo die Gewalttätigkeit der Menschen hier, ihre grausame Entschlossenheit, um jeden Preis zu überleben, ihren Ursprung hatte.

Nachdem wir eine Weile schweigend auf dem Hügel verharrt hatten und ich ganze Oasen mit Karawanen und Palmen hatte entstehen und verschwinden sehen, entdeckte ich ein riesiges Schiff, das direkt auf uns zusegelte! Eine Hamburger Flagge so groß wie das Haus des Lehrers im Viertel der Nahassin wehte am Hauptmast! Nichts hielt mich mehr! Ich sprang auf, fuchtelte mit den Armen, schrie aus Leibeskräften! Sie waren gekommen, mich zu holen! Sie kamen tatsächlich! Vor lauter Aufregung vergaß ich, dass wir uns in der Wüste befanden und nicht in einem Hafen. Doch das Schiff hatte alle Segel gesetzt und stürmte heran. Ich machte mir große Sorgen, der Kapitän könnte noch einmal abdrehen und mich vergessen. So begann ich zu rennen, stürmte den Hügel hinab, stolperte über Steine, schlug auf, schluckte Sand, rappelte mich hoch und stürmte weiter. Natürlich hörte ich nicht die mahnende Stimme von Jusuf Hodscha, der mich zurückrief. Ich kannte nur ein Ziel, auf das ich blindlings alle meine Hoffnungen setzte. Da entdeckte ich zwei Bugkanonen! Das konnte nicht sein! Das durfte nicht sein! „Ich bin's, Hark Olufs! Hark Olufs aus Amrum! Von der »Hoffnung« unter Hamburger Flagge! Nicht schießen!" Dumpfe Schläge, ein fürchterliches Grollen, immer wieder, begleitet vom Feuer in den Mündungen der Geschütze. Ich warf mich zu Boden, schluchzte, heulte. Sie erkannten mich nicht, hielten mich für einen Feind! Ich war verloren…

Als ich mich wieder aufrichtete, war Jusuf Hodscha an meiner Seite, und das Schiff hatte wieder der glühenden Wüste Platz gemacht. Statt des Geschützfeuers galoppierten Reiter auf uns zu, die mit ihren Büchsen in die Luft ballerten und einen verwegenen Eindruck machten. Und während Jusuf Hodscha mich mit den Phänomen der Fata Morgana vertraut machte und belehrte, dass es tödlich sei, einem solchen Trugbild aufzusitzen, zügelte einer der Reiter sein Pferd in unserer Nähe, sprang ab und kam gemessenen Schrittes auf uns zu. Ich erkannte den Reiter erst, als Jusuf Hodscha seinen Körper schon in den Staub geworfen hatte. Es war Bey Assin höchstselbst, und ich beeilte mich, es meinem Lehrer gleichzutun, um nicht den Zorn des Herrschers zu erregen. Doch was jetzt geschah, war mehr als unglaublich! Während bei Hofe der Bey nie ein Wort direkt an einen der Sklaven gerichtet hatte, half er mir hier auf die Füße und begann eine Unterhaltung. Zuerst beförderte er mich zum Kaffeeschenker und damit zu einem seiner Bediensteten. Ich war nicht länger Sklave, aber auch kein Hofbeamter. Dazu hätte ich mich zum Islam bekennen müssen. Meine neue Stellung erlaubte es mir jedoch, dem Bey auf Fragen direkt zu antworten und, wenn ich dazu aufgefordert wurde, auch meine Meinung zu sagen. Die Beförderung überraschte mich sehr, denn ich verstand nichts von Kaffee und Türkengetränken, auch hatte ich bislang gefürchtet, mein ungebührliches Verhalten bei Hofe, als ich den todgeweihten William umarmt hatte, würde mich doch noch mein eigenes Leben kosten. Schließlich und endlich war ich mir der Feindschaft des Ersten Schwertträgers sicher. Ich staunte daher sehr über meine Behandlung, geriet in helle Aufregung und wusste zunächst nichts auf die Gesprächseröffnung des Bey zu erwidern.

Bey Assin ließ die Peinlichkeit mit der Fata Morgana unerwähnt. „Du hast Eindruck auf mich gemacht, wie du dich zu deinem Freund bekannt hast. Ich bin bereit, dir meine Aufmerksamkeit und vielleicht auch meine Freundschaft zu schenken, und würde mich glücklich schätzen, eines Tages in dir ebenso einen Freund zu finden." „Mein Herrscher, mit nichts habe ich Eure Zuneigung und Güte verdient. Allein, William war ein guter Mensch…" Er unterbrach mich mit einer gebieterischen Handbewegung: „…der Engländer war unschuldig am Tod meines Sohnes."

Ich war fassungslos: „Ihr wusstet es? Und dennoch…" „…dennoch wurde er gerichtet, denn er war kein Moslem. Die Situation erforderte einen Schuldspruch. Die Tat wurde durch einen Unschuldigen angemessen gesühnt. Mein Volk trauert und ist zufrieden mit dem Urteil."

Gedanken schossen mir durch den Kopf und purzelten übereinander her, ohne dass ich sie hätte aufhalten oder ordnen können. „Bei Allah, Ihr kennt den Täter?" „Sagen wir so", Bey Assin schmunzelte, „im Hause des Ersten Schwertträgers und meines neuernannten Baumeisters herrscht große Trauer, denn bereits am ersten Tag seiner Arbeit ist unglücklicherweise eine große Mauer umgestürzt und hat ihn unter sich begraben. Allah hat ihn zu sich gerufen. Ich bin sicher, seine Taten werden dort im Jenseits angemessener gewürdigt als hier auf Erden." „Der Erste Schwertträger ist tot?" Ich vermochte es nicht zu glauben.

„Es gibt Menschen in meinem Land, die mich für einen alten, schwachen Mann halten und mir und meiner Familie nach dem Leben trachten. Es ist wie in der Natur, ein Feuer verzehrt das Alte und gebiert Neues, ein Raubtier lauert auf seine Beute, die nicht mehr entkommt, wenn sie alt und krank jenseits der Herde ungeschützt weidet."

„Aber man wollte Euren Thron und hat Euren Sohn ermordet?" Ich hörte, wie der Bey erneut lachte. Konnte ein Vater so herzlos sein? „Ein Umsturzversuch meint Ihr?"

„Mein junger Freund, ich selbst war nicht mehr als ein Schafhirte, als ich mich anschickte, mein Elternhaus zu verlassen. Und siehe, was Geist und Stärke, was Allah aus mir gemacht hat." Er verbeugte sich gen Mekka. „Und ich fühle mich noch stark genug und klug genug, solche Intrigen niederzuschlagen. Mein Vertrauen gilt Menschen wie dir. Wie ich höre, machst du Fortschritte."

„Ja, aber gestattet Ihr mir, mein Herrscher, eine Bemerkung?" Mein Herz pochte wild. Bey Assin neigte mir sein Haupt zu. „Gern will ich lernen, ein guter Kaffeeschenker zu sein, der beste, den ein Bey jemals gehabt hat. Gern will ich Eure Großmut mit Freundschaft und Treue entlohnen. Allein, ich bin nur ein halbwüchsiger Junge, den die Sehnsucht nach seiner Heimat und seinem Vaterhaus plagt. Ihr habt mich nicht genötigt, und dafür danke ich euch, allein ich tauge nicht zum Muslim. Dies muss ich offen bekennen, damit ihr nicht falsche Erwartungen in mich setzt." Ich war leer, erschöpft und stumm nach dieser Rede. Auch Bey Assin schwieg eine Weile, ehe er erneut das Wort an mich richtete: „Er will sich nicht zum Islam bekennen?"

„Zwingt mich bitte nicht und fragt nicht weiter!", flehte ich ihn an. „Wenn Ihr statt meiner im kalten Norden in Gefangenschaft sitzen würdet, könntet Ihr dem Glauben Eurer Vorfahren entsagen? Und, mein Herrscher, könntet Ihr mit einem solchen Entschluss vielleicht eines Tages Eurer Familie wieder unter die Augen treten?" Jusuf Hodscha protestierte, entschuldigte sich gesten- und wortreich für meine ungebührlichen Fragen. Doch Bey Assin beachtete ihn nicht weiter und erklärte: „Manch einem hätte ich die Zunge herausschneiden lassen nach solchen Worten", die leise, hohe Stimme klang gefährlich, „allein dir, mein Sohn, sehe ich es nach. Ich werde nie in eine solche Situation kommen, weil Allah und sein Prophet Mohammed größer und mächtiger sind als euer Christengott. Allein deshalb ist deine Frage ungebührlich und verdient keine Antwort. Du weißt es nicht anders, Hatschi Bu." Er wandte sich ab, ein Reiter seiner Leibgarde führte sein Pferd heran, und der alte Mann sprang auf, als sei er nur halb so alt wie Mitte Siebzig. „Dazu später mehr, Hatschi Bu! Einstweilen ist er mein Kaffeeschenker! Ich erwarte ihn morgen in der Kasba." Dann preschte er mit den Reitern davon und jagte mit ihnen um die Wette auf Constantine zu.

So kam es, dass ich zwei Wochen später Constantine gegen meinen Willen verließ und dem Tross des Bey Assin in sein wüstes Land folgte. Ich ließ meine Hoffnung auf eine baldige Nachricht aus der Heimat und auf ein Lösegeld zurück. Auch von meinen Gefährten von der »Hoffnung« hörte ich nichts mehr und setzte darauf, dass das Schicksal gnädig mit ihnen verfahren würde.

Als wir in der ersten Nacht die großen, aus Leinwand gefertigten Zelte aufschlugen, zählte ich 60 Stück und überblickte ein Lager von mehreren hundert Kämpfern. Jede Woche begannen die gleichen Rituale. Der Kaid, der Statthalter des Bey Assin, wurde empfangen, bewirtet, um schließlich den fälligen Tribut einzufordern. Dann rasselte man ein wenig mit den Krummsäbeln, ging manchmal sogar gemeinsam auf die Jagd, bevor man sich der gegenseitigen Hochachtung versicherte und das Lager dann weiterzog. Nicht selten weigerten sich Mauren zu zahlen, fühlte sich ein Kaid mächtig genug, seine Pflicht zu leugnen. Dann kam es zu kriegerischen Auseinandersetzungen, in denen Bey Assin mit seinen Reitern die Abtrünnigen hetzte. Diese bezahlten nicht selten mit ihrem Leben. Ihre Untertanen hatten unter der Besatzung zu leiden, denn der Bey schlug seine Zelte mitten unter ihnen auf und sie mussten ihn verpflegen. Ihre Hütten wurden durchsucht, ihr Vieh beschlagnahmt. Wenn der Tross des Bey Assin weiterzog, war dann noch viele Dutzend Meilen das Wehklagen der Frauen und Kinder zu vernehmen.

Jeden Tag, den Allah ihm schenkte, übte sich Bey Assin im Schwertkampf, im Reiterwettstreit und in Schießübungen. So ging er nicht selten seinen Kriegern bei den Auseinandersetzungen mit örtlichen Kaids voran und gab ein Beispiel an Kampfesmut und Geschick. Er wusste viel von Kriegsstrategien und erwies sich als Fuchs, wenn es darum ging, dem Gegner eine Falle zu stellen oder einen Hinterhalt zu erahnen.

Bey Assin hatte zwei rechtmäßige Frauen und etwas mehr als vierzig Bedienstete, zu denen auch ich mich jetzt zählen durfte. Vier Eunuchen kümmerten sich um das persönliche Wohl des Herrschers und seiner Frauen.

Meine Gefühle gegenüber Bey Assin schwankten zwischen Abneigung und Bewunderung. War ich nicht in seiner Nähe, so sah ich in ihm objektiv einen alten Tyrannen, einen absoluten Herrscher über Leben und Tod, den jedermann fürchtete. War ich aber bei ihm, so verzauberte mich die bloße Tatsache seiner Gegenwart und schuf ein Übergewicht, gegen das ich nicht ankam. Er war so, wie ein Mann sein sollte und wie ich gerne werden wollte, wenn ich erst einmal erwachsen wäre. Gleichzeitig brannte ich vor Eifersucht auf ihn. War eifersüchtig auf die Macht, die er über die Menschen in seiner Gegenwart ausübte und die mir unbegreiflich allumfassend erschien. Auch verspürte ich Eifersucht auf seine unermesslichen Reichtümer und auf alles, was er besaß. All meine bescheidenen Besitztümer hingen von seiner Gnade und Großzügigkeit ab. Er stand zudem zwischen mir und meinem Wunschbild von mir. In Gedanken mochte ich ihn dafür demütigen und zur Rechenschaft ziehen. Aber andererseits identifizierte ich mich mit ihm so, dass ich mir seine Niederlage oder seinen Tod nicht vorstellen konnte, ohne selbst Schmerz zu empfinden. Er war mein Rivale, mein Feind, mein Gefährte, Lehrer, mein Verbündeter… Ein Teil meines inneren Gleichgewichts, das mich hier in der Fremde überleben ließ und mein Fortkommen ermöglichte. Mochte er sich auch meine Freundschaft erbeten haben, so lebte ich in dem Bewusstsein, dass mein Leben nichts wert war, wenn er mich fallen ließe. Einen solchen Menschen hat man nicht zum Freund, man fürchtet ihn, hasst ihn zuweilen und bewundert ihn. Bey Assin war ein alter, weiser Mann, und ich glaube, letzten Endes, die Bewunderung überwog bei mir als jungem Mann bei weitem.

***

LORENZ STELLT SEINE FRAGEN

Antje Harken trat an den Küchentisch, stellte einen Becher dampfenden Tee vor Lorenz auf den Tisch und schraubte den Docht der Öllampe höher. „Du verdirbst dir noch die Augen, mein Sohn. Du liest und liest und findest kein Ende. Ich mag gar nicht wissen, was dabei herauskommen soll!"

Für einen Moment legte Lorenz Harken die Blätter beiseite. Der sanfte Tadel seiner Mutter und ihre Besorgnis stimmten ihn nachdenklich. „Es ist ein Jammer, dass ich all das erst jetzt lese, wo Vater bereits tot ist. Ich würde sehr gerne mit ihm darüber sprechen. Wie wenig ich von ihm gewusst habe."

„Ich bitte dich, Lorenz, Hark Olufs war dein Vater, und du hast ihn gekannt, wie man seinen Vater kennen sollte. Meinst du wirklich, ein Stapel vollgeschriebener Blätter macht einen anderen Menschen aus ihm?"

Lorenz blickte seine Mutter nachdenklich an und zog es vor, nicht darauf zu antworten, denn er spürte sehr wohl, dass sein Vater auf Amrum und jener Hark Olufs, von dem er in den Aufzeichnungen las, nicht ein und dieselbe Person waren. Vielleicht in mancher Ansicht wie die zwei Seiten einer Medaille. Ein Thema, über das seine Mutter, nicht gerne sprach.

„Hat er dir über die Zeit an der Mohrenküste erzählt? Dir vielleicht Dinge verraten, die er sonst niemandem anvertraut hat?" Lorenz wollte jetzt alles wissen. Warum sollten die Aufzeichnungen tatsächlich alles Wichtige enthalten? Ganz sicher gab es noch mehr.

„Nein, und ich habe ihn auch kaum danach gefragt. Wenn du mehr wissen willst, fragt deinen Onkel Hark Nickelsen. Die beiden wussten alles voneinander, wie mir schien." Antje Harken machte sich am Ofen zu schaffen, setzte Wasser auf, heizte ein.

„Hatte er in Constantine eine Familie? Eine Frau und Kinder?"
Lorenz wusste bereits in dem Moment, in dem er die Frage stellte,
dass sie unbeantwortet bleiben würde.

„Ich sagte dir schon, dass ich nichts weiß! Dein Vater hat immer
gesagt, dies alles sei in einem anderen Leben gewesen. Seine Heimat sei hier, sein Leben und seine Familie. Ich finde, das reicht!"
Ihre Stimme klang entschieden. Doch ihr Sohn wollte mehr wissen. Aber sie unterbrach ihn: „Bevor du weiter bohrst, du Stubenhocker und Papier fressende Leseratte: Es mag sein, dass du zu
deinen Fragen Dinge in den Blättern findest, von denen ich nichts
weiß. Es soll eine Frau in Algerien gegeben haben, die er verlassen
hat. Ich will nichts wissen davon. Hark war mein rechtmäßiger
Mann, den ich von ganzem Herzen geliebt habe. Und das Andenken solltest du bitte respektieren! Behalte alle anderen Dinge für
dich. Bitte!"

Lorenz trank von dem Tee und entschuldigte sich für seine Neugierde. Jetzt fiel ihm aber die Frage ein, über die er in den Aufzeichnungen seines Vaters kaum etwas finden konnte. Eine Frage,
auf die seine Mutter sicherlich antworten würde. „Wann hat Großvater Oluf von dem Verlust des Schiffes und der Versklavung seines Sohnes erfahren? Es muss ja furchtbar für ihn gewesen sein."
Antje Harken nahm das Wasser vom Feuer, wischte sich beide
Hände an der Schürze ab und setzte sich zu ihrem Sohn. Für einen Moment störten noch Ehlen und Marret, die Schwestern von
Lorenz, die kichernd hereinstürmten. Sie nahmen sich vom Brot
und gingen mit vollen Backen kauend und tuschelnd wieder nach
draußen. Wahrscheinlich beschäftigten sie irgendwelche Liebes-
geschichten. All ihre Gedanken kreisten nur noch um Herzens-
dinge. Antje Harken schickte ihren Töchtern noch die Ermah-
nung hinterher, nicht mehr im Dorf rumzustreunen, es sei bereits
dunkel und es schicke sich nicht. Lorenz schüttelte nur den Kopf
über solche Kindereien. Gern wäre er mit den Föhrern gefahren,
den Walfang zu erlernen, oder zur fernen Mohrenküste, um zu sehen, worüber der Vater geschrieben hatte. Aber Mutter und auch
sein Onkel, die an der Stelle seines verstorbenen Vaters der Familie vorstanden, konnten solchen Plänen wenig Gutes abgewinnen.

„Die Hamburger Fregatte, die der »Hoffnung« Geleitschutz geben sollte, kreuzte noch zwei Tage vor der englischen Küste und

lief unverrichteter Dinge danach den Heimathafen an. Natürlich befürchtete man schon das Schlimmste, aber Gewissheit erhielt man erst Wochen später, als der Kommandant einer französischen Fregatte bei seiner Rückkehr dem Hafenmeister in Nantes Meldung machte, man habe in der Straße von Gibraltar ein offenbar gekapertes deutsches Handelsschiff mit dem Namen »Hoffnung« gesichtet. Diese Beobachtung wurde weiter gemeldet, und die Hamburger sorgten dafür, dass den Schiffseigner Oluf Jensen die Nachricht über das Schicksal seines Schiffes erreichte. Inzwischen war auch ein Kommissionär der Piraten in Hamburg bei der Hafenbehörde vorstellig geworden und hatte eine Namensliste der Gefangenen und die Lösegeldforderungen überbracht. Es war bereits spät im Sommer, als das erste Schmackschiff, das die friesischen Walfänger aus Hamburg und Amsterdam in ihre Heimat zurückbrachte, in die Schmaltiefe bei Amrum einlief. Die Walfänger kehrten immer als Erste heim, während die Besatzungen der Handelsschiffe noch über Wochen nicht zu erwarten waren. Kapitän Boi Mannes hatte den Auftrag erhalten, Oluf Jensen das offizielle Schreiben der Hamburger Behörden und die traurige Gewissheit über die Gefangenschaft seines Sohnes Hark zu überbringen. An Bord des Schmackschiffes befand sich der inzwischen aus der Haft entlassene Smutje Kiel, der sich persönlich für die Bezahlung der Rechtsverteidigung durch deinen Großvater bedanken wollte. So standen die alten Seefahrer in der Wohnstube, drehten nach Austausch der Grüße und Höflichkeiten ihre Hüte verlegen in den Händen und wussten nicht so recht auf das Eigentliche zu sprechen zu kommen. Nachdem Kiel stockend und mit sehr vielen Verbeugungen endlich seinen Dank losgeworden war und alle Platz genommen hatten, überbrachte Kapitän Boi Mannes die Schreckensnachricht ruhig und ohne Umschweife. Er berichtete von dem gekaperten Schiff, das in der Straße von Gibraltar gesichtet worden war. Deinen Großvater Oluf Jensen hielt es nicht länger auf dem Stuhl. Er sprang auf, ging in der Stube umher und rief: „Und meine Leute, mein Junge Hark?" „Viele haben wohl den Angriff überlebt. Hier ist eine Abschrift der Liste mit den Gefangenen, die man an die Mohrenküste verschleppt hat. Harks Name steht auch auf der Liste." Mit zitternden Händen griff Oluf Jensen nach dem Papier, und ein Strahlen ging über das Gesicht deines

Großvaters, als er es las: „Hark – mein Junge. Er ist nicht tot. Er lebt. Er lebt noch immer, ich weiß es, der Gonger ist nicht gekommen." „Gut, Oluf, der alte Glaube trügt nicht. Dein Sohn lebt, und du kannst auf seine Heimkehr hoffen. Es sind schon ehedem Leute von unseren Inseln aus der Sklaverei in der Türkei heimgekommen." Doch von dem Lösegeld in Höhe des zehnfachen Jahreseinkommens eines Steuermannes sprach keiner der Männer. Der Kapitän Boi Mannes und Kiel waren erleichtert, dass der alte Kaufmann die Nachricht so gut aufgenommen hatte, und sie verabschiedeten sich bald. Am Sonntag wurde in der Kirche das erste Mal für die Männer der »Hoffnung« gebetet, und dein Großvater saß mit heißem Herzen in der ersten Reihe. Er wischte sich verschämt Tränen von der bärtigen Wange. Uns allen brach der Anblick des traurigen alten Mannes fast das Herz. Auch ich wusste weder ein noch aus, hatten dein Vater und ich uns aus freien Stücken doch die Ehe versprochen…" Der Blick von Antje Harken schweifte durch das Fenster nach draußen in die weite Ferne der Vergangenheit.

Seltsam, dass über diesen Teil der Geschichte in der Familie bisher kaum gesprochen worden war. Lorenz wollte mehr wissen und fragte nach der Höhe des Lösegeldes. Er hoffte, damit den Redefluss seiner Mutter aufrechtzuerhalten.

„Genau weiß das wohl niemand. Sie war jedoch so hoch, dass dein Großvater keine Möglichkeit sah, die Summe aufzubringen. Ein Bote hinterlegte einen Brief von Hark aus Constantine und die Lösegeldforderung des Bey in Hamburg beim Zollamt. Es war furchtbar. Oluf Jensen richtete ein Gesuch an die für diese Zwecke eingerichtete Sklavenkasse und schrieb sogar an den dänischen König. Viele Amrumer haben das Gesuch unterstützt. Aber das Gesuch wurde abgelehnt, weil die »Hoffnung« unter hamburgischer und nicht unter dänischer Flagge gesegelt sei. Großvater reiste nach Hamburg, aber auch dort fand er keine Unterstützung. Oluf Jensen haderte mit dem Schicksal. Wir sahen den alten Mann jeden Tag bei Sonne, Sturm, Regen und Schnee allein an den Strand gehen. Dort verharrte er stundenlang auf der höchsten Düne und hielt Ausschau."

„Ulfs Düne – sie trägt seitdem seinen Namen?"

Antje Harken nickte. „Das Schlimmste war für mich, dass ich mit meinem Kummer allein war und mit niemandem wirklich darüber sprechen konnte. Dein Vater und ich waren offiziell noch kein Paar. So vergingen die Jahre, und die Familie und die Nachbarn erwarteten von mir, dass ich endlich heiraten und für meine Zukunft sorgen würde. Es war eine schwere Zeit."

„Warst du wirklich mit Girre Nickelsen verlobt?" Verlegen schaute Lorenz auf die Blätter vor sich auf dem Tisch. Doch seine Mutter lachte nur: „Ach, der Girre. Der war schon kein schlechter Kerl. Hoffnungen hat er sich gemacht. Ich wollte nach zwölf Jahren vergeblichen Wartens endlich meine Ruhe." Sie unterbrach sich, ging zum Fenster, öffnete es, um Marret und Ehlen hereinzurufen. „Aber dann kam dein Vater zurück. Er war schon aus anderem Holz geschnitzt als Girre. Wie der da so einfach in seinen Türkensachen herumstolzierte. Dann die Geschichten über ihn. Über nichts anderes wurde mehr geredet…"

Diese Seite seines Vaters kannte Lorenz nur zu gut, sein selbstbewusstes Auftreten, seine Weltoffenheit, die natürlich immer auch die Stubenhocker provozieren musste. Aber seine Mutter verlobt mit Girre Nickelsen, dem dickbäuchigen Handelsschiffer, dieser Trantüte?

Antje Harken merkte wohl, was sich im Kopf ihres Sohnes abspielte. „Nun schau nicht so bedröppelt, mein Junge. Dass ihr alle eures Vaters Kinder seid, darf ich dir versichern. Und jetzt ist es genug mit diesen alten Geschichten. Steh endlich auf und kümmere dich ums Vieh, statt dir Schwielen an den Hintern zu sitzen, dir die Augen zu verderben und Grillen in deinem Oberstübchen zu jagen, von denen niemand satt wird."

***

EIN UNVERHOFFTES WIEDERSEHEN

Die Zeit verstrich, und immer, wenn die Zelte des Bey abgebrochen wurden und sein Tross nach Constantine einzog, warteten dort Briefe auf mich aus der Heimat. Mein Vater versicherte immer wieder, er würde das Lösegeld schon aufbringen, und flehte mich an, nicht den Mut sinken zu lassen. Jetzt, im dritten Jahr meiner Gefangenschaft in Constantine, wartete bei meiner Rückkehr eine Überraschung auf mich. Jusuf Hodscha, mein alter Lehrer, überreichte mir zwei Briefe meines Vaters aus Amrum, über die ich mich sofort hermachte. Ich roch an den Umschlägen und meinte vor Sehnsucht, das Salz der Nordsee zu riechen. Eintausend Goldtaler, das zehnfache eines Jahreseinkommens eines Steuermannes – das schien mir eine fast unglaubliche Summe! Dennoch freute ich mich über die Nachricht aus der Heimat sehr und umarmte meinen Lehrer herzlich, weil er dafür sorgte, dass die Briefe mich tatsächlich auch erreichten. Meines Vaters Geschäfte gingen offenbar wieder gut und er besaß Kredit. Noch in diesem Jahr, vielleicht schon in den nächsten Monaten, wollte er mich zurückholen!

Mich erfasste eine ungeheure Ausgelassenheit, und ich schleuderte meine Pasamaken, meine bestickten und verzierten Hausschuhe, in zwei verschiedene Ecken des Raumes und begann mich wie toll zu gebärden. Ich sang, ich schrie vor Freude, meine Stimme überschlug sich, und ich begann, wie die Derwische zu tanzen, drehte meinen Körper immerfort um die eigene Achse, wobei mein linker Fuß fest mit dem Boden verbunden blieb und der rechte Fuß übertrat und den Schwung erzeugte. Die rechte Hand nach oben zum Himmel, die Linke zur Erde, den Kopf leicht zur linken Seite geneigt. So hatte ich es auf unserer letzten Reise erlebt. Ich brauchte keine Instrumente, Kesseltrommeln und Becken! Alles in mir pochte, schlug und jubilierte. Meine Stimme war Flöte und Trompete zugleich. Die Welt drehte sich in mir, um mich und nur für mich, und ich war ihr rauschhafter Mittelpunkt. Schier von Sinnen gebärdete ich mich, stürzte, sprang lachend auf die Beine und setzte mein tolles Treiben fort, so dass das ganze Haus und die Nachbarschaft zusammenliefen. Mit rotem Kopf vor Aufregung

und Verlegenheit scheuchte Jusuf Hodscha seine beiden Frauen und seine Töchter davon, die vor Sorge und Neugierde einfach ins Zimmer gestürzt waren und mich jetzt unverschleiert vor den Augen aller Umstehenden begafften. Er trieb sie mit Verwünschungen hinaus aus dem Raum, zurück in ihren Wohntrakt. Während Jusuf Hodscha sie vor sich her trieb, begannen die Nachbarn, die Gefallen an dem Spektakel fanden, über seine Bemühungen, Ehre und Ordnung im Haus aufrecht zu erhalten, zu lachen, und sie klatschten und sangen. In dem Maße, wie Hodschas Verzweiflung wuchs, steigerte sich meine Ausgelassenheit. Bis, ja bis ich ihn, meinen alten Lehrer, durch den Schleier meiner verwirrten Sinne wieder in den Blick bekam und bemerkte, dass er sich einfach hingehockt hatte, das Gesicht in den Händen verbarg und weinte. Ich hatte genug, sprang mit einem mächtigen Satz in die Höhe und ließ mich zu Boden fallen, wo ich hechelnd liegenblieb. Genoss, dass sich die Welt ausschließlich um mich drehte. Nach und nach gingen jetzt die Nachbarn und die Bediensteten wieder. Ich spähte vorsichtig zu meinem Lehrer, denn ich hatte ihn nicht verletzen wollen. Ihn, dem ich auch dieses rauschhafte Glücksgefühl in Erwartung des Lösegelds und meiner Befreiung verdankte. Er beruhigte sich und brummte in tiefen, kehligen arabischen Lauten: „Du solltest dich nicht so aufführen als Kaffeeschenker." Ich lachte: „Die Derwische gelten als heilige Männer, die ins Jenseits blicken können." „Du hast mein Haus entehrt und wirst noch im Verlies enden mit Schaum vor dem Maul." „Ich werde bald freigekauft und zu meinem Vater segeln!", setzte ich dagegen. „Dir fehlt der Respekt, und noch bist du hier! Es ist noch nichts sicher. Wie ein törichtes Kind schreist du dein Glück hinaus, bevor du es gemacht hast, Hatschi Bu!" „Willst du mir Angst machen?"
Er musste wohl sehr verärgert sein, denn sonst nannte er mich nicht bei meinem kindlichen Spitznamen. Ich entschuldigte mich, versuchte mich in wortreichen Erklärungen meiner Gefühle. Jusuf Hodscha verstand mich durchaus, blieb aber griesgrämig: „Gefühle sind wie Luft – man kann sie nicht greifen. Und ballt sich die Luft zu Stürmen, so raubt sie dir den Atem, hindert dich an klarer Sicht und am Fortkommen."
Verdammt nochmal, ich war achtzehn Jahre alt, und mir stand der Sinn nach allem anderen als nach Philosophieren! Dennoch:

Ich musste ihm versprechen, vernünftig zu bleiben, ehe Jusuf Hodscha bereit war, mir die nächste Überraschung zu verraten. Er führte mich zur Kasba, um mich dort dem neuen Waffenmeister der Janitscharen und damit meinem neuen Lehrer für Fecht- und Schießkunst vorzustellen. Niemand kann ermessen, wie ich mich freute, plötzlich dem alten Bartenwetzer Tom Mampe gegenüberzustehen. In seiner musilmanischen Verkleidung hatte ich ihn zunächst kaum erkannt.

„Zwieback!“, dröhnte es durch die Räume. „Da bist du endlich! Und alles dran an dem Kerl! Gewachsen bist du! Richtig erwachsen geworden!“ Schon lagen wir uns in den Armen, klopften uns sprachlos vor Glück mit Händen und Fäusten auf den Rücken. Jetzt würde auch noch kurz vor meiner Abreise meine Einsamkeit hier ein Ende finden!

Bey Assin hatte den Bartenwetzer vom Dey von Tunis gekauft, wo er zuletzt in der Waffenschmiede gearbeitet hatte. Ich bemerkte die Verbrennungen auf seinen nackten Armen, die Vernarbungen im Gesicht und mochte mir kaum vorstellen, wie sein Körper aussehen würde. Das Schicksal hatte es nicht gut mit ihm gemeint. Er kommentierte meine besorgten Fragen nur mit einem Achselzucken: „Für mich zahlt keiner Lösegeld. Aus Tom Mampe ist daher Abu Zaid geworden. Ich lebe noch und das nicht schlecht.“ Jetzt erst bemerkte ich eine verschleierte Schönheit, die uns bediente. „Darf ich vorstellen? Meine Hauptfrau Aische. Eine treue Seele.“ Die Frau verneigte sich kurz in meine Richtung und verschwand wieder. „Sie ist verstimmt. Als ich von meiner neuen Stellung hier erfuhr, habe ich meinem Stand gemäß eine zweite, jüngere Frau geheiratet.“ Er malte mit seinen Händen eine wunderschöne Frauenfigur in die Luft und rollte mit den Augen.

„Du bist Moslem? Ein Renegat?“ Ich mochte es kaum glauben.

„Na und? Ist doch ein prima Leben hier! Darüber solltest du auch nachdenken, Zwieback! Kannst heiraten, hast danach alle Chancen bei Hofe. Keiner trampelt mehr auf dir rum, und du lebst in Sicherheit.“ „Nein, danke!“, wehrte ich entschieden ab. Ich erzählte von dem Brief und dem erwarteten Lösegeld. Der Bartenwetzer Abu Zaid, das alte Schlachtross der »Hoffnung«, hatte Verständnis für mich. „Mensch, in die Heimat. Fast könnte ich dich beneiden!“ Er lachte laut und freute sich ehrlich für mich.

Jusuf Hodscha saß dabei, beteiligte sich nicht an unserer Unterhaltung und verzog keine Miene. „Er mag mich wohl nicht", brummte Bartenwetzer Abu Zaid. „Bin ihm wohl etwas grob geraten." „Nur Mohammed, Friede sei mit ihm, blickt in die Seelen. Mir fehlt diese Art von Weisheit. Wie könnte ich mir da ein Urteil erlauben? Ich sorge mich nur um unseren jungen Freund Hark Olufs hier", entgegnete mein Lehrer vieldeutig.

Unbeirrt scherzte Bartenwetzer Abu Zaid weiter. Kurze Zeit später kreuzten wir bereits im Hof die Klingen, und ich zeigte ihm, was ich inzwischen alles gelernt hatte. Nach drei Jahren Unterricht bei den Janitscharen bildete ich mir ein, mich meiner Haut durchaus geschickt wehren zu können. Tatsächlich brachte ich ihn das eine oder andere Mal durchaus in Verlegenheit, und mein Freund begann richtig zu schwitzen. Aber seine unglaubliche Geschicklichkeit und Reaktionsschnelle lernte ich jetzt, da ich selbst fechten konnte, erst richtig zu schätzen. So sehr ich ihm mit meinen schnellen Beinen auch zu Leibe rückte, entwaffnet oder besiegt hätte ich ihn noch lange nicht. Es war, als würde er jede Finte im Voraus kennen, als führe jemand seinen Degen, der meine Gedanken lesen konnte. Keuchend hockten wir dann beieinander und strahlten uns an, glücklich, uns wiedergefunden zu haben. Jusuf Hodscha verabschiedete sich, offensichtlich stolz darauf, dass sein Schüler sich diesem fremden Renegaten nicht geschlagen geben musste.

„So, du willst also ein Christenmensch bleiben. Da werden sich unsere Wege wohl wieder trennen."

„Hoffentlich bald. Am liebsten würde ich dich mitnehmen", gestand ich ihm meine widerstreitenden Gefühle.

„Ich denke nicht, dass die hiesige schöne Sitte der Vielweiberei auf Amrum auf Begeisterung stoßen wird. Jedenfalls nicht bei allen", lachte der Bartenwetzer Abu Zaid. „Und ich gedenke nicht, auf eine meiner Schönen zu verzichten." Ich wiederum war froh, dass er es so leicht nahm. „Achtzehn bist du jetzt, Zwieback? Wie hältst du es mit den Frauen?" „Du meinst jene verhüllten Wesen, die gleichsam unsichtbar hinter Dutzenden von Schleiern verborgen durch die Straßen huschen, und denen sich vor allem krätzige Sklaven nicht nähern dürfen? Es gibt Wichtigeres. Abu Zaid, ich war bis jetzt ohnehin eher mit dem eigenen Überleben beschäftigt."

„Verstehe." Bartenwetzer Abu Zaid verzog sein Gesicht. „Ich meine, in deinem Alter..." „...ich weiß schon, was du meinst, mein
Freund, aber kein Interesse. Ich habe meine Liebste zu Hause, Antje. Sie wartet auf mich." „Sicher ist in der Liebe und im Krieg am
Ende nur der Tod." „Ich weiß, dass sie wartet", entgegnete ich hitzig.
Darauf grinste Bartenwetzer Abu Zaid listig und trotzte mir eine
Verabredung für den Abend ab. Er wollte mir etwas zeigen. Ganz
harmlos, wie er mir mehrfach versicherte, bevor ich mich darauf
einließ. Als wir uns dann gegenüberstanden, um uns für ein paar
Stunden zu trennen, überfielen uns beide die Erinnerungen und
machten uns stumm. Erst, als wir die Namen jener aufzählten,
die mit uns auf der »Hoffnung« gewesen waren, fanden wir die
Worte und unsere Sprache wieder. So erfuhr ich, dass unser Kapitän Ricklef Flor und unser Steuermann Riewert Peters freigekauft wurden, aber auch von dem ungewissen Schicksal meiner
Freunde Nick und Janik Nickelsen, die wie ich in Algier auf dem
Sklavenmarkt verkauft und weiterverkauft worden waren. Auch
wenn man Gerüchten keinen Glauben schenken sollte, so gaben
sie doch Anlass zu mancher Befürchtung. Den Rest der Überle-
benden dieser Kaperfahrt hatte es in alle Winde zerstreut. Etliche waren inzwischen auch gestorben, und die Erinnerung an sie
kroch wie ein Schatten durch unser Gespräch.

LEILA

Ich folgte Bartenwetzer Abu Zaid blind vor Vertrauen, als er mich
bei einbrechender Dunkelheit in der Kasba zu einem hohen Gebäude führte, das ringsum mit Fluglöchern versehen war. Diesen
Teil der Kasba hatte ich noch nie betreten, und wir waren hier völlig allein. Abu Zaid erklärte mir, dieses Gebäude sei für die Falken
und Greifvögel des Bey gebaut worden. Es gebe sogar Eulen, die
in der Dunkelheit aus diesen Fluglöchern im Mauerwerk kämen
und auf Jagd gingen.

Ich wunderte mich jetzt doch schon sehr, dass mich mein Freund für diese Neuigkeit hierhergeführt hatte, doch wir schlichen weiter bis zu einer Mauer, an der armdickes Buschwerk emporrankte. Dort hockten wir in dem Schatten des Gebäudes und lauschten auf die Geräusche der Nacht. Abu Zaid tat geheimnisvoll. Nach einer Weile hörten wir Frauenstimmen und Mädchenlachen von der anderen Seite der Mauer und den hellen Klang einer Mismar, einer silbernen Flöte, die sehr hohe Töne hervorzauberte. Die tänzerische Melodie perlte wie ein warmer Regen durch die Nacht und wurde untermalt von dem glockenhellen Lachen der Mädchen.

Abu Zaid packte mich beim Arm: „Willst du sie sehen?" Er deutete auf das Geäst. „Ich gebe ein Zeichen, wenn jemand kommt." Schon schlich er sich in die gegenüberliegende Ecke, aus der er Hof, Zugang und umliegende Gebäude am besten überblicken konnte. Ich zögerte noch einen Moment, dann hielt es mich nicht länger und ich kletterte an dem armdicken Geäst der Büsche empor. Für das, was ich von hier oben heimlich erspähte, hätte ich jeden Gipfel erstürmt.

Hinter der Mauer befand sich einer der Innenhöfe, der an das Haremsgebäude grenzte, das durch hohe Mauern von der Außenwelt abgeschirmt wurde. Hier lebten heute, da Bey Assin als betagter Mann nur noch zwei Hauptfrauen hatte, die älteren Haremsdamen, jetzt vor allem aber Töchter, uneheliche Kinder und Anverwandte der obersten Hofbeamten. In der Mitte dieses Innenhofes lag ein Teich mit Springbrunnen, in dem sich junge Frauen und Mädchen wuschen. Ihre Schleier und Kleider lagen auf marmornen Bänken unter den drei Bäumen, die hoch gewachsen tagsüber wohl Schatten spenden mochten. Mein Blick folgte dem Klang der Mismar. Eine Gruppe junger Mädchen tanzte mit hoch erhobenen Armen, die Hüften wie im Traum zur Melodie wiegend. Unverschleierte, halbnackte und nackte Schönheiten – es fehlte nicht viel, und ich wäre vor Aufregung und Entzücken von der Mauer gestürzt. Ich wusste zunächst nicht, wohin ich als erstes blicken sollte. Ein Mädchen war vom Wasser zu den anderen geeilt und wiegte sich jetzt mit nacktem Oberkörper allerliebst in den Hüften. Dann klatschte sie ausgelassen in die Hände, stieß einen spitzen Schrei aus, und alle begannen sie gemeinsam rhythmisch zu klatschen und zu singen. Ihr Tanz wurde wilder, leidenschaftlicher. Ich hatte längst alle Gefahren vergessen und vermochte mich jetzt vor Erregung kaum ruhig zu halten. Da geschah es, dass ausgerechnet jenes Mädchen, das ich für meine begehrlichen Blicke auserkoren hatte, nach einer raschen Drehung unvermittelt in meine Richtung schaute, für einen Moment innehielt, als traue sie ihren Augen nicht und drei andere schwungvoll mit ihr zusammenstießen.

Erschrocken duckte ich mich weg, hoffte, noch ungeschoren davonzukommen. Ich lauschte, Schweiß brach mir aus, aber ich hörte nur ausgelassenes Gekicher, ihre Stimmen. So schnell es ging, kletterte ich wieder nach unten, hastete zu Abu Zaid, der mich verwundert musterte. „Na, schon genug?" Ich atmete schwer, vor Schreck, aber auch vor Erregung. Abu Zaid schaute auf meine Pluderhose, in der sich meine Männlichkeit deutlich abzeichnete und die meine Erregung nicht zu verbergen vermochte. „Jetzt bin ich aber beruhigt", grinste mein Freund, „ich hatte schon Sorge, dass du nichts für Frauen übrig hast. Ein Anfang ist gemacht…"

„…und dabei bleibt es", zischte ich ihm zu. Mir war es peinlich, dass meine Gefühle so offen zu Tage traten, und ich mochte nicht mit ihm darüber reden.

„Jetzt hast du wenigstens eine Vorstellung davon, auf was du dich bei deiner Liebsten freuen kannst."

„Still, ich glaube, eines der Mädchen hat mich entdeckt."

Wir lauschten auf die Geräusche und Stimmen. Doch wir vernahmen keine Entsetzensschreie. Stattdessen wieder die hohen Töne der Mismar, die Mädchen begannen erneut zu singen und zu klatschen. „Alles in Ordnung. Komm, wir schleichen uns lieber." Abu Zaid ging voraus.

Zuerst war es nur ein zaghaftes Klopfen. So unwirklich, dass ich schon meinte, meine Müdigkeit hätte mir einen Streich gespielt. Ich lauschte, wollte schlafen, doch mein schlechtes Gewissen hielt mich wach. Immer wieder war ich zu der Mauer geschlichen, immer wieder war ich am Buschwerk emporgeklettert und hatte in den Innenhof gespäht. Und wenn ich mich weigerte, der Versuchung nachzugeben und unschlüssig in der Ecke stand, wo Abu Zaid auf mich gewartet hatte, brach der helle Klang der Mismar meinen Widerstand und trieb mich wie von einer Sucht besessen, kopflos, atemlos, hinauf zu meinem Aussichtspunkt. Zurück in meiner Stube schalt ich mich einen Dummkopf, denn es war nur eine Frage der Zeit, bis man mich erwischen würde. Außerdem gewann ich zunehmend den Eindruck, dass jenes Mädchen, dem meine begehrlichen Blicke galten, durchaus von meiner Gegenwart wusste. Längst lief sie nicht mehr barbusig zum Tanz, und sie bewegte sich auffällig oft in die Richtung meines Verstecks, gerade so, als befände sie sich auf einer Bühne. Andererseits konnten es nur flüchtige Blicke sein, mit denen sie mich streifte, denn sie vermied jegliche Art von Geste, die mich hätte verraten können. Dass sie von meiner Gegenwart wusste und mich wahrscheinlich deckte, machte sie mir unwiderstehlicher und erhöhte gleichzeitig meine Qualen und Selbstvorwürfe. Man behandelte mich gut als Kaffeeschenker, und ich setzte mit einer solchen Torheit meine Stellung und sogar meine Rückkehr nach Amrum aufs Spiel! Wenn ich aufflog, würde das nicht gut ausgehen, dessen konnte ich sicher sein.

Als ich mich entschlossen hatte, das Klopfen meiner überreizten Fantasie zuzuschreiben, schlug es erneut gegen die Tür. Dieses Mal heftiger und fordernd. Schweiß brach mir aus. Um diese nächtliche Stunde erwartete ich niemanden mehr. Andererseits, versuchte ich mich zu beruhigen, würden wohl weder die Palastwachen noch die Kerkermeister höflich anklopfen und um Einlass bitten, wenn es darum ginge, mich dingfest zu machen. Vorsichtig öffnete ich die Türe einen Spaltbreit. Schon schoss mir eine Faust entgegen, die mir ein Papier unter die Nase hielt. Ich erschrak, entzifferte jedoch mühsam im Halbdunkel die Worte: „Du solltest mich hereinbitten! Ich weiß, wo du dich allabendlich heimlich rumtreibst!"

Sofort schlug meine Furcht in Wut um. Ein Spion, ein Erpresser! Nicht mit mir! Ich würde ihn fertig machen! Die Tür mit der Hand aufgerissen, gleichzeitig mit geballter Faust den elenden Schurken gegriffen, ihn mit einem Ruck an die Wand hinter der Tür geschleudert und ihn im Würgegriff, dass ihm die Luft wegblieb – Bewegungen ausgeführt in Sekundenbruchteilen. Schon krachte im nächsten Moment die Tür hinter uns zu, die ich mit dem rechten Fuß getroffen hatte, und ich schleifte den überwältigten Kerl hinter mir her durch meinen kleinen Flur ins Licht meiner Stube.

Zuerst nahm ich die Uniform eines Kaffeeschenkers wahr. Der junge Bursche trug Kleider wie ich! Dann vernahm ich seine hohe Stimme, und als schließlich die Kappe vom Kopf zu Boden fiel, sich die Haare lösten und ich den Schal vom Gesicht meines Gegners gerissen hatte, war ich es, der vor Überraschung zurücktaumelte! Denn vor mir stand meine angebetete Tänzerin aus dem Harem in Männerkleidern…

Ich starrte sie an. Sprachlos, atemlos. Konnte es nicht glauben, sie war zu mir gekommen! Ihr Gesicht aus der Nähe betrachtet schien zart, fein gezeichnet, beinahe indisch anmutend. Die Männerkleider standen ihr gut, betonten ihren schlanken, geradezu athletischen Körper, ihre stolze aufrechte Haltung. Sie hätte verletzt sein können, zumindest mitgenommen von meinem Angriff, aber sie stand da, als sei das alles nicht geschehen, als könne ihr nichts etwas anhaben. Aufrecht, den Kopf leicht erhoben, wie eine Königin. Die Haare fielen ihr in Locken bis auf die Schultern. Sie waren so schwarz, dass sie dort, wo das Licht der Kerze auf sie traf, glänzten. Ringellocken und schmale Zickzacklinien fielen ihr ins Gesicht. Als sie ihre Hand hob, um die Haare zurückzustreichen, sah ich ihre mit Henna gefärbten Handinnenflächen. Ihre Augen so dunkel, als würde ich in einen Abgrund blicken.

Wie gelähmt stand ich ihr gegenüber, Abstand wahrend, wie es die Etikette hierzulande verlangte. Sie musterte mich aufmerksam, wie man vielleicht ein seltenes wildes Tier beobachtete, das man gefangen und in einen Käfig gesperrt hatte. Ich wusste, sie war ein Mädchen, das sich um jeden Preis weigern würde, jemandem zu gehören, besiegt zu werden. Das war ihr Schicksal in diesem Land, in dem Hochzeiten arrangiert und Frauen verkauft und gekauft wurden, wie es mein Schicksal war, rechtlos als Sklave hier zu bleiben. Ich hatte sie mit meinen Blicken entblößt, sie entehrt, sie wollte sich rächen, und wenn sie alles, was sie besaß, ihre Ehre und Jungfräulichkeit, ja sogar ihr Leben dafür aufs Spiel setzen würde. Wohin sollte das führen?

Einen Augenblick lang wurde mir richtig schwindelig, so stark war ihre Wirkung auf mich. Sie starrte mich an, während sie jetzt begann, die Weste auszuziehen und das Hemd aufzuknüpfen. Sie ließ die Kleidungsstücke einfach zu Boden gleiten. Ihre kleinen Brüste fest und rund. Dann wandte sie sich ab. Ihr Körper schlank und biegsam wie eine Schlange, ihre Hüften ein weibliches Versprechen. Sie würde sich jetzt auch noch der Hose entledigen. Erregung und Scham rangen in mir: „Nein, ich will das nicht! Nicht so!", rief ich. Ganz ruhig wandte sie sich mir wieder zu: „Das war es doch, worum es dir ging, und jetzt willst du mich nicht mehr sehen? Hockst dort oben heimlich auf der Mauer und begaffst uns, benutzt mich für deine dreckigen Fantasien. Jetzt schau hin! Du sollst es bekommen, wonach du dich so sehnst..." Mit zwei Schritten war ich ihr nahe, schloss sie in die Arme, als sei sie zerbrechlich, streichelte ihren nackten Rücken, als stünde sie in der Kälte, und presste meinen Kopf in ihre Haare, als würde ich nach einer langen Reise endlich ankommen. „Nein, nein", sagte ich wieder, „so nicht. Bitte, so nicht..."

Sie entwand sich meinen Armen, stellte sich vor mich, vollführte ein paar der Tanzschritte, die mir wohl vertraut waren. „Gefalle ich dir nicht? Ist es das? Begehrst du eine andere von uns?" „Du bist wunderschön. Mein Glück ist vollkommen. Ich will keine andere..." Sie lachte verächtlich, und ich wurde bei dem Gedanken, wie mich die nackten Badenden im Teich des Harems erregt hatten, rot vor Verlegenheit.

„Bitte sei vernünftig. Wenn man uns hier entdeckt, ist es schon schlimm genug. Aber wenn du nicht mehr unberührt mein Zimmer verlässt, wird das für uns beide böse enden. Ich will nicht, dass dir etwas passiert." „Mein edler Kaffeeschenker", spottete sie, stand unmittelbar vor mir und wandte sich mir mit erhobenem Kinn zu. Ich beugte mich zu ihr vor. Nach kurzem Zögern berührten meine Lippen die ihren. Sie nahm meinen Kopf in ihre Hände und verschlang mich geradezu. Ihr Körper eng an meinen gepresst, die Lippen auf meinen, brannten wir beide lichterloh vor Verlangen. Dann riss ich mich ruckartig los, hob ihr Hemd auf und streifte es ihr über die Schultern, um ihre Nacktheit zu bedecken. „Seit ich dich dort oben von der Mauer aus gesehen habe, kann ich nur an dich denken", flüsterte ich. Wir atmeten schwer, rangen um Fassung. „Wir müssen aufpassen. Schon für weniger haben Menschen mit dem Leben bezahlt", sagte ich.

„Ja, ich weiß, und sie werden uns nicht den Gefallen tun, uns zusammen hinzurichten", antwortete sie mit großem Ernst. Dann mussten wir beide über diese unmögliche Situation lachen. Zwei junge Menschen, halb bekleidet, bereit, übereinander herzufallen vor Liebe und Verlangen, unterhalten sich über ihren Henker und einen grausamen Tod. Lächerlich!

Ich setzte mich auf ein Kissen, sie löschte das Licht und legte ihren Kopf in meinen Schoß. Dort in der Dunkelheit gab es nur noch unsere Küsse, den Duft ihres Körpers. Myrrhe, Veilchen, Moschus…, und dazu unsere Seufzer und unsere Worte, die unsere Liebe ausmalten.

Sie hieß Leila, und als sie sich wieder davongeschlichen hatte, dachte ich für einen Augenblick daran, wie anders sie war als Antje, dass ihr schlanker Körper nicht dafür geschaffen war, auf Amrum ein Feld zu bestellen, Sturm, Regen und Schnee zu trotzen. Ich verdrängte diesen Gedanken. Nichts war entschieden, auch wenn ich bis jetzt nur zurück nach Hause wollte. Ich wünschte, Leila würde mir nicht so gefallen, ich wünschte sogar, ich wäre ihr nie begegnet, und verfluchte mich zugleich für diese meine Verlogenheit! Mit von Küssen brennenden Lippen lag ich noch lange wach.

Ich versprach ihr leichten Herzens, nicht noch einmal in die Nähe der Mauer zu kommen. Sie gab zu, eifersüchtig zu sein und rasend bei dem Gedanken, eine andere könne mir gefallen. Dafür trafen wir uns fast jede Nacht. Ich wusste nicht, wie sie es anstellte, sich unbemerkt davonzuschleichen, und wenn ich ihre Schritte hörte, wenn sie zaghaft klopfte und mir jedes Mal eine Liebesbotschaft überreichte, ehe sie hereintrat, war es mir auch gleich. Ihre Schönheit traf mich jedes Mal wie ein Blitzschlag. Wir wussten beide, dass wir unser Begehren, einander völlig zu besitzen, nicht mehr lange zähmen konnten. Aber keiner von uns wollte den ersten Schritt tun. Jede noch so geringe Verrichtung geriet zur Liebeszeremonie und jedes Gespräch zum Liebesgeflüster, das in wilden Küssen endete. Mein Kopf geriet völlig durcheinander. Wer sich so küsste, wie wir uns küssten, war längst verliebt, und wer so verliebt war, sollte heiraten. Doch wir konnten nicht offiziell füreinander werben, für unsere Liebe war in diesem Land kein Platz. Niemand hätte einer Heirat zugestimmt, auch wenn ich zum Islam konvertiert wäre. Ein Sklave mit der Tochter eines hohen Hofbeamten – unmöglich!

Nach einer Woche begann ich mir einzureden, ich würde schon

einen Weg finden. Leila weinte beim Abschied: „Es gibt keinen Weg, Liebster. Es bleiben uns nur die wenigen Nächte." Ich glaubte fest daran, hatte ich doch so vieles überstanden, warum sollte mir nicht dieses Mal, wo doch mein ganzes Herz daran hing, nicht auch ein Ausweg einfallen? So besessen ich von diesem Gedanken, dieser Hoffnung war, die an nichts Reales geknüpft werden konnte, so misstrauisch wurde ich gegenüber jedermann. Weder Abu Zaid, den Bartenwetzer, erst recht nicht meinen alten Lehrer Jusuf Hodscha, meine engsten vertrauten Freunde, weihte ich ein. Keinen Moment dachte ich mehr an meine Rückkehr nach Amrum, alle meine Gedanken kreisten um Leila und unsere gemeinsame Zukunft. Schließlich fasste ich den aberwitzigen Plan, mit ihr zu fliehen. Ein riskantes, aussichtsloses Abenteuer, das ich schon als Sklave allein nicht gewagt hatte. Aber jetzt hatte ich Zugang zu Pferden, besaß Vorräte und Kleidung. Unsere Liebe würde alles weitere möglich machen. Ich hatte eine Route ausgearbeitet. Sie führte geradewegs ins Herz Afrikas, dieses schwarzen Kontinents. Man würde uns in der Nähe der Küste, in Hafenstädten suchen. Wir müssten daher der Wildnis trotzen. Karten besaß ich nicht, nur wirre Erzählungen schwirrten mir im Kopf von wilden Tieren, von Urwäldern, von schneebedeckten Bergen, Wüstenstreifen und menschenfressenden Eingeborenen. Wir würden uns durchschlagen durch dieses große Unbekannte bis zur nächsten Küste und dann… Ein Schiff vielleicht? Ein anderes Leben? Ich würde Leila zur Frau nehmen, wenigstens in diesem Punkt war ich mir sicher.

Doch kaum hatte ich die Vorräte beisammen, notwendige Kleidung in einem Bündel verschnürt, alles bereit für die Flucht ins Ungewisse, entschlossen, Leila einzuweihen und Tag und Stunde festzusetzen, blieben das erste Mal nach vielen gemeinsamen Nächten ihre Besuche aus. Zuerst dachte ich mir nichts dabei, immerhin musste sie sich heimlich davonschleichen. Irgendetwas war ihr dazwischen gekommen. Im Gegenteil: Ihre Vorsicht war gut für unsere Flucht. Jetzt nur nichts Unüberlegtes tun! Doch nach zwei Tagen konnte ich an nichts mehr denken, so verzehrte ich mich nach ihr. Ich machte Fehler bei meiner Arbeit, vernachlässigte Fecht-, Reit- und Sprachunterricht. Das würde nicht lange ohne Konsequenzen bleiben. Ich müsste mich zusammenreißen!

In der Nacht des dritten Tages hockte ich trübsinnig auf meiner Türschwelle und lauschte in die Dunkelheit, doch das vertraute Geräusch ihrer Schritte blieb aus. All ihre kleinen Liebesbotschaften las ich immer und immer wieder. Vielleicht war doch etwas geschehen. Aber wie konnte ich mir Gewissheit verschaffen, hatte ich doch versprochen, die Mauer zum Harem zu meiden. Außerdem könnte ich sie verpassen, wenn ich nicht Abend für Abend hier ausharrte.

So sehr ich mich auch sorgte und mich bei Hofe unauffällig umhörte, mir kam nichts Verdächtiges zu Ohren. Nichts deutete auf einen Skandal und darauf hin, dass Leilas Heimlichkeiten entdeckt worden wären. Nach einer Woche zweifelte ich bereits an ihren Liebesschwüren und fürchtete, einem grausamen Spiel mit meinen Gefühlen zum Opfer gefallen zu sein. Im nächsten Moment war ich überzeugt davon, dass Leila in einem Verlies ihrer Strafe harrte. Schreiend und schweißgebadet schreckte ich in der Nacht aus einem Alptraum auf. Die Meute hatte sie gesteinigt! Ich weigerte mich, erneut einzuschlafen, und lief übernächtigt in meiner Stube umher.

Am nächsten Morgen wurde ich von der Nachricht überrascht, ein Kommissionär des Dey von Algier sei mit Lösegeldzahlungen eingetroffen. Tatsächlich entdeckte ich bei den Janitscharen fremde Reiter und die Fahne des Dey. Was, wenn auch mein Lösegeld überbracht wurde?

Wieder verrannen Tage wie der Sand in einer Sanduhr ereignislos dahin und nicht das kleinste Zeichen von Leila, aber auch keine Nachrichten aus der Heimat. Eines Morgens, als ich mit frischem Wasser auf dem Weg zum Bey Assin war, das Kaffeezeremoniell vorzubereiten, hielt mich der Zeremonienmeister bei Hofe, Sidi Abd-er Rahman, der Maghrebi, auf, umarmte mich herzlich und drückte seine aufrichtige Freude darüber aus, dass ich mich jetzt doch entschlossen hätte, in Constantine zu bleiben. Verstört fragte ich ihn, wie das zu verstehen sei. So erfuhr ich, dass meines Vaters Lösegeld eingetroffen und meine Freilassung verfügt worden sei, aber auch, dass der Kommissionär des Dey von Algier bereits am Tag zuvor mit den Freigelassenen die Kasba verlassen hatte. Man sei zu Pferd im Galopp nach Algier geritten, denn das Schiff Richtung Heimat würde bald auslaufen.

Vergessen war Leila. Ich fluchte, raste vor Wut und Aufregung, ließ den erschrockenen Zeremonienmeister stehen, stürmte zum Gasnadahl, dem Schatzmeister des Bey, raufte mich mit seinen Wachen, als man mich nicht vorließ, verletzte sogar zwei von ihnen, ehe man mich überwältigte und ins Verlies warf. Dort besuchte mich mein Lehrer Jusuf Hodscha, der die ganz elende Geschichte bestätigte. Tatsächlich hatte man irgendeinen Hamburger Burschen statt meiner für das Vermögen meines Vaters freigelassen! Ich schrie und wütete und fand kein Ende, so dass man mich bei Wasser und Brot in Ketten legen musste und mich mit Opium betäubte. Ich war allein, verlassen! Es pochte der Wahnsinn an meinen Schläfen, und eine Sehnsucht brannte in mir, von der ich meinte, sie würde mich umbringen.

DIE INTRIGE

Am nächsten Tag schaffte man mich unter Bewachung aus dem Verlies. Der Zeremonienmeister Sidi Abd-er Rahman, der Maghrebi, persönlich erwartete mich in meinem Zimmer in der Kasba, in dem er sich, wie ich mit einem Blick feststellen konnte, gründlich umgesehen hatte. Er befahl mir, meine Kleidung zu wechseln. Für ein Bad bleibe keine Zeit, Bey Assin würde mich erwarten. Tatsächlich führte man mich zur Mittagsaudienz vor den Thron des Bey. Ich hasste ihn, denn nichts in diesem Land geschah, ohne dass es seine Billigung erfuhr oder er zumindest davon Kenntnis hatte. Natürlich war ich von seiner Schuld überzeugt. Eine Intrige gegen mich, der ich mir nichts hatte zu Schulden kommen lassen. Ein schändlicher Betrug, ein Missbrauch meines Vertrauens. Am liebsten wäre ich vor ihn hingetreten und hätte ihm meine ganze Abscheu ins Gesicht gespuckt. Aber gleichzeitig war ich nach diesem Tag und dieser Nacht in dem stinkenden Verlies so verzweifelt, so mutlos, dass mich das Gefühl einer großen Leere befiel, die mich schwach und unfähig machte, überhaupt eine andere Reaktion außer meiner absoluten Teilnahmslosigkeit zu zeigen. Es war jetzt eine unumstößliche Tatsache geworden: Man wollte mich hier nicht gehen lassen, und meinem Vater würde es nicht möglich sein, diese Unsumme noch einmal aufzubringen. Ich stellte ihn mir vor, wie er diesem fremden Mann in Hamburg gegenübertreten würde, für den er sein Vermögen geopfert hatte, wie ihm jetzt bewusst werden würde, dass er seinen Sohn endgültig verloren hatte und in diesem Leben nicht mehr wiedersehen würde. Meine Gedanken liefen zu Antje, und mit Herzklopfen brannte der Verlust in mir. Mein bisheriges Leben lag in einer fernen unerreichbaren Vergangenheit.

„Wie ich höre, hat sich mein Kaffeeschenker unpässlich gefühlt. Ich bin froh zu sehen, dass er sich auf dem Weg der Besserung befindet." Die hohe, leise Stimme des Bey Assin drang wie Spott in meine Ohren, erreichte aber kaum mein Bewusstsein. Ich sagte nichts, senkte nur mein Haupt, um ihm kurz danach wieder direkt ins Gesicht zu schauen. Eine solche Haltung konnte leicht missgedeutet werden. Tatsächlich traten zwei seiner nubischen Leibwächter neben seinen Thron, um jeglichem Angriffsversuch zuvorzukommen. Bey Assin lächelte nachsichtig und schickte sie mit einer knappen Handbewegung wieder auf ihren Platz. Dann ließ er sich vom Gasnadahl, dem Obersten Schatzmeister und Steuereintreiber seines Reiches, Bericht erstatten über die Zahlung des Lösegeldes durch Oluf Jensen und die Freilassung des falschen Sklaven. Dieser befand sich bereits auf einem Schiff Richtung Hamburg. Für einen Moment spürte ich einen Hoffnungsschimmer und lebte in der Illusion, Bey Assin würde um des Mitleids, der Gerechtigkeit willen oder Gott weiß warum, auch mich ziehen lassen, aber stattdessen spielte er die Posse des tragischen Irrtums und des jetzt erneut fälligen Lösegeldes, einer Forderung, die mein Vater nicht erfüllen konnte, bis zum bitteren Ende. Er schalt den Gasnadahl für seine Nachlässigkeit in diesen Dingen, der sich jedoch kaum schuldbewusst gab. Warum auch, war er doch seines Herrn bedingungsloser Diener und hatte nur die Absicht des Bey Assin erfüllt, seinen Kaffeeschenker nicht in die Freiheit zu entlassen. Bey Assin wurde scharf in seiner Wortwahl, forderte ihn auf, sich als Kaid in der Grenzprovinz zu Tunis zu bewähren. Die Position war zu besetzen, weil dem bisherigen Amtsinhaber Misswirtschaft vorgeworfen und er unter dem Beifall der gebeutelten Bevölkerung zu Tode gepeitscht worden war. Kein Wort darüber, was aus mir werden würde. Ich schluckte schwer an dieser Enttäuschung.

Dann konnte ich meine Gefühle nicht länger verbergen: „Mein Vater wird das Lösegeld nicht noch einmal aufbringen können…" Meine Stimme versagte fast, als ich diesen Satz hervorbrachte. Jetzt war ich nur noch ein verzweifelter achtzehnjähriger Junge, der nach Hause wollte.

„Dann preise dich glücklich, dass du mir weiter dienen kannst. Ich will dir ein guter Vater sein." In seiner Stimme lag viel Wärme, und selbst ich in meiner Verzweiflung spürte, dass er es aufrichtig meinen könnte. Doch die grausame Gewissheit, nie wieder nach Amrum zurückkehren zu dürfen, umschloss mich in diesem Moment wie ein Eisblock und presste Tränen hervor, die ich mir verschämt von der Wange wischte.

Bey Assin schaute mich an wie einen, der ihm früher bekannt gewesen war, an den er sich jetzt zu erinnern versuchte. Irgendetwas arbeitete in ihm, und er schloss für einen Moment die Augen, als koste er eine seltene Frucht und bräuchte höchste Konzentration, um sich ihren Geschmack einprägen zu können.

Ich fiel vor ihm auf die Knie, rutschte heran und küsste wimmernd seinen Rocksaum. Ich jammerte und greinte wie ein Säugling zu seinen Füßen: „Mein Gott, wofür strafst du mich und meinen Vater? So viel Schuld kann ein Junge wie ich in seinem kurzen Leben noch nicht auf sich geladen haben!"

Bey Assin entgegnete nur vage, die Sache mit der Schuld sei nicht immer so einfach zu beantworten. Nehme man einmal einen jungen Diener, der sein Gastrecht missbrauche und den Schleier eines jungen arabischen Mädchens lüfte, das ihn heimlich in seiner Stube aufsuchte. Schuld?

Ich erschrak zutiefst, denn auch dieses Geheimnis war ihm nicht verborgen geblieben, und ich fürchtete um das Wohlergehen von Leila. „Edler Bey, der Friede Allahs sei mit dir: Ich habe sie nicht angerührt. Wir haben nur geredet…"

„Sonst, mein Sohn, stündest du nicht mehr ungestraft von mir. Doch merke dir, niemand ist ohne Schuld, und für jedermann wird eines Tages eine Rechnung aufgemacht. Du bist lang genug hier, um über die Sitten und Gesetze meines Landes Bescheid zu wissen."

Jetzt winselte ich auch noch um Gnade für Leila und mich. Im Angesicht der bei der Audienz versammelten Höflinge konnte niemand tiefer sinken. Bey Assin ließ das Thema jedoch bald fallen und stellte mir weitere Fragen.

Er zürnte mir nicht, als er feststellte, dass ich seit knapp drei Jahren hier lebte, ohne Moslem geworden zu sein. „Drei Jahre schon?", fragte er verwundert und meinte nur: „Es macht für einen Vater wenig Sinn, seinem Sohn etwas raten zu wollen, denn Söhne, insbesondere jene, denen die Väter besonders zugeneigt sind, pflegen stets gegen alle Vernunft ihren eigenen Weg zu wählen."

Ich hörte ihn reden und befand mich in demselben Saal, in dem vor Jahr und Tag der unschuldige William erschlagen worden war, weil man einen Schuldigen brauchte und er kein Moslem war. In diesem Moment sah ich all die schrecklichen Bilder wieder vor mir, den Henker, das Blut, diese Siegesfratze des Ersten Schwertträgers, hörte das Greinen der Frauen und Kinder. Sidi Abd-er Rahman, der Maghrebi, erklärte die Audienz für beendet und fasste mich bei den Schultern, um mich nach draußen zu führen. Plötzlich befiel mich die Gewissheit, mir erginge es genauso wie William. Ich ertrug diese erhabene Stille in diesem Saal nicht länger. Fast schrie ich es heraus, ungefragt und unverschämt: „Ich werde mich zu Allah bekennen und auch zu seinem Propheten!" Dann erschrak ich über meinen Entschluss, denn jetzt gab es in diesem Punkt kein Zurück mehr! Die Scharia kannte nur ein Urteil für jene, die vom rechten Glauben abfielen: die Kreuzigung!

Nachts in meiner Kammer lief ich rastlos umher und sprach im Hass vom Bey und seinen Helfershelfern. Ich schimpfte und beleidigte den Herrscher, verfluchte aber zugleich mich, dass ich mit meinem verkündeten Entschluss, mit meinem Hasenherz, meinen Vater verraten und meine Heimat entehrt hatte. Ewig würde ich dafür in der Hölle braten, davon war ich überzeugt! Aber je länger ich mit mir und meinem Schicksal haderte, desto mehr begriff ich, dass mich Hass und Verachtung nicht ewig beherrschen würden. Bey Assin hatte mit Liebenswürdigkeit zu mir gesprochen. Er hatte kein Urteil gefällt, und irgendetwas sagte mir, dass er auch Leila verschonen würde. Ich tat gut daran, so zu werden wie er. Mit diesem Gedanken übermannte mich schließlich der Schlaf, als ich völlig erschöpft zu Boden sank.

Übernächtigt und gezeichnet versah ich am nächsten Morgen meinen Dienst als Kaffeeschenker. „Ich sehe, Hatschi Bu leidet noch immer. Oder seine Absicht, dem Propheten, Friede sei mit ihm, zu folgen, bereitet ihm Kopfschmerzen und verstopft ihm das Maul." Bey Assin beliebte zu scherzen, und seine Bediensteten stimmten in sein Lachen ein. Andererseits besaß ich nicht die Stellung, in der selbstverständlich vorausgesetzt werden konnte, dass der Herrscher einen Wurm wie mich überhaupt wahrnahm, geschweige denn, dass er sich für meine Gefühle interessierte. Allein dieser Umstand zog die Aufmerksamkeit der Höflinge mehr und mehr auf meine Person. „Ich denke, wir sollten ausreiten, und mein Kaffeeschenker mag mich begleiten." Unsicher, was nun folgen würde, verbeugte ich mich auf türkische Art und wollte mich entfernen, um mein Reitzeug zu holen. Da wartete bereits Sidi Abd-er Rahman, der Maghrebi, mit dem gesattelten Pferd und meinen Sachen im Hof. Meine Überraschung versuchte ich zu verbergen. Was sollte es auch, verloren hatte ich so viel, was konnte mir jetzt noch geschehen.

Schon versammelte sich ein Trupp von zehn Reitern, unter ihnen mein Freund Abu Zaid, der Bartenwetzer, der sich auffällig fern von mir hielt, mir nur kurz zunickte und geschäftig tat. Dann ging es im Galopp durch die Gassen von Constantine, dass die Menschen erschrocken zur Seite sprangen und Marktstände umstürzten. Wie durch ein Wunder kam niemand zu Schaden. Natürlich erkannten die Bürger den Bey, der vorwegritt und das Tempo bestimmte, deswegen begehrte niemand auf oder schüttelte vor Wut die Fäuste. Vielmehr hallte uns der Gruß nach: „Achte auf die Wolke über deinem Turban, Efendi!" Dieser Gruß war darauf zurückzuführen, dass einer der Vorfahren des Bey bei seinem Austritt seinen Turban verloren und einen Sonnenstich bekommen hatte. Man hatte ihm, der wegen der rasenden Kopfschmerzen den Verstand zu verlieren drohte, den Schädel geöffnet, aber nichts Auffälliges entdeckt. Er verstarb am nächsten Tag. Nach der Sage beschattete zum Zeitpunkt seines Todes eine riesige Wolke das Land, und es regnete sieben Tage ohne Unterlass. Seit dieser Zeit begleitete jeden Bey bei seinem Austritt der Ausruf dieses seltsamen Grußes.

Wenn Bey Assin seinem Pferd die Sporen gab, hielt ihn jeder für einen Mann in seinen besten Jahren. An der Spitze des Reitertrupps preschte er über die Brücke des Rumelflusses. Ich hielt mich knapp hinter ihm. Ein kurzer Blick nach hinten bestätigte mir, dass Abu Zaid hoffnungslos zurückfiel. Nicht nur, dass sein Pferd schwer an dem gewichtigen Körper auf dem Rücken zu tragen hatte, vielmehr würde aus diesem Seebären nie ein Mann der Wüste werden. Constantine mit seiner Stadtbefestigung lag jetzt auf dem Felsen zur Rechten von uns, und Bey Assin jagte geradewegs durch die erntereifen Felder, in denen wir eine Schneise der Verwüstung hinterlassen würden. Doch wen kümmerte das? Wer würde es wagen, sich zu beschweren? Ich war in einer düsteren, verzweifelten Stimmung, die mich gleichgültig machte, geradezu unerreichbar für das Leid anderer. So glaubte ich jedenfalls.

Mitten zwischen zwei Feldern sprang Bey Assin von seinem Pferd und winkte mich heran. Hier gab es absolut nichts, für das es sich anzuhalten gelohnt hätte. Er griff in seine Satteltasche und zog eine mit Silber beschlagene kostbare Büchse hervor. Mit beiden Händen und einer großen Geste überreichte er mir das Gewehr. Als ich zögernd die Waffe annahm und betrachtete, rief er mir nur kurz zu: „Erschieße den Mann da!" Mein Blick folgte seinem ausgestreckten Arm, und ich entdeckte einen Mann und zwei Frauen, die am Ende des Feldes den Boden bestellten. Das Gewehr wog plötzlich schwer in meinen Händen, und ich meinte, mich verhört zu haben. Eine etwas knappere zweite Aufforderung Bey Assins belehrte mich eines Besseren. Ich begriff, dass sich in diesem Moment mein Schicksal entschied. Es gab kein Vielleicht, kein Aber, keine Frage, kein auf Zeit Spielen. Seine Macht war absolut, und er hatte mich als Instrument ausgewählt. Immer noch zögernd nahm ich das Gewehr, zielte – und mit einer Kälte, die mich seitdem nicht wieder loslassen sollte, drückte ich ab. Der Mann fiel getroffen zu Boden. Schreiend sprangen seine beiden Frauen hinzu. Ich wusste, ohne hinzuschauen, der Mann war tot. Mein Blick suchte in entgegengesetzter Richtung Halt, ich wollte Bey Assin seine Büchse zurückgeben, aber er wehrte ab: „Behalte sie als Erinnerung an diesen Tag, an dem du dich würdig erwiesen hast, mein neuer Gasnadahl zu werden." Mit großer Geste wandte er sich an die Reiter und ließ mich hochleben. Mir wurde hundeelend und ich fror in der Hitze der Sonne, als hätte man mich nackt auf einen Eisblock gebunden. Ohne Grund, nur auf einen Befehl hin, hatte ich einen Menschen, von dem ich nichts wusste, der mir nichts zuleide getan hatte, ermordet und seine Familie ins Unglück gestürzt. Und ich wusste, auch wenn ich bisher nicht darüber nachgedacht hatte, dass dies mein künftiges Leben ändern würde, dass ich wieder und wieder töten müsste, dass mich die Menschen für einen leibhaftigen Teufel halten würden, bis ich selbst irgendeinem Henker zum Opfer fiele. Verdammt! Sollten sie mich fürchten! Dieses verfluchte Land war zum Fürchten!

Noch einmal ließ der Bey mich hochleben. Man gratulierte mir zu der kostbaren Büchse und zu meinem präzisen Schuss, als hätte ich als Jäger in den heimischen Wäldern einen Hirsch erlegt! Abu Zaid, der Bartenwetzer, drängte sich an meine Seite: „Kümmere dich um Gottes willen nicht um den Bauern! Lass die Dinge, wie sie sind! Er lässt dich beobachten. Du hast alles richtig gemacht." „Um Allahs willen", antwortete ich. „Wie bitte?" Abu Zaid schaute mich verstört an. Dann verstand er, was ich meinte, und wurde verlegen. „Um Allahs willen und seines Propheten Mohammed! Der Friede sei mit ihm!", rief ich aus und verbeugte mich. Bey Assin nickte mir freundlich zu und kündigte für den Abend ein Fest in der Kasba an.

Als ich mich wieder auf mein Pferd schwang, mir die Büchse mit einem Riemen auf den Rücken band, blickte ich doch noch einmal verunsichert zurück zu dem Toten und den Frauen, die sich schreiend und klagend über ihn geworfen hatten. Der Anblick brannte sich tief in mein Gedächtnis ein. Da ritt Abu Zaid in mein Blickfeld und schüttelte beschwörend den Kopf. Was für ein Spiel trieb mein Freund? Plötzlich nagten Zweifel an mir, Zweifel, die sich zu einem grausamen Verdacht auswuchsen.

1700 Piaster Gehalt, Landbesitz und Pferdeherden, zwanzig Sklaven, ein eigenes Anwesen im Bereich der Kasba, ein weiteres Haus in der Stadt Constantine und kostbare Gewänder vermochten mich nicht so zu verändern, wie es dieser eine Schuss auf den wehrlosen Bauern getan hatte. Doch bereits vor der Feier am Abend übernahm ich, noch keine 20 Jahre alt, das Kommando über 500 Reiter, die zur Leibgarde des Bey gehörten. Der Mann, der mir den goldbestickten Mantel des Reiterführers anlegte, machte keinen Hehl aus seiner Überzeugung, dass Bey Assin eine schlechte Wahl getroffen hatte. Mit einer knappen Handbewegung, die er kurz oberhalb des Adamsapfels andeutete, gab er zu verstehen, dass er nicht davon ausgehe, dass ich in diesem hohen Amt alt werden würde. Er meinte, schon bald würde man mir den Kopf abschlagen oder mich kreuzigen. Ich fragte ihn nach seinem Namen und seiner Herkunft und erfuhr dabei zweierlei. Erstens, dass sich angesichts des hohen Alters des Bey kaum jemand fand, der sich für solche Staatsämter aufdrängte, denn niemand wollte dem hübschen Brauch hierzulande huldigen, im Falle des Versterbens des Bey ebenfalls gewaltsam und hingebungsvoll aus dem Leben scheiden zu müssen. Zweitens, dass ich allerlei Neider haben würde und es gut wäre, wenn mir die Natur noch viermal so viele Augen und Ohren schenken würde, damit ich mich meiner Feinde in der Kasba erwehren könnte. Kurzum, ich beförderte diesen Menschen zum Offizier und Vertrauten, denn ich schätzte seine ehrliche Art und würde ihn bei der nächsten Gelegenheit an der Spitze meiner Truppen in den Tod schicken. Er erschrak sehr angesichts meiner Gunstbezeugung, doch ich ließ mich nicht beirren und machte damit Eindruck bei den Reitern, bei denen er offenbar ebenfalls in großer Runde nicht mit seinen Anschauungen zu meiner Person gegeizt hatte. Mich wunderten die Vorbehalte, die man mir entgegenbrachte, nicht. Zu Haus hätte man einem Grünschnabel wie mir keine 500-köpfige Schafherde anvertraut – und hier befehligte ich eine kleine Armee und bekam quasi ein Ministeramt übertragen…
Gebadet, mit edelsten Düften parfümiert, kostbar gewandet und

ausgestattet wie ein Pfingstochse betrat ich, einem Ausrufer folgend, der meinen neuen Titel verkündete, den Empfangssaal in der Kasba. Dort, unmittelbar vor dem Thron von Bey Assin, wurden mir von meinem Amtsvorgänger unter großem Getöse, verursacht durch Trommeln, Pauken, Flöten, Schellen und Schalmeien, die zwei großen Schatztruhen übergeben, die ich fortan zu hüten hatte wie mein Leben. In einem festgelegten Ritus verbeugte sich der Gasnadahl vor mir und versicherte, sein Amt ehrlich und zum Wohle des Bey ausgeführt zu haben. Er überreichte mir eine Aufstellung der in den Truhen befindlichen Reichtümer sowie eine papierene Rolle, auf der die Forderungen und Abgaben verzeichnet waren, die im Namen des Bey einzutreiben künftig meine Aufgabe sein würde. Ich hatte mich zu bedanken, dem Gasnadahl ein Geschenk für seine Amtsführung zu überreichen und ihn meiner vorzüglichsten Hochachtung zu versichern. Die ganze Zeremonie war mir fünf Minuten vor meinem Aufbruch zum Festakt vom Zeremonienmeister Sidi Abd-er Rahman, dem Maghrebi, eingebläut worden. Als ich diese und noch mehr Riten fehlerfrei vollzogen hatte, erhob ich mich ungefragt, ließ meinen frisch gebackenem Reiteroffizier rufen, der mir beim Ankleiden so zugesetzt hatte, und befahl ihm, die Schatztruhen in einen Vorraum zu schaffen und eine Aufstellung vom Inhalt anzufertigen. Der scheidende Gasnadahl protestierte aufs Schärfste, doch ich nahm einfach wieder meinen Platz ein, als sei nichts geschehen. Der Gasnadahl führte sogar Klage vor Bey Assin und fühlte sich in seiner Ehre angegriffen. Doch ich überhörte das Gezeter, das er veranstaltete, forderte die Musiker auf, wieder zu den Instrumenten zu greifen, und begann, beste Laune vortäuschend, mich an der reich gedeckten Tafel schadlos zu halten. Ungeachtet des Umstandes, dass Bey Assin offensichtlich Gefallen an dem Geschehen fand, forderte er mich zur Stellungnahme wegen des ungewöhnlichen Verhaltens auf. Ich verbeugte mich tief und blickte bescheiden wie ehemals als Kaffeeschenker zu Boden: „Der Friede Allahs sei mit meinem Herrscher und Gebieter, der mich unter allen Unwürdigen erwählt hat, das hohe Amt des Gasnadahls anzutreten und über sein Vermögen zu wachen, es zu verteidigen und zu mehren. Ich komme aus keinem edlen Hause und verfüge als ehemaliger Sklave nicht über irgendwelche Reichtümer und Besitz."

„Was hat das damit zu tun, dass er mir unterstellt, es könne etwas in den Truhen fehlen? Dass er als früherer Sklave kein Benehmen hat und keinen Respekt und auch nicht erlernt hat, was sich gehört, ist offensichtlich!", schäumte der Gasnadahl. Erneut verbeugte ich mich auf türkische Art mit vor der Brust gekreuzten Armen vor Bey Assin. „Arm, wie ich bin, könnte ich einen Schaden, der meinen Herrscher träfe, Allahs Friede sei mit ihm ewiglich, nicht ersetzen. Ein Verlust bliebe unersetzlich. Mir ist nicht bang um mein bisschen Leben, aber ich muss sichergehen, dass alles seine Richtigkeit hat, will ich mein Amt zum Wohle von Euch, Efendi, wahrnehmen. Würde ich mich mit dem guten Schein zufriedengeben, wäre ich nicht der rechte Mann am Platz. So sehe ich das. Der Gasnadahl möge entschuldigen, aber ich kann nicht anders…"

„Ich habe versprochen, ihm ein guter Vater zu sein. Ich will seiner ungestümen und eigensinnigen Art nicht zürnen. Zumal er in guter Absicht handelt." Die Entscheidung des Bey beendete die Diskussion, jedoch nicht den Vorfall, denn kurze Zeit später erschien mein Offizier und gab an, es würden 1.000 Goldtaler fehlen. Ohne nachzurechnen, wusste ich, dass es sich exakt um den Betrag handelte, den mein Vater im fernen Amrum zu meiner Befreiung aufgebracht hatte. Man trieb Schabernack mit mir! Bevor ich etwas sagen konnte, trat der Gasnadahl mit einem Geldbeutel vor, überreichte ihn mir als Spende mit den Worten: „Ich will seine Besorgnisse zerstreuen. Sollte etwas fehlen, nehme er davon." Erneut wurde mir bewusst, dass ich soeben einer Intrige entgangen war, eine weitere Prüfung bestanden hatte. So legte ich den Beutel zu dem übrigen Schatz und ließ die Sache auf sich beruhen. Bei Hofe war man mit dem guten Ausgang der Geschichte mehr als zufrieden, und der Zeremonienmeister Sidi Abd-er Rahman, der Maghrebi, erschien in Begleitung eines alten Bekannten. Ich erschrak und glaubte Gespenster zu sehen, als ich dem Thaleb gegenüberstand. Bey Assin verkündete, er habe den besten Lehrer für seinen neuen Gasnadahl verpflichtet, der zu finden gewesen sei, und raunte mir zu: „Ich denke, ihr beide seid bekannt miteinander und werdet euch vertragen." In Wahrheit ging es ihm nicht nur darum, mir eine hervorragende Ausbildung zukommen zu lassen, sondern er hatte mit dem Kauf des Thaleb dem ihm verhassten Dey von Tunis, bei dem der Thaleb in Ungnade gefallen war, einen Stich versetzt.

Der Thaleb trat gemessenen Schrittes vor dem Thron, verbeugte sich würdevoll und ließ mich in Gegenwart des versammelten Hofes nun auch öffentlich mein Bekenntnis zu Allah und seinen Propheten Mohammed ablegen.

„Aschhadu a là ilaha illa ‚llaah/ Aschhadu anna Muhammadan rasulu ‚llah/ jj , alà s-salàt/ Allàhu akbar /Allàhu akbar./ Allàhu akbar…"*

Keinen Moment merkte man ihm bei der Zeremonie irgendeine Gefühlsregung an. Er erhielt den Auftrag, mich als mein persönlicher Lehrer auf meine Hadsch, die Reise nach Mekka, und meine Beschneidung vorzubereiten. Er sollte mir die Gesetze der Scharia erläutern, denn man erwartete von mir in dem hohen Amt mehr als von einem gewöhnlichen begabten Renegaten. Bey Assin trat vor, umarmte mich und nannte mich seinen „lieben Sohn".

Dann führte Sidi Abd-er Rahman, der Maghrebi, Jusuf Hodscha vor den Thron des Bey. Mein alter Lehrer, der nun nicht länger mein Lehrer sein durfte, schaute traurig drein, als der Bey ihn für seine Arbeit reichlich entlohnte. Bey Assin sparte nicht mit lobenden Worten für seinen alten Weggefährten, der auch ihn seit seinen Anfängen als Herrscher begleitet hatte. Jusuf Hodscha wurde zu meinem Paten und Zeugen für meine Bekehrung ernannt. Kein Amt, das man hierzulande leichtfertig anzunehmen pflegte, denn im Falle einer Todsünde oder gar einer Abkehr des Neffen vom rechten Pfad des Islam, konnte es Aufgabe des Paten sein, das Todesurteil zu vollstrecken. Und entzog sich der Abtrünnige gar seiner Strafe, konnte diese sogar den Paten an seiner statt treffen. Entsprechend nachdenklich blickte mich mein alter Lehrer Jusuf Hodscha an, während der Thaleb mir seine Hand auflegte, mich segnete und dabei meinen neuen, arabischen Namen ausrief, der wie ein Echo von der Höflingen wiederholt wurde.

„Abu al-Aschquar ibn Uluf Saif du Daula!" الإفرنجي سيف حارك
بن ألوف النصر ف الدولة! **

---

* Ich bekenne, dass es keinen Gott gibt außer Gott. Ich bekenne, dass Mohammed der Prophet Gottes ist: Auf zum Gebet! Gott ist der Größte…
** Der mit dem blonden Haar, Hark, Sohn des Oluf, das Schwert (des Staates)!

Nie wieder würde ich der Mensch sein, der ich einmal war, als ich vor wenigen Jahren mit der Prophezeiung der Gundel Erken im Gepäck aus Amrum aufgebrochen war, um möglichst rasch wieder zurückzukehren und Antje zu heiraten. Antje, Leila…, alles zerrann mir wie Sand zwischen den Fingern. Auch mein neuer Reichtum, mein Name, sogar mein Leben schienen mir Güter, die mir auf Zeit geliehen wurden. Sie besitzen zu wollen, schien mir so sinnlos wie das Einfangen von Sonnenstrahlen, um diese in einer Schatzkiste aufzubewahren. Mir wurde schwindelig, wenn ich nur an die bevorstehende Reise nach Mekka und meine Beschneidung dachte. Noch hatte ich alles unternommen, um letztendlich fliehen zu können, wenn ich nur Leila an meiner Seite gewusst hätte.

Die Musik spielte erneut auf, weitere Feuer wurden entfacht, die Männer begannen zu singen. Einige klatschten dazu und stampften mit den Füßen. Der Thaleb verbeugte sich vor meinem neuen Amt. Als er sich abwandte, raunte er mir zu: „Ich sagte doch bereits, dass du zum Heiler nicht taugst, mein junger Freund und großer Krieger."

Seltsame Arten von Freundschaften waren das hier! „Ist Euch Euer Schiff abhanden gekommen? Oder hattet Ihr einfach Lust, mich wiederzusehen?", spottete ich.

„Ich bin gekommen, weil es mir bestimmt ist, Euren Weg zu begleiten", antwortete der Thaleb mit großem Ernst.

„Müssen denn alle verfluchten Prophezeiungen auf mein Haupt niederprasseln und dann auch noch eintreffen? Schert euch alle zum Teufel und lasst mir mein Leben! Ich will keinen Blick in eine Glaskugel! Ich komme schon alleine klar!", begehrte ich auf. Der Thaleb nickte und lächelte nachsichtig. „Du bist ein Schwert, Hark Olufs, kein Licht in der Finsternis. Doch noch heute Nacht wird dir eine Wahrheit zuteil werden, denn auch du besitzt fortan die Gabe, hinter den Schleier der Dinge zu sehen. In deiner Heimat ist eine große Seherin gestorben, sie ist mir im Traum erschienen. Eine alte, kräuterkundige Frau, deren Gedanken dich bis hierhin begleitet haben."

„Gundel Erken", stammelte ich. „Möge sie das ewige Leben erlangen. Sie hat uns alle gewarnt." Auch dieses Kapitel meines Lebens schien also abgeschlossen. Gundel Erkens Prophezeiungen hatten sich erfüllt. Dann erinnerte ich mich an Thalebs Vorhersage, mir würde die Wahrheit zuteil werden. „Ich mag nicht hinter irgendwelche Dinge sehen und mich interessiert auch nichts an der Zukunft! Mit der Gegenwart habe ich bereits mehr als genug zu tun! Nein, nimm diese Fähigkeit wieder von mir! Noch besser, lass sie mir erst gar nicht zuteil werden!", forderte ich vehement und laut, so dass die Gesellschaft auf uns aufmerksam wurde.

„Man kann es sich nicht aussuchen, edler Gasnadahl", antwortete der Thaleb und verließ würdevoll den Raum.

Wachtel, Rebhuhn und Fasane wurden in Saucen aufgetragen, Fleischteile von der Gazelle gereicht, und bei jedem Feuer stand ein Tisch mit Früchten, Dattelsaft und aromatisiertem Wasser in Silberkannen. Bey Assin mischte sich unter die Höflinge und Gäste.

Feuerschlucker traten auf, einige Höflinge führten einen Säbeltanz vor. Die Zeremonienmeister Sidi Abd-er Rahman ließ drei Affen hereinführen, denen man Kleider genäht hatte, Rock und Überrock, eine Art Stoffschuhe, ihre Köpfe bedeckt mit einer Kefiya. Die Musik spielte wieder auf und man brachte sie zum Tanzen, ließ sie Grimassen schneiden und Unfug treiben. Dazu die Kommentare des Zeremonienmeisters Sidi Abd-er Rahman, der den Versammelten frech ihr verzerrtes Spiegelbild vorhielt. Das Publikum schäumte vor Vergnügen. Aber waren wir, die Krone der Schöpfung, nicht alle verkleidete Affen, die hier einen Tanz aufführten? Einer der Anwesenden ließ sich fesseln und befreite sich mit verbundenen Augen von den kunstvoll verschlungenen Knoten.

Zum Rhythmus der Trommeln ertönte plötzlich aus großer Ferne der helle Klang einer Mismar. Bey Assin stand mitten im Raum, klatschte vergnügt in die Hände und kündigte ein Abschiedsgeschenk für den scheidenden Gasnadahl an. Ich lauschte nur dem Flötenklang, und es zerriss mich fast vor Sehnsucht nach Leila. Vier tief verschleierte Tänzerinnen begannen, mit wiegenden und kreisenden Hüften, Glöckchen an den Fußgelenken, in golddurchwirkten Gewändern kunstvoll zu tanzen und das Publikum zur Raserei zu bringen. Ich hatte nur Augen für sie, und ich erkannte sie lange schon, bevor der Schleier zu Boden fiel. Dann jedoch begann die Musik zu explodieren und die jungen Frauen wirbelten bis zur Ekstase. Schließlich sanken drei von ihnen erschöpft und schweißüberströmt zu Boden und Leila allein gehörte das große Finale. Ihre Gesichtszüge hart und entschlossen, ihre Augen von Trauer erfüllt, tanzte sie nur für mich, warf mir eine Rose aus ihrem Haar zu, sank schließlich mit einem spitzen Schrei, genau in dem Moment, als die Musik unvermittelt abbrach, vor dem ehemaligen Gasnadahl zu Boden und streckte die Arme in Demut von sich.

Ich begriff, sie war das Abschiedsgeschenk für meinen Vorgänger. Unsere harmlose Liebschaft hatte sie wertlos gemacht für den Heiratsmarkt. Bevor sie zur Schande ihrer Familie würde, stellte man sie als Drittfrau in die Dienste dieses angesehenen Edlen. Ich hasste ihn dafür, hätte ihn umbringen können, allein bei dem Gedanken, wie er sie begrapschen und ansehen würde. Ich wandte den Blick ab und betrachtete mit Tränen in den Augen die Rose zwischen meinen Fingern. Da entdeckte ich einen winzigen Zettel zwischen den Blütenblättern, den ich entfaltete, und las: „Ich werde immer nur dir gehören!" Ich rang mit mir, um meine Beherrschung nicht zu verlieren, da forderte Bey Assin auch einen Festbeitrag von mir.

Ratlos blickte ich in die Runde. Dann erbat ich die Mismar und reichte sie weiter an Leila. Ich begann, die Melodie zu summen, die sie leise, nur vom Zuhören aufnahm und begleitete. Ich verstummte für einen Moment und auch die spitzen Töne der Mismar verklangen fein gesponnen wie die Schleier, die die Gesichter der Tänzerinnen zu Beginn ihrer Darbietung verhüllt hatten und jetzt auf den Mosaiken des Saales lagen. Leila nahm die Flöte von ihren Lippen und musterte mich aufmerksam, als würden wir uns hier und jetzt das erste Mal begegnen. Ich war von ihrer Schönheit überwältigt, und ihr Anblick ließ mich alles vergessen und weinen. Leila nickte mir zu, schenkte mir ein Lächeln, und statt mich vor Schmerz in mein Schwert zu stürzen und all dem ein Ende zu bereiten, schwang sich meine Stimme tief und klar empor, und ich sang, wie ich noch nie in meinem Leben gesungen hatte. Eine herzzerreißende Melodie mit einem Text aus alten, fernen Zeiten, ein Lied, das alle aufhorchen ließ und das ich nie wieder anstimmen würde.

„Ich singe und ich möcht doch weinen,
die Liebe zieht mich zu der einen…"

... es war Antjes Lied, das Lied meiner Sehnsucht. Doch allein Leila galt dieses Lied, das ein Teil von mir war. Da ich während des Singens nicht auf Melodie und die Worte achten musste, konnten meine Gedanken wandern, meine Gefühle sich mit der Stimme emporschwingen, bis zum Ende der hohen Dachbalken, die von marmornen Säulen getragen wurden, und meine Augen versanken in Leilas schwarzem Blick. Ich hätte sterben mögen für einen Tag an ihrer Seite, für einen Kuss von ihren Lippen, ja sogar für eine kleine zärtliche Geste.

Als ich geendet hatte, herrschte für einen Moment andächtige Stille. Auch wenn niemand von den Höflingen meine Worte verstanden hatte, ging ihnen das Lied zu Herzen. Ich ergriff Leilas Hand und küsste ihre Finger, das war das Äußerste, was ich mir als Geste der Annäherung noch erlauben durfte. Dann wandte ich mich abrupt ab, um nicht dem Gasnadahl noch einmal in die Augen schauen zu müssen.

„Das war ein trauriges Lied aus einem traurigen Land, aus dem mein Sohn Uluf stammt, ein Land der Kälte, der Nebel und eines Gottes, der am Kreuz starb", ergriff Bey Assin das Wort. „Wie gut geht es ihm hier bei uns, im Glanz der Sonne!" Sie ließen mich erneut hochleben.

Es wurde Zeit für mich, die Gesellschaft zu verlassen, denn Leila nahm jetzt Platz an der Seite ihres neuen Gebieters. Mit weichen Knien, wie auf schwankendem Grund schlich ich Richtung Ausgang. Bey Assin begleitete mich noch ein Stück und sprach zu mir, ohne dass ich überhaupt wahrnahm, wovon er redete und was er wollte. Vor dem Eingang zum Empfangssaal lagen zwei Frauen mit ausgestreckten Armen auf dem Boden. Ich fragte meinen Reiteroffizier, was das zu bedeuten hätte, und er erklärte, die Frauen wollten zum Bey, lägen schon seit Stunden dort und ließen sich nicht vertreiben.

Ich sprach beruhigend auf sie ein und wusste sofort, wen ich da vor mir hatte. Es waren die beiden Frauen des Bauern, den ich auf dem Feld vor der Stadt erschossen hatte. Gemeinsam mit dem Offizier half ich ihnen auf die Beine, dass sie schlotternd vor mir standen, um Gnade flehten und mir zur Tilgung ihrer Steuerschulden ein Jutesäckchen mit Geldmünzen anboten. Ich nickte nur, nahm das Säckel, überschlug die Summe, und ohne zu wissen, wie viel genau sie schuldeten, war mir sofort klar, dass es sich hier nur um einen Bruchteil der geschuldeten Summe handelte. Ohne eine Regung zu zeigen, forderte ich den ausstehenden Rest. Da begannen sie laut zu klagen über Missernten, Diebstahl, den Tod des Familienvorstandes und die bevorstehende Bestattung.

In der äußersten Ecke des Innenhofes stand in fast völliger Dunkelheit ein etwa zwölfjähriger Junge, den ich in diesem Moment eher zufällig entdeckte. Ich sprach die Frauen auf ihn an, die sich sofort bittend und bettelnd zu Boden warfen und mir die Schuhspitzen küssten. Das war offenbar der Sohn des Getöteten, und sie fürchteten wohl, ich könne auch diesen erschießen. In der Tat, ich hätte es getan, wenn Bey Assin, der in unmittelbarer Nähe von den Frauen unauffällig das Geschehen beobachtete, mir es befohlen hätte. Ich drohte stumpf und grausam zu werden. Da er sich jedoch nicht regte, befahl ich dem verängstigten Jungen näher zu treten und verkündete, dieser würde in die Dienste des Bey treten und so die bis dahin aufgelaufenen Schulden abarbeiten. Solange dies nicht geschehen sei, behielte er den Status eines Sklaven. Das mochte hart sein für die Familie und beschädigte endgültig ihre Ehre, aber so bekam der Junge wenigstens genug zu essen und mit etwas Glück sogar eine Ausbildung und Anstellung. Dann entnahm ich dem Jutesäcken einige Münzen und drückte diese den Frauen in die Faust.

„Bey Assin, der Friede Allahs sei mit ihm, schenkt dir diese Münzen für den Seelenfrieden deines Mannes. Preist unseren großherzigen Herrscher!" Ich nickte Bey Assin zu, nahm den Jungen bei den Schultern und führte ihn mit mir, ohne mich weiter um die am Boden liegenden Frauen zu kümmern.

Am nächsten Morgen würde Leila als dritte Frau an der Seite des letzten Gasnadahls abreisen. Nicht zufällig fiel die erste Unterrichtsstunde des Thaleb für mich genau auf diesen Zeitpunkt. Selbst Schicksal und Zufall lagen in der Macht des Bey. Inshallah!

EIN TRAUM UND DER TOD
ALLER FREUNDSCHAFT

In der Nacht träumte ich, wie der Verrat auf einem Schimmel durch Constantine trabte und in der Kasba dem Bey seine Aufwartung machte. Bey Assin war ihm ein Vertrauter, mit dem er freundschaftlichen Umgang zu haben pflegte.

„Verrat! Verrat!", riefen die Bürger der Stadt, und vom Minarett ertönte statt des Gebets die Aufforderung, in die Häuser zu fliehen und diese nicht mehr zu verlassen. „Rette sich wer kann! Verrat!", kreischten die Menschen in Panik und im Angesicht der blutig eitrigen Fratze des Reiters. Sie flüchteten in die Hauseingänge oder warfen sich einfach zu Boden, mit dem Gesicht in den Staub, um nichts mehr zu sehen und nicht erkannt zu werden. Der Schimmel hob den Kopf und witterte den Sandsturm, der kurz danach losbrach und die Welt blind machte für alle Schönheit. Doch es gab auch Menschen, die sich nicht fürchteten vor dem gelben Himmel und der Fratze des Verrats. Menschen, die ihm eng beschriebene Blätter wie kostbare Gaben darreichten, sich ergeben verbeugten und verschlagen flüsterten. Menschen, die bis zum Tor der Kasba hinter dem Reiter und seinem Schimmel herliefen.

Im Traum konnte ich den Zeremonienmeister mit seinem Stab aufschlagen hören und rufen: „Der Verrat ist da!" Eine bodenlose Furcht raste wie der atemberaubende Sandsturm durch die Straßen und Gassen von Constantine, und selbst die Vögel verstummten und das Kläffen der Hunde. Der Verrat mit seinem blutroten Mantel durchschritt das eisenbeschlagene Tor der Kasba, und für einen Moment glaubte ich, aus großer Entfernung in seiner Fratze ein mir bekanntes Gesicht zu erkennen.

Als er zurückkam, lag einer der Menschen, die ihm gefolgt waren, verrenkt mit blutendem Herzen am Straßenrand und spürte das Messer nicht mehr, das in ihm steckte, und nicht die Hufe des Schimmels, der später über ihn hinwegtrabte. Einer wurde immer geopfert, der Gerechtigkeit, der Treue, des Anstands und der edlen Tugenden wegen, während die anderen hergebeten wurden, um hohe Ämter anzutreten, oder mit Geld und Ehren überhäuft wurden. Ich folgte wie gebannt einem der Jünger des Verrats bis zu seiner Behausung und fand mich plötzlich vor der Haustür des Bartenwetzers wieder, der mich erblickte, die Tür zuschlug und verriegelte. Schon schleifte der Verrat eine endlose Kette mit elenden Gestalten hinter sich her, die im Pesthauch ewiger Verdammnis um ihr Leben winselten. Ich erkannte Leila, riss an der Kette, versuchte sie zu befreien. Doch der Sandsturm raubte mir Atem, Kraft und Bewusstsein.

In tiefster Verzweiflung wachte ich schreiend und schweißgebadet auf. Ich erinnerte mich sofort daran, dass der Thaleb mir das zweite Gesicht prophezeit und mir die Erkenntnis der Wahrheit in Aussicht gestellt hatte. Sofort sprang ich auf, griff in fliegender Hast nach einem Schwert und raste zum Haus des Bartenwetzers Abu Zaid, wo ich ohne anzuklopfen die Tür eintrat und in seine Schlafgemächer stürmte. Vom Lärm, den ich verursacht hatte, aufgeschreckt, hatte er bereits zu Schwert und Dolch gegriffen, um sich des Angreifers zu erwehren. So trafen wir in fast völliger Dunkelheit aufeinander und kreuzten die Klingen auf Leben und Tod!

Es gab kein Abwägen, keine taktische Zurückhaltung mehr. Kameradschaft und Freundschaft gehörten einer Vergangenheit an, die nichts mehr mit dem Leben hier zu schaffen hatte – leere Worthülsen. Ich stürmte drauflos und schwang mein Schwert, ohne dessen Gewicht zu spüren, drosch auf mein Opfer ein, dass diesem sofort der Atem wegblieb. Der Bartenwetzer Abu Zaid erstarrte einen Moment, als er mich erkannte, rief mich bei meinem Namen, aber alle Worte erreichten mich längst nicht mehr. Schon schlug ich ihm mit einem gezielten Hieb den Dolch aus der linken Hand und verletzte ihn schwer am Oberarm, wirbelte herum, einem Angriffsschlag von ihm ausweichend, und befand mich überraschend in seinem Rücken, bereit, ihm den Todesstoß zu geben.

„Verräter!", schrie ich. „Stinkendes Aas von einem Verräter!" Jetzt begriff der Bartenwetzer Abu Zaid Grund und Ausmaß meiner Raserei, begriff, dass er nicht mehr lebend aus diesem Kampf hervorgehen konnte, wenn er sich nicht wehren, nicht mich niederzwingen würde. Er stöhnte vor Schmerzen, keuchte atemlos vor Anstrengung, unfähig, ein Wort der Verteidigung hervorzubringen, aber er stand da wie ein Fels, um meine Schläge zu parieren.

Ich kannte das, wusste um seine Geschicklichkeit im Kampf, erinnerte mich daran, wie er Riewert Peters auf die Planken der »Hoffnung« gezwungen hatte. Aber dies war keine Wette unter Seeleuten, mein Kampf war reine Raserei. Die Muskeln in meinen Armen brannten wie Feuer, doch das gewichtige Schwert wirbelte in meinen Fäusten, meine Beine umtänzelten meinen Gegner, ohne dass ich überhaupt bewusst von alledem etwas wahrgenommen hätte. Das Metall der Schwerter schlug aufeinander, dass Funken stoben, der metallene Klang dröhnte in den Ohren wie Glockenschläge. Mit einer raschen Rechtsdrehung gelang es mir erneut, dem Bartenwetzer in den Rücken zu fallen. Noch bevor ich das Schwert hochreißen konnte, trat ich ihm mit dem linken Bein in den Rücken. Da er schwerfällig und müde geworden versuchte, meiner Drehung zu folgen, verlor er den sicheren Stand, dann traf ihn die flache Seite der Klinge meines Schwertes voll von hinten. Seine Kleidung zerriss, und er stürzte mit einem Entsetzensschrei nach vorn.

Sein Schicksal war besiegelt. Ich holte zum tödlichen Schlag aus. Von irgendwoher vernahm ich die Schreie der Frauen. Dann knallte ein Schuss, und die Kugel schlug knapp neben meinem Kopf in die Wand. Dies verzögerte meine Reaktion. Überrascht ließ ich das Schwert sinken. Ich entdeckte die ältere der beiden Frauen Abu Zaids mit zwei Pistolen bewaffnet. Sie schrie mich an, ich solle das Schwert fallen lassen, wenn mir mein Leben lieb sei. Der Bartenwetzer Abu Zaid rollte sich schwerfällig auf den Rücken. Sein linker Arm blutete inzwischen stark, und er lag in einer Blutlache. Auf dem Rücken liegend kroch er rückwärts weg von mir, um Abstand zum Schwert zu gewinnen. Die Augen vor Todesfurcht weit aufgerissen, die Stimme ein unverständliches Krächzen, kein Wort von dem, was er hervorzubringen versuchte, verstand ich. Doch weder ließ ich das Schwert sinken, noch stach oder schlug ich zu. Wie gelähmt stand ich da und starrte auf ihn und seine Frau, die jetzt den Hahn der Pistole spannte und die erste abgefeuerte Waffe der schreienden und kreischenden jüngeren Frau reichte, damit diese Pistole neu geladen würde. Doch die junge Frau ließ die Waffe einfach zu Boden fallen und flüchtete in die hinterste Ecke des Zimmers, wo sie die Hände vors Gesicht schlug, als könne sie so unsichtbar werden.

„Du kannst ihn erschlagen, aber du wirst es nicht überleben, sei versichert!", schrie mir die ältere Frau des Bartenwetzers zu.

„Mein Leben ist ohnehin nichts wert. Ich hänge nicht daran!", schrie ich zurück, kam aber wegen dieser Verzögerung langsam zur Besinnung. „Du verdammter Fettsack hast mich verraten! Du schleimiger Eiterbeutel hast meine Freundschaft missbraucht, mich dem Bey und seinen Intrigen ausgeliefert, nur um dir ein bequemes Bett mit diesen Weibern zu bereiten! Sei Manns genug, dies zu gestehen, bevor du dein nichtsnutziges Leben aushauchst!"

„Ja, ja, verdammt! Ich habe dich verraten und es tut mir leid!" Er zitterte am ganzen Körper, schwitzte und konnte nur mit äußerster Anstrengung sprechen.

„Ich schieße jetzt, Junge!" Die Waffe in der Hand der Frau zitterte, so dass sie ihre zweite Hand zur Hilfe nahm, um mich anzuvisieren.

Ich ließ das Schwert sinken, nicht aus Furcht, sondern einfach, weil ich mich kraftlos fühlte vor Enttäuschung. „Du weißt nicht, was du Hurensohn von einem abgehalfterten Seeoffizier mir angetan hast!"

„Und du hast keine Ahnung davon, wie er gefoltert worden ist", entgegnete die ältere Frau, ohne die Waffe sinken zu lassen. Immer noch misstraute sie mir. Wie viel Schmerz und Erniedrigung waren der Preis für ein Menschenleben, für eine Freundschaft? Ich gab zu, ich wusste es nicht. Vielleicht hätte ich sogar ähnlich gehandelt.

„Du lernst künftig reiten, Abu Zaid. Richtig reiten, und wirst an meiner Seite kämpfen und dem Tod tausendfach ins Auge blicken! Dein bequemes Leben ist vorbei! Denn du hast eine große Schuld abzuarbeiten", erklärte ich mit schneidender Stimme. Er nickte ergeben. Dann verließ ich das Haus, das ich künftig nicht mehr betreten würde, und überließ ihn seinen Frauen und seinem Schicksal, ohne die herbeigeeilten Nachbarn eines Blickes zu würdigen.

DIE KUNST DER POLITIK DES BEY

In meinem ersten Jahr als Gasnadahl brach in der Provinz nahe der Stadt Tbessa ein Aufstand aus, der von Bu Aziz bin Nasser, dem Scheich der Henanescha, angeführt wurde. Zahlreiche Stämme hatten sich dem abtrünnigen Scheich bereits angeschlossen, verweigerten ihre Abgaben und stellten junge Männer in den Dienst der Truppen, die der Abtrünnige um sich scharte, in sicherer Erwartung einer kriegerischen Reaktion des Bey Assin. Seine offenkundige Absicht war es, den Bey Assin so lange zu provozieren, bis er sich dem Kampf auf dem Gebiet des Scheichs stellen würde. Bu Aziz, der hier jeden Winkel, jeden Hinterhalt kannte und beherrschte, glaubte sich überlegen. Tatsächlich schien Bey Assin entschlossen, einen Feldzug zu unternehmen, um einen Flächenbrand zu vermeiden und die alte Ordnung wiederherzustellen. Doch auch er vermied zunächst trotz augenscheinlicher militärischer Überlegenheit die direkte Konfrontation mit seinem Gegner. So war das Ziel unseres Feldzugs zunächst ungewiss und auch die genaue Richtung unbestimmt. Späher wurden ausgesandt, verbündete Stämme aufgesucht und Informationen gesammelt. Doch die Unberechenbarkeit von Bu Aziz' Aktionen, sein plötzliches Auftauchen und seine Raubzüge auch in den Gebieten der Verbündeten, verbreitete dort bereits Angst und Schrecken und machte es uns schwer, seinen jeweiligen Lagerplatz zu bestimmen.

Schließlich erreichte Bey Assin die Nachricht, dass Bu Aziz bin Nasser, der Scheich der Henanescha, auch einen Teil des Landes von Constantine besetzt hielt und in sein Herrschaftsgebiet einverleibt hatte. Die Zelte des Bey von Constantine zogen daher nach Süden. Die Landschaft öde, steinig und braun. Wir passierten armselige Dörfer, Marktflecken, deren Häuser aus Stein und Lehm oder Ziegeln zur Hälfte eingestürzt und wieder zu Erde geworden waren, und konnten dabei die Zeichen der Raubzüge unseres Gegners kaum übersehen. Nicht nur, dass Bu Aziz bin Nasser seine Abgaben schuldig blieb, er hinterließ auch eine solche Spur der Verwüstung und Armut, dass Bey Assin auf längere Zeit selbst bei diesen ihm verbündeten Stämmen keine Steuern und Abgaben mehr erheben konnte. Von Zeit zu Zeit nahm ich an Brunnen einzelne Eseltreiber mit ihren weißen Kopftüchern wahr, die dort auf ihren Bastmatten hockten und Tiere mit sich führten, die aussahen, als ob sie die Stunde der Auferstehung von den Toten bereits vor Jahrhunderten erlebt hätten. Sie betrachteten teilnahmslos die vorbeiziehenden Truppen des Bey. Ich machte den Kommandanten der Janitscharen auf diese Männer aufmerksam und äußerte meinen Verdacht, dass ich sie für Spione hielte. Diese Vermutung bestätigte der Kommandant zu meiner Überraschung, ließ die Männer jedoch unbehelligt. Keiner von ihnen wurden festgenommen und verhört. Bey Assin, so vermutete ich, wollte damit Selbstbewusstsein und Stärke zeigen.

Jeden Nachmittag schickte er eine Gruppe Janitscharen und einen Teil seiner Reiter mit den Zelten voraus. Wenn wir sie gegen Abend wieder eingeholt hatten, fanden wir die Zelte bereits aufgebaut, das Lager befestigt und alles auf das Bequemste hergerichtet. In dem großen Zelt des Bey waren Teppiche ausgelegt, große Leuchten hingen von der Decke, Öllampen im Eingangsbereich und an jeder Ecke des Zeltes beleuchteten das angerichtete üppige Festmahl. Rippenstücke von der Gazelle, Huhn und Früchte und aromatisiertes Wasser in Kupfer- und Silberkannen wurden aufgetragen, der Kaid und die Stammesältesten im Festtagsgewand, in weiten weißen Kaftanen und mit imposanten Kopfbedeckungen und einem Schwert an der Seite mit einem kleinen Gefolge empfangen und bewirtet. Als Kaffeeschenker und Bediensteter wäre ich einer von vielen gewesen, die für das Wohlergehen des Bey und seiner Gesellschaft Sorge zu tragen gehabt hätten, als Gasnadahl und Hüter der Schatztruhe saß ich jedoch nunmehr unmittelbar neben meinem Herrscher, und meine Stimme hatte Gewicht. So lernte ich in dieser Zeit manches über die Gegend und ihre Bewohner.

Natürlich kam die Sprache auf Bu Aziz bin Nasser, den Scheich der Henanescha, und man führte Klage über die Verluste, die man zu erleiden hatte, und dass man kaum noch in der Lage sei, die festgesetzten Abgaben nach Constantine zu leisten. Bey Assin ließ diese Klagen unbeantwortet und forderte nur die Versicherung, dass sie in Treue zu seiner Herrschaft stünden, genug von Krieg und Elend hätten und bereit wären, junge Reiter für die Truppen zu stellen, um dem ruchlosen Treiben des Wegelagerers Bu Aziz ein Ende zu bereiten. Ja, gewiss, die Männer würden sich am nächsten Morgen melden. Tapfere, mutige Männer. Bey Assin sagte Waffen und Unterstützung zu. Alle waren zufrieden, und man speiste königlich weiter bis in die späten Stunden der Nacht. Die unzähligen Lichter gaben der Zeltstadt des Bey in dieser trostlosen Umgebung etwas Märchenhaftes. Das illuminierte Festmahl, die purpurnen Farben des Sandes, die Palastwachen und Diener, die bereitstanden, hoben die Szenerie so von der traurigen Ärmlichkeit und Leere der Umgebung ab, dass man den Eindruck gewinnen konnte, die Zelte würden vor Erhabenheit schweben.

Die Zeremonie wiederholte sich nun fast täglich, begleitet von den morgendlichen Truppenparaden und der Musterung der Neuankömmlinge, die in das Heer eingereiht wurden. Schaukämpfe und Übungen wurden für die interessierte Dorfbevölkerung inszeniert. Eine seltsame Art, Krieg zu führen. Aber unsere Truppen wuchsen von Tag zu Tag, und es gelang kleineren Reitergruppen inzwischen auch, Gefangene aus versprengten Truppenteilen unseres Gegners zu machen, die offenbar den Auftrag hatten, in unserem Rücken unsere Verbündeten erneut anzugreifen.

Wir verloren einen Trupp Kundschafter und fanden ihre Köpfe auf Pfähle gespießt nur einen Tagesritt von unserem Lager entfernt. Heißblütig drängten die Stammesführer und Offiziere der Truppen den Bey, er möge endlich angreifen und seinen Gegner in einer Entscheidungsschlacht besiegen. Doch Bey Assin verließ das Zelt der Besprechung ohne ein Wort der Erwiderung, schickte mich anschließend mit der Botschaft an die Offiziere zurück, ein jeder, der wisse, wo sich der Scheich aufhalte und wie er anzugreifen sei, möge dies schriftlich darlegen und seinem Herrscher die Nachricht zukommen lassen. Solange dies nicht in überzeugender Weise geschehe, ginge er, der Bey von Constantine, davon aus, dass niemand klüger sei als er. Die Gesellschaft schwieg betroffen, und natürlich gab es keine schriftlichen Schlachtpläne. Aufgeregt diskutierend liefen sie auseinander.

Als ich Bey Assin davon berichtete, blickte er mich ernst an und sagte mit seiner leisen, drohenden Stimme: „Manche halten mich für alt und unentschlossen. Doch niemand soll vom Bey von Constantine denken, er sei nur auf die Vergnügungen einer Reihe von

Festmahlen aus und lasse sich sein Land rauben und seine Untertanen morden und plündern! Niemand!" Bey Assin war zornig und hitzköpfig, und ich versicherte ihm rasch, dass nur Einfältige, die zu keiner Einsicht fähig seien, so etwas annehmen könnten. Jedermann wisse, dass Bu Aziz bin Nasser, der Scheich der Henanescha, nicht ungestraft sein Unwesen mit dem Eigentum eines Bey von Constantine treiben könne. Ich benutzte bei dieser Antwort bewusst den vollen Titel des Feindes wie eine ehrenvolle Bezeichnung, um meinen Herrscher zum Kampf zu bewegen, denn in Wahrheit fragten sich inzwischen alle, ob er nicht müde geworden sei, und in Wahrheit brannten die meisten von uns darauf, den Säbel zu schwingen und unsere Feinde Wüstensand fressen zu lassen.

„So, so, die Einfältigen, meint mein Gasnadahl. Und er kann mir wahrscheinlich auch die Namen dieser auf eine Liste setzen?"

Ich schluckte erschrocken und schwieg. Nicht meine Gefährten und Verbündeten wollte ich ans Messer liefern, sondern Bey Assin zur Entscheidung treiben. Bey Assin fuhr fort: „Wahrscheinlich fände sich sogar sein Name auf dieser Liste? Er wäre mir ein schlechter Gasnadahl, wenn er es hinnähme, dass er seiner eigentlichen Aufgabe, des Einzugs von Steuern und Abgaben, die Mehrung des Reichtums und des Ansehens seines Herrschers, nicht nachgehen könnte, weil Räuber ihm zuvorgekommen sind. Ganz sicher, der Name Abu al-Aschquar ibn Uluf Saif du Daula, meines jungen, ehrenwerten Gasnadahls, stünde ganz oben auf der Liste der Einfältigen, die verschlagen den Titel meines Feindes in meiner Gegenwart nennen, um mich kampfesbereit zu machen."

Ich blickte betreten zu Boden. Der alte Fuchs hatte mich wieder einmal durchschaut. Ein langes Schweigen folgte, und die Stille war wie eine eiskalte, rabenschwarze Wüstennacht, bevor ein Sturm losbrach.

Bedienstete, die ein- und ausgingen, wurden des Zeltes verwiesen. Irgendwann hielt ich die Spannung nicht länger aus, warf mich ihm vor die Füße und beteuerte: „Mein Herrscher weiß, dass ich bereit bin, mein Leben für ihn zu geben. Der Friede Allahs sei mit ihm!" Er fasste mich bei den Schultern, richtete mich wieder auf und erwiderte mit großem Ernst: „Es ist schon richtig. Eigentlich will ich mich mit diesem Hurensohn von einem Verräter nicht schlagen. Wir würden ihn vernichten, davon bin ich überzeugt, auch wenn seine Truppen uns an Stärke überlegen wären. Aber das will ich nicht."

Überrascht suchte ich seinen Blick, der mich jetzt wieder mit Eiseskälte traf und mein Innerstes erforschte. Als sich seine Gesichtszüge entspannten, erklärte er: „Es wird ein grausames Gemetzel geben, bei dem Tausende tapferer Krieger unserer Stämme ihr Leben lassen werden. Ich sehe viel Elend und Trauer über dieses Land kommen. Man wird uns fürchten, Hark Olufs, aber wir werden für unsere Feinde schwach. Stattdessen träume ich von Tausenden schwarzer Krieger mit weißen Kopfbedeckungen und in der Sonne blitzenden Schwertern, ihren Gewehren und ihren hundert Bannern, die stolz im Wind flattern. Ich träume davon, dass wir uns verbünden, um das Land Allahs und seines Propheten mächtig und unangreifbar zu machen, statt uns wegen eines Flecken Wüstenstaubs und einigen elenden Dörfern an die Gurgel zu gehen und uns abzuschlachten. Sag mir, mein Gasnadahl, wer hat Lust, das auszulöschen, wovon er geträumt hat, nur um eines elendigen Sieges wegen? Sag er selbst? Er vielleicht? Das glaube ich nicht. Die Einfältigen, mein edler Gasnadahl, sind jene, die zu solchen Träumen nicht fähig sind. Ich habe in seinen Gedanken gelesen und weiß, dass er nicht dazu gehört."

In den kommenden Wochen zogen die Zelte des Bey nach Osten zur Grenzregion der benachbarten Regentschaft von Tunis, wo Scheich Bu Aziz bin Nasser in der Stadt Tbessa seinen Sitz hatte. Auf dem Weg dorthin rief Bey Assin alle Stämme zusammen, die ihm ergeben waren. Ein mächtiger, kriegerischer Wind durchzog die Region.

Wie soll man sich dieses wogende Heer unter im Wind flatternden Bannern vorstellen? Die stolzen Reiter mit ihren blitzenden Krummsäbel und Schwertern, den langen Gewehren, die Fußtruppen, die Zelte und Lasten, die auf schaukelnden Kamelrücken getragen wurden? Wenn ich diese Bruchstücke meiner Erinnerung sammele, meine Jugend heraufbeschwöre, sehe ich, rieche ich um mich herum die mächtige Gegenwart eines riesigen Landes, das zum Großteil aus Wüsten und steinigen Bergen besteht, in denen von Hitze und Durst getrieben, von Tyranneien, Hungersnöten und Gier erschöpfte Stammesvölker herumirren und mit den Säbeln rasselnd davon träumen, die Welt zu erobern. Ich weiß, dass ich diese Bilder allein sehe, so dass nichts bleibt, als immer wieder von den Rittern unter im Wind flatternden Bannern, von Heldentaten und ungewöhnlichen Abenteuern zu erzählen, um einem Leser meiner Aufzeichnungen, der dieses Land hoffentlich nie betreten muss, meine Lebensgeschichte näherzubringen.

Als Kaffeeschenker des Bey servierte ich ihm seinerzeit auch das Essen in seinem Zelt, war zugegen, wenn er Besucher empfing und häufig privat in seiner Nähe, wenn er sich von den Regierungsgeschäften zurückzog. Zu Beginn meiner Tätigkeit beobachtete er mich scharf, denn er hegte Misstrauen gegenüber jedermann, und ich hatte mich in meiner Treue zu bewähren. Wenn Bey Assin sein Wort an mich richtete, prüfte mich sein Blick, der jedermann einschüchterte, mit einer metallischen, kalten Härte. Die Gegenwart des Bey und seine Machtfülle waren absolut. Sein Blick gleichzeitig auch ein Kräftemessen. Zunächst verneigte ich mich stets auf türkische Art, zeigte meine Unterwürfigkeit und Ergebenheit, dann aber, wenn ich auf seine Fragen antwortete, hielt ich von Anfang an seiner prüfenden Beobachtung stand, denn ich hatte nichts zu verbergen. Schon nach kurzer Zeit hellten sich Bey Assins Blicke in meiner Gegenwart auf und sein ganzer Gesichtsausdruck wurde freundlich. Nicht selten fragte er mich mit väterlicher Zugewandtheit nach meinen Fortschritten beim Sprachunterricht, im Schwertkampf und dem Reitunterricht. Manchmal scherzte er sogar mit mir, wenn er feststellte, dass ich eine schnelle Auffassungsgabe hätte, und meinte zum Beispiel lachend: „Wie ich höre, soll er bereits einen von meinen Janitscharenoffizieren im Schwertkampf besiegt haben. Wenn unser Hatschi Bu jetzt auch noch perfekt Arabisch spricht, werde ich ihm wohl meine Herrschaft überlassen müssen."

Bey Assin fasste dmals Vertrauen zu mir und übertrug mir besondere Aufträge, bei denen ich mich bewähren konnte. Botengänge, Geldgeschäfte und schließlich auch Tätigkeiten als Kundschafter und Spion, die dann eine mehrtägige Abwesenheit auf Reisen erforderten. Ich erledigte meine Aufgaben gut und fand besondere Gnade bei dem Bey, der mir nun rundum gewogen war.

Es war dieses gewachsene Vertrauen des Bey, das mich jetzt zu einem seiner engsten Vertrauten machte. Dabei wäre es mir als

Befehlshaber von Teilen der Palastwache und Hunderten von Reitern ein Leichtes gewesen, einen Aufstand anzuzetteln und ihn zu stürzen. Tatsächlich gab es bei Hofe einige, sogar aus dem engsten Familienkreis, die mir mehr oder weniger offen ein solches Vorgehen nahelegten. Und diese Stimmen mehrten sich, je größer unser Heer, je prächtiger unsere Aufmärsche wurden. Ich lebte in einer Schlangengrube. Denn nichts trieb einen Musilmanen als Krieger und Adligen mehr an, als die Sucht nach Ruhm und Ehre. Und Bu Aziz verletzte unsere Ehre, wo er nur konnte. Doch ich schwieg zu den Ehrbezeugungen und Ansinnen, die an mich in meinem neuen Amt herangetragen wurden. Ich verhielt mich loyal zu meinem Herrscher, ohne öffentlich für ihn Partei zu ergreifen, was auch niemand von mir verlangt hatte. Stattdessen verschärfte ich die Ausbildung meiner Truppen, ließ sie exerzieren und quälte sie mit Kampfübungen bei Tag und Nacht. Ich hegte eigene Pläne und wartete auf den richtigen Moment, um losschlagen zu können. Diese Gelegenheit ergab sich, noch bevor wir unser Heerlager vor der Stadt Tbessa aufgeschlagen hatten.

MIT TODESMUT UND DEM GLÜCK AN MEINER SEITE

Der Junge des von mir erschossenen Bauern, der von allen Ali gerufen wurde, inzwischen ein findiger Kundschafter, stürmte eines Nachmittags atemlos in mein Zelt. Er hatte entdeckt, das Bu Aziz offenbar seine Truppen im Halbrund vor unserem Zielort zusammenzog und darauf wartete, uns dort einzukesseln und von allen Seiten anzugreifen. Dies entsprach seiner hinterlistigen Art. Die Entscheidung auf offenem Feld im Angesicht eines Feindes war seine Sache nicht. Nur zwei Tagesritte von uns entfernt, berichtete Ali aufgeregt, befände sich eine der Hauptabteilungen der Streitmacht von Bu Aziz. Auch wenn Ali der Umgang mit Schrift und Zahlen noch schwerfiel, entnahm ich aus seinen Angaben, dass es sich um einen kleinen Fußtrupp, um Bedienstete und ungefähr tausend Berittene handeln könnte. Eine nicht zu unterschätzende Streitmacht, die zumindest meinen fünfhundert Reitern zahlenmäßig deutlich überlegen schien. Als ich ihn zu Bewaffnung und Ausrüstung befragte, berichtete mir Ali von Waffenlieferungen. Er hatte eine schwer beladene Karawane beobachtet, die von zwei weißen Abendländern angeführt wurde. Einer von ihnen sei gekleidet gewesen wie ein Musilmane und habe auch gen Mekka gebetet, dem anderen hätten an einer Hand zwei Finger gefehlt.

Sofort kamen mir Fran Doorp und Bombai in den Sinn, und ich beschrieb dem Jungen die Männer. Auch wenn wir viele Ähnlichkeiten feststellten, Gewissheit erlangte ich auf diesem Weg nicht. Arbeiteten Fran Doorp und Bombai wieder zusammen? Hatten sie die Piraterie aufgeben können? Sicher, im Kriegsgeschäft gab es viel zu verdienen, und Bombai war in erster Linie Kaufmann. Vielleicht steckte er sogar hinter den Machtspielchen von Bu Aziz und heizte den Konflikt an, um Waffen abzusetzen und sich seine Dienste vergolden zu lassen. Ich bemühte mich, die Gedanken an die beiden verhassten Verräter zu verdrängen, um mich wieder auf das Wesentliche zu konzentrieren.

Unsere Gegner waren mittlerweile nicht nur zahlenmäßig stark geworden, sondern sie rüsteten auch in beängstigender Weise auf. Ali berichtete von Holzkisten mit Gewehren und Säbeln. Er skizzierte auf einer Karte den ungefähren Standort des Lagers, die Verteilung der Zelte und des Munitionsdepots, die Einzäunungen für die Pferde und die Stelle, an der man die Lasttiere, die Dromedare und Kamele, angebunden hatte. Er vergaß auch nicht, vier kleine Feldkanonen zu erwähnen, die man mit sich führte.

Ich hörte ihm aufmerksam zu, stellte gezielte Fragen, und als er mit seinem Bericht geendet hatte, ließ ich ihm die Hände fesseln, ihn von Wachen umstellen und fuhr ihn herrisch an: „Woher stammt sein Wissen? Seine Kenntnisse gehen in so viele Einzelheiten, als sei er einer von ihnen! Wer sagt mir, dass er es nicht ist? Ich habe ihn mit zwei Kundschaftern ausgesandt. Beide sind längst zurück, und niemand weiß, was er allein die ganze Zeit da draußen gemacht hat!"

Natürlich wirkte Ali angesichts dieser Behandlung verunsichert, hatte er wahrscheinlich erwartet, für seine ausgezeichneten Dienste belohnt zu werden. Aber er zeigte auch keine Furcht, als er erwiderte: „Was haben euch die Kundschafter zu berichten gewusst? Ich vermute, nicht viel. Wahrscheinlich ebenso viel, wie man bereit war, sein Leben einzusetzen." Er spuckte verächtlich auf den Boden.

„Bevor du Sohn eines Bauern mir meinen Zeltboden weiter beschmutzt, erkläre mir, wie du diese genauen Beobachtungen anstellen konntest, ohne entdeckt zu werden!"

„Sohn eines erschossenen Bauern, mein Efendi? Mir ist auf unerklärliche Weise mein Vater abhanden gekommen. Und jetzt, da der edle Gasnadahl und ich genau wissen, aus welcher Büchse die Kugel stammte, könnte es sein, dass mir der Efendi, der Friede Allahs sei mit ihm, nicht vertraut?"

„Antworte auf meine Frage!", herrschte ich ihn an. „Für seine Anmaßung erhält er drei Stockschläge auf den Rücken. Und ich rate ihm, nicht weiter den Unerschrockenen zu spielen, denn ich habe eine genaue Vorstellung davon, wie elendig das Sterben unter Schlägen ausfallen kann. Ich hatte bereits als Junge die Gelegenheit, einem Schurken dabei das Leben zu retten…"

„Vielleicht jenem, dem zwei Finger fehlen, der jetzt auf der Seite unserer Feinde steht? Manchmal ist es gut, einen Mann zu töten, bevor er selbst die Gelegenheit dazu bekommt. Jener hat auf mich nicht den Eindruck gemacht, dass er bereit gewesen wäre, den Efendi, der Friede Allahs sei mit ihm, in einer ähnlichen Situation zu verschonen."

Ich war seiner Kommentare überdrüssig, ließ mir den Stock geben und zog ihm höchstselbst dreimal über seinen Rücken. „Als erstes antworte er auf meine Frage! Nichts weiter! Ich habe ihn nicht nach seiner Meinung gefragt!"

Ächzend und stöhnend sank Ali in die Arme der Wachen und zu Boden. Ich stand breitbeinig über ihm und drohte, weiter auf ihn einzudreschen, obwohl es mir lieber war, er würde sich nicht mehr bockbeinig zeigen, denn ich brauchte ihn noch als Kundschafter. Er war ein kluger Junge und hatte mit seinen Vermutungen recht. Ich misstraute ihm, denn die Blutrache war hierzulande durchaus üblich, und ich musste damit rechnen, dass er beabsichtigte, mich in einen Hinterhalt zu locken. Andererseits, wenn er die Wahrheit sprach, lief unser Heer vielleicht blindlings in eine große Gefahr.

Ali nahm Vernunft an und berichtete, wie er sich mit Esel und Waren als Bauernjunge aus der Umgegend tatsächlich in das Lager begeben und dort zwei Tage aufgehalten hatte. Niemand habe Verdacht geschöpft. Dies sei mit den anderen Kundschaftern nicht möglich gewesen, die sich ohnehin nicht weiter als einen Tagesritt vom Lager des Bey hätten entfernen wollen. Und noch etwas berichtete er jetzt ungefragt. Er habe bislang darüber geschwiegen, weil er befürchtet habe, keiner würde ihm Glauben schenken. Aber jetzt, wo dies alles keine Bedeutung mehr habe, wisse er davon zu berichten, dass die Reitertruppen der Beduinen vom Stamme der Beni Mzab von einer jungen Frau angeführt würden. Es war dieses scheinbar absurde Mosaiksteinchen, das mich ihm glauben ließ. So etwas konnte sich selbst ein gewitzter Bursche wie Ali nicht ausdenken. Ich beschloss zu handeln und wenn mich das meinen Kopf kosten würde. Was hatte ich schon zu verlieren? Ich würde meinen Tod in der Nähe von Tunis finden, wo doch auch Leila mit meinem Vorgänger im Amt lebte. Natürlich verspürte ich Angst, aber gleichzeitig auch eine große, wilde Entschlossenheit, dieses irdische Dasein hinter mich zu bringen!

Noch am selben Abend führte ich Ali vor Bey Assin. Auch der hörte ihm aufmerksam zu, stellte aber kaum Fragen, als habe er mit nichts anderem als einem drohenden Hinterhalt gerechnet. Er beorderte einen Boten zum Dey von Tunis, um dort den Stopp der Waffenlieferungen einzufordern und die Inhaftierung der Fremdlinge zu erreichen, die offenbar über den Hafen die Waffen ins Land schafften. Dann erhob er sich und empfing wie fast jeden Abend Stammesfürsten und Älteste für ein Festmahl, gerade so, als ob nichts geschehen sei. Ich sprach ihn unter vier Augen darauf an, und er erwiderte, er habe von Bu Aziz nichts anderes erwartet, aber keine Waffen der Welt würden die Gerechtigkeit eines Bey von Constantine aufhalten. Ich gab zu bedenken, dass auch der Dey von Tunis an den Waffenlieferungen verdiene und der Botschafter keinesfalls die Verhaftung der Händler erwirken könne. Bey Assin lächelte nachsichtig, als er antwortete: „Sie sollen nur wissen, dass ich es weiß, und sich vor Allahs Urteil fürchten. Die Gier und die Sünde machen sie schwach. Und sie werden allesamt schlaflose Nächte haben, da sie mein Verhalten nicht zu deuten wissen. Allah ist mit uns!"

Ich bewunderte Bey Assin für seine aufrechte Haltung, hegte aber meine Zweifel an der Überlegenheit von Glaube, Moral und Aufrichtigkeit in einer Welt wie dieser. Während ich anschließend neben ihm im Festzelt an den abendlichen Feierlichkeiten teilnahm und die Stammesfürsten begrüßte, erinnerte ich mich daran, wie Bey Assin zu besonderen Anlässen mit mir als unbedeutendem Kaffeeschenker in den Winkeln der Kasba spazieren gegangen oder an mehreren Tagen in einer kleinen Gruppe ausgeritten war. Immer wieder hatte er innegehalten, mich angesprochen und gebeten, genau hinzuschauen. Ich glaube, es gab in seinem Land nichts, das er nicht kannte und nicht benennen konnte. Er unterrichtete mich dabei nicht wie ein Lehrer und hielt keine Vorträge, es war eben so, dass er laut vor sich hinsprach, auf etwas deutete oder kurz erklärte: „Hier gibt es, schau doch mal… Und dort drüben, siehst du den Unterschied… Die dort vom Stamm der Maghrebi erkennst du an der Kleidung… Was denkst du über solches Verhalten?" Ohne dass es mir aufgefallen wäre, hatte ich in der Zwischenzeit mein Wissen über dieses Land und sein Volk von ihm erlangt. Er zeigte mir, wie die Dinge zusammenhingen, und er nahm dem Land und der Welt, in der ich mich wiederfand, ein Stück von ihrer Fremdheit. Wie konnte er nur wissen, dass ich der Richtige war? Darüber dachte ich nach, als ich an seiner Seite Hof hielt und man sich gegenseitig mit den Stammesfürsten seiner ausgezeichneten Hochachtung versicherte. Vielleicht war Bey Assin wirklich nur alt geworden, müde dieses ewigen Kampfes um die Macht. Das würde jedoch unser aller Ende bedeuten…

Ich verließ die Veranstaltung im Festzelt vorzeitig, sprach mit niemandem über meine Pläne, ordnete Bereitschaft und einen frühen Ausritt an. Alle nahmen das als übliche Schinderei, mit der ich meine Truppen in Alarmbereitschaft hielt und quälte. Einer Gruppe um den Bartenwetzer Abu Zaid befahl ich, Reit- und Lasttiere aus dem Lager zu stehlen. Und als im Morgengrauen dieser Diebstahl lautstark angezeigt wurde und ich mit meinen fünfhundert Reitern, bewaffnet bis an die Zähne, hinterher jagte, nahmen auch das alle im Heerlager des Bey als Übung und nicht mehr.

So ritt ich an der Spitze meiner Leute in meine erste Schlacht, den jungen Ali an meiner Seite, bald auch mit den Lasttieren, die Abu Zaid organisiert hatte, und fragte mich, wohin das alles führen würde. Ich war mir nicht sicher, ob es ein Weiter für mich gab. Ich war mir nicht einmal sicher, dass ich (ohne eine anständige Katastrophe) mein Ende finden würde. Hinter allem, was ich mit Befehlsgewalt tat, stand eine Menge ungetilgter Angst, die sich im Angesicht der sich konkretisierenden Lebensgefahr in einen Rausch, geradezu eine Todessehnsucht verwandelte. Ich lebte aus keinem Verlass heraus, ich besaß außer meiner erstaunlichen Karriere nichts, wofür sich zu überleben lohnte.

Ali, den ich an meine Seite befohlen hatte, befragte ich nach dem Weg, den wir jetzt einschlagen sollten. Ali lachte, scherzte. Die noch frischen Wunden von den Stockschlägen auf seinem Rücken schien er vergessen zu haben. Aus seinen Kommentaren war schwierig herauszuhören, ob er wirklich wusste, wohin es ging. Er begann mit seinen Spielchen, lief seiner Kamelstute hinterher und forderte die Soldaten zum Wettrennen heraus, um dann gemessenen Schrittes zur Truppe zurückzukehren. So ging das den ganzen Tag über. Am Abend rasteten wir in einer kleinen Oase, wo ich den Stammesältesten für die Nutzung des Brunnens bezahlte. Als ich zurückkam, hatte Ali bereits einen Wettkampf im Feuerspringen angezettelt. Ich begann mich zu ärgern, verdoppelte die Wachen um das Lager und ignorierte alle Albernheiten. Insbesondere sprach ich nicht mehr mit Ali, bevor ich mich schlafen legte, schreckte aber mitten in der Nacht auf, schweißgebadet trotz der bitterkalten Wüstennacht. Auf meinen Befehl hin schürte man die Lagerfeuer. Den Wachen, die ich nicht aufmerksam und kampfbereit fand, prügelte ich höchstpersönlich den Schlaf aus den müden Knochen.

Noch bevor der Morgen anbrach, ließ ich die Kamele mit einigen Männern zurück und befahl, den Pferden die Hufe mit Lappen zu umwickeln, um ihren Hufschlag zu dämpfen. Wir würden mit den wendigeren und schnelleren Pferden angreifen, auch wenn diese auf lange Distanz den Kamelen in der steinigen Wüste unterlegen waren. Ich sah bei der zahlenmäßigen Überlegenheit unseres Gegners unsere einzige Chance in einem Überraschungsangriff. Dabei kam es allein auf unsere Schnelligkeit und Wendigkeit an. Auf lange Verfolgungsjagden durften wir uns nicht einlassen. Meine Leute steckten die Köpfe zusammen und tuschelten. Wie weggeblasen die Unbeschwertheit und Ausgelassenheit des vorigen Tages. Da stand etwas Ungeheuerliches bevor, das spürten jetzt alle. Meine Offiziere sprachen vor und verlangten eine Erklärung, allen voran mein Reiteroffizier und ehemaliger Kammerdiener. Jener Mustafa hatte inzwischen großen Gefallen daran gefunden, stolz wie ein arabischer Fürst auf einem edlen, sich hochbäumenden Araberhengst des Nedsched einherzureiten und in seinem schönen Kostüm mit seinen glänzenden, fantastisch geformten Waffen, die er im Ledergürtel um den Leib gebunden trug, Eindruck zu schinden und Frauenherzen zu erwärmen. Kurzum, dieser Geschichtenerzähler und Intrigant hatte etwas zu verlieren und lebte angesichts der Unfähigkeit, die er mir unterstellte, in ständiger Angst.

„Es stimmt, meine tapferen Helden, es ist wahr, wir werden Bu Aziz angreifen. Und ich bin stolz darauf, dass ihr es seid, mit denen ich das Heer dieses Hurensohnes in die Wüste jagen und zerstreuen werde wie Sandkörner."

Vor Schreck wechselten die Männer die Gesichtsfarbe. „Was ist der Plan, wo stoßen die Janitscharen und die Nubier zu uns? Und wo befinden sich jetzt die Tuareg mit ihren Kamelen?" „Rückt das ganze Lager des Bey nach?", fragte ein anderer. „Vielleicht haben uns die feindlichen Kundschafter schon entdeckt…"

Als ich ihnen eröffnete, dass sie keine Verstärkung zu erwarten hätten und wir allein auf uns gestellt ein übermächtiges Heer mit vier Kanonen angreifen und überwältigen würden, wurde es plötzlich still, dass man den Ruf einer Hyäne über hundert Kilometer hätte hören können. Die Ruhe vor dem Sturm, dachte der Seemann in mir. Wenn sie nur wüssten wohin, würden sie jetzt meutern, mich ermorden und sich davonmachen. Aber vor uns stand der Feind und hinter uns Bey Assin, unser aller Herrscher, dessen enger Vertrauter ich war und der an jedem von ihnen grausame Rache üben würde. Sie vertrauten mir nicht, und ich griff zur silberbeschlagenen Büchse, rief Ali, der ihnen jetzt die Route und das Lager, das ich zu überfallen gedachte, in den Sand zeichnete und erklärte. Mit tiefer, ruhiger Stimme rief ich ihnen anschließend auf Arabisch zu: „Lieber tot als Sklave des Bu Aziz und zum Gespött der Leute von Tbessa auf dem Marktplatz feilgeboten. Doch wer jetzt gehen mag, der soll sich sputen. Ich gebe jedem einhundert Meter Vorsprung, ehe ich schieße. Wir brechen in einer Viertelstunde auf. Die Nacht ist klar, der Mond ist hell. Allah ist mit uns!"

Sie vertrauten mir nicht und auch nicht Ali, dessen Späße sie noch bis vor ein paar Stunden mitgemacht hatten, den sie jetzt für ein unwissendes Jüngelchen hielten oder gar für einen Doppelspion, der uns ans Messer liefern würde. Und in diesem letzten Punkt zumindest unterschieden sich ihre Sorgen nicht so sehr von den meinen. Ich verließ das Zelt, sah nach den Pferden und ließ kurze Zeit später aufsitzen.

Als Ali erneut versuchte, seine Späße zu treiben, und ein paar Pferdelängen davongaloppierte, preschten zwei meiner Offiziere hinter ihm her, rissen ihn unsanft vom Pferd und schleiften ihn an den Haaren zurück. Ich tat so, als hätte ich diesen Vorfall nicht bemerkt, und inspizierte die Kämpfer, erteilte Befehle für den Fall eines Überraschungsangriffes oder eines Hinterhaltes. Wieder an der Spitze des Zuges angekommen, wartete dort Ali auf seinem Pferd auf mich. Sie hatten seine rechte Gesichtshälfte blau geschlagen, die Lippen waren aufgeplatzt und seine Jacke zerrissen. Ich ließ ihm neue Kleider bringen, denn es gezieme sich nicht, als Lumpenkind an der Spitze eines solch stolzen Heeres zu reiten, verkündete ich und hatte fortan Ruhe vor seinen Disziplinlosigkeiten und Provokationen.

Kurz nach Sonnenuntergang bedeutete Ali mit einer Miene, in der sich Ernst und Heiterkeit mischten, man möge absitzen und die Pferde am Zügel führen. Ich warf ihm einen neugierigen Blick zu und begriff, dass sich hinter der kleinen Erhebung im Westen das Lager unseres Feindes befand. Der Junge hatte also Wort gehalten. Konnte ich ihm weiter trauen, wenn ich mich jetzt mit einem kleinen Trupp daran begeben würde, das Lager auszukundschaften? Noch einmal zögerte ich, dann wählte ich fünf Männer aus, unter ihnen Ali, und erteilte Befehle für meine Truppen. Sollten wir festgesetzt oder gar umgebracht werden, erwartete ich von meinen Offizieren einen schnellen Rückzug zum Lager des Bey Assin. Ali hielt mir seine blau geschlagene Gesichtshälfte hin, grinste breit und sagte: „Ich hätte Ali nicht getraut, wenn ich an Efendis Stelle gewesen wäre."

Dann ging er voran und deutete auf die Stellen, an denen sich bei seinem Aufenthalt die Wachen und die Kanonen befunden hatten. In einer Talsohle nutzten wir den Schatten von Felsblöcken und Büschen und pirschten uns so geduckt über mehrere hundert Meter an den kleinen Hügel heran. Eine sternenklare, mondhelle Nacht, die den Dingen hier draußen scharfe Konturen gab und uns unter größter Konzentration und Anspannung manche Trugbilder vorgaukelte. Am Hügel führte uns Ali auf allen Vieren um einige Buschhecken und deutete auf das Strauchwerk, das hier mehr oder weniger dicht wucherte. Dann zeigte er nach links, und mit großem Erschrecken entdeckte ich nicht weit oberhalb von uns zwei Wachen, die ins Land spähten, sich unterhielten und an der Hügelkante weitergingen. „Drei Wachen…", raunte er mir zu, „einer bei der Kanone und diese beiden." Ich begriff seinen Plan und nickte zum Einverständnis. Wir ließen jetzt auch noch unsere Gewehre zurück und krochen auf dem Bauch von Busch zu Busch. Nach einer schweißtreibenden halben Stunde hatten wir erst die Hälfte unseres Weges zurückgelegt und zwei Mal die Patrouille oben entdeckt. Dann ging es auf dem Rest der Wegstrecke schneller.

Ein Felsvorsprung knapp unterhalb der Stelle, an der eben die Wachen patrouilliert hatten, erwies sich als gerade massig genug, um unserer kleinen Gruppe mit etwas Glück ausreichend Deckung zu bieten. Für einen Moment verschnaufte ich, hockte in der Nähe eines Busches und beobachtete meine Männer, wie sie ihre Aufgabe meisterten. Vor allem Ali bewunderte ich. Erst war er hinter mir geblieben, nun drang er vorwärts, und zwar mit einer solchen Ausdauer, Umsicht und Geschicklichkeit, die ihn eins werden ließen mit den Konturen der Landschaft. Sein Vorgehen belegte, wie sehr er selbst Teil dieses Landes war. Er nutzte jede Lücke, vermied instinktiv jedes Hindernis oder beseitigte es geräuschlos. Wenn Gewandtheit und Hände nicht ausreichten, musste sein Dolch nachhelfen, und wenn ein Zweig oder Ast eines Busches bewegt werden musste, so geschah dies gleichmäßig langsam, so dass es für eine natürliche Bewegung gehalten werden musste und nicht auffallen konnte. Er machte seine Sache ausgezeichnet, und die Gruppe folgte ihm, als sei sie an einer Perlenkette aufgereiht. So erreichten wir sicher den Felsvorsprung und hörten die Stimmen der Wachen, ohne verstehen zu können, was gesprochen wurde. Ali und ich krochen näher heran. Ein lichtes Gestrüpp bot uns dürftige Deckung. Die Wachen begrüßten gerade ihre Kollegen von der Ablösung. Man unterhielt sich, machte Scherze auf Kosten Dritter, prahlte ein wenig, ohne auch nur die geringste Ahnung zu haben, dass nur wenige Meter entfernt der Tod lauerte. Aber so sind wir Menschen, blind für unsere Sterblichkeit, blind vor allem für das Wichtige, fast immer mit Nebensächlichkeiten und Ablenkungen befasst, vom Strom der Masse mitgerissen. Darüber dachte ich nach, während mein Körper vor Anspannung schmerzte.

Die Wachablösung ließ sich Zeit, und die drei Männer stapften erst nach zehn Minuten, das Gewehr lässig über die Schulter gelegt, Richtung Lager. Wir krochen zurück zu unseren wartenden drei Kameraden. Mein Plan zielte auf den nächsten Kontrollgang der Wachen ab. Ali und ich würden die Posten am Feuer und bei der Kanone überwältigen, und die anderen drei hätten die Aufgabe, die beiden Patrouillen zu erstechen. Wenn die Truppe nur nicht ihre Gewohnheiten änderte…

Tatsächlich nahm man es im Lager von Bu Aziz mit den Pflichten sehr genau und hielt sich auch streng an Vorgaben und Gewohnheiten, denn Ali und ich hatten kaum wieder unseren Platz hinter dem Buschwerk eingenommen und unsere Dolche gezückt, da machten sich schon zwei Wachen zum Kontrollgang auf. In ihrem Rücken schlichen wir geduckt Richtung Lager und verrichteten unser blutiges Handwerk. Die Wachen waren dank unseres geschickten Vorgehens rasch ihrer Pflichten ledig, lagen mit durchgeschnittenen Kehlen und einem Loch im Brustkorb ruhig im eigenen Blut und konnten ewig schlafen. Wir schleiften die Leichen zum Felsvorsprung und verbargen sie dort. Während drei Kameraden die Kanonen auf das Lager ausrichteten und schussbereit machten, überblickte ich mit Ali an meiner Seite das feindliche Lager und entwarf einen Angriffsplan.

Unten am Wasser brannten zahlreiche kleine Feuer, genährt von den Ästen und Zweigen des Buschwerks, das hier wuchs, und vor allem von den Brettern diverser Holzkisten, die zur Rechten neben einem großen Zelt aufgestapelt worden waren. Das waren die Munitionskisten und Waffen, von denen Ali gesprochen hatte. Die Gewehre, die wir von den Wachen erbeutet hatten, waren von ausgezeichneter Qualität, beste englische und spanische Handarbeit. In der Nähe der Quelle, aus der ein kleiner Teich gespeist wurde, befand sich wahrscheinlich das Kommandozelt. Die Größe des Zeltes, die Wachen davor, deuteten darauf hin. Undeutlich konnte ich in der Dunkelheit noch die Umrisse der improvisierten Zäune für die Reit- und Lasttiere erkennen. Ich zählte Hunderte von Zelten, staunte über die Betriebsamkeit zu dieser nächtlichen Stunde und schätzte ähnlich wie Ali, dass wir uns auf eine Streitmacht von vielleicht 1000 Köpfen einzustellen hatten. Ali behauptete zwar, sie würden sich sicher fühlen, so dass sie unten – außerhalb der Einzäunungen bei den Tieren, dem Kommandozelt und dem Waffenlager – keine weiteren Wachen mehr postiert hätten. Es war zu dunkel, um diese Aussage nachprüfen zu können, aber diese große, modern ausgerüstete Streitmacht machte einen solch gut organisierten Eindruck auf mich, dass ich zusätzliche Sicherheitsmaßnahmen nicht ausschließen mochte.

DER LOHN DES SIEGES

Der Sternenhimmel streifte der unendlichen Weite der Wüste einen Baldachin über, und ich kniete neben dem Feuer und betete gen Mekka. Ich war sicher, dass man dies dem Thaleb berichten würde, was mir nur von Nutzen sein konnte. Andererseits war es für meine Kämpfer wichtig, nicht von einem Ungläubigen angeführt zu werden… Solange Allah auf unserer Seite stand, konnten wir siegen. Meine Gebete waren somit gleichermaßen eine Demonstration der Zuversicht wie ein Mittel, um meine eigene Angst und meine Selbstzweifel in den Griff zu bekommen.
Wir mussten noch diese Nacht losschlagen, und es galt zunächst, alle Wachtposten rund um das Lager zu überwältigen. Die Befehlsgewalt über die Kanonen erhielt der Bartenwetzer Abu Zaid, auch wenn ich ihn viel lieber reitend an der Spitze der Truppen gesehen und mir gewünscht hätte, er müsste um sein elendes Leben kämpfen. So kam es, dass ich Mustafa die gefährlichste Aufga-

be übertrug, mit dreißig Reitern die Koppel zu überfallen und so viele Tiere wie möglich zu befreien und zu stehlen. Ich erläuterte meinen Offizieren, wir würden Bu Aziz' Männer glauben machen, das ganze Heer des Bey von Constantine sei angetreten, sie zu vernichten.

Die Männer arbeiteten präzise wie ein Uhrwerk. Das vorsichtige Vorrücken meiner Truppen dauerte trotzdem drei lange Stunden. Stunden, in denen ich das Lager nicht mehr aus den Augen ließ. Dann plötzlich stockte mir der Atem, vier Männer und eine Frau verließen das Kommandozelt. Trotz der schlechten Sichtverhältnissen und über die Entfernung hinweg, war ich sofort sicher, dass sich Fran Doorp und Bombai unter ihnen befanden. Ich befahl meine besten fünf Schützen zu mir und machte sie auf die beiden aufmerksam. „Sie dürfen nicht entkommen!", befahl ich. „Ich will sie tot zu meinen Füßen liegen sehen. Wer mir ihre Leichen bringt, erhält eintausend Piaster!" Mein Herz schlug wild, doch mit aller Kraft konzentrierte ich mich jetzt wieder auf unsere Aufgabe und den bevorstehenden Angriff.

In der ersten Morgensonne gab ich den Befehl zum Angriff. Als ich schon bald die ersten Schüsse und Schreie hörte, wusste ich, dass es Mustafa, meinem Reiteroffizier, nicht gelungen war, die Reit- und Lasttiere loszuschneiden. Er war zu früh entdeckt worden. Wahrscheinlich, weil er sich sofort über die wertvollsten Tiere her gemacht hatte. Staub wurde aufgewirbelt, und ich schätzte, dass Mustafa an die zwanzig Pferde mit sich führte, als er begann, Fersengeld zu geben. Unten stürzten die ersten Verfolger aus den Zelten und griffen zu ihren Waffen. Angesichts der kleinen Gruppe von etwa zwanzig bis dreißig Angreifern glaubte man an ein leichtes Spiel, schwang sich zu Hunderten auf die Pferde und preschte hinterher. Die Befehle, die noch vom Kommandozelt, wo sich die Offiziere versammelten und sich auch die junge Kommandeurin ihre Bewaffnung anlegte, herüberschallten, blieben ungehört. Ich hoffte nun auf die Schnelligkeit und Wehrhaftigkeit meiner Reiter, die ich als Lockvögel ausgesandt hatte. Keine Minute später jagten unsere ersten zweihundert Reiter vom Hügel zu Tal, begleitet von Kanonenschüssen, mit denen wir das Lager jetzt belegten. Es war ein Leichtes für Abu Zaid, die Hauptzelte zu treffen, und er trieb seine Leute an, die Kanonen neu zu laden.

Meine Reiter erreichten das Lager, zerschnitten im Galopp die Zeltstricke und hieben mit Schwert und Krummsäbel drauflos. Das Durcheinander, das jetzt entstand, war perfekt. Die Reiter von Bu Aziz, die unsere erste Gruppe fast erreicht hatten und mit ihren Büchsen auf diese schossen, bemerkten, dass ihr Lager angegriffen wurde, und machten kehrt. Ihnen ritt jedoch eine mindestens ebenso starke Gruppe von unserer Seite bereits kampfbereit entgegen. Die Staubwolke, in die das ganze Geschehen gehüllt wurde, machte es ihnen dabei unmöglich, die wirkliche Kampfstärke unserer Reiter einzuschätzen. Offenbar gingen sie davon aus, das ganze Heer Bey Assins sei hinter ihnen her, und so ungeordnet, wie sie zur Verfolgungsjagd aufgebrochen waren, zerstreuten sie sich in Panik nun in alle Winde. Meine Männer verfolgten sie noch eine Strecke, um sodann im gestreckten Galopp wieder dem Lager entgegenzureiten und unseren Angriff dort zu flankieren.

Rund um das Lager hatte ich zwanzig Schützen verteilt, die jetzt auf die umzingelten Kämpfer zielten. Dazu donnerte die zweite Stafette von Kanonschüssen. Und dann stürmte ich an der Spitze meines Haupttrupps von zwei Seiten das Lager. Panik machte sich breit, es formierte sich kaum noch geordneter Widerstand. Als sie kurze Zeit danach auch im Lager noch die Reiter entdeckten, die aus der Wüste auf sie zustürmten, glaubten die Männer von Bu Aziz an ihr nahes Ende und flohen in alle Richtungen. Mein Ziel war jetzt das Kommando- und Munitionszelt. Dort waren die Wachen zusammengelaufen und schossen mit wilder Verzweiflung auf uns. In der Mitte der dort entstandenen gegnerischen Front zeigte ein mit grünen und schwarzen Fransen verziertes großes Banner die beunruhigende Kampfbereitschaft der gefürchteten Beduinen vom Stamm der Beni Mzab an. Die Stimme der Kommandantin, die einen Krummsäbel schwang, übertönte den Lärm des Kampfes. Ich hielt mit meiner Hauptabteilung geradewegs auf sie zu, entschlossen, meinen Sieg vollkommen zu machen. Irgendwo mussten sich auch diese Bastarde Fran Doorp und Bombai verbergen!

Wenige Minuten später galt es, von Mann zu Mann ums Überleben zu kämpfen. Gewehrsalven überall, ohrenbetäubendes Geschrei und immer wieder Kanonendonner, der dem Geschehen hinter uns galt. Die Erde bebte bei jedem Treffer. Es mögen nicht mehr als zehn Minuten eines furchtbaren Ringens, eines alptraumhaften Gemetzels gewesen sein, aber ich war mittendrin, schoss mit meinen beiden Pistolen, warf sie dann weg und schwang meinen Säbel, als entspräche dies meiner Berufung von Kindesbeinen an. Blut spritzte mir ins Gesicht, ein Arm, dessen Hand noch eine Waffe umklammert hielt, flog neben mir durch die Luft, verzerrte Gesichter im Todeskampf mit weit heraustretenden Augäpfeln, Kämpfer, die erschöpft zu Boden sanken und unter den Hufen von Pferden und Kamelen begraben wurden. Für eine Weile leistete unser Feind tapfer Widerstand, denn die Beduinen waren gefürchtete und wilde Kämpfer, dann machte die Wendigkeit unserer Pferde im Vergleich zu ihren Kamelen den entscheidenden Vorteil aus. Als dann die Reiter, die von der Verfolgung aus der Wüste zurück ins Lager stürmten, noch zu uns stießen, brach der letzte Widerstand. Ich jagte mit meinen hundert Reitern an meiner Seite auf das gegnerische Banner zu, neben dem die junge Frau sich verbissen widersetzte und mit ihrem Krummsäbel verzweifelt im Kreis drosch und auf keinen ihrer Leibwächter mehr hörte, die sie lautstark aufforderten, endlich den Rückzug anzutreten.

Doch bevor ich sie angreifen konnte, entdeckte ich aus meinen Augenwinkeln Fran Doorp und Bombai, die rechter Hand von mir versuchten, sich ihren Fluchtweg freizukämpfen. Mein Entschluss war sofort gefasst! Mit wildem Geschrei stürmte ich den beiden hinterher, kreuzte im Vorbeiritt mit Bombai bereits die Klingen. Er hatte noch nichts von seiner katzenhaften Geschmeidigkeit eingebüßt. Kaum war ich vorbei, warf ich meinen Oberkörper flach auf die linke Seite des Pferderückens. Schon flog ein Dolch knapp über meinen Kopf und hinterließ einen oberflächlichen, blutigen Streifen auf meinem Rücken. An seine Kunst des Messerwerfens hatte ich mich nur instinktiv erinnert. Jetzt wendete ich mein Pferd, doch Bombai hatte eine Lücke gefunden und gab seinerseits seinem Pferd die Sporen.

„Niemand verdirbt Bombai ein Geschäft, mein Junge! Das wirst du noch bitter bereuen! Hark Olufs, schmore in der Hölle!", schrie er aus Leibeskräften und entkam all seinen Verfolgern.

Fran Doorp war in keiner so glücklichen Lage, denn meine Männer hatten sein Pferd erschossen, und er rappelte sich hektisch auf, um sein Leben zu verteidigen. Dann eben dieser Schurke! Wenigstens dieser! Ich sprang ihm vor die Füße. Das Metall unserer Säbelklingen sprühte Funken. Wie im Rausch drosch ich auf ihn ein und trieb ihn vor mir her. Von der Wucht meiner Schläge getrieben, taumelte er rückwärts. Dann zwei Schüsse von einem meiner Reiter. Der erste entwaffnete ihn, der zweite streckte ihn zu Boden, wo er jetzt röchelnd liegenblieb, die Hand mit den fehlenden Fingern noch zur Verteidigung mir entgegengestreckt, sein Blick flackernd vor Angst. Ich stellte einen Stiefel auf seinen Brustkorb. Ich wartete. Worauf?

Längst war die Schlacht entschieden. Es peitschten noch einige Schüsse, versprengte Einheiten jagten noch hinter Gruppen von Flüchtigen her. Alle Kämpfer meiner Abteilung kamen heran und versammelten sich um mich. Sie legten das Banner mit den grünen und schwarzen Fransen zu meinen Füßen. Sie forderten ein Zeichen von mir. Im Rausch des Sieges schrien sie durcheinander. Mit einem einzigen Schlag meines Krummsäbels schlug ich Fran Doorp den Kopf ab, ergriff diesen, noch während die Blutfontäne spritzte, bei den Haaren und hielt ihn in die Höhe. Der Jubel der Männer fand kein Ende mehr. Ich hatte meinesgleichen getötet und war jetzt tatsächlich einer von ihnen! Ein gerissener Löwe, ein unerschrockener Kämpfer, ein Sohn Allahs! Ich hatte ein Wunder vollbracht und alle, die noch an mir gezweifelt hatten, zum Schweigen verdammt. So spießte ich den Kopf von Fran Doorp auf eine Lanze und verfiel in ein nervöses Grinsen. Meine Augenlider zuckten, und ich zitterte wie Espenlaub, als ich meinen Befehl zur Plünderung des Lagers und zum raschen Rückzug gab.

Eine Karawane mit Kamelen, beladen mit erbeuteten Waffen und Munitionskisten, der Kriegskasse und der kostbaren Hinterlassenschaft unserer Feinde zog heimwärts. Die Sonne stand zum Mittag hoch am Himmel und brannte siegreich über der toten Geschichte.

Ich befürchtete noch, Bu Aziz Truppen könnten sich wieder sammeln und uns nacheilen, aber niemand machte uns unseren Sieg mehr streitig. So fanden wir am Ende des nächsten Tages das Lager des Bey von Constantine unverändert noch an dem Ort, von dem wir vor drei Tagen aufgebrochen waren. Als hätten wir es nie

verlassen, trafen wir zur Zeit des Abendempfangs der Stammesfürsten und Dorfältesten ein. Bey Assin legte seine Waffen an und
ließ sich von den Offizieren meiner Reitertruppen 51 abgeschlage-
ne Köpfe zu Füßen legen. Jeder einzelne Offizier wurde großzügig
mit Geld bedacht. Dann mussten die Gäste zusammenrücken, als
ich die Kisten mit Waffen und Munition und die erbeuteten Kostbarkeiten mitten ins Festzelt schaffen ließ. Anschließend trat ich
vor den Bey, um ihm den Kopf Fran Doorps auf einem erbeuteten Silbertablett zu servieren und das Banner der Beduinen vom
Stamme der Beni Mzab zu überreichen. Es bedurfte hier keiner
großen Erläuterungen, die Summe der Beutestücke sprach für das
Ausmaß unseres Sieges. Die Stammesfürsten zeigten sich mehr
als beeindruckt und geizten nicht mit Beifallsbekundungen. Wir
selbst hatten neben einigen Verletzten nur fünf Tote zu beklagen.
Der Herrscher kam auf mich zu, um mich zu umarmen und mich
„seinen glücklichen Sohn" zu nennen. Er pries unser aller Mut
und Tapferkeit und meinte angesichts der erbeuteten Kriegskasse,
Bu Aziz habe jetzt seine Steuerschulden bezahlt und man könne
getrost den Sieg in Constantine feiern.
Zunächst glaubte ich noch an einen Scherz, da ich wusste, wie
sehr die Offiziere und Soldaten, die im Lager geblieben waren,
jetzt darauf brannten, es uns gleich zu tun und Ruhm und Ehre
in einer Schlacht zu erwerben. Die Strafe des Bey für sie war die
Siegesparade für mich, die er ein paar Tage später in Constantine
durchführte.
Viel Volk jubelte mir zu, und im großen Saal der Kasba trat ich
in einer mit Gold und Silber reich bestickten Montur vor meinen
Herrscher, um vom Thaleb zunächst den Segen für mein Seelen-
heil zu empfangen. Dann befahl Bey Assin seinen vornehmsten
Bediensteten mir aufzuwarten, und übertrug mir das Kommando
über die ganze Kavallerie. Ich war nun nicht mehr nur Kassierer
und Gasnadahl, sondern gleichermaßen der wichtigste General
der Truppen meines Herrschers und trug den Titel Agha ed-deira. Die Auszeichnung und zuvor die Entscheidung des Bey, nach
Constantine zurückzukehren, brachten mir viel Hass und Miss-
gunst bei Hofe und unter den Offizieren ein.
Das Volk jedoch gab mir den Beinamen Saif an-Nasr, was soviel
bedeutet wie „Schwert des Sieges". Und wer sich in Amrum, mei-

ner Heimat, die Zunge brechen möchte, mag sich an meinem neu-
en, vollständigen Namen versuchen, den der Zeremonienmeister
an diesem Tag wie ein Glockengeläut laut in den Straßen ausrufen
ließ: „Agha ed-deira Abu al-Aschquar Harik Ibn Uluf Saif an-Nasr
al-ifrandschi!"   ! ةلودلا ف رصنلا فولأ نب كراح فيس يجنرفإلا *
Man sieht an diesem schönen Beispiel der Namensgebung, dass
man dort an der Mohrenküste, wenn man nicht gerade Krieg
führte und Grausamkeiten verüben musste, viele Gelegenheiten
fand, sich die Zeit zu vertreiben – und sei es mit der Länge eines
Namens. Den Kopf Fran Doorps ließ Bey Assin im Übrigen dem
Dey von Tunis überbringen mit der Nachricht, dass für eine ge-
rechte Sache mit dem zweiten Nordländer ebenso zu verfahren
sei, und er, der Bey von Constantine, einem entsprechenden Geschenk entgegensähe. Bey Assin war in einem Alter, in dem es
ihm nicht mehr darauf ankam, jedermann zum Freund zu haben.

HOCHMUT UND FALL

Wer hat je davon gehört, dass ein Sklave über Nacht die Veran-
wortung für den Staatschatz übertragen bekommen hätte? In einem Alter, in dem in Abendländern junge Männer regelmäßig
eher das Erbe der Väter durchbringen, statt es zu mehren. Ganz
sicher findet sich auch heute kaum ein Staat, in dem ein Zwan-
zigjähriger neben diesem hohen Amt auch gleich noch General
und Oberbefehlshaber des größten Truppenteils wird und damit
zum zweitmächtigsten Mann emporsteigt. Auf Amrum wäre es
schon unwahrscheinlich gewesen, in diesem Alter als Walfänger
zu Ansehen zu kommen, im Königreich Dänemark, in Hamburg,
Schleswig oder sonstwo ergraute man in Ehren und vor Erfahrung, bis einem solche Ämter angetragen wurden. Selbst wenn,

* Der mit dem blonden Haar, Hark, Sohn des Oluf, das Schwert des Sieges, der
Franke!

ich hatte noch nie von jemandem gehört, dem jemals solche Machtfülle neben dem Herrscher zugefallen wäre, und selbst für wesentlich geringere Ämter qualifizierte einen regelmäßig eine edle Herkunft.

Mein größtes Elend wurde an der Mohrenküste im Morgenland so zum großen Glück, und stolz wie ein Pfau schritt ich einher, hielt Gericht wie Blitz und Donnergrollen auf hoher See und stürmte alle paar Wochen wie ein Orkan mit vollem Segelwerk mit meinen Reitern gegen alle Feinde unseres kleinen Reiches. Die Menschen in Constantine hielten mich für unbezwingbar, meine Soldaten übrigens auch. Nur unter den Edlen, der Familie des Bey und unter den hohen Offizieren wünschte manch einer, mich in der Hölle zu sehen. Ich war gleichgültig gegenüber jeder Gefahr und glaubte daran, dass das Schicksal es gut mit mir meinte. Niemand würde sich mir mehr in den Weg stellen. Doch wer zugrunde gehen soll, der wird zuerst stolz, denn der Hochmut kommt vor dem Fall. Ich war kein besonders eifriger Kirchgänger gewesen, nahm nur den Segen für eine glückliche Heimkehr gern aufs Schiff mit. Aber an dieses Bibelwort von Hochmut und Fall hätte ich mich erinnern sollen, dann wäre vielen von uns Schlimmeres erspart geblieben. Aber ich lebte ohne Bewusstsein dafür, welche Auswirkungen meine Entscheidungen inzwischen für viele Menschen haben konnten.

Natürlich gab Bu Aziz nicht nach und sann auf Rache. Immer wieder kam es zu Überfällen und Scharmützeln. Man ritt in kleineren Einheiten Attacken, um eines kurzzeitigen Vorteils willen und zog sich alsbald mit bescheidener Beute zurück. Es war eine andere Kriegsführung als die, der man sich im Abendland bediente. Doch der Stachel der Niederlage und der Respekt vor meiner Kriegskunst und der Tapferkeit meiner Männer schienen so groß, dass unser Feind nach einem Überfall nicht selten schon das Weite gesucht hatte, wenn wir eintrafen. So zog ich mit meinen Reitertruppen alle paar Wochen aus, Bu Aziz in seine Schranken zu weisen oder auch, um mich mit Einfällen in sein Gebiet für erlittene Verluste schadlos zu halten.

Bey Assin schien sich für diesen Krieg kaum mehr zu interessieren. Er legte alles in meine glücklichen Hände und hielt Hof, und nicht selten nahm ich stolz und hochfahren an seiner Seite daran teil. Kaum jemand, dem ich als Schiffsjunge vertraut war, hätte mich wiedererkannt in meinen arabischen Gewändern, mit sonnenschwarzen, gegerbten Gesichtszügen und vor allem meiner immer fülliger werdenden Figur, die mich wesentlich älter wirken ließ, als ich tatsächlich war. Das üppige Essen und die Hitze machten mich behäbig und träge.

Geblendet von den Siegen und den Ehrbezeugungen, die mir zufielen, stürmte ich ungefähr ein halbes Jahr später auf ein Lager von Bu Aziz zu, das ich in der Wüste, gut sichtbar und fast ungeschützt, mitten in der Landschaft entdeckt hatte. Dorfälteste aus der Umgegend hatten Überfälle und Raubzüge zu beklagen gehabt. Ich wollte wie ein Blitz dreinfahren. Von zwei Seiten griffen meine Reiter das Lager an und trafen dabei kaum auf Gegenwehr. Die feindlichen Truppen ließen alles liegen und zerstreuten sich schon angesichts unseres drohenden Angriffs in alle Winde.

Allein dies, das ungeschützte Lager, das in der Wüste gut sichtbar für einen Angriff auf dem Präsentierteller lag, und dass wir nicht auf Gegenwehr stießen und manches mehr, hätte mich misstrauisch machen müssen. Aber ich hatte alle Instinkte verloren, der Löwe der Wüste ging auf Jagd, das Schwert des Sieges war unbezwingbar! So verfolgte die Einheit, die ich anführte, die größte Gruppe der Flüchtenden und schoss bereits die ersten Krieger nieder, während der zweite Teil meiner Reiter unter dem Kommando von Mustafa das zurückgelassene Lager einnahm und plünderte. In absoluter Siegessicherheit schätzte ich schon den Wert meiner Beute und gab Befehl, nicht auf die Pferde und Kamele zu schießen, sondern nur auf unsere Feinde zu zielen. Die Tiere erschienen mir zu wertvoll, unsere Übermacht zu sicher.

Die flüchtende Einheit, deren Banner wir hinterherjagten, hielt auf ein Felsmassiv zu. Schon dachte ich, das wäre ihr Ende, sie säßen in der Falle, da brachen sie überraschend nach links aus und suchten in einem schmalen Tal zwischen hohen Felsen zu entkommen. Mit wilden Schreien trieb ich meine Kämpfer zur Verfolgung an, aber wir mussten das Tempo unserer Pferde drosseln, denn wir befanden uns in unwegsamem Gelände, in dem kaum zwei, drei Reiter nebeneinander Platz fanden.

Erst hier mitten zwischen den Felsen bekam ich ein ungutes Gefühl und suchte mit aufmerksamem Blick die Höhen und Felsvorsprünge ab, konnte aber nichts Auffälliges entdecken. Ich befahl Ali an meine Seite, was unser Fortkommen verlangsamte, da wir uns neu ordnen mussten. Der Vorsprung der Männer von Bu Aziz vergrößerte sich erneut. Fluchend zog ich meine Silberbüchse und schickte wirkungslos ein paar Kugeln hinterher. Drei Trupps von je drei Kundschaftern sandte ich jetzt unter Führung von Ali zu unserer Sicherheit voraus. Mein Plan war, die Flüchtenden auf freiem Gelände hinter der Schlucht einzuholen und dort zu stellen. Das Ende der Schlucht war in der Ferne sichtbar, und zu meiner größten Verwunderung nutzten Bu Aziz Männer jetzt nicht die Gelegenheit, uns endgültig zu entkommen, sondern sie sprangen von ihren Pferden und Kamelen, ließen die Tiere laufen und verschanzten sich hinter den Felsen am Ausgang. Im Kampf von Mann zu Mann würden sie gegen unsere Übermacht keine Chance besitzen! Doch ich kam nicht mehr dazu, meine Kundschafter zurückzubeordern oder die neue Situation völlig zu erfassen.

Plötzlich tauchten auf den Hügeln Schützen auf, die auf uns feuerten. Mein Pferd wurde tödlich getroffen und brach unter mir zusammen. Es dauerte eine Weile, ehe ich mich unter dem Kadaver hervorgearbeitet hatte. Gerade lang genug, um anschließend mit ansehen zu müssen, wie links und rechts von mir tödlich getroffene Kämpfer aus ihren Sätteln kippten und weiter vorn unsere Kundschafter ohne eine Chance zur Gegenwehr von einer Übermacht an Lanzenträgern angegriffen und erstochen wurden. Einzig dem wieselflinken Ali gelang die Flucht, doch nach wenigen Metern traf ihn ein gegnerischer Pfeil und er stürzte zu Boden. Voller Verzweiflung schrie ich seinen Namen!

Nicht verraten hatte er mich, sondern treu gedient bis in den Tod! Ich allein trug die Schuld an unserem Untergang, das erkannte ich jetzt, als ich feststellte, dass dieser Hinterhalt von vielen Hundert Kämpfern zu Fuß gut vorbereitet worden war. Sie beschossen uns von oben und drängten mitten in unsere Einheit, die sich mangels Platz in dieser engen Schlucht nicht formieren konnte. Meine Truppe wurde so gewaltsam geteilt, die hintere Gruppe geradezu abgeschlachtet. Wir in der vorderen Gruppe suchten Schutz und fanden ihn kaum zwischen den Felsen. Jeder Versuch eines Ausbruchs aus dem engen Tal wurde mit hohem Blutzoll bezahlt. Ich dachte an Mustafa, dessen Einheit jetzt das verlassene Lager draußen in der Wüste plünderte. Ich hoffte nur, dass nicht auch diese Männer noch in die Falle liefen und dass sie bald den Rückzug antreten würden. Doch bevor ich mir weitere Gedanken machen konnte, wurde der traurige Rest meiner treuen Kämpfer entwaffnet und gefangen genommen. Nur wenigen gelang die Flucht, und ich bin mir fast sicher, dass man diese absichtlich ziehen ließ, damit Bey Assin möglichst bald von seiner Niederlage erfahren sollte.

Ungefähr sechzig meiner Getreuen wurden an meiner Seite gefangengenommen, entwaffnet und in einer langen Reihe vor einer Felswand aufgestellt. Sie beraubten mich aller Kostbarkeiten, die ich an mir trug, nahmen meinen Leibgurt, an dem ich meine Waffen befestigt hatte, und banden mir mit diesem die Hände und Arme auf dem Rücken zusammen. Dann harrten wir stehend in der flimmernden Hitze aus, schlotternd vor Angst und mit widerstreitenden Gefühlen, starrten in die lachenden Gesichter unserer Bewacher und lauschten auf die Schüsse und das Kampfgeschrei, das aus einiger Entfernung durch die Schlucht zu uns drang. Das Töten und Sterben hatte noch kein Ende genommen, und es würde, da war ich mir in grauenhafter Gewissheit sicher, auch die nächsten Tage noch andauern… Auf Befreiung oder eine glückliche Fügung brauchte niemand mehr zu hoffen.

Es tauchten drei Reiter auf weißen Araberhengsten auf. Der Kommandeur der Truppe war zu jung, um Bu Aziz selbst zu sein, und ich erfuhr von einem meiner Offiziere, dass es sich um einen Schey, einen Prinzen, einen Enkelsohn von Bu Aziz handelte, der Raschid gerufen wurde. Doch meine Welt begann endgültig zu wanken, als ich auf dem prächtigen Pferd neben ihm Bombai erkannte, der jetzt eine Peitsche schwingend unsere Reihen abritt, auf die Gefangenen eindrosch und nur bei jedem Dritten „Der da!" ausrief. Die Wächter eilten dann herbei und trieben die so ausgewählten Männer zu einer kleinen Gruppe zusammen. Als er mich erkannte, ritt er bis vor meine Füße, rief Schey Raschid herbei, um ihm zu erklären, welchen Fang er gemacht habe. Dann spuckte er mir mit Verachtung ins Gesicht und rief: „Niemand! Niemand verdirbt einem Bombai ein Geschäft! Ich werde dich winzigen Schiffszwieback verkaufen, bis keiner mehr einen lausigen Para für dich bietet! Dann werde ich dich ausschlachten, um deine Eingeweide zu verfüttern und das Getier anschließend zu jagen und mit Genuss zu verspeisen!" Er packte mich grob, stieß mich zu Boden, trat nach mir und trieb mich kriechend zu der kleinen Gruppe der anderen. Dann entdeckte er den Bartenwetzer Abu Zaid und rief ihn bei seinem christlichen Namen: „Tom Mampe, altes Haus! Da sind wir ja alle zusammen!"

Er ließ ihn rücklings auf einen Felsblock binden und zwang uns zuzusehen, wie er ihn auf grausamste Weise mit Peitsche und Messer quälte. Schey Raschid, dem dieses Treiben zu lange dauerte, fragte verwundert, was es mit eben jenem Mann auf sich habe, dass Bombai sich solcher Mühen unterzöge. Bombai erklärte nur: „Eine alte Geschichte, Efendi, aus der Zeit, da ich noch zur See fuhr. Er hat seine Schulden nicht bezahlt. Außerdem, Efendi, der Friede Allahs sei mit dir! Dieser Mensch ist einfach hässlich und hat zwei arabische Frauen, die von ihm befreit werden sollten."

Schey Raschid lachte und meinte, der Bursche sei in der Tat hässlich! In der Tat! Dann wandte er sich ab.

Bombai, dieser Teufel in Gestalt eines arabischen Kaufmanns, zwang uns weiter zuzuschauen. Als der Bartenwetzer Abu Zaid schließlich das Bewusstsein verlor, ließ er ihm endlich den Kopf abschlagen und unter Triumphgeheul auf einer Lanze aufspießen. Dann gab der Schey den Befehl zum Blutbad, und ich sah meine tapferen Männer, einer nach dem anderen, in ihrem Blute liegen. Doch sie bettelten nicht mehr, schrien nicht vor Verzweiflung und Angst und klagten nicht, sondern starben mit schreckgeweiteten Augen aufrecht wie stolze Kämpfer. Inshallah! Es war ihr Schicksal und Allahs Wille, hier den Tod zu finden und von einem unfähigen und unerfahrenen General wie mir in diese aussichtslose Situation geführt worden zu sein.

Unter der kundigen Auswahl von Bombai überlebten nur fünfzehn Männer, unter ihnen meine Wenigkeit, weil man sich für uns ein gutes Lösegeld erhoffte. Man schaffte uns ins Zeltlager der Beduinen, die angesichts meiner Gefangennahme in lautes Freudengeschrei ausbrachen. Sie warfen mich mit fünf weiteren meiner Männer in ein Zelt. Dort kauerte ich gebunden an Leib und Seele in einer Ecke und sann über mein Schicksal nach. Jetzt war ich erneut in Sklaverei geraten, hatte große Schuld und viele Tote auf mich geladen und durfte nur noch mit dem Schlimmsten rechnen. Mochte ich von Bey Assin auch noch so „Mein liebster Sohn" gerufen werden, ich hatte großen Schaden angerichtet, und Bey Assin war weise genug, den räuberischen Wüstensöhnen des Bu Aziz kein Lösegeld zu zahlen. Er würde für uns nicht einen Finger rühren. Ich wusste es! Ich rechnete mir aus, wie man uns zur Bekräftigung ihrer Forderungen in Stücke schneiden und diese in Constantine zustellen ließe. Aber ich behielt meine Weisheit für mich und schwieg mich aus. Warum sollte ich mich über etwas grämen, das ich nicht ändern konnte?

Täglich kamen sie, mich zu schlagen, zu demütigen und zu verhören. Doch ich wollte es ihnen nicht leicht machen. Fraß ihre Abfälle und lebte in der Erinnerung an meine Heimat und ein kurzes Glück mit Leila. Alle Ämter und Ehren waren bedeutungslos geworden. Freiwillig würde ich nicht sterben! Ich würde um jede Chance zu überleben kämpfen! Sie müssten mich schon umbringen!

Doch am dritten Tag hob sich der Vorhang zum Zelteingang und eine tief verschleierte Frau mit einem Waffengurt um die Hüften trat ein. Es handelte sich, wie ich sofort zurecht vermutete, um die außergewöhnliche Enkelin von Bu Aziz mit dem Namen Elgie, die wie ein Mann tapfer an der Seite ihrer Männer kämpfte und als Kommandeurin trotz der Niederlage, die ich ihr beigebracht hatte, hohen Respekt genoss. Sie war nicht gekommen, um mich zu quälen, sondern befragte mich zu meiner nicht geringen Überraschung brennend vor Neugierde und behandelte mich respektvoll wie einen ihresgleichen. Sie sprach mich auf Arabisch an, aber ich konnte zunächst vor Verwunderung nichts antworten und bestaunte ihr türkisches Gewand, das all ihre Haare und ihr Gesicht bedeckte und nur die Augen wie zwei glühende Kohlestücke freiließ. Dann fielen mir ihre Hände und Füße auf, die nach türkischer Gewohnheit mit bunten, wilden Mustern bemalt waren. Um die Fußgelenke trug sie, ganz und gar Frau und nicht Kämpferin, ein paar fein gearbeitete Ringe aus Gold. Man nannte diese in der maurischen Sprache Carcaches. Sie waren mit Diamantensplittern besetzt, die selbst im schwachen Licht des Gefangenenzelts noch funkelten. Ebenso wertvoll schienen mir die Goldreifen, die sie als Armbänder trug.

Es mag vielen Menschen nur schwer vorstellbar sein, wie begehrenswert mir diese verhüllte Frau erschien, von der ich eben nicht mehr sehen konnte als Augen, Hände, Füße und ihren wertvollen Schmuck. Vielleicht waren meine Gefühle auch nur meiner verzweifelten Lage und ihrem aufrichtigen Interesse an mir oder dem Gegensatz zuzuschreiben, der durch den Leibgurt, der ihre Taille eng umschloss und in dem Dolch und Krummsäbel steckten, hervorgerufen wurde. Noch nie war mir eine derartige Frau voller Widersprüche begegnet.

Ich wollte, ich durfte sie nicht verärgern. Elgie war der erste Mensch, der mich als Gefangenen und Sklaven nicht quälte. Sie schien mir der Schlüssel zu einer Art von Normalität. Ich hatte zwar keine Hoffnung, aber einen unbändigen Willen, zu überleben und manches wiedergutzumachen. Langsam kamen mir die Antworten von den Lippen, die mir jedoch ebenfalls Schmerzen bereiteten, da ihre Fragen weit zurück in meine Vergangenheit reichten.

Elgie sprach leise, so als würden wir belauscht: „Du bist der Christ?" „Ich bekenne mich zu Allah und Mohammed, seinem Propheten. Aber ich war einmal Christ", antwortete ich aufrichtig und vermutete eine Falle. Doch sie blieb dabei und wollte mehr wissen, wie man sich den Gott, an den die Christen glaubten, vorstellen müsse und ob ich auch beten würde. Ich bekreuzigte mich, betete, indem ich meine Hände faltete, um sogleich um Vergebung bittend mich auf dem Bauch liegend nach Mekka auszurichten. Da meinte Elgie, dass Christen auf Holz gemalte Bilder anbeten würden, obwohl doch jeder wisse, dass man sich von Allah kein Bild machen dürfe. Ich beteuerte erneut, ich sei nicht länger Christ und würde mir von Allah auch kein Bildnis machen, außer in meinem Herzen. Den Thaleb, meinen Lehrer, erwähnte ich nebenbei, was nicht wenig Eindruck auf sie zu machen schien, denn sie wechselte sofort das Thema.

Ob wir zu Hause auch Pferde, Kamele, Milch, Öl und Brot, Gewürze und seidene Stoffe hätten. Wie sich Frauen und Mädchen kleiden würden und ob es tatsächlich so kalt dort sei, wie man sich hier erzählte.

Ich berichtete von unseren Haustieren, über den Walfang, beschrieb ihr die Häuser und Wohnungen, um schließlich auch ihre Neugier bezüglich der Mode der Frauen zu befriedigen. Obwohl ich ihr erneut versichert hatte, meine Heimat sei jetzt hier im Morgenland, erzählte ich immer mehr von zu Hause und konnte schließlich meinen wahren Gefühlen nicht mehr Einhalt gebieten. Elgie wurde immer schweigsamer, hörte fast andächtig zu, ehe sie fragte: „Dann hast du dort eine Liebste? Ist sie schön, hat sie helle Haare, weiße Haut?"

Aus leidvoller Erfahrung meiner Sklavenzeit wusste ich, dass es manchmal besser war, auf bestimmte Fragen nicht zu antworten. Antje stand mir vor Augen, als ob ich sie soeben erst verlassen hätte, als ich antwortete: „Ich war noch viel zu jung dafür, als man unser Schiff kaperte und mich gefangennahm, um überhaupt an so etwas zu denken."

Irgendetwas schien sie zu beschäftigen. Sie stand abrupt auf, wandte sich zum Gehen. Vor Schreck, sie könnte etwas übelgenommen haben und nicht mehr wiederkommen, rief ich aus: „Bitte, edle Frau, legen Sie ein Wort für mich und meine Männer ein bei Schey Raschid und ihrem Großvater Bu Aziz! Bitte nehmen Sie mir nichts gram!" Sie mahnte mich, nicht so ein Geschrei zu veranstalten. „Wenn du wählen könntest zwischen deiner Freiheit und dem Tod deiner Männer oder deren Freiheit und deinem Tod, wofür würdest du dich entscheiden?" Ihre schwarzen Augen funkelten mich an.

„Keine gute Frage, da jede Antwort schlecht ausfällt", gab ich zu bedenken.

„Ich habe dich auch nicht nach deiner Meinung gefragt, ich verlange eine Antwort!", herrschte sie mich an.

„Ich habe leichtsinnig gehandelt", gab ich zu. „Angesichts meiner Schuld geht es nicht darum zu überleben, es geht darum, menschlich zu bleiben." Diese Worte entsprachen meiner aufrichtigen Überzeugung, auch wenn sie zum Teil das widerlegten, was ich noch wenige Minuten zuvor für unbedingt richtig gehalten hatte, nämlich zu überleben um jeden Preis. Noch einmal bat ich sie mit heller Stimme um Fürbitte bei Schey Raschid und Bu Aziz, doch sie antwortete nicht mehr und verließ ohne Gruß das Zelt.

Meine Ungewissheit über den Erfolg meiner Bitten dauerte nicht lange. In weniger als zwei Stunden kam der Schmied und befreite mich von meinen Fesseln und Ketten. Man führte mich vor Schey Raschid, auf den ich wohl ebenfalls einen günstigen Eindruck machte und der mich an seiner Tafel speisen und mir neue Kleider bringen ließ. Zu meiner Erleichterung stellte ich fest, dass Bombai sich nicht mehr im Lager befand. Wahrscheinlich feilschte er um unser Lösegeld, das nie gezahlt werden würde. Nach weiteren zwei Tagen wurde es mir gestattet, mich im Lager frei zu bewegen, wenngleich ich schon den Eindruck hatte, dass mir immer zwei, drei Bewacher folgten. Es stellte sich heraus, dass Schey Raschid seinen Großvater um Einverständnis nachgesucht hatte, mit mir auf die Jagd gehen zu dürfen. Pferde, Waffen und Jagen waren seine große Leidenschaft, zudem gefiel es ihm, mich zu beeindrucken. Er hielt mich trotz meiner Gefangenschaft und meiner Jugend für eine bedeutende Person, gar für so etwas wie einen Helden, da meine Männer auch nach allem, was vorgefallen war, zu mir standen.

Fast jede Nacht schlich Elgie zu mir ins Zelt. Meine fünf Kampfgefährten, die ebenfalls dort gefesselt lagen, machten sich so gut es ging unsichtbar, und ich antwortete auf ihre nie enden wollenden Fragen. Erzählte und erzählte von zu Hause, von dem Leben auf den Schiffen, von den Weissagungen der Gundel Erken, von meinem Vater, dem verstorbenen Bruder... Elgie blieb zumeist mehrere Stunden und schlich dann mit zwei Männern ihrer Leibgarde davon. Natürlich blieben diese heimlichen Zusammenkünfte Schey Raschid auf Dauer nicht verborgen. Eines Morgens, als ich wieder vor ihn geführt wurde, bemerkte er beiläufig, dass ich eine Gabe besäße, Frauen zu gefallen und seine Schwester wohl beeindruckt hätte. Nur solle ich mir, auch wenn das Lösegeld gezahlt würde und ich ein freier Mann sei, keine falschen Hoffnungen machen. Eine Verbindung sei undenkbar. Ich setzte an, ihm zu versichern, dass mir dies wohl bewusst sei, aber da hatte er schon wieder lachend das Thema gewechselt und legte seine Büchse an, um einen Wettbewerb im Zielschießen zu bestreiten.

Einige Tage später brachen wir in einer kleinen Gruppe zur Jagd auf. Schey Raschid erlegte noch vor Mittag drei Gazellen und schien bestens aufgelegt, als man in der größten Tageshitze rastete. Aus dem Schatten eines offenen Zeltes heraus schossen die Teilnehmer der Jagd zum Vergnügen auf kleine Holzfiguren, die die Diener in den Wüstensand stellten. Man feuerte so rasch, dass jenen Elenden kaum Zeit blieb, sich in Sicherheit zu bringen. So kugelten sie vor lauter Todesangst immer wieder übereinander, was der Jagdgesellschaft im Zelt vor Lachen die Tränen in die Augen trieb.

Nur ich beteiligte mich nicht mehr als nötig an diesem fragwürdigen Vergnügen und schielte zu den Pferden, da ich über eine Möglichkeit zur Flucht nachdachte. Schey Raschid erklärte der Gesellschaft nun lauthals, man solle mal auf mich aufmerksam werden, der ich nur Augen für die Pferde hätte. Dann fragte er mich, ob diese Pferde ebenso gut seien wie diejenigen, die wir in Constantine zu reiten pflegten. Wieder eine Frage, auf die man am besten die Antwort schuldig blieb. Ich zögerte, druckste herum und schwieg. Das machte Schey Raschid ungehalten und er forderte mich auf, endlich Antwort zu geben.

„Edler Schey, der Friede Allahs sei mit dir, sei mir gnädig, wenn ich mich unterstehe, wirklich die Wahrheit zu sprechen", bat ich ihn. Schey Raschid versicherte mir, mich würde kein Zorn treffen, wenn ich aufrichtig zu ihm wäre.

Dann seufzte ich und erklärte: „Die Pferde, die ich in Constantine oder im Lande meines Herrn sah, kamen mir ebenso schön, temperamentvoll und vor allem schnell vor wie die Ihren. Mich dauert es noch sehr, wenn ich an den Verlust meines edlen Hengstes denke, der bei meiner Gefangennahme tödlich getroffen wurde."

Schey Raschid fühlte sich in seiner Eitelkeit getroffen und führte die ganze Gesellschaft zu den Pferden hin. Nach einer Besichtigung schwangen sich alle in die Sättel, und er forderte mich auf, ein besonders schönes Tier, das einem seiner Offiziere gehörte, zu reiten. Ich würde meine Meinung schon ändern. Als ich jedoch nach einem ausgiebigen Ritt das Pferd nicht sonderlich rühmte, sondern mich sogar noch despektierlich über dessen Gangart äußerte, fühlte sich Schey Raschid endgültig gekränkt. Er schritt zum Äußersten und bot mir seinen edlen Schimmel an. Mir schlug das Herz bis zum Hals, denn mein Entschluss war gefasst! Eine bessere, wenngleich gefährliche Gelegenheit zur Flucht würde es nicht geben. Ich ritt einige Zeit auf dem Pferd auf und ab, nickte bewundernd wie zum Einverständnis, trabte ein wenig voran, bis ich das Gefühl hatte, weit genug von der Gruppe zu entfernt zu sein. Dann gab ich dem unvergleichlich schnellen und wunderschönen Pferd die Sporen. Schey Raschid erkannte erst zu spät meine

Absicht. Ich hatte bereits ein gutes Stück Abstand gewonnen, ehe man mich ernsthaft verfolgen konnte. Zwanzig Beduinen ritten jetzt hinter mir her, feuerten auf mich und mussten doch Acht geben, nicht das edle Pferd zu treffen. Ich galoppierte geradewegs in die Wüste. Drei Stunden dauerte die wilde Verfolgungsjagd, dann gab Schey Raschid auf, und seine Männer verloren meine Spur.

Zwei Tage später entdeckte ich ein großes Heerlager, auf das ich todmüde und hungrig zuhielt, ohne mich weiter zu vergewissern, um wen es sich hier handelte. Zu meinem Glück ritt ich so in die Obhut des Bey von Constantine, der mit seinem Heer angetreten war, die Besatzer zu vertreiben. Bey Assin begrüßte mich als seinen verloren geglaubten Sohn. Doch als ich wieder in meine Ämter gesetzt und gefeiert wurde, gedachte ich meiner Männer, die jetzt im Lager von Schey Raschid eines elenden Todes sterben würden.

Zu einer Entscheidung kam es auch im folgenden Jahr nicht mehr, und der Krieg mit Bu Aziz zog sich weiter hin. Als schließlich auf beiden Seiten die Verluste so hoch schienen, dass außer der Ehre nichts mehr zu gewinnen war, trafen sich zum ersten Mal Kommissionäre, um Friedensverhandlungen zu beginnen. Doch auch diese brauchten noch ein weiteres Jahr und hundert Tote, bis sich Bu Aziz und Bey Assin gegenübersaßen und feierlich gelobten, nicht mehr aufeinander zu schießen und sich zu unterstützen. Den Ausschlag dabei hatten wohl die Vorbereitungen des Dey von Tunis gegeben, der seine Truppen das erste Mal an der Grenze zusammenzog und die Länder beider Herrn ernstlich bedrohten. Um den Friedensschluss zu besiegeln, sollte eine Ehe gestiftet werden zwischen der Enkeltochter von Bu Aziz und dem Haus des Bey von Constantine. Man hatte gerade die in schwarze Schleier gehüllte Elgie dem Bey von Constantine vorgestellt und dieser ergriff ihre Hände, um diese zu küssen und ihre Schönheit und ihre große Tapferkeit, die allseits bekannt sei, zu preisen, als ich das Festzelt betrat und jenes Pferd mit mir führte, mit dem mir seinerzeit die Flucht aus dem Lager von Schey Raschid gelungen war. Ich übergab ihm das edle Tier mit den Worten: „Niemand soll mich einen Pferdedieb nennen. Diesen Schimmel für den Frieden und für ein ewiges Bündnis!" Der Ruf wurde von den Offizieren aus beiden Lagern aufgegriffen und hallte mehrfach durch das Zelt.

Dann sprach Bey Assin ernst und feierlich: „Ich bin mittlerweile ein alter Mann und meine Tage sind gezählt. Auch wenn mir, edle Elgie, die Vermählung mit Euch zur Freude gereichen würde, sie wäre nicht recht. Eine solch tapfere junge Frau, ein solch wertvolles Pfand der Freundschaft unserer beider Stämme sollte hoch geschätzt werden und Früchte tragen. Von den Kindeskindern einer gestifteten Verbindung sollte ein stolzer Stamm von Herrschern über Wohlstand und ein glückliches Volk gebieten. Ihre Enkeltochter, edler Bu Aziz, der Friede Allahs sei mit Ihnen, soll daher dem edelsten Mann und tapfersten Kämpfer angetraut werden, damit dieser stets in Dankbarkeit an mich denkt."

Bei diesen letzten Worten deutete er auf mich. Schey Raschid bekam einen Wutanfall, so dass Bu Aziz ihn aus dem Lager bringen ließ. Zur Bedingung wurde gemacht, dass ich, um meinen rechten Glauben an Allah und seinen Propheten Mohammed unter Beweis zu stellen, vor meiner Hochzeit eine Pilgerreise nach Mekka antreten solle. Der Thaleb trat vor, um die Weisheit der Herrscher zu preisen, und gelobte, mich auf die Hadsch zu begleiten und zu prüfen. Meine Gedanken jedoch kreisten schon jetzt um nichts anderes als die bevorstehende Hochzeit und dieses wundersame Geschöpf Elgie.

NIEMAND PILGERT SO EINFACH NACH MEKKA

Niemand sollte leichtfertig glauben, ich hätte als Barbar unter Wilden gehaust. Sind es doch meist die schönsten und die grausamsten Dinge, die in unserem Gedächtnis haften bleiben. Dies sind auch jene Geschehnisse, denen wir als Zuhörer die meiste Aufmerksamkeit schenken. Doch sind sie immer ein Ausschnitt der Wahrheit, ein Lichtstrahl in einem dunklen Verließ, ein Schatten zur Mittagszeit vor dem Krämerhaus unserer Seelen. Der Lichtstrahl ist gleichzeitig so wirklich wie nicht fassbar. Er lässt uns in der Finsternis unserer Gefangenschaft etwas sehen, leuchtet uns aber nicht den Kerker aus und weist uns nicht den Weg in die Freiheit. Er lässt uns träumen, macht uns reicher. Lichtstrahl und Schatten speisen die Illusion, etwas zu wissen von allen Dingen, die kaum, dass wir sie erfassen, schon vergänglich sind. So erlebte ich tatsächlich Grausamkeiten und übte auch selbst Gewalt und Macht aus. Doch der Alltag hierzulande ist so gänzlich anders, das Land so grausam und voller Vergänglichkeit, gleichzeitig auch so reich und schön und voller Überfluss, geprägt von tiefem Glauben und von Demut. Constantine war wie die Sonne, nur abwechselnd heiß und bitterkalt, dass die Steine zerbarsten in der Nacht wie Schüsse, und die Herzen vertrockneten bei Tag. Und die Menschen hier glühten vor Leidenschaft und tiefstem Glauben und waren gnadenlos in ihrem Urteil und Hass. All diese Weisheit bescherte mir die Hadsch, die Reise nach Mekka und die Vorbereitung dazu.

Ich will aber nicht versäumen, zuvor das Weiß der Stadthäuser zu rühmen, von denen ich einst einige selbst geweißelt hatte. Die kostbaren vielfarbigen Mosaiken aus kleinsten bunten Steinen, die Wände und Innenhöfe zierten und schöner anzusehen waren als jedes Gemälde. Das Leuchten der Farben auf den Tüchern der Gewänder, die erlesensten, fein gewebten Stoffe, die ich sonst nirgends auf der Welt in dieser Qualität und Vielfalt gesehen habe. Selbst Bedienstete und Soldaten waren mit bunten Kleidern ausstaffiert, die man an anderen Orten in der Welt eher einer Märchenerzählung zugeordnet hätte. Speisen, Gewürze, Kaffee und Tee von einer Frische und einem Geschmacksreichtum, die jeden, der es sich leisten konnte, zum trägen Genussmenschen verführen konnten. Auch wenn die Musik schrill und ungewohnt in den Ohren eines jeden Abendländers klingen mochte, man liebte es zu singen, man liebte Aufzüge und Feste. Rhythmus und Klang entfachten Leidenschaft und brachten das Blut in Wallung. Auch die Musik kannte nur heiß oder kalt, ekstatische Trommeln oder herzergreifenden Klagegesang.

So lebte ich als Gasnadahl und Agha ed-deira, als General und Liebling des Bey, inmitten all dieser Schönheit mit Bediensteten an großer Zahl, Leibwächtern, wohl genährt von erlesenen Speisen, gewandet in kostbare Kleider, von denen der Bey jedes Jahr neue schneidern ließ. Im Zustand schönster Bequemlichkeit befand ich mich und versah doch meine Pflichten gewissenhaft, stets bemüht, das Ansehen und die Macht meines Herrn zu mehren. Mein Haus in der Kasba, das zu viele Zimmer hatte, so dass in manchen nur Gespenster und Ungeziefer hausten, die angesichts des Überflusses, der bei mir herrschte, fett wurden und sich vermehrten wie Kaninchen; dieses Haus schien einsam, still und sehnte sich nach dem Gesang einer Frau, dem Lärm von Kindern. Hatte ich früher mit den Offizieren meiner Garde nächtelang Feste gefeiert, Tänzerinnen zu wilder Musik die Hüften schwingen lassen, um dann neben deren weißer Haut im Angesicht des Mondes mit offenen Augen einzuschlafen, stellte ich jetzt fest, dass sich Stille und Einsamkeit durch diese Art von Zerstreuung nicht vertreiben ließen.

Meine Gewissheit, dass Elgie die Richtige sein würde, die schönen Dinge, die mich umgaben, zum Leben zu erwecken, wuchs mit jedem Tag. Gern hätte ich sie selbst gefragt, was sie über das Heiratsversprechen dachte. Ich war zu stolz, als dass ich es akzeptiert hätte, wenn ihre Einwilligung nur auf dem Umstand beruht haben würde, dass hierzulande bedeutende Eheschließungen von den Familienvorständen ausgehandelt wurden und dass die jungen Frauen zu allem nichts beizutragen hatten. Natürlich hatte Elgie mich in der Gefangenschaft damals aufgesucht – ich schien ihr zumindest interessant zu sein. Aber ging es nicht auch um Liebe? Und hier war ich mir gewiss, dass sie lange brauchen würde, ehe sie zu mir von Liebe sprechen würde. Elgie schien mir zu stolz dafür. Eher würde sie mich spüren lassen, dass es für mich eine Gnade sei, sie, die Enkeltochter des Bu Aziz, die stolze Kommandantin, zur Frau zu bekommen. Ich würde ihr dieses Spiel gestatten, wenn es ihr so wichtig wäre. Sie müsste als verheiratete Frau ohnehin bei Hofe ihre Waffen ablegen. Ich würde ihr vieles gestatten für den Preis, dass sie die Gespenster vertriebe. All die Schatten der Menschen, die mich seit dem Überfall der Piraten auf die »Hoffnung« und auf dem langen Weg bis hierhin begleitet hatten. All die Finsternis des Verrats, der Angst und der Abgründe von Wut und Hass, die mich einsam machten.

„Niemand reist einfach so nach Mekka, um anschließend zu heiraten", hatte Bey Assin mir zugeflüstert, als sich Bu Aziz mit Gefolge anschickte abzureisen. „Niemand! Und schon gar kein hellblonder Mann aus dem Norden. Das weiß diese Ringelnatter genau und macht deshalb große Versprechungen."

„Mein Herrscher!", rief ich erschrocken aus. „Er verspricht mich seiner Enkeltochter und rechnet mit meinem Tod?"

„Es scheint ihm zumindest nicht unwahrscheinlich, dass man dich für einen Christen halten könnte", antwortete Bey Assin und erklärte, es sei an der Zeit, in seinem Alter ein letztes Mal zum Allerheiligsten zu pilgern, um sich für die lange Reise der Ewigkeit vorzubereiten…

„Er täuscht sich. Die Ewigkeit nimmt zu viel Zeit in Anspruch. Da bin ich viel zu beschäftigt, um ihm diese kleine Gefälligkeit zu erweisen, mich steinigen zu lassen. Ich habe noch zu viel zu erledigen für meinen Herrscher. Der Friede Allahs sei mit ihm!"

Bey Assin lachte angesichts meiner Unerschrockenheit. „Es wird eine große Karawane geben und einen prunkvollen Auszug aus Constantine."

Ich verbeugte mich vor ihm und entgegnete, er möge nicht meinetwegen die Strapazen auf sich nehmen und gar sein eigenes Leben gefährden.

„Allah ist auf der Seite der Gerechten. Ich bin alt genug, um nichts mehr zu fürchten. Bu Aziz ist ein Narr, ohne die Weisheit, die seines Alters würdig wäre."

Ich schlief unruhig nach diesem Gespräch und machte mir Sorgen. Am nächsten Morgen rief ich nach Mustafa und übertrug ihm die Aufgaben für die Zeit meiner Abwesenheit. Er würde diese Chance auf seine Art nutzen.

„Du bist sehr früh unterwegs. Und allein dazu", grüßte mich mein alter Lehrer Jusuf Hodscha, den ich auf seinem Weg zur Arbeit in der Kasba antraf.

„Ich gehe zu den Klippen ans Meer."

„Es ist nicht einfach für einen Sohn des Meeres und der Stürme, so viel Wüste zu ertragen, wie du sie noch ertragen willst." Er lächelte mir aufmunternd zu und ich wünschte ihm ein langes Leben und Allahs Frieden, als ich mit weit ausholenden Schritten auf die Küste zulief. Als gälte es, eine Entdeckung zu machen, dachte ich noch. Das Meer würde im gleißenden Sonnenlicht vor mir daliegen und schläfrig tun, obwohl es unberechenbar sein gefräßiges Maul aufreißen könnte, um jene zu verschlingen, die seinem Element zu sehr vertrauten. Und die Schiffe würden dahinsegeln und wie Punkte am Horizont verschwinden, ohne mich an Bord zu nehmen. Hätte Constantine wenigstens einen Hafen von der Größe wie Algier oder Tunis.

Die Passanten sprangen zur Seite, machten mir Platz, verbeugten sich vor meiner Stellung und Kleidung. Einige stießen sich an und tuschelten, offenbar diejenigen, die mich erkannten. Ich kümmerte mich nicht um sie, hatte es eilig, denn in einigen Stunden musste ich zurück sein, um Thalebs Lektionen zu empfangen. Meine Vorbereitung auf die Reise und das Allerheiligste, wie Bu Aziz vieldeutig meinte.

Mochte ich auch als Kind nicht mit gefalteten Händen stets den Blick zum Himmel gerichtet haben, hier gab ich mir größte Mühe, der eifrigste Schüler des Thaleb zu sein. Denn noch etwas sollte nicht unerwähnt bleiben über dieses Land und seine Völker, ganz gleich, ob ich damit die Türken, Berber, Mauren oder Mohren meine, sie waren eifrig in ihrer Religion und gemahnten sich ohne Unterlass an ihre Pflichten in Glaubensdingen.

Sobald der Tag anbrach, rief der Muezzin vom Minarett zum Szob, dem ersten Gebet des Tages. Während mir dieser Ruf als Sklave noch wie ein infernalisches Geschrei in den Ohren gedröhnt hatte, klang er mir jetzt wie ein vertrauter Gruß, mit dem ich das Geschenk des neuen Tages willkommen hieß.

Allah ist groß! Ich bezeuge, dass es keinen Gott gibt außer Allah!
Ich bezeuge, dass Mohammed der Gesandte Allahs ist!
Herbei zum Gebet!
Herbei zum Heil! Allah ist groß!
Es gibt keinen Gott außer Allah!
Haya ala es-Salah!
Haya ala el-Falah!
La ilaha illa Allah!

Das morgendliche Ritual auf dem Gebetsteppich gen Mekka war Teil meines Lebens geworden und viel mehr als eine Zurschaustellung meiner Bemühungen, ein guter Muslim zu sein. Fast bereute ich es manchmal, jetzt mehr über Mohammed zu wissen, als ich je über unsere Christenlehre erfahren hatte.

War der Beitritt zum Islam zunächst für jeden Renegaten ein einfacher Akt, in dem er einfach der Schahada entsprechend seinen

Glauben in einem Satz bezeugte, achtete ich unter Anleitung des Thaleb inzwischen auch die vier weiteren Säulen meines Glaubens. Vor allem das Gebet, die zweitwichtigste Säule, verschaffte mir Frieden und Einsicht bei den täglichen Herausforderungen meines Amtes und schütze mich vor allem vor dem Hochmut, dem die meisten meines Alters und Temperaments verfallen wären. Fünfmal am Tag erfüllte ich die Pflicht zum Dua, dem privaten, innerlichen Gebet, und zum Salah, dem rituellen Gebet in der Gemeinschaft. Die Gabe von Almosen lernte ich als dritte Säule meines Glaubens schätzen. Wer einen Teil seines Besitzes verschenkte, reinigte seine Seele von Gier, und den Rest seines Besitzes, der ihm verblieb, von Schuld gegenüber den Bedürftigen. Im Koran hieß es: Oh ihr Gläubigen! Das Fasten ist euch befohlen, wie es denen vor euch befohlen war, damit ihr das Böse abwehren könnt. Ramadan, der Monat, in dem der Koran dem Propheten das erste Mal offenbart wurde und in dem die Anhänger Mohammeds bei Bedr ihren ersten großen Sieg über die Bewohner Mekkas, die Koreischiten, errangen. Ein Gebot, über das der Thaleb besonders streng wachte und dessen Beachtung mir besonders schwer fiel. Auch Bey Assin fiel es in seinem Alter zunehmend schwerer zu fasten, so dass ich ihn während des Fastenmonats immer wieder heimlich mit kleinen Speisen versorgte. Dies besänftigte mein eigenes schlechtes Gewissen über meine kleinen Sünden, wenn mich der Hunger gar zu sehr quälte.

Und dann die fünfte Säule, die wichtige Pilgerfahrt nach Mekka. Jeder Muslim sollte wenigstens einmal im Leben diese Pilgerreise unternehmen, um dann mit dem Titel Hadschi zurückzukehren. Nichts begeisterte die Muslime mehr als Aufbruch und Rückkehr der Pilger. Die Karawane brach im Dsul-Hidscha, im letzten Monat des islamischen Mondjahres auf. Der Auszug aus Constantine wurde zu einem großartigen Erlebnis. Tausende Begeisterte säumten dicht gedrängt die Straßen und priesen Bey Assin für seine Gläubigkeit. Überall schlossen sich Hunderte an und begleiteten den Zug.

Nach mehreren Tagen mussten sich viele tieftraurig verabschieden, weil sie nicht weiterreisen konnten. Aber auch in allen Dörfern, durch die wir zogen, wurde gefeiert und eigens für uns zu großartigen Zeremonien eingeladen. Hätten wir alle Einladungen wahrgenommen, wären wir in hundert Jahren nicht in Mekka angekommen.

Als wir das Land von Constantine zwei Tagesreisen hinter uns gebracht hatten, bestand die Karawane auf dem Weg nach Mekka aus 6000 Mann. 4000 folgten uns auf eigene Kosten, 2000 reisten jedoch auf Kosten meines Herrn, dank jener Einnahmen, die ich als Gasnadahl in den letzten Jahren so gemehrt hatte. Die Reise dauerte üblicherweise sechs bis acht Monate, war jedoch in solch großer Gesellschaft mit jeglicher Bequemlichkeit langsamer und beschwerlicher und würde sich, so meine Vermutung, um ein Vielfaches länger hinziehen – 7000 Kamele und etliche Esel und Karren, jedoch nur wenige Pferde in der Karawane als Last- und Reittiere. Kälte, Hitze, Sandstürme, unwegsames Gelände, da bedurfte es genügsamer, ausdauernder Tiere und Menschen…

Doch bei allem Gottvertrauen, das die Menschen auf dieser Reise antrieb, wahrte jeder Umsicht und versuchte sich so gut es ging zu wappnen gegen jegliche Art von Unglück. Es gab an die fünfzig Kamele, die mit leeren Körben beladen waren, in denen Erschöpfte oder Kranke transportiert werden sollten. Ein jeder hatte einen Ledersack mit Wasser für mindestens drei Tage bei sich zu tragen. Natürlich gab es in der Karawane unzählige Lasttiere mit Vorräten und Wasserfässern. Das alles sei notwendig, erläuterte mir Bey Assin, denn auf dem Weg nach Süden, jenseits des Nils, gebe es weite Strecken bis Suez mit keiner Möglichkeit, die Vorräte aufzufüllen, und auf der Strecke danach seien Vorräte jeglicher Art mit Gold aufzuwiegen.

In der Nähe von Kairo stießen wir auf unseren ägyptischen Führer Hadschi Armir Hamida. Früh am übernächsten Morgen kündigten Trompetensignale von allen Seiten des Lagers den Aufbruch an, und die Pilger gruppierten sich nach Herkunft, Rang oder Aufgabe in Reih und Glied. An der Spitze des Zuges Bey Assin mit 500 Mann seiner Leibgarde und dem stolzen Banner des Herrscherhauses von Constantine. Hadschi Armir Hamida hatte eine weitere Hundertschaft Mamelucken gestellt, die mit sechs Kanonen im hinteren Teil der Karawane den Begleitschutz bildeten. Ich inspizierte die Männer und ihre Ausrüstung und war zufrieden. Als sich der riesige Zug wie eine vollgefressene Raupe in Bewegung setzte, drängte sich mir der Eindruck auf, es würde eine Streitmacht in den Krieg ziehen und es handele sich nicht allein um Pilger, die unterwegs seien, ihren Glauben zu bekennen. Der erste Teil der Reise führte uns quer durch die Sinai-Halbinsel über die Akaba-Bergkette. Das Gelände wurde immer unwegsamer, und je weiter sich die Karawane den Bergen näherte, desto langsamer kamen wir voran. Zuletzt mussten die Kamele am Halfter geführt werden, während Pilger und Krieger gemeinsam zu Fuß weitergingen. Immer wieder hielten uns dabei die Lastkarren und Kanonen auf, die steckenblieben oder über Hindernisse hinweg befördert werden mussten. Endlich erreichten wir Akaba und füllten in einem Tal unsere Wasservorräte aus verschiedenen Brunnen, die von Mamelucken streng bewacht wurden, wieder auf. Schon hier war Wasser ein kostbares Gut, das teuer bezahlt werden musste. Wir blieben ein paar Tage in Akaba, bevor die Karawane aufbrach, um den, wie unser Führer Hadschi Armir Hamida meinte, beschwerlichsten und gefährlichsten Teil unserer Reise anzutreten.

Die Karawane versuchte das Gebirge, das sich am Roten Meer entlang erstreckte, zu umgehen und folgte von Akaba auf dem Weg nach Medina einem uralten Karawanenpfad durch die Große Sandwüste. Doch bereits nach einem Tag wurden wir auf freier Fläche von einem Samum, dem gefährlichen Sandsturm, überfallen und mit feinstem Sand und Staub förmlich zugedeckt, dass man weder sehen noch atmen konnte, obwohl wir den Wind im Rücken hatten. Die Männer auf den Kamelen ließen sich in Holzkisten einsperren, die nur schmalste Schlitze zum Atmen und kaum eine Möglichkeit, nach draußen zu blicken, aufwiesen. Dort schliefen und aßen wir auch, während die Kamelführer mit todesmutiger Entschlossenheit wie auf hoher See mit einem der neuen Sextanten vorausgingen und die Tiere am Strick führten. Der Sturm wütete drei Tage lang. Ich fühlte mich völlig leer und ausgebrannt, reizbar und zugleich überdreht, getrieben von einer sich selbst speisenden ständigen Aktivität, die schnell in Aggressivität umzukippen drohte. Ich dachte an Jusuf Hodscha, wie er in mir den Mann des Meeres und der Stürme gesehen hatte, und wünschte nichts sehnlicher herbei als eine frische Brise. Stattdessen knirschten die Zähne auf Sand. Wir waren zumindest einen halben Tag lang mehr oder weniger im Kreis gelaufen und vom

Kurs abgekommen – trotz bester Fernrohre und Gerätschaften zur Bestimmung der Himmelsrichtung.

Nach dem Sturm sah die Landschaft völlig verändert aus. Einen Tag lang glaubten wir, dem Karawanenpfad wieder zu folgen, machten sogar Markierungspunkte aus, die Hadschi Amir Hamida in seiner Landkarte verzeichnet hatte, nur um schließlich allem Optimismus zum Trotz, den er verbreitete, festzustellen, dass wir vollkommen ratlos waren. Wir hatten nicht die blasseste Ahnung, wo wir uns befanden. Manchmal meinten wir, in der Ferne die Bergkette zu sehen, die sich am Roten Meer entlang ziehen sollte. Wir hielten darauf zu, um nach einem weiteren Tag enttäuscht feststellen zu müssen, dass es ein paar unbedeutende Hügel oder nur eine Luftspiegelung gewesen waren. Ich ließ das Wasser rationieren. Unser riesiges Heer von Pilgern schien allein und verlassen in der Welt. Hadschi Amir Hamidas Versicherungen und Erzählungen glichen inzwischen blumenreichen Märchen, denen keiner mehr Glauben schenkte und die schließlich auch niemand mehr hören wollte. Bei meinen Inspektionsgängen durch das abendliche Lager stellte ich überrascht fest, dass wir keineswegs die einzigen Verlassenen in dieser Wüste waren. Es geschah jetzt jeden Abend, dass Einzelne und Gruppen von Pilgern in das Lager schlichen und bettelten: „Bei Allah, Wasser! Nur einen Schluck Wasser! Ich gebe alles, was ich habe! Wasser!"

Die strenge Rationierung des Wassers zeigte Wirkung. Tiere verendeten elendig und mitgeführte Waren und Zelte mussten zurückgelassen werden. Wüstengeister bemächtigten sich der Fantasie der Männer, die von der Karawane weggelockt und in die Wüste geführt wurden, um dort zu verdursten.

Nach einer Woche häuften sich die Angriffe durch räuberische Beduinen. Wie aus dem Nichts tauchten diese auf und bemächtigten sich des Teils der Karawane, der den Anschluss verloren hatte oder im Sand steckengeblieben war. Wenn ich mit meinen Reitern zur Verstärkung des Begleitschutzes anrückte, suchten die Wüstensöhne bereits das Weite. Für uns wäre es Selbstmord gewesen, in dieser Gegend ohne Ortskenntnisse und ausreichende Wasservorräte die Verfolgung aufzunehmen. Also mussten wir die Überfälle erdulden und Buch führen über materielle Verluste und Tote. Schließlich ließ ich alle Viertelstunde zwei Kanonen zur

Abschreckung abfeuern und ordnete die Truppenteile neu. Dies wenigstens brachte uns bescheidene Erfolge ein und halbierte die Anzahl der Angriffe.

Eine Woche später drohten die Wasservorräte endgültig zu Neige zu gehen. Bey Assin litt unter Fieberschüben, und seine Frauen bedrängten mich zu handeln. Es musste etwas geschehen! Ich rief alle Kamelführer und Offiziere zusammen, entschlossen, unseren Führer Hadschi Armir Hamida als Verursacher und Betrüger zur Rechenschaft zu ziehen und ihn zu töten. Doch der Thaleb warnte mich davor, zu diesem letzten Mittel zu greifen, es handele sich um einen Hadschi, einen, der bereits nach Mekka gepilgert sei, einen, der in der Gunst des Propheten stehe. Ich lenkte ein, ließ ihn fesseln und band ihn an einen Karren mit Holz für die Feuerstellen, den wir am Ende der Karawane mit uns führten. Dabei hoffte ich, die Beduinen würden sich bei einem ihrer Überfälle seiner annehmen. Doch diese zeigten kein Interesse an ihm, und Hadschi Armir Hamida erwies sich als zäh und folgte dem Zug mit leerem Blick, verbrannter Haut, aufgeplatzten Lippen und einem ständigen tiefen Brabbeln, das aus seinem halb offenen Mund drang, aus dessen zusammenhanglosen Lauten man bei gutem Willen einzelne Koransuren entnehmen konnte. Kurzum, ich wurde diesen Nichtsnutz und Quälgeist nicht los, und während unsere Lage sich immer weiter zuspitzte, hielten ihn viele bereits für einen Heiligen.

Ich ließ mir alle verfügbaren Karten vorlegen, alle Messinstrumente, und von jedem Neuankömmling erläutern, was er von diesem Abschnitt der Welt wusste und was er für die richtige Route hielte. Die Beratung nahm einen halben Tag in Anspruch, und sie hielt für mich eine besondere Überraschung bereit. Unter den beschlagnahmten Gegenständen von Hadschi Armir Hamida befand sich ein Sextant, wie er auf Schiffen benutzt wurde. Ein wertvolles Stück in einer schön gearbeiteten Holzkiste. Es versetzte mir einen Stich, als ich erkannte, dass es sich um meinen Sextanten handelte, den ich vor Jahren in Hamburg von dem Freund meines Vaters geschenkt bekommen hatte. Behutsam, fast andächtig, entnahm ich das Instrument der Holzkiste und kämpfte mit den Tränen. Jetzt nur nicht sentimental werden, das würde man mir falsch auslegen. Ein General weinend in einer solchen Situation hätte alle Autorität verspielt. Ich fasste mich und untersuchte das Gerät näher. Das Messinstrument schien wohl verpackt und arretiert. Es lag vor mir, als wäre es seit es auf der »Hoffnung« von Piraten erbeutet worden war, nie wieder wirklich benutzt worden.

Nach dem Ende der Beratungen erklärte ich unsere Situation und die absolute Notwendigkeit, möglichst bald auf eine Wasserquelle zu stoßen. Wahrlich kein Geheimnis! Dafür bildete ich jetzt zwei kleine Stoßtrupps, während die Karawane hier rasten und auf die Rückkehr warten sollte. Es kamen Unruhe und Besorgnis auf. Untätig in der Wüste zu hocken und auf den Tod durch Verdursten zu warten, war eben nichts, das mit den Vorstellungen von einem erfüllten Leben einherging. Drei Tage versprach ich bis zur Rückkehr, wohl wissend, dass bereits dieser Zeitraum knapp werden würde. Dann eilte ich zu Hadschi Armir Hamida, um mir zeigen zu lassen, wie er mit dem Sextanten umgegangen war. Es sei nur erwähnt – meine schlimmsten Befürchtungen bestätigten sich. Er zollte dem Instrument allen Respekt, deutete an, es sei ein Schatz, hatte jedoch nicht die geringste Ahnung von seiner Handhabung. Genauso gut hätte er mit verbundenen Augen dreimal um die eigene Achse gedreht werden können, um anschließend mit einem Steinwurf die Himmelsrichtung für unsere Reise zu bestimmen. Und ich war auf sein Theater reingefallen.

Den Sextanten und die besten drei Karten, die mir vorgelegt worden waren, benutzte ich im frühesten Morgengrauen, als wir zu unser aller Rettung aufbrachen. Zwei Gruppen von je dreißig Männern, entschlossen, dem Leben noch ein paar Jährchen abzutrotzen, auf der Suche nach einem Wasserloch und der rettenden Pilgerroute nach Mekka. Schließlich entdeckten wir einen im Sand verborgenen Brunnen, der mit einem Kamelfell bedeckt war. Offenbar eine Wasserstelle, die von den räuberischen Beduinen benutzt wurde. Wir waren gerettet! Doch auch diese Rettung erwies sich für einige als Todesurteil. Rasend vor Durst stürzten sich einen Tag später die Ersten der Karawane, die wir hierhin führten, auf das Wasserloch und tranken und tranken und fanden kein Ende, bis sie aufplatzten.

Nach rund zwanzig Tagen erreichten wir Jambu und wenige Tage danach Medina. Bis hierher hatten wir unsere vier Kanonen, rund 1000 Kamele und Lasttiere eingebüßt und 520 Tote zu beklagen.

Was gab es über Medina zu berichten? Räuberische Zollformalitäten, Überfälle, Gedränge, Händler überall, Huren, fromme Pilger, eben all das Elend, das die Menschheit als Ganzes ausmacht. Die Stadt erschien mir keineswegs erleuchtet, mochte sie auch als einer der heiligsten Orte des Islam gelten. Mich berührte es nicht, dass Mohamed im Jahr 622 von Mekka hierhin geflüchtet war, um die Ausbreitung seines Glaubens voranzutreiben. Allein der Besuch des Grabes des Propheten in der riesigen Moschee, die wegen ihrer Bedeutung immer wieder erweitert wurde, blieb mir gewärtig als bedeutende Besonderheit. So stand ich dort und wunderte mich, wie ein einzelner Mensch weit über seinen Tod hinaus das Leben und das Sterben von Abermillionen anderen Menschen beeinflussen konnte. Dieser Gedanke ergriff mich – auch wegen der Toten, die wir auf dieser Pilgerreise bereits zu beklagen hatten.

Wir mussten einen knappen Monat in Medina verweilen, bis sich Bey Assin so weit erholt hatte, dass er für die Strapazen der nächsten entscheidenden Etappe bis Mekka wieder stark genug erschien. In der Zwischenzeit verkaufte ich unseren ehemaligen Führer Hadschi Armir Hamida an eine Pilgergruppe aus Libyen, pries ihn in den höchsten Tönen an und kleidete ihn zum Dank wie einen Fürsten neu ein. Mit gemischten Gefühlen schaute ich dieser Karawane nach, als sie unser Lager verließ, und murmelte: „Allah sei ihnen gnädig!" Der Thaleb, der neben mich getreten war, fasste mich bei der rechten Schulter und entgegnete: „Aus dir ist ein echter Berber geworden. Die Zunge treibt dir Blüten, dass kein Händler deinen Worten mehr widersteht. Allah ist tatsächlich mit ihm. Auch wenn er nur ein Unwissender ist." Natürlich suchte ich auch hier alle heiligen Stätten auf, die jedoch keinen Eindruck auf mich hinterließen, so dass ich nichts über sie zu berichten weiß, außer dass ich meine Tage mit zu vielen Gebeten verbrachte.

Als wir noch drei Tagesmärsche von Mekka entfernt waren, legten wir Pilger den vorgeschriebenen Ihram an. Der Ihram besteht aus zwei Stücken grobem Leinen, von denen eines um die Lenden geschlungen und das andere über die Schulter geworfen wird, so dass ein Teil des rechten Armes unbedeckt bleibt. Der kahlgeschorene Kopf, völlig unbedeckt, blieb der sengenden Sonne ausgesetzt. Die Füße steckten in einfachen Sandalen. Um mein blondes

Haar zu verbergen, rasierte ich mir jeden Abend den Schädel kahl. Kein Vergnügen bei der verbrannten, gereizten Kopfhaut. Wenn der Thaleb mich nicht mit Kräutertinkturen behandelt hätte, allein diese Qual wäre mir zum Fegefeuer auf Erden geraten.

Nördlich von Mekka lag die Hafenstadt Dschidda, in der wir ein letztes Mal Proviant fassten. Nach ein paar Tagen durchquerte eine kleine Gruppe unter der Führung von Bey Assin das völlig öde, einsame Wüstenfeld unweit Dschiddas, um das Grab der Urmutter Eva aufzusuchen. Eine Handlung, die ich für mich durchaus auch christlich deutete.

DER BART DES PROPHETEN

Der Weg nach Mekka betrug etwa neun deutsche Meilen, und eine Karawane unserer Größe, an die sich inzwischen weitere Pilger angeschlossen hatten, benötigte für diese Strecke einen Ritt von rund 20 Stunden. Wir bezogen für diese letzte Etappe auch die Nacht mit ein und verließen Dschidda um sieben Uhr abends durch das Stadttor Bab el Makki. In den frühen Morgenstunden des nächsten Tages verweilte ich mit einer kleinen Gruppe auf dem Gipfel des Dschebel Kora, während die Karawane bereits weiter unten den Weg an der Bergwand entlang weiterzog. Es regnete, und die zahlreichen steinigen und schwärzlichen Hügel rund um die Stadt Mekka deprimierten mich. Mein Blick konnte sich nicht weiten, doch ich mochte mir auch nicht die Enttäuschung eingestehen, denn zu groß waren die Strapazen der Reise bis hierhin gewesen. Also schwieg ich, betete im Regen und schaute auf die heilige Stadt hinunter.

Völlig erschöpft von der Reise und dem ständigen lauten Ausstoßen des Pilgerrufs „Labbaika Allahumma" kamen wir über die Hara el-Bab, die Straße des Tores, vorbei an den öffentlichen Bädern, die uns wie purer Reichtum erschienen, auf eine lange, winklige, gewundene Straße in die Stadtteile es-Suika und Schamija und von dort zum Bab es-Salam, dem prächtigen Tor des Friedens. Unmittelbar dahinter stand ich staunend vor der großen Moschee von Mekka. Bey Assin bestand darauf, einen Führer zu nehmen, und so geleitete uns der Mutawif in das Innere, wo wir zwei Rikat beteten, bevor wir in die Mitte des Moscheenhofs gingen, die Kaaba zu besichtigen. Wir standen abseits, denn allzu groß war das Gedränge, das hier im Allerheiligsten von vielen Tausend Gläubigen verursacht wurde. Dicht an dicht, wie die Körner im Mahlwerk einer Mühle, umkreisten die Gläubigen das Zentrum, den schwarzen Stein, den es zu küssen galt. Wer dabei ins Straucheln geriet, war verloren. Keineswegs andächtig, sondern laut, hektisch, teilweise wie im Rausch entrückt gebärdeten sich die Menschen. Es stimmte: Niemand pilgerte einfach so nach Mekka! Ich sah ein, dass auch diese Etappe eine gute Vorbereitung und Zeit in Anspruch nehmen musste, und wir beschlossen, zunächst Quartier zu beziehen.

Am nächsten Tag machte der Kadi von Mekka dem Bey von Constantine und dessen Gefolgschaft seine Aufwartung. Er überreichte vorzüglichen Kaffee und symbolisch einen Korb voller Früchte. Ein wahrer Reigen von bedeutenden Persönlichkeiten oder solchen, die sich zumindest für solche hielten, folgte. Im Stillen kalkulierte ich bereits unsere Rückreise mit ein und befürchtete, bei dem Aufwand, den uns diese Reise verursachte, mit einer leeren Schatztruhe zurück nach Constantine zu kommen. Wenn das Geld und die mitgeführten Kostbarkeiten – ein unvorstellbares Vermögen selbst für einen reichen Kaufmann oder Fürsten – überhaupt so weit reichen würden…

Eine Woche lang erholten wir uns von den Strapazen der Pilgerreise, aßen und tranken, um zu Kräften zu kommen, und gingen zur Entspannung und Reinigung täglich in die Sala el-Hammamat, die lange, winklige Bäderstraße. Wir ließen uns von Kopf bis Fuß rasieren, einölen, massieren, nahmen warme Dampfbäder, um nach dieser Zeit wie neu erschaffene Menschen unseren Glauben zu bekennen. Diesen Luxus konnten sich nur die wenigsten Pilger leisten, doch auch diese Zeit der Träume, der hochfliegenden Gedanken, verstrich, und nun sei die Zeit angebrochen, in der das Wohlergehen der Seele wichtiger sei als das des Körpers, erklärte der Thaleb. Wir legten wieder den Ihram an, und von nun an war jedem von uns vieles verboten: sich zu rasieren, die Nägel zu schneiden, eine Kopfbedeckung aufzusetzen, Schuhe zu tragen, Tiere zu töten, zu kämpfen, sich zu streiten oder sich einer Frau zu nähern.

Im Morgengrauen des nächsten Tages standen wir erneut vor dem Bab es-Salam und mussten uns vor den dort wachhabenden Eunuchen ausweisen, die als Wächter des Allerheiligsten die Pilger kontrollierten und Ungläubige dem Henker überantworteten. Mir war bewusst, dass mir nicht viel Zeit blieb, denn die hell nachwachsenden Haare würden für Aufmerksamkeit sorgen. Der Thaleb färbte meine Haare zwar mit Paste, aber auch dies war nicht ungefährlich, denn ich würde bei dem Zeremoniell mit Wasser übergossen werden. Mit gemischten Gefühlen passierte ich an der Seite von Bey Assin und dem Thaleb inmitten einer kleinen Gruppe die Wächter und das Tor des Friedens. Wieder herrschte dichtes Gedränge in dem zehn mal zwölf Meter großen Innenraum der Kaaba, deren fünfzehn Meter hohe Wände mit dem Kiswa, einem Überhang aus schwarzem Wollstoff, verkleidet waren, auf dem man in goldenen Schriftzeichen den Namen Allahs und Koransuren verewigt hatte. Wir beteten die vorgeschriebenen Rikat und achteten darauf, uns in der Menschenmenge nicht zu verlieren, während wir siebenmal betend die Kaaba umrundeten. Der Thaleb selbst führte uns.

Der Azaan rief zum Nachmittagsgebet. Innerhalb von Sekunden löste sich das Gewühl von Menschenleibern auf, und der Menschenstrom von der großen abschüssigen Straße zur Moschee versiegte. Teppiche und Matten wurden ausgebreitet. Ein jeder achtete auf den gleichmäßigen Abstand zu seinen Nachbarn. Das aufgeregte Stimmengewirr wurde durch die schneidende Stimme des Imam ersetzt. Das Gebet, eine genaue Struktur aus geraden und ungeraden Zahlen. Allah, so wurde gesagt, liebt das Ungrade. Ein jeder verneigte sich vor Gott unmittelbar hinter den Fußsohlen eines Mitmenschen. Doch kaum war das Gebet beendet, brauste das Durcheinander wieder auf und blies geradezu orkanartig die stille Andacht hinweg.

Zwei Diener der Moschee kamen im Auftrag des Kaid mit Wasser aus dem Semsembrunnen und reichten uns den Krug zu trinken. Sie wurden fürstlich entlohnt, denn nichts war umsonst in der Masdschid al-Hamam, selbst der Boden, auf dem wir standen, und die Luft, die wir atmeten, schienen in Geld aufgewogen. Jetzt galt es, den Schwarzen Stein zu erreichen. Doch wie eine unbewegliche Mauer kreiste der Mahlstrom von menschlichen Leibern um das Zentrum der Kaaba. Ich beschloss für mich, zuerst zum Semsembrunnen zu gehen, doch der Thaleb hielt mich zurück und mahnte mich an die richtige Reihenfolge. Außerdem würde es nichts ändern. Die Menschenmenge hier würde nie kleiner werden. Unnötig zu bemerken, dass ich den Gedanken, den Massen hier zu entgehen und auf den Berg Arafat zu pilgern, gar nicht erst äußerte. Aber schon der Gedanke, den Stein zu küssen, der von den Lippen und der Haut von Abertausend Gläubigen verunreinigt war, erregte mein Unbehagen.

Der Thaleb griff zu einer List. Er rief vier unserer Leibgardisten herbei, steckte ihnen Geld zu, worauf diese sich ein wenig abseits Richtung Semsembrunnen durchschlugen und laut ausriefen: „Kommt herbei, ihr Pilger! Kommt und trinkt vom Wasser des heiligen Brunnens! Ein frommer, vermögender Hadschi, dem der Segen Allahs sicher sein möge, hat dem Heiligtum ein Opfer dargebracht, damit ihr alle vom Wasser umsonst trinken möget." Es brauchte eine Weile, bis sie sich Gehör verschafft hatten. Dann jedoch gelang die List. Die meisten Pilger, halbe Bettler oder zumindest auf dem Weg hierher zum Bettler geworden, wussten ohnehin nicht, womit sie das Wasser bezahlen sollten. Hunderte sprangen auf und rissen weitere Hunderte mit sich, bereit, die vorgegebene Reihenfolge zu durchbrechen und diese einmalige Gelegenheit zu nutzen. Weitere Massen, ebenfalls neugierig geworden, bewegten sich von der Mitte weg.

Der Thaleb schritt voran, Bey Assin und ich direkt hinter ihm, jeder eine Hand auf eine Schulter dieses gelehrten Mannes gelegt, um nicht verloren zu gehen, und stießen so direkt vor in die inneren Kreise der Töpferscheibe Allahs, ganz nahe an den Hadschar el-aswad, den Schwarzen Stein. Kurz bevor wir den letzten Kreis erreichten, drehte sich der Thaleb zu mir um und sagte: „Der Wunsch, den du äußerst, wenn du den Stein das erste Mal berührst, wird sich erfüllen." Die Menschenleiber, immer dichter gepresst, kneteten sich zu einer Masse von Gläubigen, Berauschten, den eigenen Pilgerruf kaum mehr wahrnehmend vor Erregung, Erwartung und Verzückung. Ein jeder Pilger aufgeladen mit Lebensträumen, die jetzt in Erfüllung gehen sollten. Jemand klammerte sich an meine Schulter, gemeinsam schnappten wir nach Luft. Längst griff ich mit beiden Händen nach der Schulter des Thaleb. Wir wichen Sänften und Tragen aus, in denen die Gebrechlichen im Laufschritt um die Kaaba immer näher an das Zentrum herangetragen wurden. Dann küsste ich den Schwarzen Stein, rieb an ihm Hände und Stirn, und tatsächlich, ich fühlte mich befreit. Ohne dass ich in der Lage gewesen wäre, einen klaren Gedanken zu fassen, einen Wunsch abzuwägen, hatte ich mich nicht für Leila oder Elgie, nicht für die Macht über Fürstentümer und Staaten, nicht für ein heldenhaftes Leben entschieden, sondern mir nur ein langes Leben und Freiheit gewünscht. Schon umarmte mich ein alter Mann aus Libyen, und eine Weile taumelten wir zusammen, trunken vor Freude, unsere Gebete passten sich einander an. Für einige Schritte war mir der Mann ein alter Vertrauter, mein Vater, meine Familie zugleich.

Dann betete ich am Platz Abrahams, trank vom Wasser des heiligen Brunnens Semsem, das einst Hagar und Ismael vor dem Verschmachten in der Wüste rettete. Gedränge, Hitze und Gestank schienen kaum noch erträglich. Auf den Plätzen und dem Innenhof der Moschee drängten sich die Menschen, es mochten inzwischen mehr als 5000 sein. Viele handelten mit wohlriechenden Salben und Pudern, die zur Einbalsamierung Verwendung fanden. Vom Wasser des Semsembrunnens ging ein starker salpeterhaltiger Geruch aus. Dann geschah es, wir wurden getrennt und ich inmitten einer Menschengruppe auf jene acht Männer zugeschoben, die damit beschäftigt waren, Wasser aus dem Brunnen zu schöpfen und die vollen Eimer kurzerhand über die Köpfe der Umstehenden auszuschütten. Auf diese Weise verschaffte man Linderung gegen die Hitze und, so glaubte man, reinigte die Pilger von Kopf bis Fuß von ihren Sünden. Mit dem Wasser floss die schwarze Farbe der Paste, die der Thaleb für meine Haare verwendet hatte, über meinen Körper und färbte einen Teil meines Ihrams. Der Mann, der den Eimer ausgegossen hatte, schaute mich verwundert an, und ich beeilte mich, in der Menge unterzutauchen. Andere Gläubige nahmen im Gedränge davon keine Kenntnis.

Ich beschloss, das Ritual hinter mich zu bringen: Siebenmal schließlich zwischen den Hügeln Safa und Marwa hin und her laufen, in den Endpunkten wieder besondere Gebetsformeln vortragend. Dann suchte ich den Schutz der Menge, um unbemerkt an den Wächtern vorbei diesen Bezirk zu verlassen. Doch zwei dieser Eunuchen entdeckten mich, riefen Verstärkung und verschleppten mich in ein nahegelegenes Haus, um mich zu verhören. Sie stellten Fragen über Fragen, und ich musste das Schlimmste befürchten. Man rief den Imam, und der hielt mich für den Teufel persönlich. Sie fesselten mich, würden mich am folgenden Tag dem Richter und anschließend dem Henker überantworten.

Zu meinem Glück hatte der Thaleb meine Festnahme beobachtet. Nachdem er den erschöpften Bey Assin zurück ins Quartier gebracht hatte, legte er sein prächtigstes Gewand als Geistlicher an und forderte vor dem Haus meine Freilassung. Allein die Wächter vermochten nichts zu entscheiden und verwiesen auf den Richter, der erst am kommenden Tag mein Ende und Schicksal besiegeln würde. Da setzte sich der Thaleb auf die Stufen des Hauses und begann mit lauter Stimme den ganzen Koran auswendig zu rezitieren. Pilger liefen herbei, und eine große Menschenmenge versammelte sich. Er ließ sich durch nichts unterbrechen und nicht beirren und hielt das die ganze Nacht und den ganzen nächsten Morgen durch. Er machte so viel Eindruck und Aufsehen, dass man mich tatsächlich mit ihm gehen ließ. Ich hatte die heilige Stätte zu verlassen und durfte sie nicht mehr betreten. Ein Verbot, dem ich gerne Folge leistete. So verdankte ich dem Thaleb mein Leben, denn ohne sein unerschrockenes und ausdauerndes Eingreifen wäre ich sicher verloren gewesen.

Bevor wir abreisten, stand ich mit ihm und Bey Assin auf dem Berg Arafat und erbat für den Geistlichen dessen Freiheit. Unter der Bedingung, dass ich wohlerhalten Constantine erreichen und heiraten würde, gewährte ihm mein Herrscher, Allah sei ihm gnädig, das Geschenk der Freiheit und bot ihm sogar an, der Moschee in Constantine, dem neuen, prächtigen Bauwerk der Stadt, als Geistlicher vorzustehen.

Nach dreizehn Monaten zogen wir feierlich wieder in Constantine ein. Die lange Pilgerreise, die Entbehrungen und Abenteuer hatten uns alle gezeichnet. Ich selbst gab mich eifrig im Glauben und drängte darauf, mit den Hochzeitsvorbereitungen zu beginnen. Die Verhandlungen zogen sich noch hin, als mir Elgie über eine ihrer Dienerinnen eine Nachricht zukommen ließ: Der Bart des Propheten möge dir nicht zu lang geraten. Das steht dir nicht. Ich wusste sehr wohl, dass sie damit nicht allein den Bart meinte, den ich mir seit Mekka hatte wachsen lassen und der jetzt bis zur Brust wucherte. Ich rasierte mich und wurde ihr zuliebe wieder weltlich: Hadschi Olufs, General des Bey, der hochgeschätzte Gasnadahl und das Schwert des Sieges. In einem Monat würde Hochzeit sein…

ELGIE

Die Vorbereitungen zu meiner Hochzeit überwachte Bey Assin selbst, gerade so, als würde einer seiner Söhne heiraten. Es verging kein Tag, an dem nicht der Zeremonienmeister Sidi Abder Rahman ben Mohammed, der Maghrebi, mit Aufträgen und Botschaften beschäftigt war, und auch das Haus von Bu Aziz, von dem man hörte, dass unsere Rückkehr nach Constantine nicht allzu freudig aufgenommen worden war, widmete sich dem Ereignis mit Eifer, als gälte es, eine alte Jungfer unter die Haube zu bringen. Mir sollte es recht sein, denn ich wollte nicht länger warten und hoffte auf einen glücklichen Ehestand.

Am Tag vor den Feierlichkeiten rief Bey Assin mich zu sich, überreichte mir ein Geschmeide von unermesslichem Wert, damit ich nicht mit leeren Händen dastünde, denn schließlich würde ich im Namen und zum Wohle des Herrscherhauses ehelichen. Und, so fügte er augenzwinkernd hinzu, noch nie habe ein Gasnadahl so ehrlich gewirtschaftet. Zum Zeichen meiner Dankbarkeit und Untergebenheit warf ich mich ihm zu Füßen und küsste die Spitzen seiner reich bestickten Seidenschuhe.

Getreu dem Glauben und dem Gebot der Muslime begann der Reigen von Festtagen mit der Speisung der Armen von Cons-

tantine. Teilen, um den Besitz reinzuwaschen von Sünden und den Begehrlichkeiten anderer. Es war üblich, dass der Bräutigam während dieser Festlichkeiten seine Braut nicht zu sehen bekam. Doch ich hörte von ihr, denn sie stiftete ein Haus für Gebrechliche und Alte und ließ es sich nicht nehmen, diese Geste auch öffentlich zu machen, was in der Familie des Bey von Constantine nicht überall auf Gegenliebe stieß. Böse Zungen behaupteten, dies sei nicht üblich und sie wolle damit auf ein Versäumnis aufmerksam machen. So kam es, dass der Bey am ersten Tag der Feierlichkeiten neben den Armen auch die Zahnlosen und Alten speiste und alle in der Stadt verfügbaren Heilkundigen verpflichtete, sich den ganzen Tag über diesen zu widmen und sie kostenlos zu behandeln. Viele von jenen so reich Bedachten waren solche Völlerei, aber auch die Heilkräuter und vor allem die Traktierereien der Heilkundigen nicht gewohnt. Wie ich gehört habe, haben viele gelitten und einige sogar den Tag nicht überlebt. Man bedurfte nun mal einer gewissen Gewöhnung an das Gute im Leben und einer starken Gesundheit, um noch so gut gemeinte Behandlungen zu genießen, auch wenn es die ärztliche Kunde hierzulande auf dem Gebiet der Kräuter und Behandlungen zu enormen Fortschritten gebracht hatte. All dies wäre jedoch nicht nötig gewesen, denn ich wusste darum, dass Elgie als Prinzessin des Herrscherhauses ihren eigenen Kopf hatte und ihre eigenen Vorstellungen. Ich wusste auch, dass es ihr als Prinzessin nicht wichtig war, was andere über sie dachten, dass sie selbstbewusst für sich entschied, sonst hätte sie als Frau nicht ein militärisches Kommando führen können. Der nächste Tag begann mit den erlesensten Tafelfreuden. Zwischen den jeweils üppigen Speisenfolgen erging man sich im Garten der Kasba und trieb ausgelassene Spiele, lauschte dem Klang von Zither und Mismar, ließ sich vom Anblick hüftschwingender Tänzerinnen betören und philosophierte über eine bessere Welt. Bey Assin hatte mir das Prinzengewand geschenkt, das seinem verstorbenen Sohn gehört hatte, und ich trug es an diesem besonderen Festtag mit der Gewissheit, dass ich Elgie gefallen würde. Dieses kostbare Kleid schmeichelte meiner Eitelkeit, und ich konnte an keinem Spiegel vorbeigehen, ohne bewundernd hineinzuschauen.
Am Abend des entscheidenden Tages ließ der Zeremonienmeis-

ter Sidi Abd-er Rahman ben Mohammed mein Lieblingsgericht auftragen, das Samusek hieß. Es bestand aus kleingehacktem, mit Nüssen, Pistazien und Zwiebeln und in Kräutern geschmortem Fleisch, das sich im Inneren einer mit Butterschmalz gebackenen Pastete befand. Es war, als hätte der Zeremonienmeister den Versuch unternommen, mich über die Völlerei und die Genusssucht noch im letzten Moment von der Heirat abzubringen. Er nötigte mich geradezu zum Essen, allein, ich fühlte mich viel zu aufgeregt, um wirklich zu genießen und überhaupt Hunger zu verspüren. Schließlich lachte er spitzbübisch, schlug mit seinem Zeremonienstab dreimal auf den Boden, worauf Bey Assin und Bu Aziz verkündeten, der Bräutigam wolle nun die Ehe vollziehen. Man wünsche Manneskraft, ein langes Leben und zahlreiche Knaben. Mit allerlei Zweideutigkeiten, aber auch Segenswünschen geleitete man mich hinaus bis zu den Frauengemächern, wo mich in Ermangelung einer Herrschermutter die älteste der Frauen des Bey in ein prächtiges Gemach führte. Dort saß Elgie inmitten einer Gruppe von zehn Frauen, sie alle waren tief verschleiert. Es war nun meine Aufgabe, unter diesen Frauen meine Braut herauszufinden. Eine fast unmögliche Aufgabe, hatte ich sie doch noch nie von Angesicht zu Angesicht gesehen. Ich versuchte mich an den Augen zu orientieren, an ihren glühenden kohlschwarzen Augen, und ich konnte auf Anhieb drei junge Frauen aus dieser Gruppe ausschließen, worauf jedoch die anderen züchtig die Augen nach unten schlugen und ich mit meinen Fragen sehr zur Belustigung der Frauen stets falsch lag. Schließlich hatten sie aber ein Einsehen, und Elgie gab mir mit einer Geste, die eine Frage ausdrückte, ein Zeichen, so dass ich sie ansprechen konnte. Es war jetzt Brauch, dass ich eine ansehnliche Summe Geldes in ein Schnupftuch knotete, um damit der Braut wegen dieses Schabernacks einen Streich auf die Wangen zu geben. Sie duldete es, stand auf, und ich folgte ihr in die Schlafkammer. Zweimal hatte ich sie nach dem Namen zu fragen. Zweimal hatte sie nicht zu antworten, beim dritten Mal nannte sie mir ihren Namen. Dem Brauch entsprechend warf ich das Schnupftuch mit dem Geld auf den Holzboden und bereitete einen kleinen Teppich darüber, um Ärger vortäuschend darauf zu treten und anschließend auf dem Teppich mein Gebet zu verrichten. Während ich betete, legte Elgie ihre nicht minder kostbaren und wundervollen Kleider ab. Allah möge mir verzeihen, dass ich mit meinen Gedanken und Augen nicht ganz beim Gebet war. Ich blinzelte von unten zu ihr hinüber und bekam vor Erregung einen trockenen Mund.

Was hatte sie mir vor Tagen als Nachricht zukommen lassen? Ich möge den Bart des Propheten nicht zu lang wachsen lassen… Wahrlich, der Bart des Propheten sollte wachsen, wo er wollte, mir stand der Sinn nach etwas anderem! Wie recht sie mit ihrer Forderung hatte! Ich unterbrach mein Gebet, noch bevor sie zu Bett gehen konnte, rief sie laut beim Namen, sprang auf die Füße, dass sie mich erschrocken anstarrte, als sei ich von Sinnen… Und in diesem oder zumindest in ähnlichem Zustand befand ich mich auch! Sie stand da nackt vor mir, ohne falsche Scham oder Verlegenheit, als sei es die natürlichste Sache der Welt. Dabei hatte ich bisher nur ihre Schleier und vor langer Zeit einmal ihre Gesichtszüge halb verschleiert bei einer Schlacht in der Reihe der gegnerischen Krieger von Ferne gesehen.

Ich griff in die Innentasche meiner Weste und zog das kostbare Geschmeide hervor, um es ihr anzulegen. Sie ließ es zu, strich mit den Fingerspitzen darüber und lächelte. Dann machte sie sich an meinen Kleidern zu schaffen und flüsterte in einem fort meinen Namen. Unsere Hände verselbständigten sich und erforschten den nackten Körper des Partners. Wir begaben uns ins Bett, rieben uns mit duftenden Ölen ein, und ich überhäufte ihren Körper mit Küssen. Ihr Duft betäubte mich. Sie hatte ihre Haut, bevor sie zu mir kam, mit Myrrherauch parfümiert, indem sie sich wie die Beduinenfrauen nackt über eine Kohlenpfanne gestellt hatte. Ich ließ sie meine Erregung spüren. Sie lag auf dem Rücken unter mir, hielt mein Gesicht zwischen ihren Händen, eine Handfläche auf jeder Wange, und ihre dunklen Augen glühten vor Verlangen. Ihr Körper antwortete auf meine Bewegungen, und sie wand sich unter mir, selbst als ich schon längst gekommen war. Im Liebesrausch ließen wir die ganze Nacht nicht voneinander, und ihre Energie, ihr Verlangen schienen grenzenlos. Erst in den frühen Morgenstunden stand sie auf, wusch sich ganz unbefangen mit dem Wasser, das in einer Schale in der Ecke des Zimmers bereitstand. Dann kroch sie zurück ins Bett, legte ihren Kopf auf meine Brust, und wir schlummerten ein. Wenige Stunden danach erwachten wir miteinander vom Gezwitscher der Vögel und lagen in einer Innigkeit aus Lächeln und Frieden da. Sie strich leise mit der Rückseite ihrer Finger über meinen Körper und verweilte spielerisch an meinem Geschlecht, um mich über die Frauen auszufragen, mit denen ich bislang geschlafen hatte. Ich mochte nicht antworten, denn alle Liebschaften hatten in diesem Moment keine Bedeutung für mich. Noch einmal spürte ich mein Verlangen wachsen, und sie machte sich einen Spaß daraus, mich einen Wüstling zu nennen. Doch bevor wir erneut der Leidenschaft nachgeben konnten, rauschten Schleier in das Frauengemach, und eine Schar festlich gewandeter Frauen aus beiden Herrscherhäusern stand um unsere Bettstatt. Die älteste Frau von Bey Assin trat hervor, bedeutete uns, unsere Blöße zu bedecken, zog das Betttuch von unserem Lager, um es mit einem triumphierenden Ausruf in die Höhe zu halten. „Allah sei gepriesen!" Die Frauen deuteten auf die Blutflecken, die als Beleg für Elgies Jungfernschaft und den Vollzug unserer Ehe genommen wurden. Angesichts der Leidenschaft und der bedingungslosen Hingabe hegte ich jedoch so meine Zweifel daran, dass Elgie noch nie mit einem Mann zusammengewesen sein sollte. Aber ich war zu glücklich, als dass ich diesen Moment mit Fragen und einem hässlichen Misstrauen hätte zerstören wollen. Für mich spielte es keine Rolle. Nun drängte auch der männliche Hofstaat herbei, das Tuch ging von Hand zu Hand. Der Beleg unserer Leidenschaft und meiner Manneskraft beeindruckte, und jedermann wusste, dass man bei Hofe künftig noch mehr mit mir rechnen musste.

Das Frauengemach füllte sich immer mehr mit Hofschranzen, die keine Anstalten machten, uns zu verlassen. Mir war seltsam zumute, so nackt im Bett neben dieser wunderschönen Frau, mit der ich jetzt verheiratet war, inmitten dieser gaffenden und sensationslüsternen Meute. Endlich setzten der Zeremonienmeister Sidi Abd-er Rahman ben Mohammed und die Frau des Bey dem Treiben ein Ende und komplimentierten die Gesellschaft hinaus. Ich wollte aufstehen, um mich anzukleiden, doch Elgie hielt mich zurück, verließ das Bett, um aus einem Schrank ihren ledernen Hüftgurt mit dem Krummsäbel zu holen. Sie legte beides auf ein Seidenkissen, kniete noch immer nackt, wie sie war, vor unserem Bett, um mir ihre Waffe zum Geschenk zu machen. Es bedurfte keiner Worte, um diese Geste zu deuten. Sie war keine Kriegerin mehr, sondern die Frau an meiner Seite, die sich ihrer Rolle bewusst war und sie annehmen würde.

Meine Befürchtungen, sie wäre zu stolz, um ihre Liebe zu mir einzugestehen, erwiesen sich als unbegründet. Zwar gab sie sich in der Öffentlichkeit distanziert und unnahbar, aber kaum waren wir allein, schwelgten wir in Glückseligkeit. Ich lernte von ihr, wie wahre Leidenschaft aus Zärtlichkeit erwuchs. Mein Haus füllte sich mit Leben, und tatsächlich, sie vertrieb die Gespenster meiner Vergangenheit. Einige Wochen später vertraute mir Elgie an, dass sie guter Hoffnung sei. Ich umsorgte sie und versuchte trotz meiner vielen Pflichten möglichst viel Zeit in ihrer Nähe zu verbringen. In diesen Wochen schien mir alles zu gelingen. Ich fürchtete mich vor keiner Intrige mehr, traf die richtigen Entscheidungen mit einer traumwandlerischen Sicherheit, und es gab keinen mehr in Constantine, der einen vergleichbaren Platz am Hofe innehatte. Elgie brachte ein Mädchen zur Welt, dem ich den Namen Aische gab. Mein Glück über dieses Geschenk konnte nicht getrübt werden, auch nicht von jenen, die einen Knaben als Erbfolger erwartet hatten.

Es hätte ewig so weitergehen können, doch über die Pläne der Menschen lachen die Götter. Es waren die kleinen Dinge, jene winzigen Mosaiksteinchen des Lebens, denen man keine Beachtung schenkte, mit denen Veränderungen einhergingen. Beispielsweise der Sextant, den ich im Esszimmer auf einem mit Einlegearbeiten kunstvoll verzierten Schränkchen in der Nähe des Fensters stehen hatte. Natürlich handelte es sich nicht nur um ein Navigationsgerät für Schiffe, natürlich stammte dieses Geschenk vom Freund meines Vaters aus einer anderen Zeit. Ich freute mich immer wieder daran, den Sextanten herauszunehmen, zu putzen und die Sterne anzupeilen, wie ich es von Riewert Peters gelernt hatte. Als ob sich die Längengrade verschoben hätten! Ich dachte mir nichts dabei, bis Elgie eines Tages durch eine Ungeschicklichkeit die Kiste zu Boden stürzen ließ und diese zerbrach. Das Gerät blieb Gott sei Dank unversehrt. Ich war sehr verärgert, und sie entschuldigte sich tränenreich. Die neue Holzkiste war überall mit anderen arabischen Mustern verziert und ein Schmuckstück für sich. Dennoch, als Elgie sie mir schenkte, nahm sie mir das Versprechen ab, dass ich sie immer lieben würde. Ein Versprechen, das ich leichten Herzens gab, begehrte ich sie doch wie am ersten Tag. Sie zog mich am helllichten Tag ins Bett, schien von schier unerschöpflicher Energie, als sie mich liebte. So kam ich auch ihrem Wunsch nach und verbannte die Kiste mit dem Sextanten aus unseren gemeinsamen Räumen, ohne mir weitere Gedanken darüber zu machen.

Es war auch der Umstand, dass der von uns erwartete Erbfolger ausblieb. Wir konnten nicht voneinander lassen, jedoch Elgie wurde nach der Geburt von Aischa in den folgenden zwei Jahren nicht mehr schwanger. Eines Tages bemerkte ich, wie bedrückt sie war. Noch nie in ihrem Leben hatte sie vor einer ihr gestellten Aufgabe versagt. Vielleicht hätte es mich auch belasten oder zumindest stärker beschäftigen sollen. Aber ich war glücklich, hatte meine Aufgaben und übte mich in Zuversicht, dass wir uns noch viele Jahre lieben und noch manches Kind zeugen würden.

Was mich tatsächlich mehr beschäftigte, waren die Gesundheit und das Wohlergehen meines Herrschers Bey Assin. Irgendwann fiel es mir auf, dass ich jede seiner Regungen beobachtete und analysierte, ob es ihm gut ging, ob er erkrankt und wie es um seine Kräfte bestellt war. Ich stellte fest, dass die Angst, er könne sterben oder ihm könne etwas zustoßen, mein ganzes Denken beherrschte. Es ließ sich nicht leugnen, dass unser Wohlergehen von seinem Leben abhing. Ich nahm mir vor, zuversichtlicher in die Zukunft zu schauen, und dennoch bemerkte ich, wie Bey Assin in den Jahren, in denen ich ihm jetzt diente, an Kraft verloren hatte und alt geworden war. In Wirklichkeit suchte ich einen Ausweg aus meiner Abhängigkeit von diesem fremden Leben. Aber ich dachte nicht sorgsam genug darüber nach, um dies zu erkennen und meine Schlüsse daraus zu ziehen. Und während andere noch neidisch auf Elgies und mein Glück schauten, änderte sich die Welt um uns mit diesen kleinen Dingen, ohne dass wir es bemerkten.

Das Herz vergisst nicht

In der Hitze des Juli kündigte ein Bote des Dey von Algier den Besuch von einigen Männern aus dem Abendland an, die zum Zweck der Forschung die Mohrenküste bereisten. Sie führten einen mit bunten und schweren Siegeln versehenen Schutzbrief des polnischen Königs und Kurfürsten von Sachsen, August des Starken, mit sich und hatten sich die Sicherheit für diese Reise wahrscheinlich teuer erkaufen müssen. Bey Assin befahl diese Gruppe meiner besonderen Fürsorge an, und ich schickte Kundschafter aus, mir ihre Ankunft in Constantine anzuzeigen. Doch Wochen vergingen, ohne dass ich Kunde von der Gruppe erhalten hätte.

Schließlich begleitete ich Bey Assin bei einem Ausflug zur Jagd, und wir bezogen ein Lager in der Nähe von Ksar Sbai. Kundschafter meldeten am späten Nachmittag einen Zwischenfall mit einer Karawane, der sich ungefähr zehn deutsche Meilen von uns entfernt zugetragen haben sollte. Mit einem Dutzend Reitern aus meiner Leibgarde brachen wir auf, um nach dem Rechten zu sehen. Wir fanden die uns angekündigte Gruppe von Forschern in arger Bedrängnis. Nicht nur, dass sie vom Weg abgekommen waren, räuberische Beduinen und Teile der Dorfbevölkerung belagerten sie, weil, wie sich später herausstellte, der Leiter der Expedition, ein gewisser Dr. Johann Ernst Hebenstreit, auf einem Acker in der Nähe eines Dorfes einen alten Grabstein aus römischer Zeit und ein paar Münzen entdeckt hatte. Seine Grabungen hatten die Aufmerksamkeit der Dorfbevölkerung auf sich gezogen, die nun vermutete, man habe einen Schatz gehoben, der rechtmäßig ihr gehöre. Allein der Umstand, dass inzwischen auch räuberische Beduinen aufgetaucht waren, die wegen der Vorrechte am angeblichen Schatz mit der Dorfbevölkerung in Streit gerieten, hatte der Expedition die Möglichkeit gegeben, sich zu verschanzen. Die Gruppe beklagte nur einige Leichtverletzte und zeigte sich recht bald sehr erleichtert, dass ich an der Spitze meiner Reiter wie der Blitz dreinfuhr, sie befreite und für Ordnung sorgte.

Ich führte die Gruppe zum Lager von Bey Assin, wo sie von meinem Herrscher, der Friede Allahs sei mit ihm, freundlich empfangen und bewirtet wurde. Der Schreck über den Vorfall steckte ihnen offenbar noch in den Gliedern, denn sie erklärten, direkt nach Constantine weiterreisen zu wollen. Bey Assin befahl mir, meine Landsleute dorthin zu begleiten, ein Befehl, den ich nur allzu gerne ausführte. Auch Dr. Hebenstreit freute sich, einen so landeskundigen Führer zu haben, mit dem er sich ohne Dolmetscher verständigen konnte. Bald war ich mit den fünf Deutschen in der Gruppe, und ganz besonders mit dem Studenten Christian August Ebersbach aus Alsen, der aus der Nähe meiner alten Heimat stammte, in ein lebhaftes Gespräch vertieft. Ein sechstes deutsches Expeditionsmitglied war inzwischen auf der Reise verstorben. Der baden-durlachische Hofgärtner Christian Tran war auf der Ostseeinsel Alsen geboren, die zu Schleswig gehörte. Er wollte Auskunft über das Vorkommen verschiedener Pflanzen, und ich übersetzte ihm, was der Heilkundige unserer Jagdgesellschaft, den ich zu diesem Zweck mit nach Constantine nahm, zu berichten wusste. Sehr zur Belustigung der Reiter meiner Leibgarde konnte der Hofgärtner nicht davon ablassen, Pflanzen und Blumen zu pflücken. Sie verstanden nicht, wozu ein Mann sich solch weibischen Geschäften hingab.

Das Interesse des Dr. Hebenstreit zielte jedoch mehr auf Altertümer und römische Ruinen. Ich konnte ihm nicht mit viel dienen, außer mit einem Bericht über die große Ruinenstadt Timgad, die mitten in der Wüste liegen sollte und die ich bislang selbst noch nie zu Gesicht bekommen hatte. Einige römische Münzen aus meinem Besitz schenkte ich ihm als Entschädigung für diese Enttäuschung, die ich ihm bereiten musste. Nun erfuhr ich von ihm, dass das Land des Bey vor vielen hundert Jahren zur Römerzeit die Provinz Numidien gewesen sei. Dr. Hebenstreit wusste spannend zu berichten, gerade so, als sei diese Vergangenheit der Urgroßväter erst wenige Tage vorbei.

Als sie mit ihrer Karawane Constantine erreichten und Quartier bezogen, hörte ich von Ebersbach, dass sie in Algier für 27.000 Taler zwei deutsche Sklaven freigekauft hätten. Dr. Hebenstreit, der zu diesem Gespräch hinzukam, äußerte jetzt seine Befürchtung, für diese horrende Ausgabe vom Oberrechnungskollegium zu Dresden wegen Verschwendung angeklagt zu werden. Aber es sei schlimm, dass er nicht mehr für diese armen Menschen tun könne, allein seiner Karawane gehöre als Kamelführer und Lastenträger noch ein Landsmann von einer friesischen Insel an, den er wieder dem Dey von Algier zu übergeben habe.

Ohnehin schon aufgeregt, nach so langer Zeit wieder in meiner Heimatsprache reden zu können und vertraute Dinge aus meiner Kindheit auszutauschen, versetzte mir diese Nachricht einen Stich ins Herz. Eilends begab ich mich zu dem Lager der Gruppe, das inzwischen auch von Einheimischen bedrängt wurde. Neugierde und der nie versiegende Wunsch, ein gutes Geschäft zu machen, trieben Stadtbevölkerung und Bauern dazu an, die Nähe der wenigen Fremden zu suchen, die sich hierhin verirrten. Ich entdeckte gleich die ersten vertrauten Gesichter, die sich mir während der letzten Monate entzogen hatten, um rückständige Abgaben schuldig zu bleiben. Das Lager mitsamt der sich zusammendrängenden Schaulustigen ließ ich unter Bewachung stellen, hielt mich nicht länger damit auf und machte mich daran, den Sklaven von der friesischen Insel zu suchen. Ich brauchte nicht lange. Mir schnürte es die Kehle zu, als ich Jürgen Oksen, meinem Freund, gegenüber stand! „Jürgen…", ich flüsterte fast seinen Namen, um ihn nicht zu erschrecken. Er hatte mich in meiner prächtigen Kleidung und infolge der Veränderungen nach all den Jahren nicht erkannt. Jetzt starrte er mich an, als sei ihm ein Gespenst erschienen, und es dauerte lange, sehr lange, bis auch er mich bei meinem Namen nannte.

Müde klang seine Stimme, die Wörter eine Summe brüchiger Silben, die Mitleid erregten, weil ihre Kraftlosigkeit so vieles enthielt. Seine Seufzer, wenn er geendet hatte, seine tiefen, lebensmüden Seufzer und jenes schwache, behutsame Lächeln voller Dankbarkeit, einem Vertrauten gegenüberzusitzen, einem Menschen, dessen Erinnerungen er teilen konnte. Ein Lächeln wie ein in Seidenpapier eingeschlagenes Geschenk. Wenn ich es ihm gesagt hätte, hätte er es nicht verstanden, denn Seidenpapier gehörte nicht in seine Welt. Wir blickten uns an und wussten, diese Jahre hier würden, ohne dass wir uns verschworen, versiegelt bleiben, ein Leben lang, unter Verschluss wie Briefe einer verbotenen Liebe. Der vertraute schwerfällige Dialekt der Muttersprache wehte herüber zum Abschied, Erinnerungen, lange verdrängt, wurden wie von der Flut an den Strand der Gegenwart gespült. Mit der plötzlichen Kraft eines Ertrinkenden drückte ich ihn an meine Brust, schob ihn dann aber weit von mir und wandte mich rasch ab. Diese Art von Schwäche konnte ich mir nicht offen leisten.

Ich würde hier in der Fremde zurückbleiben und ihm das Geld für seine Freiheit geben. Und während ich ihm steif noch eine glückliche Heimreise wünschte, richtete ich keine Grüße an meinen Vater aus – ob er überhaupt noch lebte? –, sondern ging nach draußen, griff mir einen der Schuldner und befahl mit scharfer Stimme, den Bauern am nächsten Morgen öffentlich zu Tode zu peitschen, sollte seine Sippe nicht den schuldigen Erbteil für den Bey aufbringen. Laut verkündete ich, jedermann sei bekannt, dass der Herrscher von jedem seiner Untertanen erben würde, und zwar so, dass er mit den Söhnen des Verstorbenen zu gleichen Teilen Erbe sei. Ich war mir sicher, sein Leben war verwirkt, die Ernte war schlecht im letzten trockenen Jahr, das Erbe längst durchgebracht, so griff ich mir die Lanze eines Janitscharen und stieß mit dem Stockende nach den nächsten Verwandten, die sich vor mir in den Staub warfen, um mir Platz zu machen.

Meine Grausamkeit würde Bey Assin Abgaben bescheren, wo immer diese Armen das Geld und die Naturalien auftreiben mochten. Ich besaß Macht und kannte keine Gnade, war ich doch bei Licht betrachtet nicht mehr wert als jene, die vor mir im Staub krochen und um Mitgefühl winselten. Ein Wink des Bey hätte genügt, und mein Leben wäre ebenso verwirkt gewesen. Vielleicht war es diese Unfreiheit, diese Art von Sklaverei, die mich kalt und grausam werden ließ. Mit dem Verlust der Hoffnung konnte ich erst die Angst besiegen, mit der Ausschaltung des Gewissens gewann ich die Macht und den Respekt der Mächtigsten dieses Landes unter Allahs Sonne.

In der Nacht richtete ich meinen Sextanten wieder auf die Sterne. Ich erzählte Elgie nichts von Jürgen, und auch am nächsten Tag, als ich wieder mit Dr. Hebenstreit zusammentraf, blieb ich sehr schweigsam. Gern hätte ich die Wahl gehabt zu entscheiden, wohin ich gehörte. Doch es machte keinen Sinn, darüber nachzudenken oder mit meinem Schicksal zu hadern. So bat ich Dr. Hebenstreit, mir zum Zeichen der glücklichen Rückkehr der Expedition und meines Freundes Jürgen in die Heimat ein frommes deutsches Buch zu senden. Tatsächlich hielt der Gelehrte Wort, und er sandte mir Spencers Reise-Postille, eine Sammlung mit

Predigttexten. Das Buch mit seiner Widmung, in der er mir meine baldige Befreiung und Rückreise wünschte, erreichte mich über Livorno und Algier in Constantine. Ich hütete es wie einen Schatz und legte es zu dem Sextanten.

Nach seiner Rückkehr ließ sich Bey Assin über den Aufenthalt der Gruppe und die Forschungen berichten. So erzählte ich, dass der Doktor einige Meilen entfernt ein altes verfallenes Gebäude, von denen es einige in der Umgegend gab, gefunden und sich sehr freudig an die Entzifferung einiger Steine gemacht habe, in die vor vielen hundert Jahren offenbar lateinische Buchstaben geschlagen worden seien. Einer der Offiziere, die uns begleitet hatten, ergänzte ungefragt, der Doktor habe sich bei diesen Inskriptionen so vergnügt gezeigt, als ob er Hunderte von Dukaten gefunden hätte. Bey Assin brach in Gelächter aus, dass er sich Tränen von den Wangen zu wischen hatte, und rief aus: „Oh! Was sind die Christen für Narren!" Ich verstand nichts von Dr. Hebenstreits Arbeit, aber ich mochte nicht so recht in dieses Gelächter einstimmen.

DIE WELT AUF DER SPITZE DES SCHWERTES

Zuerst waren es Karawanen mit ihren Waren aus Tunis, die Nachricht brachten, Dey Mehmed von Tunis ziehe große Abteilungen von Janitscharen, Lanzenreitern und Wüstenkriegern zusammen und habe sogar Christensklaven mit Kanonen zu einem Kriegszug versammelt. Es verdichtete sich das Gerücht, dieses Mal wolle er bis nach Constantine ziehen und eine Entscheidung herbeizwingen in der jahrelangen Feindschaft mit Bey Assin, der ihm zu mächtig und zu reich geworden war. Wahrscheinlich hoffte er angesichts des hohen Alters meines Herrn auf leichte Beute. Dann brachten Kundschafter die Nachricht, Bu Aziz würde mit einem großen Heer auf die Stadt zuziehen. Einige Tage später tauchte der Fürst mit seinem Enkel Schey Raschid und eintausend Tuareg auf Kamelen vor der Brücke über den Rumelfluss auf und begehrte, mit einer Delegation in die Stadt zu kommen, um mit Bey Assin zu sprechen. Da sich die Bürger Constantines von Feinden eine schaurige Vorstellung machten und die Tuareg diesen Fantasien aufs Haar entsprachen, herrschten bald Angst und Schrecken in der Stadt. Die Stadtmauern wurden besetzt, die Wachen an den Toren vervielfacht und ein jeder junge Mann zu den Waffen gerufen.

Bey Assin und Bu Aziz führten die Gespräche unter vier Augen. Mein Herrscher verbannte alle Offiziere, Berater, Delegationen und den Hofstaat in den Innenhof der Kasba, wo wir uns gegenseitig wenig zu sagen hatten und nur mit Spannung das Ergebnis der Beratungen erwarteten. Das Wenige, das es zu sagen gab, beschränkte Schey Raschid darauf, mich nach dem männlichen Erbfolger zu befragen und mich damit zu demütigen. Worauf ich wiederum mit der Frage konterte, für wie viel Zins er den Edlen des Dey von Tunis die Nutzung des Herrscherhauses in Tbessa gestattet habe. Ich ginge davon aus, der unerwartete Reichtum habe ihn und seinen Großvater auf einer Urlaubsreise hierhin bis ins ferne Constantine geführt. Raschid schlug nach mir, doch ich blockte seinen Faustschlag ab und stieß ihn weg. Er taumelte drei Schritte und wurde von zweien seiner Offiziere daran gehindert, mich erneut anzugreifen. Danach gingen wir uns aus dem Weg. Er hatte mir nicht verziehen, dass ich ihm auf seinem eigenen Pferd entwischt war und seine Schwester zur Frau genommen hatte.

Was waren solche Verbündete in einem Krieg wert? Ich übte mich reichlich in Geduld und schob diese und ähnliche Gedanken weg. Doch die Beratungen zogen sich noch über den gesamten Vormittag bis in die Nachmittagsstunden hinein. Dann verließ Bu Aziz mit seiner Delegation zu unser aller Verwunderung wieder die Stadt und schlug sein Lager vor den Toren auf. Bey Assin sandte den Kaid aus, um den Bürgern der Stadt zu verkünden, sich entweder gegen die heranstürmenden Truppen des Dey von Tunis selbst zu verteidigen oder genügend Geld zur Verfügung zu stellen, damit ein großes Heer aufgestellt und ausgerüstet werden könne, um eine Schlacht in der Wüste zu erzwingen. Die Anwesenheit der kriegerischen Tuareg vor den Toren Constantines und die Schreckensnachricht führten dazu, dass binnen weniger Tage Unsummen für den Feldzug zusammengebracht und Söldnertruppen zuhauf angeworben werden konnten.

Das Heer sammelte sich jetzt jenseits der Stadtmauern im Süden auf einem großen Feld. Tag für Tag strömten Hunderte von Freiwilligen herbei, beseelt von dem Wunsch, ihre Heimat zu verteidigen, um Ruhm und Ehre zu erwerben, oder angezogen wie die Schmeißfliegen von der Aussicht auf einen hohen Lohn und die Kriegsbeute. Wir hatten alle Hände voll zu tun, diese neuen Truppenteile mit Waffen auszurüsten und ihnen die Regeln der Kampfkunst zu vermitteln. Ich zweifelte an der Schlagkraft dieser Truppe und sah sie im Geist schon beim ersten Zusammenstoß kopflos davonlaufen. Überhaupt passte mir die Sache nicht, in einem Heer zu kämpfen, das zwei Befehlshabern unterstand, denn Bey Assin und Bu Aziz beanspruchten gleiche Rechte an der Festlegung der Kriegsführung. Ich selbst stand nur auf einer Stufe mit Schey Raschid und anderen Generälen, und wir mussten uns den Ergebnissen der hitzigen Diskussionen unserer Herrschaft fügen und uns darum kümmern, dass keiner von beiden mit diesem Feldzug Gesicht und Ehre verlieren würde. So brüteten wir Generäle und Offiziere über den Plänen unserer Herren und gerieten uns mit jeder neuen Nachricht, die aus den Grenzregionen von unseren Spähern und Kundschaftern eintraf, stets aufs Neue in die Haare.

Die Bevölkerung aus der Grenzregion und vor allem aus der Stadt Tbessa war auf der Flucht. Scheich Murrat, ein Abgabepflichtiger und Verbündeter Bey Assins, hatte die Fronten gewechselt und sich dem Feldzug von Dey Mehmed von Tunis angeschlossen. Es waren vor allem seine Truppen, die jetzt auf schnelles Geld aus waren und die Bauern und die Bevölkerung willkürlich drangsalierten und ausraubten. Bey Assin rief mich zu sich und erklärte: „Jetzt, Agha ed-deira Abu al-Aschquar Harik Ibn Uluf Saif an-Nasr al-ifrandschi, mein edler Gasnadahl, ist die Zeit gekommen, wo unser aller Schicksal auf Messers Schneide entschieden wird. Wie gern hätte ich die Weisheit meines Lebens mit all den Jahrzehnten dazu genutzt, unser Reich und unseren Glauben zu stärken."

Ich gelobte ihm treue Ergebenheit bis in den Tod und fiel vor ihm auf den Boden. Als er mich hochzog und mir wie seinesgleichen ins Gesicht sah, versuchte ich, ihm Zuversicht zu spenden, indem ich sagte: „Wir werden siegen. Ganz gleich, wie groß das Heer dieses Dey von Tunis ist, werden wir siegen! Allah ist mit den Gerechten…"

Er lächelte nachsichtig: „Jeder einzelne gefallene Krieger wird uns fehlen, und wir werden einen hohen Preis zahlen. Niemand wird diesen Krieg gewinnen. Doch diese Weisheit ist nicht jedem gegeben. Allah sei mit uns!" Bevor ich ihn verließ, schloss er mit den Worten: „Es ist Zeit, dass du dich von deiner Frau verabschiedest. Dieses Mal wird sie dir einen Sohn schenken." „Sie ist schwanger?" Dieser alte Fuchs wusste wieder einmal mehr als ich! Ich rannte nach Hause, voller Abschiedsschmerz und Wehmut und auch aufgeregt wie ein Schuljunge am ersten Tag.

In der Stunde des Abschieds machte ich Scherze und versuchte, mich unbeschwert zu geben. In wenigen Wochen sei Tunis eingenommen und der Spuk vorbei, erklärte ich mit der rechten Hand am Knauf meines Säbels.

„Achte auf Raschid, mein Gemahl. Er sähe dich lieber tot als an meiner Seite…"

Ich wusste sehr gut, wie recht sie hatte, lag darin eines der Hauptprobleme, die mich an unserem Sieg in dieser Sache zweifeln ließen.

Elgie suchte nach den richtigen Worten, ehe sie sich überwand und fragte: „Wenn es ein Sohn wird, wie soll er heißen?" Ich blickte sie erschrocken an. Auch sie rechnete damit, dass die Sache nicht gut ausging. „Was ist der Name deines Vaters?" „Oluf Jensen. Kein Name, mit dem sich ein Herrschersohn hier Freunde macht." „Ich will, dass er den Namen deiner Familie trägt, Liebster." Elgie schloss mich zärtlich in ihre Arme und küsste mich.

„Deine Familie wird es nicht dulden. Ich würde nicht wollen, dass mein Sohn unter seinem Namen zu leiden hat." „Dann nenne ich ihn nach dir, einfach Hark." „Du weißt, was man sagt? Dass einer von beiden gleichen Namens sein Leben verlieren wird und Unglück über die Familie kommt."

Elgie wurde ungehalten: „Dann wird es eben ein Mädchen!"

„Wir sollten nicht streiten in einem solchen Moment des Abschieds", erwiderte ich, denn es schmerzte mich zu erkennen, wie sehr sie mich offenbar liebte, viel mehr als ich bereit war, ihr meine Gefühle zu schenken. Ich hatte sie noch nie weinen gesehen und versuchte sie zu trösten, doch sie wehrte ab. „Und was, wenn es auch dieses Mal wieder ein Mädchen wird?" „Du solltest dir das nicht so zu Herzen nehmen. Ich bin stolz auf unsere Aische. Ein kluges, ein mutiges Kind, ganz wie seine Mutter." Ich meinte es aufrichtig so, wie ich es sagte.

„Du solltest dir eine Zweitfrau nehmen, wie man es dir nahe legt."

„Das werde ich nicht tun", antwortete ich, nicht bereit, dieses Gespräch in dieser Situation fortzuführen. Ich erwartete von ihr, dass sie jetzt einlenken würde, doch sie wischte sich die Tränen von den Wangen und erklärte: „Dann heißt dein Sohn Raschid, um des lieben Friedens willen und des langen Lebens, und ein Mädchen heißt nach meiner Mutter." Wir standen voreinander und sahen uns an, ohne Worte des Trostes oder der Versöhnung. Da ahnte ich, es würde ein Abschied für immer werden. Als ich von der Straße aus noch einmal zum Haus zurückblickte, sah ich sie in der Tür stehen und las aus ihrem Blick, dass sie es längst wusste.

Mein Leben auf der Spitze eines Schwertes. Dieses Mal würde es um alles oder nichts, um Leben oder Tod gehen. Wie ich das hasste, diesen ewigen Kampf ums Überleben. Dieses Morden und Sterben, dieses Unglück der einen und den Triumph der anderen, der Sieger, und auf beiden Seiten würde dieses Mal Allah stehen und würfeln, welche seiner Gläubigen er in die Hölle schickte...

Bey Assin schäumte vor Wut auf den abtrünnigen Murrat, und er würde, da kannte ich ihn zu gut, leicht entflammbar sein für einen Rachefeldzug. Bu Aziz goss Öl in dieses Feuer, denn ihm ging es vor allem um sein eigenes Land und seine eigene Ehre. So zogen wir eine Woche mit unserem riesigen Heer Richtung Grenze im Osten, ohne auf Widerstand zu stoßen. Wir zogen aber auch ohne einen richtigen Schlachtplan, berauscht von der vieltausendköpfigen Kriegerschaft, die selbstbewusst, mit lautem Getöse unter Hunderten von Bannern versammelt, einfach unbesiegbar erschien. Ich dachte darüber nach, wie sehr die Größe auch unsere Schwäche sein könnte in diesem Land der Hitze und des Durstes. Ich erinnerte mich an unsere Pilgerreise nach Mekka und an all die Schwierigkeiten, die wir damals zu überwinden hatten. Doch ich behielt meine Gedanken für mich, weil ich wusste, dass niemand ein Ohr für sie haben würde.

Noch führte der Weg zwischen Bergen und Meer durch eine Landschaft, in der es immer wieder Dörfer und Felder, Wasser und fruchtbaren Boden gab. Obstbäume, Abertausende von Schafen und Wild garantierten uns ausreichende Nahrung für das Riesenheer, das wie eine Heuschreckenplage über das Land zog und es ausblutete. Doch je weiter wir Richtung Osten vorstießen, desto häufiger fanden wir die Dörfer und Städte verlassen, die Felder verbrannt und die Tiere offenbar verschleppt oder einfach hingemetzelt. Es sah jedoch nicht nach einer übereilten Flucht aus, denn die Bewohner hatten ihre Häuser und Stallungen sorgfältig leergeräumt. Bey Assin wunderte sich hierüber, doch Schey Raschid lachte nur und meinte: „So sind sie immer, Erlauchter. Dumm und feige laufen sie davon, wenn sie nur meine Krieger von Weitem sehen."

Die Antwort schien Bey Assin nicht zu überzeugen, aber er hielt diese hochmütige Erklärung dennoch für nicht ausgeschlossen. Also schwieg ich erneut und setzte nur durch, dass wir frühzeitig begannen, den Nachschub an Nahrung zu organisieren und Teile unseres Heeres ausschließlich hierfür zu verwenden. Wir kamen gut voran, und nach zirka zwei weiteren Wochen berichteten Kundschafter davon, große feindliche Truppenteile weit im Süden, in einer gebirgigen, wüstenähnlichen Gegend, die von Berbern bewohnt wurde, gesichtet zu haben. Sofort vermuteten unsere Befehlshaber, dort auf Murrat zu treffen. Der Plan bestand darin, diesen Teil der Armee des Dey von Tunis zu vernichten, um dann auf die Hauptstadt selbst zu marschieren und das geschwächte Heer von Mehmed in einer Entscheidungsschlacht zu stellen.

Doch so weit wir auch nach Süden zogen, überall das gleiche Bild. Wir trafen kaum auf feindliche Späher oder Truppen, auf keinen nennenswerten Widerstand, nur auf verlassene Dörfer, niedergebrannte Felder und schließlich nur noch Wüste. Wie es schien, befand sich Murrat mit seinen Männern vor uns auf der Flucht. Er hinterließ eine Spur wie ein Wegweiser. Unser riesiges Heer wälzte sich natürlich langsamer und schwerfälliger hinterher. Schließlich mussten wir lagern und auf unseren Nachschub warten. Doch der traf nicht ein. Stattdessen überraschten uns des Nachts und in den frühen Morgenstunden massive Überfälle von gut bewaffneten Truppen, die uns aus verschiedenen Richtungen gleichzeitig angriffen. Sie erweckten den Eindruck, als seien wir umzingelt, doch wenn wir tags darauf mit größeren Einheiten die Umgebung absuchten, fanden wir zwar ihre Spuren, aber kein Lager. Die Angreifer kamen und gingen, umkreisten uns wie Raubtiere ihre sichere

Beute und blieben bei jedem Gegenangriff unsichtbar. Wir stellten ihnen Fallen und wurden tatsächlich einer Handvoll Nubier, Berber und vor allem zweier spanischer Mauren, die als Kämpfer besonders geschätzt waren, habhaft. Bevor sie getötet wurden, gestanden sie, zu Murrats Truppen und zu dem Heer des Dey Mehmed von Tunis zu gehören, das um ein Vielfaches größer sei als die in unserem Lager versammelte Kriegerschaft. Zum Standort der Truppen konnten sie keine Angaben machen, da sie seit Monaten offenbar nur zu räuberischen Stoßtrupps gehört hatten.

Dann fanden wir am Morgen nach einem erneuten nächtlichen Überfall die Kundschafter, die wir vor Tagen geschickt hatten, Ausschau nach unserem Nachschub zu halten, tot mitten in unserem Lager abgelegt. Vernünftigerweise hätten wir den Rückzug antreten sollen, dem Nachschub entgegen. Doch das hätte wie eine Flucht ausgesehen. Stattdessen entsandten die aufgebrachten Heerführer Bey Assin und Bu Aziz zwei Boten nach Tunis, um den Dey ultimativ zur Entscheidungsschlacht aufzufordern. Nichts geschah, keiner der Boten kehrte zurück. Dann aus weiter Ferne die Geräusche von Schüssen und Kampfgeschrei. Schey Raschid und ich rückten mit unserer Reitergarde von ungefähr 700 bewaffneten Kämpfern aus, um jenen zu Hilfe zu eilen, die wahrscheinlich als Tross in arge Bedrängnis geraten waren. Als wir eintrafen, war die Schlacht vorüber, der Nachschub geplündert, und wir fanden nur noch tote Kameraden vor. Drei Tage ritten wir ziellos umher, in der Hoffnung, die Mörder zu stellen oder vielleicht den Standort des Hauptkontingents der gegnerischen Truppen auszumachen.

Als wir zurückkehrten, hatte Bey Assin beschlossen, durch einen Angriff auf Tunis selbst die Entscheidung herbeizuführen. Es war verrückt, bei zahlenmäßiger Unterlegenheit auch noch eine befestigte Stadt wie Tunis einnehmen zu wollen. Ich hoffte nur, dass sich uns Dey Mehmed vorher in den Weg stellen würde. Genauso geschah es dann auch. Die scharfäugigen Tuareg meldeten, sie hätten auf einem Hügelkamm rechts von uns einzelne Reiter gesichtet. Der Kleidung und ihren Waffen nach müsste es sich um Offiziere von hohem Stand handeln. Zusammen mit Mustafa, der inzwischen zu meinem Stellvertreter und engstem Vertrauten aufgestiegen war, folgte ich den Tuareg. Doch bevor wir uns auf

Schussweite den Hügeln genähert hatten, tauchten die erwähnten Reiter wieder auf und mit ihnen, auf ein Zeichen des Reiters in der Mitte, wuchs ringsum aus den Hügeln auf beiden Seiten unseres Heeres ein Wald bunter Banner. Man schickte uns einen unserer ausgesandten Boten, gefesselt und misshandelt, quer auf ein Pferd gebunden, mit einer Botschaft entgegen. Sie lautete: „Der edle Dey von Tunis, Allah schenke ihm Frieden und eine tausendjährige Regentschaft, grüßt seine Nachbarn, die so zahlreich zu Besuch gekommen sind. Als Akt der Höflichkeit wird, da man sich schon nicht angekündigt hat, nun darum gebeten, die Waffen niederzulegen und sich zu ergeben."

Wir schlugen ein Lager auf, das wir befestigten, und richteten uns auf den bevorstehenden Angriff ein. Doch wiederum geschah nichts, außer dass der Feind zahlreich jeden Hügel und jede Fläche vor, hinter und neben unseren Truppen besetzt hielt, ohne dass wir mit Bestimmtheit hätten sagen können, in welcher Richtung das Haupttheer stand. Unsere Verpflegungssituation wurde kritisch, erste geworbene Söldnereinheiten versuchten überzulaufen. Im Lager riefen Bey Assin und Bu Aziz alle Offiziere und Vertrauten zur Krisensitzung zusammen. Dem erregten Wortwechsel war nur zu entnehmen, dass man sich wenigstens in dem Punkt einig war, dass ein Angriff ein zu hohes Risiko darstellen würde, solange man nicht wüsste, von wo aus der Hauptschlag der gegnerischen Truppen erfolgen könne. Doch alle Kundschafter, die wir ausgesandt hatten, wurden uns als Leichen mit der Aufforderung, uns zu ergeben, wieder zurückgeschickt. Dann ließ mich Bey Assin vor seinen Thron rufen. Ich fand ihn damit beschäftigt, einen kostbaren Ring von seinem Finger zu streifen. Er überreichte ihn mir zum Andenken an unsere Freundschaft und meine Treue. Ich konnte mir keinen Reim darauf machen und fragte, was dies zu bedeuten habe. Darauf erklärte Bu Aziz mit einem listigen Grinsen, seiner Ansicht nach gebe es nur einen Kundschafter, der in der Lage sei, den Gegner auszuspähen: Harik Ibn Uluf Saif an-Nasr! Und Schey Raschid ließ unter den Offizieren ein lautes Hoch auf mich ausbringen! So wollte man mich also loswerden und in den sicheren Tod schicken. Bey Assin wusste keine strategische Lösung, die ihm den Weg aus dieser aussichtslosen Situation gewiesen hätte. Auch wenn es ihm im Grunde nicht recht war, mich auszusenden, blieb ihm jetzt, da alle Augen auf ihm ruhten, nichts anderes übrig, als mich zu fragen, ob ich dazu bereit sei. Mein Gesicht verriet keine Regung, als ich mich auf türkische Art verbeugte und erklärte: „Hier gilt es nicht, ob ich Lust dazu habe, sondern was mir von Efendi befohlen wird." Schey Raschid lachte wie über einen guten Scherz, und Bu Aziz beglückwünschte Bey Assin. So schickte mich dieser auf den Weg, nicht jedoch ohne den Zusatz, dass ich, wenn es glücklich für alle ausginge, mit Ehren meinen Abschied in mein Vaterland nehmen dürfe und ein freier Mann sei, wenn ich dies wollte.

Für einen Moment glaubte ich, mich verhört zu haben. Doch dann blickte ich in das versteinerte, fest entschlossene Gesicht meines alten Herrschers und spürte, mit welcher Verzweiflung es ihm ernst war.

EINE KRIEGSLIST UND DER LOHN FÜR MEIN WUNDERSAMES ÜBERLEBEN

Ich schlich mich des Nachts aus dem Lager und folgte zunächst unseren eignen Spuren. Meine Absicht bestand darin, die feindlichen Stellungen in dieser Richtung auszuspionieren und mich mit etwas Glück zu Teilen unserer Truppen durchzuschlagen. Vielleicht würde es mir sogar gelingen, Nachschub in unser Lager zu bringen. Ich brauchte nicht lange, bis ich auf Murrats Truppen stieß. Die ersten Wachen konnte ich leicht umgehen, spionierte zwei, drei Lagerplätze aus, als ich plötzlich von einigen Reitern entdeckt wurde. Widerstand erschien mir zwecklos, und ich versuchte es mit einer Lüge. Sofort warf ich meine Waffen zu Boden und hob die Arme gegen den Himmel zum Zeichen meiner friedlichen Absicht. Die Reiter stellten und fesselten mich sofort. Ich gab an, ein Deserteur zu sein, der eine wichtige Botschaft für den Dey von Tunis höchstpersönlich habe, wenn sie nur die Gnade hätten, mir Glauben zu schenken und mich vor ihren Herrscher zu führen, so versicherte ich ihnen, würde es ihr Schaden nicht sein.

Die Reiter führten mich ins Lager und entdeckten bei Licht meine wertvolle Uniform, die mich als einen hohen Offizier auswies. Sie freuten sich sehr darüber und brachten mich, ohne mir ein Haar zu krümmen, in das Hauptlager von Dey Mehmed. Dieser erkannte mich und fragte gerade heraus, was den berühmten General des Bey von Constantine dazu triebe, die Fronten zu wechseln. Ich warf mich zu Boden, küsste seine Schuhspitzen und anschließend auf Knien rutschend seine Finger, um mir seine Gnade und seinen Schutz zu erflehen. Dann erklärte ich, längst unter dem Hass und dem Neid des Hauses von Bu Aziz gelitten zu haben und erst kürzlich einem Mordanschlag seines Enkels Schey Raschid nur knapp entkommen zu sein. Das Schlimmste jedoch sei, dass mein eigener Herr Bey Assin mir nach dem Leben trachte, weil mir die aussichtslose Lage und der Mangel an Proviant im Lager zur Last gelegt würden. Da ich mein Leben ohnehin verwirkt hätte, wäre ich meinem Entschluss gefolgt, alles auf eine Karte zu setzen und dorthin zu gehen, wo der Sieg sicher sei. Ich schloss mit den Worten: „So stehe ich hier, edler Dey von Tunis, und schwöre treue Dienste, wenn mein Leben verschont wird. Ja, ich bin sogar bereit, gegen meinen früheren Patron zu fechten, bei dem ich ohnehin nicht auf ein Pardon hoffen darf!"

Zunächst ließ er mich wegsperren und unter strengster Bewachung verhören. Ich gab willig Auskunft über Kampfstärke, Munition und Bewaffnung, den Mangel an Proviant und die Truppenteile. Dann passierte das Unglaubliche, der Dey von Tunis, dem Späher inzwischen gemeldet hatten, ich würde im Lager von Constantine gesucht und es herrsche drüben helle Aufregung, glaubte meine Geschichte, und ich bekam die Erlaubnis, mich frei unter seinen Truppen zu bewegen. So spionierte ich die Artillerie aus, die Stellungen, die Befestigungen der einzelnen Lagerabschnitte und vieles mehr, was mir nützlich erschien. Karawanen brachten Kisten mit Waffen und Munition aus Tunis, und ich vermutete angesichts der Beschaffenheit der Lieferungen, dass Bombai bei diesem Geschäft zumindest wieder beteiligt sein könnte.

Nur wenige Tage danach trafen drei Überläufer aus dem Lager von Constantine ein, die vor den Dey geführt wurden, da sie im Verhör angegeben hatten, sie wüssten davon zu berichten, dass ich in Wirklichkeit als Kundschafter ausgesandt sei, und wollten ernsthaft vor mir warnen. Doch es geschah an diesem Tag zur gleichen Zeit, dass ich mit hundert Reitern, die mir unterstellt worden waren, ein Lager meiner eigenen Truppen überfiel und Munition und Pferde in das tunesische Lager führte. Dey Mehmed, der mich zunächst in Eisen hatte legen wollen, besah sich die Beute, hörte die Reiter über den Triumph jubeln und richtete statt meiner die drei Überläufer hin. Mir jedoch machte der Vorfall deutlich, dass mir nicht mehr viel Zeit zum Handeln blieb. Kaum hatte ich mich von diesem Zwischenfall erholt, stieß ich zufällig auf eine Gruppe von spanischen und französischen Kaufleuten, die mit den Offizieren des Dey eine Lieferung Pistolen begutachteten und über den Preis feilschten. Neugierig, wie ich war, trieb ich mich in der Nähe dieser Gruppe herum und hörte aus ihren Prahlereien, dass fünf Kanonen von einem erbeuteten englischen Kriegsschiff hierhin unterwegs waren. Ich brauchte nicht lang zu rechnen, um mir vorzustellen, welch verheerende Wirkung die dann bestehende Feuerkraft von fünfzehn Kanonen auf unser Lager haben würde. Man wartete also in aller Ruhe auf diese letzten Waffen, ehe man gedachte, den Truppen des Bey von Constantine den Garaus zu machen.

Man war sich seiner Sache so sicher, dass man mir, einem General der Truppen des Bey, den Befehl über eigene Soldaten übertrug und mich kaum überwachte. Dey Mehmed von Tunis hielt sich offenbar für den auserwählten Nachfolger Mohammeds und Liebling Allahs, dem die Macht auf Erden geradezu in den Schoß fallen würde. So sehr ich mich über diese Überheblichkeit ärgerte, so sehr beschäftigte mich der Gedanke, dass in diesem Umstand vielleicht trotz aller erdrückenden Übermacht dieser hier versammelten Kampfkraft die Schwachstelle der Tunesier lag.

Schon ging ich weiter und schmiedete Fluchtpläne, denn ich hatte genug gesehen und gehört. Da erhob sich hinter der Gruppe der Kaufleute Geschrei, und ich vernahm den vielsprachigen Befehl, mich zu überwältigen und festzunehmen. Ich drehte mich um und erkannte keine dreißig Schritt von mir Bombai in seinen prunkvollen arabischen Gewändern, wie er mit einigen der Kaufleute und ein paar Bewaffneten auf mich losstürmte. Ich rannte um mein Leben, und da ich die größere Ortskenntnis besaß, konnte ich meine Verfolger abschütteln. Ich verlor keine weitere Zeit, rief die mir unterstellten hundert Reiter zusammen, gab vor, erneut einen Überfall zu planen und galoppierte mit ihnen auf die Südflanke des Lagers von Constantine zu. Wir verursachten genügend Aufsehen, dass wir nicht lange brauchten, bis wir auf Mustafa trafen, der die Leibgarde des Bey Assin, meine ehemaligen Kämpfer, befehligte. Ich ritt auf gut Glück voran, gab ein deutliches Zeichen, dass ich die Fronten wechseln wollte und schickte so die Hundertschaft der Tunesier, die mir vertraut hatten, ins Verderben. Meine Leute eskortierten mich mit großer Freude bis ins Kommandozelt, wo ich nun im Stande war, die Stellungen und den Stand der Vorbereitungen des Feindes auf unseren Karten genau zu beschreiben und eine Strategie für einen Angriff zu entwerfen.

Die Streitmacht von Constantine war inzwischen in einem erbarmungswürdigen Zustand, von Durst und Hunger gezeichnet und von Angstträumen geplagt. Ich verkündete, noch in dieser Nacht gelte es den Feind anzugreifen, und bezeichnete die Stelle, an der wir mit der Hauptstreitmacht einfallen würden. Wir würden die Kanonen umgehen und das Hauptlager quasi von hinten angreifen, genau dort, wo niemand mit einem Angriff rechnen konnte. Ich duldete keinen Widerspruch mehr, keine Diskussionen, ließ die Hälfte aller Lagerfeuer löschen, weiße Armbinden an alle Kämpfer verteilen, damit wir uns, wenn die Truppen aufeinander trafen, auch im Dunkeln erkennen konnten, und rief mit hoch erhobenem Krummsäbel an der Seite meines Herrschers mit bebender Stimme: „Leewer duad us Slaaw! Allah akbar!" Und zumindest im ersten Teil meines Ausrufs, auf den das Heer nun tausendfach mit der Lobpreisung Allahs antwortete, sah ich vor meinem geistigen Auge Ricklef Flor, meinen Kapitän, wieder an Bord der »Hoffnung« stehen und gegen die Piraten kämpfen. Es ging ein Ruck durch diese mutlos gewordene Armee von Constantine, und die Ursache hierfür war meine Rückkehr, die jedermann für sich genommen schon für ein Wunder hielt.

Schey Raschid führte an der Spitze seiner kampferfahrenen Tuareg einen Überraschungsangriff auf das Lager von Murrat an, der die Hauptstreitmacht der Tunesier von unserem eigentlichen Vorhaben ablenken sollte. Die Tuareg hängten sich unter ihre Kamele und ließen diese bis kurz vor das Lager von Murrats Soldaten traben. Die Wachen glaubten an leichte Beute, versuchten, die Tiere einzufangen. In diesem Moment schwangen sich die Männer von

Schey Raschid in ihre Sättel und richteten ein Blutbad unter den überraschten Wachen an. Dann rückten weitere Reiter nach, und es dauerte nicht lange, bis wir aus der Ferne die Zelte von Murrats räuberischen Wüstensöhnen brennen sahen.

Bey Assin ließ die Trommeln schlagen, als unsere Armee von den Hügeln herab den Tunesiern in den Rücken fiel. Tausende Kämpfer überschwemmten das feindliche Lager, ohne dass die dort befindlichen Kanonen überhaupt einen Schuss hätten abfeuern können. Der Trommelschlag und die Schlachtrufe unserer Kämpfer steigerten sich zu einem ohrenbetäubenden Lärm. Die Flut unserer Kämpfer riss mit sich, was sich ihr an Widerstand bot, und die Schlacht fand schließlich mitten im Lager von Dey Mehmed statt. Die Not der letzten Tage trieb unsere Kämpfer zu übermenschlicher Anstrengung. Das Kampfgeschehen fand jetzt auf engstem Raume statt, wo sich zwischen den Zelten in einem heillosen Durcheinander die Kämpfer aus beiden Lagern fast ununterscheidbar verknäulten. Jeder schlug auf jeden ein, gehorchte allein dem Drang zu töten, damit er nicht getötet werde. Ein großes Munitionslager explodierte und riss Hunderte von Menschen aus beiden Heeren in den Tod. Zelte gingen in Flammen auf und herrenlose Pferde und Kamele galoppierten in Panik zwischen den Kämpfenden und fanden keinen Ausweg.

Stunden um Stunden wogte das Kampfgeschehen hin und her. Für keine der Parteien gab es die Möglichkeit der Flucht. Dann endlich gewannen wir die Oberhand über die Mitte des feindlichen Lagers und trieben schon die Leibgarde des Dey vor uns her. Da stürmten aus einem benachbarten Lager der Tunesier noch einmal Truppenteile von den Hügeln heran. Wir gerieten böse unter Beschuss, und das Pferd von Bey Assin wurde tödlich getroffen. Ich preschte zu ihm hinüber, sprang von meinem Hengst und bot ihm an, sich auf demselben in Sicherheit zu bringen. Dabei plante ich, hinten aufzuspringen, um nicht den Anschluss zu unseren Truppen zu verlieren. Doch schon gerieten wir in ein solches Gedränge, dass ich nur noch das Pferd beim Schwanz greifen und mich mitziehen lassen konnte. Aber ich war längst nicht mehr der schmale Schiffszwieback von einst, viel zu schwer und vor allem zu langsam auf den Beinen, als dass ich Schritt hätte halten können. Ich musste loslassen, strauchelte, fiel zu Boden und kroch in Erwartung der heranrückenden Feinde unter die Leiber einiger erschlagener Kämpfer. Die eine Hand ließ ich ausgestreckt und verrenkt weit von meinem Leib entfernt am Boden liegen, die andere verbarg ich heimlich an der Brust, wo ich nach Türkenart einen Dolch trug.

Längst hatten unsere Truppen die Verfolgung des Dey Mehmed aufgenommen, um den letzten Widerstand zu brechen und der Führer habhaft zu werden, als Reste der geschlagenen Kämpfer Murrats noch das zerstörte Lager heimsuchten, um die Gefallenen auszurauben und zu plündern. So hörte ich, wie zwei dieser Schakale sich über die Beute stritten, mich entdeckten und der eine dem anderen zurief: „Schau her! Welch eine schöne Uniform, die muss ich haben!" „Wenn er sonst noch was mit sich führt, was er in dieser Welt sicherlich nicht mehr benötigt, gehört das mir!", forderte der Andere lautstark. So sprangen sie von ihren Pferden und mühten sich, meinen schweren Körper auf den Rücken zu werfen. Genau in dem Moment, in dem es ihnen mit der größten Anstrengung gelang, riss ich den einen mit meiner rechten Faust zu Boden und stach dem anderen mit meinem Dolch, den ich in der Linken führte, in die Brust, dass diesem die Luft zum Schreien fehlte. Den ersten würgte ich zu Tode. Dann schwang ich mich auf eines ihrer Pferde, und beeilte mich, diesen Platz, über dem bereits die Geier kreisten, ohne weitere Zwischenfälle zu verlassen.

Am 4. September 1735 versetzten unsere Truppen dem Dey von Tunis einen letzten tödlichen Schlag und zogen schließlich triumphierend in die Hauptstadt des Feindes ein.

ABSCHIED UND RÜCKKEHR

Der Triumph unseres Sieges wurde über Monate gefeiert. Meine Heldentaten wurden von den Erzählungen der Karawanen, die quer durchs Morgenland zogen, ins Übermenschliche gesteigert. Bey Assin überhäufte mich mit Belohnungen aller Art. Doch bei all den Freudentänzen, bei all den Feierlichkeiten, die man aufführte, ich wurde den Geschmack des Blutes, den Gestank des Todes, der Verwesung, die Schreie der Verwundeten und der Sterbenden nicht los. Neben dem Klang der Schalmeien, neben den wilden Trommelschlägen, mit denen die Bauchtänzerinnen angefeuert wurden, hörte ich stets das Weinen und Klagen der Hinterbliebenen dieses furchtbaren Blutbades von Tunis. Ich dachte daran, wie ich es aus der Bibel gehört hatte, dass derjenige, der sein Schwert erhebt, auch durch das Schwert sterben wird. Und mir war klar, dass irgendwann mein sagenhaftes Glück, mit dem ich all diese Gefahren bestehen konnte, ein Ende finden würde.

Während ich an der Seite des Bey im Kreise seiner engsten Familie die Wertschätzung des gesamten Staates genoss, kamen mir zum ersten Mal überhaupt meine Wünsche in den Sinn, an die ich in Mekka gedacht hatte, als ich den Schwarzen Stein küsste. Ein langes Leben und Freiheit hatte ich mir gewünscht. Jetzt war die Freiheit zum Greifen nah. Auch wenn Bey Assin von niemandem gezwungen werden konnte, sein Wort zu halten, er hatte es gegeben. Ich konnte mit aller Bescheidenheit meine Freiheit einfordern und von ihr Gebrauch machen. Er wurde alt, mein Herrscher, sehr alt, und seine Tage waren gezählt. Einen weiteren Feldzug wie diesen gegen Tunis würde er nicht überleben. Für mich als einen der Mächtigsten im Staat bedeutete dies, dass sein Nachfolger auch mir und meiner Familie nach dem Leben trachten würde. Ein langes Leben? Die Gelegenheit zum Handeln musste genutzt werden, solange sie noch bestand.

Ich war kein Held, und aus mir wird nie ein Held werden. Die Erzählungen über mich beschreiben eine Fassade und kennen nicht meine Ängste, meine Verlogenheit, meine Feigheit. Mir ging es nur ums Überleben. Und jetzt mochte ich mich waschen und parfümieren, mit edelsten Gewändern verkleiden, groß und unbesiegbar tun, den Geruch, den Gestank des Todes, des tausendfachen Todes, den auch ich zu verantworten hatte, wurde ich nicht mehr los.

Nein, ich bin nicht stolz darauf, kaum dass ich nach Constantine zurückgekehrt war, meine Frau verstoßen und unsere Tochter Aische noch nicht einmal in den Arm genommen zu haben. Auch, dass ich nicht mit meinem Schwager Schey Raschid über die Summe gefeilscht habe, damit Elgie in den Schoß der Familie zurückkehren konnte, möchte ich nicht als Entschuldigung anführen. Ich weiß bis heute nicht, was ich ihr angetan habe, wie sie mit dieser Schande als verlassene Frau weiterleben konnte, und ich weiß auch nicht, ob unser zweites Kind ein Junge oder Mädchen geworden ist. Denn dies war der zweite Teil der Abmachung, die ich mit Schey Raschid zu treffen hatte. Nie wieder sollte ich Kontakt zu meiner Frau und ihren Kindern aufnehmen.

Dann suchte ich mir Fürsprecher bei meinem Herrscher, um ihn an sein Versprechen zu erinnern. Offenbar bereute Bey Assin seine Zusage, mir die Freiheit zu schenken, denn als ich begann, meine Dinge zu ordnen, ging er mir, so weit es möglich war, aus dem Weg. Ich bat sowohl meinen alten Lehrer Jusuf Hodscha als auch den Zeremonienmeister Sidi Abd-er Rahman ben Mohammed, den Maghrebi, bei Bey Assin für mich vorzusprechen. Doch erst als ich den Gasnadahl des Dey von Algier bei einer Audienz für mich gewinnen konnte, schenkte mein Herrscher meinem Anliegen Gehör. Dieser edle Mann erinnerte an all die treuen Dienste und Expeditionen, die unter meiner Führung und Mitwirkung zum Wohle des Bey geglückt waren. Er erinnerte daran, dass nicht nur der Bey mir zu Amt und Würden und einem glücklichen Leben verholfen hätte, sondern dass auch ich durch meinen Mut und meine Tapferkeit das Leben des Bey und die Macht Constantines gerettet hätte. Über die Fürbitte dieses mächtige Mannes vor den Augen und Ohren des gesamten Hofstaates konnte sich Kalyan Hasan Bey von Constantine nicht länger hinwegsetzen. Am 31. Oktober 1735 unterzeichnete Bey Assin, der Friede Allahs sei ewiglich mit ihm, die Papiere auf Pergament, die mir meine Freiheit schenkten und mir freies Geleit bis in meine Heimat zusicherten. Daneben gestattete er mir zu meiner großen Überraschung, mein Vermögen und meinen beweglichen Besitz mitzunehmen.

Am Abend vor meiner Abreise aus Constantine sprach Bey Assin noch lange mit mir. Der Abschied geriet uns schließlich tränenreich, denn wir wussten beide, dass wir uns in diesem Leben nicht mehr wiedersehen würden.

Schließlich kniete ich vor ihm und sagte: „Efendi! Ich danke für das Brot und den Sold, den ich in zwölf Jahren von Euch empfangen habe. Ich danke für die Fürsorge und das Wohlwollen, die mich emporgehoben haben vom einfachen Sklaven in diese Ämter. Nun erbitte ich mir Euren Segen und die Vergebung für die

Dinge, in denen ich mich trotz allem Ihrer als nicht würdig erwiesen haben sollte."

Er fasste mich bei den Schultern, stellte mich auf die Füße und antwortete: „Ich danke dir, mein General, für deine treuen Dienste. Und sollte ich dir etwas zuwider getan haben, so bitte ich dich gleichermaßen um Verzeihung."

Ich weinte wie ein Kind und mochte mich nicht beruhigen angesichts dieser persönlichen Worte meines Herrschers. Bey Assin sorgte sich noch um meinen Glauben, den ich ganz sicher in meiner Heimat verlieren würde. Ich versicherte ihm, als Hadschi würde ich ihm im Jenseits eines fernen Tages wieder begegnen und meine Türkenhosen auch zu Haus auf meiner Insel Amrum stolz tragen. Überhaupt meinte ich, unser aller Gott müsse sich wegen der kühlen Witterung im Norden nur anders kleiden. Das sei der einzige Grund, weshalb die Nordländer Allah nicht erkennen und die Südländer den Christengott für einen Fremden hielten. Darauf legte mir Bey Assin seine Hand segnend aufs Haupt und sprach: „Allah sei mit dir und behüte dich auf deiner Fahrt. Nimm dich in Acht vor starken Getränken, vor Weibsvolk in den Häfen und lass dir dein Geld in Algier nicht von den Juden und Händlern abschwindeln."

In Algier übergab ich dem soeben neu ins Amt gekommenen Dey Ibrahim den Geleitbrief meines Herrn, doch dieser mochte mich nicht so leicht ziehen lassen. Er verfügte, dass meine Ausreise warten und die Papiere geprüft werden müssten. Aber auch hier erwies ich mich als beharrlich und suchte Verbündete, die meine Sache so lange vertraten, bis ich vorgeladen wurde. Dey Ibrahim erklärte mir geradeheraus, er wolle auf meine Dienste nicht verzichten, und ich könnte genauso gut noch einmal zwölf Jahre für ihn dienen. Die Erde schwankte unter meinen Füßen, das Herz schlug mir bis zum Halse. Blass vor Schreck, aber gefasst, verbeugte ich mich ohne ein Wort der Erklärung. Da fuhr mich Dey Ibrahim zornig an: „Du meinst es nicht aufrichtig! Du Christenhund willst mir ja nicht dienen! Mit unserem eigenen Blut erwerben wir euch Sklaven auf See, und nun geht ihr noch hoch geehrt mit unserem Geld aus dem Lande. Hinaus mit dir! Verkriech dich zu deinen geliebten Ungläubigen, die Allah verflucht hat!"

Ich verließ den zornigen Dey, nicht jedoch, ohne ihm eine Nachricht zu hinterlassen, dass, sollte er wegen seiner Forderung auf einen Kaufmann mit Namen Bombai gehört haben, zu bedenken sei, dass jener mit seiner schlangenartigen Listigkeit schon ganze Fürstentümer ins Unglück gestürzt hätte. Als freier Mann lief ich durch dieselben engen Straßen Algiers, durch die ich als Sklave vor zwölf Jahren barfuß und halbnackt getrieben wurde. Im Hafen traf ich auf ein französisches Handelsschiff, das sich durch hohe Tributzahlungen den Schutz des Dey erkauft hatte. Schnell wurden wir handelseinig. Vier Stunden später war meine ganze Habe verladen, und ich betrat den Boden der Mohrenküste nicht mehr. Auch, weil ich befürchtete, es könnte noch etwas Unvorhergesehenes geschehen oder ich könnte tatsächlich noch einmal auf Bombai treffen. Doch ich hörte nie wieder etwas von ihm und hoffe inständig, dass seine rabenschwarze Krämerseele in der heißesten Hölle brät! Zwei Tage später sah ich von Bord dieses französischen Seglers die gelben Berge der Mohrenküste am Horizont verschwinden.

Ich ließ mir Zeit für meine Rückkehr. Verweilte einige Wochen in Marseille, dann in einem kleinen französischen Fischerdorf, ehe ich mich nach Lyon einschiffte. Schließlich der Entschluss, zu Land nach Paris zu reisen und die sagenhafte französische Hauptstadt zu besichtigen. Doch zuvor, seit ich den Hafen von Algier verlassen hatte, trug ich die verschlissenen Kleider meiner Vergangenheit, und in meinen Träumen verblassten langsam die Schrecken der letzten Jahre und machten Platz für die Inseln des Glücks, von denen es einige gab in dieser Zeit meiner Erinnerungen.

Unter mir vor dem Großmast hockte der Schiffsjunge und ordnete die Taue in der kalten Wintersonne. Zu seiner Verwunderung hockte ich mich zu ihm und packte mit an. Schnell spürte ich meine Hände rissig werden von der ungewohnten Arbeit. Er schaute mich seltsam an, und ich steckte ihm anschließend Geld zu. Im Sommer wollte ich zurückkommen, im Frühling vielleicht, wenn die anderen längst wieder auf hoher See waren. Meine Insel wollte ich allein haben, in Ruhe ankommen. Ich hatte von unterwegs Nachrichten nach Amrum gesandt, und als ich in Hamburg eintraf, kam mir mein Vater entgegen. Er zögerte, blieb in einiger Entfernung stehen. Zu groß musste seine Enttäuschung vor zehn Jahren gewesen sein, als er das Lösegeld aufgebracht und einem völlig Fremden gegenübergestanden hatte. Und so wenig, wie er in dem Mann damals seinen Sohn erkennen konnte, so wenig glich ich noch jenem Jungen, der als Schiffsjunge das elterliche Haus verlassen hatte. Korpulent von Statur, in meiner arabischen Generalsuniform, sorgte ich durchaus für einiges Aufsehen und glich wahrscheinlich für einen alten Amrumer Seebären und Kaufmann wie meinen Vater eher einem Fabelwesen als seinem verlorenen Sohn. Ich ging auf ihn zu, umarmte ihn herzlich und sprach ihn auf Friesisch an. Er schaute mir lange prüfend ins Gesicht, lauschte dem Ton meiner Stimme, ehe er erleichtert und ungläubig zugleich ausrief: „Hark, mein Junge! Du bist es wirklich!" Dann feierte ich ein weiteres Wiedersehen, denn Kiel, unser alter Smutje, hatte im Kontor meines Vaters angeheuert und kümmerte sich jetzt um meine Möbel, Kleider und Kisten diverser Art. Ich kam also gesund, vergnügt und vermögend in meinem Vaterland an. Und ich betete um Glauben und Zuversicht für den Rest meiner Tage. Ich fühlte mich bereit, mich wieder in die Enge dieser auf einem Eiland gedrängten Gemeinschaft zu fügen, ja, ich sehnte mich nach Süddorf und den Orten meiner Kindheit. Als unser Schiff in Steenodde ankerte, spürte ich, dass die Irrfahrt zu Ende war, dass ich wirklich zu Hause angekommen war. Es umflutete mich eine ungeheure Erleichterung, unterlegt von einer leisen Melancholie, gespeist aus der Gewissheit, dass auch mein Reisen, meine Abenteuer zu Ende gegangen waren. Dieser Abschnitt meines Lebens lag unwiederbringlich hinter mir. Mit den vom Absuchen der Horizonte müden Augen würde ich nie wieder nach einer Oase, einem Wasserloch Ausschau halten und keine Banner gegnerischer Truppen mehr erspähen. Ich war frei und nur mir selbst verantwortlich. Welch ein Gewinn, welch ein Verlust!

Jetzt, am Ende meiner Aufzeichnungen, gestehe ich, dass ich oftmals übers Watt blicke und mich frage, was soll ich mit dieser Stille anfangen? Ich bin noch keine 30 Jahre alt und weiß, wie ich bis zu meinem seligen Ende leben werde. Nur nachts träume ich viel zu viele Träume.

***

Wie Lorenz die Sache sieht

Lorenz legte das letzte Blatt zur Seite. Die Aufzeichnungen brachen unvermittelt ab. Das Ende gefiel ihm nicht. Keine Stellungnahme mehr, keine Ratschläge für die Nachfahren, keine Rechtfertigungen und überhaupt – wie war das als General auf Amrum? Er hatte seinen Vater gekannt und, wie er jetzt erfahren hatte, war sein Vater doch ein Fremder geblieben.

Er hörte, wie seine Mutter ihn rief, sammelte die Blätter ein, legte sie sorgsam in die Schatzkiste, lief aus der Tür und geradewegs zur Ulvsdüne. Dort hockte er dann auf dem höchsten Punkt und dachte über das Ende dieser Geschichte nach. Am Abend wusste er, wie sie sich wirklich abgespielt hatte.

Er sah seinen Großvater, wie er von dieser Stelle aus Richtung Wattenmeer spähte, sah, wie die Sonne am Abend ins Meer sank. Er sah diesen alten, gebückten Mann, der wie jeden Abend enttäuscht über das Dünental und durch die Heide wieder nach Hause ging. Und er sah einen kleinen Segler von Süden her auf Amrum zuhalten. Die See ebbte, das Schiff erreichte den Hafen nicht mehr und lief auf dem Schlick fest. Ein Mann entstieg dem Segler, einen Seesack über die Schulter geworfen und stapfte übers Watt. Oluf Jensen ging ihm entgegen und kniff die Augen zusammen, um im Licht der untergehenden Sonne besser sehen zu können. Das dort draußen war kein Fischer, von der Kleidung sicher auch kein Einheimischer – und doch schritt der Mann so kundig aus, als wäre das Watt bereits als Kind sein Element gewesen. Dem Mann näherten sich von der anderen Seite Frauen und Mädchen, die von der Feldarbeit nach Hause wollten und schreiend vor ihm Reißaus nahmen.

Zu fremdländisch ist er gekleidet, zu dunkel seiner Hautfarbe. Die beiden Männer kommen sich näher, und Oluf Jensen hört den Mann lachen über diese verängstigten Weiber. Dann bleibt er stehen, dieser bunt gekleidete Mann, schaut einer der Frauen hinterher, als würde er sie kennen. Es ist Antje Lorenzen, die sich gerade verlobt hat. Schneller schreitet der Fremde jetzt aus, und beide Männer treffen gemeinsam vor dem roten, geduckten Haus des Kapitäns und Kaufmanns Oluf Jensen ein. Sie stehen sich gegenüber, und erst jetzt erkennen sie sich. Sprachlos vor Glück fallen sie sich in die Arme, und zwölf lange Jahre in der Fremde versinken in diesem Augenblick vor Hark Olufs, als er über die Schwelle seines Elternhauses tritt. Und schon schaut er durch das Fenster auf die Mädchen und Frauen, die sich neugierig auf dem nahen Weg hinter der Dornenhecke herumdrücken und hinüberspähen. „Ist das da drüben, ich meine die rechts von der Mitte, Antje?" Vater dachte schnell und in größeren Zusammenhängen. Deshalb war Mutter bereits vor der Hochzeit schwanger, obwohl sie zu der Zeit noch mit einem anderen verlobt war.

Jens Nickelsen stapfte die Düne hinauf, um Lorenz nach Hause zu holen. Seine Mutter machte sich Sorgen, schon seit Tagen. Mit ihrem Sohn war kaum etwas anzufangen. Am Ende würde er sich durch die Lesesucht noch die Augen verderben und die Welt durch dicke Gläser betrachten müssen.

„Alles in Ordnung, Junge?"

„Ich habe eine Schwester in Afrika. Sie heißt Aische."

„Hat nicht jeder."

„Vielleicht besuche ich sie mal."

„Afrika ist ein verdammt großes Land."

„Ich habe alles gelesen, ich meine über Vater und so."

„Das ist gut so. Wär nicht mein Ding."

„Wie war er denn so, Hark Olufs? Wart ihr richtige Freunde?"

„Verdammt reich, war er, würde ich sagen. Und – ein toller Kerl."

In der Gewissheit, dass es vielleicht in 300 Jahren jemanden geben würde, der diese Geschichte verstehen könnte, gingen beide auf Süddorf zu und nahmen ihr gewohntes Leben wieder auf.

* * *

Ende

Mit Dank an Jan, Miri, Joachim & Karin, Bibbi, Jens Quedens, an Annette Neumeier, Jeanette Schlieber, Rotraud Pöllmann, Winfried Schreiber, Gert Nettersheim, Martin Dorn, Wolfgang Kopplin, Carsten Brückner und alle, die mir geholfen und mir Mut gemacht haben...
Dank auch für Prof. Reinheimers großartiges Buch „Der verlorene Sohn / Hark Olufs Wiederkehr aus der Sklaverei", das mir als Quelle unverzichtbar war, und das Heft von A. M. Balk und Dr. h.c. Nevermann, „Hark Olufs / Die Abenteuer eines friesischen Seefahrers", dem ich einige Anregungen entnommen habe...

EIN BEGLEITWORT DES AMRUMER
BUCHHÄNDLERS JENS QUEDENS, DER ZUDEM
EIN NACHFAHRE VON HARK OLUFS IST

Obwohl Hark Oluf seit über 250 Jahren tot ist, kennt jeder auf
seiner Heimatinsel Amrum seinen Namen und seine Lebensgeschichte. Weit über 1000 Nachkommen Hark Olufs sind auf der
ganzen Welt verstreut, aber viele leben heute noch auf Amrum.
Am 19. Juli 1708 wurde Hark Olufs in Süddorf auf Amrum geboren. Wie damals üblich fuhr er ab seinem zwölften Lebensjahr zur
See und geriet am 10. März 1724 an Bord der »Hoffnung«, eines
Schiffes, das zur Hälfte seinem Vater gehörte, zusammen mit 22
weiteren Seeleuten in Gefangenschaft und wurde nach Algier in
die Sklaverei verkauft. Dort machte er unerwartet Karriere und
kehrte nach dreizehn Jahren als reicher Mann nach Amrum zurück.
Zahlreiche Legenden ranken sich um sein abenteuerliches Leben.
Viele Insulaner und Besucher von Amrum sind ebenso fasziniert
von der Biografie Hark Olufs wie die zeitgenössischen Bewohner Dänemarks und Norddeutschlands, die 1748 die in dänischer
Sprache und 1751 in deutscher Übersetzung erschienene Autobio-
grafie verschlungen haben. Selbst der dänische König Christian
VI. empfing Hark Olufs im Jahre 1752 in Tondern.
Vielleicht hat der Bericht des Inselfriesen dazu beigetragen, dass
neun Jahre später, im Jahre 1761, eine dänische Expedition nach
Arabien aufbrach, die sechs Jahre dauern sollte und sehr unglück-
lich endete (Carsten Niebuhr „Lykelig Arabien" und Thorskild
Hansen „Reise nach Arabien").
In beiden Sprachen erschienen mehrere Auflagen, und immer
wieder haben Autoren sich an der Lebensgeschichte versucht. Die
meisten haben sich nahe am Original orientiert, auch wenn von
Mal zu Mal die Figur Hark Olufs strahlender und heldenhafter
erschien. Immer wieder regte das abenteuerliche Leben die Fantasie an.
Udo Weinbörner nutzt die Legende von Hark Olufs als Wiedergänger, die bis heute auf der Insel erzählt wird, um in seiner span-
nenden Erzählung einen Bogen zu schlagen von Hark Olufs Ju-

gend auf der Insel über die dramatische Kaperung bis zu seinen Abenteuern in den Barbareskenstaaten Nordafrikas und seiner glücklichen Heimkehr. Dabei gibt er einen faszinierenden Einblick in die Welt des Islam.

Eine (frei erfundene) geheime Lebensbeichte in der Truhe eines vergrabenen Schatzes gibt dem Autor die Möglichkeit, seiner Fantasie in diesem ersten großen Hark-Olufs-Roman freien Lauf zu lassen, obwohl er sich weitgehend an die bekannten Fakten der Biografie von 1752 gehalten hat.
Diese Fakten wurden durch Recherchen des Historikers Professor Martin Rheinheimer von der Syddank Universitet in Esbjerg, Dänemark, auf ihren Wahrheitsgehalt überprüft und bestätigt (Rheinheimer „Der fremde Sohn").

Udo Weinbörner hat einen packenden Roman vorgelegt, der seine Leser von der ersten bis zur letzten Seite mitreißen und begeistern wird. Das Buch ergänzt die Palette der Sachbücher um Hark Olufs, und die Besucher der Dauerausstellung im Maritur auf Amrum werden den Roman dankbar als Anregung nutzen, um eigene Fantasien von der Welt des Orients im 18. Jahrhundert zu entwickeln.

Jens Quedens
Amrum, im Mai 2010

DER AUTOR

Udo Weinbörner, 1959 in Plettenberg (Westfalen) geboren, lebt in Meckenheim bei Bonn. Von 1984 bis 2006 arbeitete er als Referent im Bundesministerium der Justiz; heute ist er Referatsleiter im Bundesamt für Justiz in Bonn (Aufgabenbereiche: Internationale Zivilrechtshilfe und Forschung).

1988 erschien sein Roman „Der Froschkönig" und 1989 sein Roman „In Sachen Eva D." über die Lebensgeschichte einer zwangssterilisierten Frau im Nachkriegsdeutschland der 50er Jahre. Die Theaterfassung von „In Sachen Eva D." wurde 1989 in einem Berliner Jugendtheater uraufgeführt. Von 1986 bis 1996 hat Weinbörner die „Bonner literarische Zeitung/BLitZ" herausgegeben. Er hat neben seinen belletristischen Arbeiten zahlreiche erfolgreiche Sachbücher veröffentlicht und sich auch als Verfasser von Kurzhörspielen und Fachartikeln einen Namen gemacht. 2005 erschien sein erfolgreicher historischer Roman „Schiller".